O Significado da Bruxaria

Gerald Gardner

O Significado da Bruxaria

Tradução:
Lya Valéria Grizzo V. Serignolli

Traduzido originalmente do inglês sob o título *The Meaning of Witchcraft*
© 2022, Madras Editora Ltda.

Editor:
Wagner Veneziani Costa

Produção e Capa:
Equipe Técnica Madras

Tradução:
Lya Grizzo V. Serignolli

Revisão:
Ana Maria Balboni Palma
Erika Sá da Silva
Vera Lúcia Quintanilha

Dados Internacionais de Catalogação na Publicação (CIP)
(Câmara Brasileira do Livro, SP, Brasil)

Gardner, Gerald, 1884-1964.
O significado da bruxaria / Gerald Gardner ;
tradução Lya Valéria Grizzo V. Serignolli. --
3. ed. -- São Paulo : Madras, 2022.
Título original: The meaning of witchcraft.
Bibliografia.
ISBN 978-85-370-1129-4

1. Bruxaria I. Título.
18-13789 CDD-133.43

Índices para catálogo sistemático:
1. Bruxaria : Ocultismo 133.43

Os direitos de tradução desta obra pertencem à Madras Editora assim como a sua adaptação e coordenação. Fica, portanto, proibida a reprodução total ou parcial desta obra, de qualquer forma ou por qualquer meio eletrônico, mecânico, inclusive por meio de processos xerográficos, incluindo ainda o uso da internet, sem a permissão expressa da Madras Editora, na pessoa de seu editor (Lei nº 9.610, de 19.2.98).

Todos os direitos desta edição, em língua portuguesa, reservados pela

MADRAS EDITORA LTDA.
Rua Paulo Gonçalves, 88 — Santana
02403-020 — São Paulo — SP
Caixa Postal 12299 — CEP 02013-970 — SP
Tel.: (0_ _11) 6959.1127 — Fax: (0_ _11) 6959.3090
www.madras.com.br

ÍNDICE

Capítulo I
    A Bruxaria na Bretanha.. 7

Capítulo II
    Memórias e Crenças Sobre as Bruxas.. 23

Capítulo III
    As Origens da Bruxaria na Idade da Pedra 39

Capítulo IV
    Algumas Ideias Religiosas da Antiga Bretanha......................... 49

Capítulo V
    O Druidismo e os Celtas Arianos 69

Capítulo VI
    A Bruxaria na Época dos Romanos e Saxões 83

Capítulo VII
    O Pensamento Mágico 97

Capítulo VIII
    O Pensamento Mágico (cont.) 113

Capítulo IX
    Por quê? 127

Capítulo X
    Crenças Curiosas Sobre as Bruxas... 151

Capítulo XI
    Quem Foram os Deuses da Bretanha 161
Capítulo XII
    Signos e Símbolos 177
Capítulo XIII
    A Missa Negra 191
Capítulo XIV
    Exame de Algumas Alegações — Parte I 219
Capítulo XV
    Exame de Algumas Alegações — Parte II 233
Capítulo XVI
    Exame de Algumas Alegações — Parte III 239
Capítulo XVII
    O Futuro 267
Apêndice I
    A Lenda Mágica das Bruxas 275
Apêndice II
    Os Stedingers 277
Apêndice III
    Datas Significativas na História da Bruxaria com Especial
    Referência à Bretanha 281
Apêndice IV
    As Falsificações do *Canon Episcopi* e do
    Malleus Maleficarum 289
Apêndice V 297
Bibliografia 299

Capítulo I

A Bruxaria na Bretanha

O CARGO DE DIRETOR DO MUSEU DE MAGIA E BRUXARIA EM Castletown, Ilha de Man, faz com que eu receba uma grande quantidade de correspondências de todas as partes do mundo; algumas interessantes, outras rudes (pouquíssimas, apenas o suficiente para trazer à tona algumas questões), algumas fantásticas e outras engraçadas em todos os sentidos da palavra.

Porém, meus correspondentes mais sérios querem saber a origem da bruxaria. Onde ela se originou? perguntam eles. O que está por trás dessa coisa que obcecou as mentes humanas durante séculos? Seria um culto secreto de adoração ao demônio? Uma mancha negra na história? Uma irrupção do sobrenatural na vida normal? Ou seria uma enorme ilusão? Qual é o significado disso tudo?

Esta é uma questão que ultimamente tem exercitado a ingenuidade de vários escritores. Estes podem ser basicamente divididos em três escolas. Primeiramente, os que têm uma visão racionalista de que bruxaria era um tipo de histeria de massa, ocasionada por razões psicológicas. Em segundo, os que afirmam que a bruxaria é real, e que é o serviço e adoração a Satanás, em quem seus devotos parecem ter muita fé. Esta é a posição de um escritor muito prolífico, o já falecido Montague Summers, e seus muitos imitadores. Em terceiro lugar, a escola, encabeçada por antropólogos como a Dra. Margaret Murray que procura ter uma visão do assunto sem quaisquer terrores supersticiosos e argumentos teológicos e tampouco incredulidade materialista. Esta escola de pensamento afirma que a bruxaria é simplesmente o que restou da antiga religião pagã da Europa Ocidental, datando da Idade da Pedra, e que a razão da perseguição pela Igreja era o fato de ela ser um rival perigoso. Eu pertenço a essa terceira escola, porque suas descobertas estão de acordo com minha própria experiência, e porque é a única teoria que me parece fazer sentido à luz dos fatos históricos.

Talvez seja melhor explicar brevemente qual é a minha experiência. Sou atualmente o diretor do único museu no mundo, pelo que me consta, que é exclusivamente dedicado à magia e bruxaria. Eu fui um funcionário público no Extremo Oriente (Malaya) até minha aposentadoria, e fiz uma grande coleção de instrumentos mágicos, amuletos, etc., os quais formaram o núcleo da coleção aqui presente. Também sou arqueólogo e antropólogo, e por meio desses estudos interessei-me pelo papel das crenças mágicas na vida humana e pelo que as pessoas faziam influenciadas por essas crenças.

Quando eu estava no Oriente, antes de ter qualquer contato com a bruxaria na Bretanha, investiguei muito a magia nativa sem encontrar algo que não pudesse ser explicado pela telepatia, hipnotismo, sugestão ou coincidência, e francamente considerei a magia como um exemplo de algo curioso em que as pessoas acreditam. Naquela época eu estava muito interessado na teoria da Dra. Margaret Murray que a bruxaria era o que havia restado de uma antiga religião; mas enquanto todas as autoridades pareciam concordar que havia evidência de que algumas pessoas podem ter sido bruxas, não havia a menor evidência de que as bruxas se organizavam em *covens*; e como Charles Godfrey Leland, que havia conhecido muitas bruxas na Itália e em outros lugares, e escreveu muito sobre elas, nunca mencionou qualquer *coven* ou qualquer organização, eu descartei a possibilidade de a bruxaria haver existido, e mesmo que houvesse, teria sido "queimada" há 300 anos.

Os primeiros livros que eu li a respeito do assunto pareciam concordar até certo ponto. Eles diziam que as bruxas existiam em toda parte, e eram de ambos os sexos, masculino e feminino. Eram pessoas extremamente más. Adoravam o Demônio geralmente na forma de um deus pagão (entretanto, todos os deuses pagãos eram o Demônio). Elas tinham uma grande organização, cerimônias religiosas regulares em datas fixas, um sacerdócio com sumos sacerdotes, sacerdotisas e oficiais, e uma forma organizada de religião; embora suas divindades pudessem ser chamadas "um deus" e "o Diabo" na mesma frase. Isso era explicado alegando-se que todos os deuses não cristãos eram o Diabo disfarçado.

Porém, mais tarde, nos séculos XVII e XVIII a opinião pública parecia mudar. Apesar da severidade de John Wesley e outros clérigos, as pessoas não acreditavam mais em bruxas a ponto que quando dois clérigos induziram um júri a condenar Jane Wenham por falar com o Demônio na forma de um gato, e ser condenada a morte por isto em 1712, os juízes protestaram e ela foi libertada. Em 1736 as leis penais contra bruxaria foram revogadas; e eu não creio que nessa época alguém, com exceção do Reverendo Montague Summers, ousasse sugerir a existência de bruxaria sem que fosse ridicularizado.

Charles Godfrey Leland era considerado um romancista que havia publicado alguns livros sobre adivinhos italianos, e pensava-se a Dra. Margaret Murray, embora conhecida como uma boa antropóloga, estivesse escrevendo sobre fatos que haviam acontecido há 300 ou 400 anos, quando as pessoas eram supersticiosas, e acreditavam em tolices.

Porém, depois que surgiram os livros da Dra. Murray, outras pessoas foram corajosas o bastante para admitir que ainda restavam algumas bruxas, mas diziam que elas eram apenas adivinhos do povoado, impostoras que não sabiam nada sobre o assunto, e que nunca havia existido uma organização, e quem quer que pensasse o contrário estaria apenas imaginando. Eu tinha esta opinião em 1939, quando, aqui na Bretanha, conheci algumas pessoas que me compeliram a alterá-las. Elas estavam interessadas em assuntos curiosos, como reencarnação, e também interessavam-se pelo fato de minha antepassada, Grizel Gairdner, ter sido queimada como bruxa. Elas insistiam em dizer que já me conheciam. Nós conversamos a respeito de todos os lugares onde já havíamos estado e eu jamais poderia tê-las conhecido antes nesta vida; mas elas afirmavam ter me conhecido em vidas passadas. Embora eu acredite em reencarnação, assim como muitas pessoas que já tenham vivido no Oriente, não me recordo claramente de minhas vidas passadas; o que gostaria muito. No entanto, essas pessoas contaram-me o suficiente para fazer-me pensar a respeito. Então, alguns destes novos (ou velhos) amigos disseram: "Você pertenceu a nós no passado. Você é do nosso sangue. Volte para onde você pertence".

Eu percebi que havia me deparado com algo interessante; mas eu estava meio-iniciado quando a palavra "Wica" que elas usavam atingiu-me como um raio, e então eu sabia onde estava, e que a Antiga Religião ainda existia. E então eu me encontrava no Círculo, e lá prestei o habitual juramento de manter segredo, o que me comprometeu a não revelar certas coisas.

Deste modo fiz a descoberta de que a bruxaria, que as pessoas pensavam ter sido perseguida até a extinção, ainda existia. Também descobri o que havia feito tantos de nossos antepassados ousarem enfrentar a prisão, a tortura e a morte em vez de abandonar a adoração aos Antigos Deuses e o amor aos velhos caminhos. Eu descobri o significado interno daquela declaração em um dos livros de Fiona MacLeod: "Os Antigos Deuses não estão mortos. Eles pensam que nós estamos".

Eu sou membro da *Society for Psychical Research* e do *Committee of the Folklore Society*; então quis narrar minha descoberta. Mas fui terminantemente recusado. "A Era da Perseguição não acabou", eles me disseram; "dê meia chance a alguém e as fogueiras arderão novamente". Quando eu disse a um deles, "Por que vocês ainda mantêm todas estas coisas tão em segredo? Não há perseguição nos dias de hoje!" Disseram-me que, "Ah, não há? Se as pessoas soubessem quem eu era, toda vez que uma criança no povoado estivesse doente, ou que as galinhas de alguém morressem, eu teria que assumir a culpa por isto. A Bruxaria não paga por janelas quebradas."

Lembro-me de ter lido nos jornais quando era garoto a respeito de uma mulher que havia sido queimada viva como bruxa na Irlanda do Sul; mas eu não podia acreditar que pudesse existir qualquer tipo de perseguição atualmente na Inglaterra. Assim, apesar de não acharem prudente, elas permitiram-me escrever um pouco sobre a Bruxaria na forma de ficção, um romance histórico no qual uma bruxa conta um pouco a respeito do que elas acreditam e de como foram perseguidas. Este conteúdo foi publicado em 1949 sob o título de *High Magic's Aid*.

Em 1951 aconteceu um evento muito importante. O Governo da época aprovou a Lei dos Meios Fraudulentos que revogou e substituiu a última lei restante sobre Bruxaria, com base na qual os espiritualistas eram processados em tempos modernos. Creio que esta lei seja ímpar pelo fato de legalmente reconhecer a existência da mediunidade genuína e dos poderes psíquicos.

Pensei que finalmente o bom senso e a liberdade religiosa haviam prevalecido; mas mesmo assim, a aprovação desta lei foi altamente ofensiva a certos corpos religiosos que pregavam há anos contra o Espiritualismo e tentavam proscrevê-lo como "obra de Satanás", incluindo qualquer outra sociedade a qual eles contestassem, como a Maçonaria e, é claro, a Bruxaria.

Há cerca de um ano esse museu foi aberto, e eu estava convencido de que mostrar o que a bruxaria realmente é, uma religião antiga, não despertaria hostilidade em lugar nenhum. Eu iria descobrir no tempo devido o quão errado estava!

Qualquer tentativa de mostrar a bruxaria sob um prisma favorável, mesmo que remotamente, ou desafiar sua velha representação como algo invariavelmente mal e diabólico, ou até mesmo apresentá-la como um objeto passível de estudo, ainda pode despertar as reações mais surpreendentes. As virtudes do humanismo que Charles Saltman definiu como "sensibilidade, inteligência e erudição, somadas à integridade, curiosidade e tolerância" ainda têm que percorrer um longo caminho na luta contra a mentalidade que deu origem ao *Malleus Maleficarum*.

Em 1952, Pennethorne Hughes escreveu um livro, *Bruxaria,* o qual fornecia uma descrição histórica muito boa sobre bruxaria, mas que declarava que enquanto na época medieval as bruxas tinham um ritual próprio muito bem planejado o qual elas realizavam, as bruxas modernas eram simplesmente pervertidas que celebravam "Missas Negras", que ele descrevia como sendo redundante! da Missa Cristã. Isso fez com que alguns de meus amigos ficassem muito bravos, e eu consegui persuadi-los de que seria muito bom escrever um livro baseado em fatos relacionados à Bruxaria, e foi assim que escrevi *A Bruxaria Hoje*.[1] Ao escrever este segundo livro, logo encontrei-me entre Scylla e Charybdis. Se eu falasse muito, correria o risco de ofender pessoas que considerava importantes amigos. Se eu dissesse pouco, os editores não se interessariam. Encontrando-me nesta situação, fiz o melhor que pude. Eu especialmente neguei que as bruxas celebravam a Missa Negra, ou que matavam animais — ou até mesmo bebês não batizados em sacrifícios de sangue.

Uma das primeiras perguntas que fiz às bruxas assim que me tornei um membro do grupo foi: "O que é a Missa Negra?" Todos disseram, "Nós não sabemos realizá-la, e se soubéssemos, qual seria a vantagem nisso?" Elas também disseram: "Você sabe o que acontece em nossas reuniões. Há a pequena cerimônia religiosa, a saudação aos Antigos Deuses; e então

---
1. Publicado no Brasil pela Madras Editora, 2003.

discute-se algum assunto em questão, ou talvez alguém queira fazer um rito para algum propósito específico; depois há um pequeno banquete e uma dança; então é preciso apressar-se para pegar o último ônibus para casa! Não há tempo ou lugar para tolices de 'Missas Negras', e de qualquer maneira por que deveríamos querer realizar uma?"

Para mim, isso é apenas uma questão de bom senso. Para um católico romano que acredita em Transubstanciação, isto é, que o pão e o vinho da Missa são literalmente transformados na carne e no sangue de Cristo, um insulto cerimonial à hóstia seria a mais terrível blasfêmia; mas as bruxas não acreditam nisso, portanto para elas seria simplesmente absurdo tentar insultar um pedaço de pão.

Eu não sou o primeiro a chamar a atenção para este fato; Eliphas Levi, o célebre ocultista francês que também era um católico devoto, declarou em seu livro, *Dogme et Rituel de la Haute Magie*, que a primeira condição para o sucesso na prática de Magia Negra era estarmos preparados para profanar o culto no qual *acreditássemos*.

Algumas pessoas devem acreditar que quem não crê na Transubstanciação é porque não tem a Verdadeira Fé e está condenado ao Inferno. Disseram-me que certos ministros não conformistas que pregam contra a Transubstanciação obtiveram hóstias consagradas e elevaram-nas em escárnio no púlpito; *mas eu nunca ouvi dizer que este ato lhes tenha transformado em bruxos.*

E os Cristãos que carregam tais hóstias consagradas em medalhões como amuletos pessoais? Estão sendo reverentes ou não? São bruxos? (Temos alguns desses amuletos no Museu). Sei muito bem que algumas pessoas ficariam chocadas com esta prática, mas isso não impede que o ato se realize.

O ponto que esses escritores, que persistentemente associam a bruxaria com a Missa Negra, não conseguem compreender é que eles podem afirmar que as bruxas são pagãs, ou que elas celebram Missas Negras; mas, em nome da lógica e do bom senso, eles não podem afirmar as duas coisas ao mesmo tempo.

Diferente de vários escritores sensacionalistas, eu não desejo insinuar que haja bruxas em ação nos quatro cantos da Terra. Pelo contrário, restaram pouquíssimas bruxas de verdade, e elas se mantêm muito discretas. Elas geralmente são descendentes de famílias de bruxas, e herdaram uma tradição que foi preservada por gerações. Esta é, sem dúvida, a maneira mais tradicional pela qual a bruxaria foi disseminada e preservada; as crianças de famílias de bruxas foram ensinadas pelos seus pais, e iniciadas quando muito novas. Na realidade, muito provavelmente esta seja a origem de todas essas histórias assustadoras sobre as bruxas trazerem os bebês ao sabá para comê-los; o que realmente acontecia era que os pais das bruxas não se atreviam a deixar de batizar seus bebês, por medo de imediatamente despertar suspeitas, por isso elas primeiramente traziam os bebês ao sabá, e os consagravam aos Antigos Deuses. Então, para elas, não importaria se posteriormente houvesse uma cerimônia de batismo cristão apenas "para manter as aparências". ("Quando eu fizer reverência na casa de Rimmon, o Senhor perdoará vosso servo por este ato."). Porém, como a perseguição à Antiga Religião se intensificou, tornou-se mais perigoso admitir crianças. Se crianças inocentes tagarelando entre si sobre onde os pais teriam ido e o que estavam fazendo, por azar, fossem ouvidas pela pessoa errada, isso poderia significar morte à toda uma família. Há registros terríveis de crianças sendo enforcadas ou queimadas com seus pais, somente porque eram do mesmo sangue das bruxas. Margaret Ine Quane, por exemplo, que foi queimada por bruxaria aqui em Castletown em 1617, teve seu filho queimado junto a ela, simplesmente porque ele era seu filho. Consequentemente, o costume de iniciar as crianças foi cada vez menos observado, e isto, aliado à política de completo extermínio instigada pela Igreja, reduziu em muito os cultos.

Porém, existe um fator na continuidade da tradição que os oponentes ao culto não haviam considerado. As bruxas acreditam firmemente em reencarnação, e dizem: "Uma vez uma bruxa, sempre bruxa". Elas acreditam que as pessoas que tenham sido iniciadas em bruxaria, e que tenham realmente aceitado a Antiga Religião e os Deuses Antigos em seus corações, voltarão a ela ou se sentirão atraídas por ela vida após vida, embora possam não estar conscientes de sua prévia associação com a bruxaria. Essa ideia me soa bem; pois conheço três pessoas em um *coven* que descobriram que, anteriormente à sua aproximação à bruxaria nesta vida, seus antepassados haviam sido ligados a ela, e eu já mencionei as bruxas que me "recomendaram".

É claro que atualmente os rituais de bruxaria são um pouco diferentes do que eram muitos séculos atrás. As grandes reuniões, chamadas sabás, eram assistidas por uma grande população que trazia uma refeição a ser cozida (daí surgiram as fogueiras de "Hellish Sabá" das quais tanto ouvimos falar), e preparavam-se para passar a noite festejando nos campos, assim que os ritos mais sérios tivessem terminado. Na verdade, as festas rurais mais tradicionais têm conexão com a Antiga Religião; o Puritano Stubbes, em seu *Anatomie of Abuses*, denuncia ferozmente as pessoas que passavam toda a noite fora nos bosques "celebrando May" no velho sabá de *May Eve*; e Christina Hole, em seu *English Folklore*, cita que os "mascarados" de Northamptonshire — os dançarinos folclóricos que usam fantásticas vestimentas — são chamados de "homens bruxos" até hoje. Tais exemplos multiplicam se.

É claro que o clima inglês nem sempre permitia essas reuniões ao ar livre nos campos; e creio que neste caso eles provavelmente aconteciam em algum celeiro, ou no salão de uma casa grande cujo dono fosse ligado à bruxaria. No país Basco de Pays de Labourd em 1609, o investigador oficial do Parlement de Bordeaux, Pierre de Lancre, ficou horrorizado em descobrir que o sabá às vezes era realizado na igreja local, aparentemente com o total consentimento do padre. Ele ficou particularmente escandalizado em saber quantos padres bascos eram simpatizantes da Antiga Religião.²

Frequentemente narram-nos contos de horror de encontros de bruxas em adros, e de bruxas que, nas palavras de Robert Burns, "nos adros renovam seus laços *'owre howkit dead'*". Mas antigamente era comum haver comemorações no adro. Naquela época o adro não era, como é hoje, um lugar com túmulos, mas simplesmente um gramado verde. Em *Looking for History in British Churches*,³ de M. C. Anderson, podemos perceber que era provável que nos velhos tempos se dançasse no adro, e o autor afirma que não era a prática construir túmulos às pessoas lá enterradas. "As pessoas importantes eram enterradas sob tumbas esculpidas dentro da igreja.... antes do século XVII os pequenos permaneciam anônimos na morte."

Eileen Power, em seu livro *Medieval People*,⁴ diz, a respeito dos camponeses:

> Eles costumavam passar os feriados dançando e cantando e bufoneando, como o povo rural sempre fez até a nossa idade mais desanimada, mais inibida. Eles eram muito alegres e não eram refinados, e o lugar que sempre escolhiam para suas danças era o adro; e infelizmente as canções que eles cantavam enquanto dançavam numa roda eram antigas canções pagãs de seus antepassados, que restaram das antigas festas de *May day*, que eles não se esqueceram, ou obscenas canções de amor que a Igreja repugnava. Os conselhos da Igreja frequentemente reclamavam que os camponeses (e às vezes os sumos sacerdotes, também) estavam cantando canções imorais junto a um coro de mulheres dançarinas, ou celebrando com 'baladas e danças malignas e libertinas como se estivessem seduzidos pelo diabo'; os bispos repetidamente proibiam essas canções e danças; porém em vão. Em todos os países da Europa, desde a Idade Média até a Reforma, e depois desse período, os camponeses continuaram cantando e dançando no adro.

Ela continua:

> Outra história posterior, conta a respeito de um padre em Worcestershire que foi mantido acordado a noite toda por pessoas dançando em seu adro, e cantando uma canção com o refrão 'Sweetheart have pity' ('Querido tenha piedade'), de forma que ele não conseguia mais tirá-la da cabeça, e na manhã seguinte durante a Missa, em vez de dizer 'Dominus vobiscum', ele disse, 'Querido tenha piedade', e foi um escândalo terrível que se transformou em uma crônica.⁵

---

2. De Lancre, de Tableau de l'Inconstance des, Paris, 1612.
3. John Murray, 1951.
4. Penguin Books, 1951.
5. A crônica em questão era a de Giraldus Cambrensis, *Gemma Ecclesiastica*. pt. 1, c. XLII.

Porém, eu nunca ouvi falar que nos dias de hoje um encontro de bruxas tenha ocorrido em um adro; creio que esses sensacionalistas, que descrevem as bruxas da atualidade reunindo-se em cemitérios, estão supondo e sua suposição está alguns séculos atrasada.

Atualmente, as reuniões de bruxas podem ocorrer em qualquer lugar que seja conveniente, e somente é permitida a presença de pessoas que tenham sido iniciadas na bruxaria. Os reais procedimentos muito provavelmente desapontariam aqueles que se nutriram de contos de sacrifícios de sangue, orgias de embriaguez, ritos obscenos, etc., etc. As bruxas não praticam sacrifícios de sangue, e apenas chamariam seus ritos de "obscenos" aos tipos de mentes que consideram "diabólica" toda a identificação com os Antigos Deuses e seus símbolos. Por outro lado, há pessoas que consideram muitas das crenças e práticas da Igreja como um insulto à Divindade; por exemplo, uma vez uma mulher disse-me que considerava o Serviço de Matrimônio da Igreja da Inglaterra tão repugnante que ela não suportaria submeter-se a ele. Esses assuntos dependem muito do ponto de vista de cada um.

O ato de tomar vinho durante os ritos faz parte da cerimônia; e normalmente consiste em no máximo dois cálices, e não se destina a fazer "escárnio" de nada ou ninguém, menos ainda de uma "Missa Negra". Na verdade, as bruxas dizem que seu rito de "Bolos e Vinho" (uma refeição ritual na qual são consagrados e compartilhados bolos e vinho) é muito mais antigo do que a cerimônia cristã, e que na realidade os cristãos é que copiaram os ritos das religiões mais antigas. Tendo em vista o fato de que tais refeições rituais são conhecidas por no passado terem feito parte dos Mistérios da deusa Cybele, e que, de acordo com Arthur Avalon em *Shakti e Shakta*, os Tântricos da Índia, que também são adoradores de uma grande Deusa Mãe, participam de uma refeição ritual semelhante, parece que há fundamentos para essa afirmação.

No passado, disseram-me, cerveja ou *mead* poderiam ser usados no lugar de vinho, ou qualquer bebida que tivesse um efeito estimulante, porque isso representava a "vida". Gostaria de saber se foi por isso que Shakespeare usou a expressão "bolos e cerveja" (*cakes and ale*) como um sinônimo para diversão tão desaprovada pelos pios.

É tradicional que o fogo, de alguma forma, geralmente uma vela, esteja presente no altar, e será colocado no meio e também ao redor do próprio círculo. Este círculo é desenhado com a ideia de "conter" o "poder" que é gerado dentro dele, ou melhor, de focalizá-lo, de forma que algum fim possa ser alcançado pela sua criação. Essa concentração de forças é chamada de "O Cone de Poder."

O incenso também é utilizado, e eu li na literatura Espiritualista que alguns médiuns consideram que o "poder" é produzido pelas chamas, por uma tigela de água e pelo incenso. Todos esses itens estão presentes no altar das bruxas. Uma vez tirei uma foto num local de reunião de bruxas durante a realização de um rito; ela deliberadamente não incluía nenhum dos presentes, mas apenas o altar, etc. e parte do círculo. Quando a fotografia foi revelada exibia uns "extras" em forma de fitas, algumas das quais pareciam proceder das velas. Certifiquei-me de que não houvesse nada na composição das velas que pudesse ter ocasionado este fenômeno, e nem havia nada errado com minha máquina fotográfica. Uma cópia dessa fotografia está em exibição no museu.

O grande reservatório de "poder", de acordo com as bruxas, é o corpo humano. Os espiritualistas geralmente compartilham essa crença. Não pretendo abordar os meios práticos para gerar e direcionar este "poder"; mas está provado por algumas das pesquisas da ciência moderna, que não é uma mera fantasia acreditar em sua existência. O jornal de radiestesia, *The Pendulum*, de março de 1956, trouxe um artigo chamado "Raios de tecido vivo", de Thomas Colson, do *Electronic Medical Digest*. Ele dizia que o Professor Otto Rahn da Universidade de Cornell havia descrito em uma reunião da Associação Americana para o Avanço da Ciência, em Syracuse, Nova Iorque, como as células de fermento podem ser mortas por uma pessoa olhando-as fixamente por alguns minutos. As células de fermento foram colocadas em um prato de vidro e posicionadas próximas aos olhos da pessoa. O professor explicou que certos raios emitidos do olho humano eram capazes de produzir esse resultado. Há muitos anos, disse ele, os cientistas relatavam descobertas que os seres vivos produzem raios ultravioletas. Descobriu-se que no corpo humano eles partem de músculos em ação e do sangue.

> Os raios emitidos da ponta dos dedos de várias pessoas em Cornell mataram o fermento imediatamente. Descobriu-se que a ponta do nariz era um excelente "tubo" de ultravioleta. Em segundo vinha o olho. Raios humanos nem sempre são prejudiciais. Partindo de algumas pessoas eles são benéficos a pequenas plantas. Parece não haver nenhuma diferença no tipo, mas o volume difere. Em grandes quantidades, é letal ao fermento. Uma mesma pessoa pode emiti-los em taxas diferentes. Ele pode ser 'mortal' em um momento e 'benigno' em outro. A mão direita parece irradiar mais que a esquerda, até mesmo em canhotos....

> Estes raios do corpo parecem ser emitidos fortemente pelas partes do corpo que se renovam mais rapidamente, como as palmas das mãos e as solas dos pés... As pontas dos dedos emitem essa energia intensamente... As costas emitem menos energia e o abdome e tórax um pouco mais. Os órgãos sexuais em ambos os sexos e os seios nas mulheres emitem estes raios fortemente.

> A primeira prova científica de que há um campo elétrico pessoal, um tipo de aura elétrica no ar que está dentro e ao redor de um corpo

vivo, foi anunciada no Terceiro Congresso Internacional de Câncer. O relatório foi elaborado pelo Dr. Harold S. Burr, da Universidade de Yale... os olhos humanos são poderosas baterias elétricas. Essa descoberta, mostrando que cada globo ocular é uma bateria independente, foi anunciada à Academia Nacional de Ciências em 1938 pelo Dr. Walter H. Miles, patologista da Universidade de Yale... O fato de que os olhos produzem eletricidade é conhecido pela ciência desde 1860, quando foi descoberto em rãs, mas a fonte dessa energia elétrica, suas variações e especialmente seu alto poder em seres humanos é pouco conhecido.

O trecho acima dá sentido à tradicional nudez ritual das bruxas. Aos seus oponentes cristãos, essa prática era mera falta de pudor; mas os estudantes de religião comparativa sabem que, além de ser em razão da prática mágica mencionada anteriormente, a nudez em cerimônias religiosas é uma prática mundial e muito antiga. Esta é mais uma indicação de que a Bruxaria deriva da mais remota antiguidade.

Pode parecer estranho que um dia as crenças das bruxas e as descobertas dos homens da ciência entrem em um domínio onde possam encontrar-se e tocar-se, contudo esta não seria a primeira vez que tal fato haveria ocorrido. O médico que introduziu o uso de digitais na prática médica comprou o segredo de uma bruxa de Shropshire, depois de interessar-se por suas curas com ervas.

A crença das bruxas de que "o poder" reside dentro delas próprias, e que seus ritos servem para trazê-lo à tona, é a principal diferença entre elas e os praticantes de "magia cerimonial", negra ou branca. A segunda se dá pela invocação ou evocação de espíritos, às vezes de demônios, a quem tentam compelir a servi-los. Não é assim que as bruxas procedem, entretanto elas acreditam que espíritos prestativos, humanos ou de outra espécie, venham por vontade própria auxiliar nos ritos, e que os presentes que tenham "a Visão" (por exemplo, clarividência) desenvolvida podem ver tais espíritos.

Uma crença popular acerca da bruxaria, que todavia é errônea, é a ideia de que o número de pessoas em um *coven* de bruxas deve ser 13. Na verdade, pode consistir em mais ou menos que 13 pessoas; mas 13 é considerado o número ideal. Talvez seja porque é o melhor número de pessoas para trabalhar no tradicional círculo de nove pés das bruxas; seis casais e um líder. Ou talvez seja porque bruxaria é um culto à lua, e há 13 luas em um ano e 13 semanas em cada trimestre, cada trimestre do ano tem o seu sabá. Os quatro grandes sabás são: *Candlemas, May Eve, Lammas e Halloween*; os equinócios e solstícios[*] também são celebrados, totalizando Oito Ocasiões de Rituais, como as bruxas assim os chamam. Nos grandes sabás todos os *covens* que pudessem reunir-se assim o fariam; mas além destes grandes Sabás, eram realizadas reuniões menores chamadas Esbás. A palavra "Esbás" pode ter sido originada do francês antigo "s'esbattre", que significa brincar, divertir-se. Tradicionalmente, o Esbá é a reunião do

---

[*] N. do T.: Lembramos que os equinócios e solstícios divergem quanto a data de comemoração de acordo com o hemisfério no qual o leitor se situa.

coven local para discutir assuntos locais, ou simplesmente para diversão e é, ou deveria ser, realizado na lua cheia.

Como poderia ser esperado de um culto à lua, o papel principal nas cerimônias é desempenhado pela Suma Sacerdotisa, ou Donzela. Ela ocupa uma posição de autoridade, e pode escolher qualquer homem à sua altura no culto para ser o seu Sumo Sacerdote. Na França, a Donzela às vezes era chamada de *La Reine du Sabá*, na Escócia parece ter sido chamada de rainha de Elphame (Fada), e um antigo conceito das bruxas afirma que "ela transforma em rei qualquer homem que lhe agrade".

Com exceção da teoria de que as "fadas" eram de fato o povo primitivo dos campos, (ver termo específico em *Bruxaria Hoje*) aborígines de baixa estatura e cor escura, expulsos pelos invasores no Início da Idade do Ferro, sobre os quais discorri em *A Bruxaria Hoje*, há outra conexão entre elas e as bruxas. Na mente popular, depois do advento do Cristianismo, o Antigo Paraíso Celta, para o qual as almas dos pagãos iam quando morriam, tornou-se o "Reino das Fadas", e o Deus e Deusa que reinavam no Outro Mundo tornaram-se as deidades das bruxas, que se mantinham na Antiga Religião, e também eram considerados o rei e a rainha das Fadas. Por isso, a Suma Sacerdotisa de um *coven* de bruxas, que é considerada a viva representação da Deusa, certamente seria chamada de "a rainha Elphame".

O "País das fadas" original era o paraíso pagão, e as "fadas" dos romances antigos eram muito diferentes das delicadas criaturas em miniatura de contos posteriores e das histórias para crianças, criadas quando seu significado original havia sido esquecido. Isso fica claro pelas descrições dadas pelo velho poema inglês anônimo, *Sir Orfeu*, cujo mais antigo manuscrito data do início do século XIV. Ele é reminiscente da história grega de Orfeu e Eurídice, mas com um final feliz em vez de trágico, e contém uma excelente descrição da *The proude courte of Paradis* na qual aparentemente entrava-se por uma colina oca ou caverna rochosa, e de seus regentes, "O rei das fadas com seu exército", e sua rainha, a Deusa Branca; "Seus dias eram tão brancos quanto o leite" e brilhavam tanto que Orfeu mal podia contemplá-los.

A. E. Waite, na introdução de *Elfin Music, an Antology of English Fairy Poetry*,[6] diz: "Na era Elizabetana as fadas da superstição gótica eram geralmente identificadas com as clássicas ninfas servas de Diana, enquanto a rainha élfica era a própria Diana, e era chamada por um dos nomes dessa deusa, isto é, Titânia, o qual encontra-se em *Metamorfoses** de Ovídio, como o título para a rainha uraniana. Ele afirma mais adiante que "... a fada original da poesia e ficção frankiana era simplesmente uma pessoa do sexo feminino iniciada nos mistérios e maravilhas da magia."

Um terceiro ingrediente dos contos de "fadas" é, certamente, os espíritos não humanos da natureza que algumas pessoas afirmam poder ver, e

---

6. Walter Scott, 1888.
* Publicado no Brasil pela Madras Editora, 2003.

é fascinante para o estudante de folclore desembaraçar as diferentes fibras que entrelaçam as velhas histórias e crenças.

O Sumo Sacerdote de um *coven* de bruxas é, como já vimos, escolhido pela Sacerdotisa. Ele é a pessoa a quem os inquisidores e caçadores de bruxas dos velhos tempos chamavam "o Diabo", referindo-se a um diabo sobrenatural ou, então, à sua viva representação. As bruxas são constantemente acusadas de "adoração ao Diabo". Então, quando usamos a palavra "Diabo", qual é a imagem que automaticamente se forma na maior parte das mentes humanas? Não seria a imagem de um ser de aparência estranha o qual parece ser parte humana e parte animal, possuindo grandes chifres na cabeça, e um corpo coberto de pelos, embora tenha face humana? Você já parou para pensar por que essa imagem automaticamente lhe vem em mente nessa forma? Não há um único texto na Bíblia que descreva "o Diabo" ou "Satanás" desta maneira. O único lugar no qual se encontrará a descrição de tal personagem será, curiosamente, entre os deuses dos povos antigos.

Aqui se encontram inúmeros deuses corníferos, e às vezes deusas de chifres também, que no entanto não eram seres do mal, mas deidades benéficas aos homens. A razão pela qual as pessoas imaginam "o Diabo" dessa forma é porque desde os tempos mais remotos a Igreja ensinava que o antigo Deus que possuía esses atributos era inimigo do Deus cristão, e assim sendo, deveria ser o Satanás; e as pessoas acostumaram-se tanto a este conceito que nunca pararam para questioná-lo.

Fica evidente por meio de antigas descrições e imagens (as mais antigas são as pinturas rupestres encontradas em Ariege na famosa Caverna de Trois Freres, feitas por homens da Idade da Pedra), que o Sumo Sacerdote, que era o representante de deus, às vezes usava um disfarce ritual, que consistia em um ornamento na cabeça com chifres de veado ou touro, uma túnica de pele de animais; e às vezes, também, uma máscara que escondia sua feição. Este costume parece ter sido particularmente observado nos grandes Sabás, quando muitas das pessoas que se reuniam do lado de fora do círculo não eram iniciadas nos mistérios das bruxas, mas vinham "buscar sorte" (receber a bênção dos antigos deuses) ou simplesmente divertir-se. Isso tornava o processo mais impressionante e seguro, pois, se o representante do deus estivesse mascarado e disfarçado, ele não poderia ser reconhecido. O ser corniféro, sutilmente iluminado pelo luar ou pelas tochas de fogo, pareceria aos forasteiros tratar-se de um ser sobrenatural, e os iniciados não revelariam sua identidade. Quando apenas os iniciados estavam presentes, não havia tanta necessidade do disfarce ritual, assim o costume de usá-lo tendia a diminuir.

Notar-se-á que a bruxaria é um sistema que envolve magia e religião. Esta por si só é uma indicação de uma época notável, porque em tempos primitivos a magia e a religião eram intimamente interligadas. O Sumo Sacerdote também era o mago, e o mago também poderia exercer o papel de um Sumo Sacerdote. Sem dúvida, considerando-se este fato, muitos ritos religiosos atualmente são direcionados ao que poderíamos chamar de objetivos mágicos. Qual é a diferença básica, por exemplo, entre orações para trazer chuva, ou uma boa colheita, e os velhos ritos da fertilidade, os quais eram direcionados para a mesmo finalidade? E por que um rei ou uma rainha devem submeter-se ao ritual da coroação? A diferença entre orações da Igreja e um rito de fertilidade parece estar no fato de o segundo basear-se no princípio de que "Deus ajuda aqueles que ajudam a si próprios", e o primeiro contentar-se apenas com uma petição. A questão da necessidade de um ritual de coroação traz consigo a ideia de um rei ou rainha divinos os quais têm atraído a atenção de antropólogos por muitos anos. A ideia de que haja uma ligação entre religião e magia pode ser repudiada com indignação por alguns crentes ortodoxos; não obstante, ambos originam-se da mesma raiz.

Como expliquei em meu livro anterior, há certos segredos da bruxaria que não posso revelar em razão do meu juramento; mas muitas pessoas escrevem-me dizendo: "Você disse em seu livro *A Bruxaria Hoje* que todos os antigos mistérios eram basicamente os mesmos; assim sendo, como todos nós sabemos que antigos Mistérios eram estes, sabemos exatamente quais são os segredos das bruxas. Então por que você não escreve outro livro contando tudo?"

Ora, embora os autores antigos que foram iniciados em inúmeros Mistérios concordem que eles eram basicamente os mesmos, e autores modernos estão até certo ponto de acordo sobre que segredos eram estes, duvido muito que qualquer um deles tenha percebido um motivo por trás deles, "o que os faz funcionar" de fato; e o que faz com que as coisas funcionem é o segredo das bruxas. Penso que este provavelmente também tenha sido o segredo prático dos antigos Mistérios.

Porém, não serei levado a descumprir minha palavra dessa forma; uma declaração que, espero, fará com que meus correspondentes mais agressivos economizem selos e papéis de carta. Certa parte das pesquisas atuais da física, arqueologia, antropologia e psicologia começam a convergir de forma a ir gradualmente revelando fatos a respeito de antigas crenças e seus efeitos na evolução humana que ainda não haviam sido percebidos. Minha esperança é que este livro seja uma contribuição útil a essas linhas de pesquisa, e talvez ajudará nessa convergência.

Em 1º de março de 1956, o Major Lloyd-George, então Secretário da Casa, respondendo a uma pergunta na Câmara dos Comuns, disse que a Magia Negra era uma ofensa ao direito comum. Quando pressionado por membros do parlamento para definir magia negra, ele disse, "é o oposto de magia branca — (ao mesmo tempo ouvia-se gargalhadas e risinhos irônicos) — que é realizada sem a ajuda do diabo, então eu presumo que a outra seja realizada com a sua ajuda.

Se essa definição for aceita, então bruxaria autêntica certamente não é magia negra, porque as bruxas nem mesmo acreditam no diabo, muito menos o invocam. O Antigo Deus Cornífero das bruxas não é o Satanás do Cristianismo, e não há argumento teológico que fará com que seja. Na verdade, ele é a mais antiga deidade conhecida pelo homem, e está pintado na mais antiga representação de uma divindade já encontrada, a saber as pinturas da Idade da Pedra encontradas nas mais profundas entranhas da Caverna Trois Freres em Ariege. Ele é o antigo deus fálico da fertilidade que veio dos primórdios do mundo, e que já era de imensurável antiguidade antes do Egito e da Babilônia, quanto mais da era cristã. E ele não pereceu diante do grito que O Grande Pan estava morto. Secretamente através dos séculos, escondendo-se cada vez mais com o passar do tempo, sua adoração e a da Deusa da Lua nua, sua mãe, Senhora do Mistério, da Magia e das alegrias proibidas, continuou às vezes entre os notáveis da terra, às vezes em humildes chalés, ou em campos solitários e nas profundezas de bosques escuros, em noites de verão na lua cheia. Sim, ele continuou.

De tempos em tempos são apresentadas ao público, pela imprensa popular e outros meios coloridos e nada convincentes, "revelações" sobre "Magia Negra", "Satanismo" e assuntos semelhantes, e ocasionalmente faz-se uma associação destes com a bruxaria. Deixe-me declarar imediatamente que mantenho uma atitude de ceticismo completo a respeito desses assuntos, e mesmo se eles existirem considero que não tenham nenhuma relação com a sobrevivência da bruxaria. Supostas "confissões", especialmente quando a bruxaria é mencionada, evidenciam amplamente sua própria vulgaridade, pelo fato de obviamente seguirem o modelo de filmes de terror sensacionalistas e revelarem total desconhecimento das práticas genuínas de bruxaria.

A realidade é mais profunda que isso. Pessoas, especialmente camponeses, relutam em falar sobre isso; mas creio que ninguém pode estudar folclore por muito tempo neste país sem convencer-se da incrível vitalidade e tenacidade das antigas crenças.

A opinião do morador das cidades é normalmente equivocada em suas conclusões sobre a bruxaria, por ter sido mentalmente alimentada por essas supostas "revelações" mencionadas acima, ou por obras que associam a bruxaria com uma crença estranha vagamente conhecida como "Satanismo", a qual supõe-se que seja, ou tenha sido, um culto ao mal e nada mais. Eu sugiro que esta seja uma visão irracional, e que tem sido propagada por pessoas sem qualificação, com tendência ao sensacionalismo ou por uma perspectiva cega de fanatismo religioso. O homem e a mulher do campo preservam uma crença por séculos porque acreditam lhes ser útil, ou porque eles têm alguma satisfação nisso. É claro que o benefício que tiram dessa crença pode não nos parecer altamente ético. Não obstante, apenas um maníaco cultivaria o mal deliberadamente.

As crenças mágicas, entre as quais bruxaria é uma forma, baseiam-se no fato de que poderes invisíveis existem, e que, através da realização de um ritual apropriado, estes poderes podem ser contatados e influenciados e até mesmo forçados ou persuadidos a ajudar uma pessoa de algum modo. As pessoas acreditavam nisso na Idade da Pedra, e ainda acreditam, de forma consciente ou não. Hoje sabe-se que a superstição é, na realidade, um ritual violado.

Os poderes invisíveis que mais interessaram ao homem nos primórdios de sua história foram os poderes da fertilidade e do contato com o espírito do mundo; da Vida e da Morte. Estes são os poderes básicos que tornaram-se as divindades das bruxas, e a sua adoração é tão antiga quanto a própria civilização. O significado de bruxaria pode ser encontrado, não em estranhas teorias religiosas sobre um Deus e Satanás, mas nos níveis mais profundos da mente humana, no inconsciente coletivo e nos primeiros desenvolvimentos da sociedade humana. É a profundidade das raízes que preserva a árvore.

Capítulo II

Memórias e Crenças Sobre as Bruxas

Muitas pessoas têm me escrito dizendo que gostaram do meu livro, *A Bruxaria Hoje*, e pedindo que eu escreva mais sobre o culto. A dificuldade é, como expliquei no livro anterior, que a bruxaria tornou-se uma das religiões secretas na qual as pessoas podem expressar seus maiores desejos e aspirações sem serem ridicularizadas; a reverência aos arquétipos que, surgindo dos níveis profundos do inconsciente, tão estranhamente inspiram nossa alma. Creio que isso seja uma verdadeira forma de religião, já que é natural; embora a constante agressão e condicionamento da mente possam embotar a percepção, e fazer com que as pessoas fechem sua intuição nas profundezas do ser.

Com a Antiga Religião vem o conhecimento de um tipo de magia, sempre difícil de aprender, ainda mais nos dias de hoje, quando tudo é contrário a este aspecto; mas que mesmo assim existe como um segredo bem guardado. A Magia em si própria não é branca nem negra, ruim ou boa; o que importa é a maneira como é usada e a intenção ou o conhecimento por trás dela.

Outras pessoas escrevem-me pedindo que eu exponha mais completamente minhas ideias sobre as origens da bruxaria, e a única verdadeira resposta que posso dar é: "eu não sei"; mas tenho pesquisado muito sobre o assunto, e este livro é amplamente o resultado. Isso é apenas o que eu penso, não o que sei, pois não posso imaginar como alguém possa investigar os primórdios. É provavelmente algo assim: homens muito primitivos, ainda muito assemelhados aos animais, viviam felizes e despreocupados até que foram ameaçados pela lenta chegada de uma era glacial. As árvores foram crescendo cada vez mais finas, e tornou-se mais difícil adquirir comida. O andar desajeitado do homem devia assemelhar-se ao dos macacos, talvez às vezes até mesmo andasse de quatro; mas, quando a neve chegou, ele descobriu que caminhando na vertical manteria suas mãos mais quentes, e poderia enxergar mais longe. A posição vertical afetou o funcionamento de seu cérebro que ficou mais aguçado. Sua fala melhorou, e com isso suas ideias. O frio extinguiu muitos frutos dos quais se alimentava, forçando-o a congregar-se em cavernas, sair em bandos para caçar e aderir a uma dieta cada vez mais carnívora. O ritual pode ter originado-se com a descoberta do fogo. Fez-se algo e surgiu uma chama mágica, um espírito a ser comandado. Ou pode ter originado-se do costume de dançar para celebrar uma caça bem-sucedida.

A realização de certos ritos era destinada a trazer boa sorte, induzir uma boa caça e aumentar seu poder sobre ela. Então, lentamente, certas pessoas se habituaram a praticar os ritos, e formou-se algo como um sacerdócio; isto é, eles descobriam quem eram as pessoas que possuíam mais habilidade para magia e as usavam. A dança era o principal método utilizado, imitando a perseguição e o abate da caça. Mais tarde, quando tornaram-se criadores de gado e não tão dependentes da caça, tomou a forma de dança da fertilidade. Então veio o animismo, e talvez a adoração aos fenômenos naturais, à lua, às estrelas e ao sol.

A magia foi considerada um truque bem guardado pelo mágico primitivo. Assim sendo, talvez seja o truque de fazer algo de forma a acarretar um resultado. Os pilotos que detonam bombas não têm habilidade para fazer a bomba; eles fazem uso inteligente de uma certa força que eles não compreendem totalmente; e isso é magia. Se eles fizerem mau uso dessa força, e detonarem a bomba em seu próprio avião, correm o risco de autodestruição. Isso também acontece na magia; você tem de saber manter-se afastado dos efeitos.

As tradições das bruxas simplesmente lhes dizem que elas sempre existiram; mas que chegaram onde estão agora da Terra do Verão em um passado distante. Quando questionadas a respeito de onde se localiza a Terra do Verão, elas não sabem responder; mas parece ser um lugar cálido e feliz, o Paraíso Terrestre a respeito do qual todas as raças da humanidade têm uma lenda, e à procura do qual tantos aventureiros arriscaram suas vidas. (A propósito, notar-se-á na lenda galesa "Gwlad yr Hay", que "a Terra do Verão" é o Outro Mundo Celta, e também o lugar de onde provêm os antepassados de Cymir.)

As bruxas dizem também que surgiram porque o homem desejava ritos mágicos para caçar; ritos apropriados para aumentar os rebanhos, assegurar uma boa pesca, tornar as mulheres férteis; e, mais tarde, ritos para uma boa lavoura, etc., e o que quer que o clã precisasse, inclusive para receber ajuda para curar os doentes em tempos de guerra, realizar e presidir os grandes e pequenos festivais, conduzir o culto de adoração à Deusa e ao Deus Cornífero. Elas consideravam bom o fato de o homem dançar e ser feliz, e que esta adoração e iniciação fossem necessárias para que ele obtivesse um lugar favorável no Além-Mundo e uma reencarnação na sua própria tribo, entre aqueles a quem amou e por quem foi amado, dos quais ele se lembraria, e a quem conheceria e amaria novamente. Elas acham que nos velhos e bons tempos toda tribo considerava isso óbvio. As bruxas eram sustentadas pela comunidade, e trabalhavam gratuitamente para todos os que pediam sua ajuda. (Um Serviço de Saúde Nacional primitivo?) Isso se deve em parte a uma forte tradição das bruxas que diz que elas nunca podem aceitar dinheiro para praticar sua arte; ou seja, elas nunca devem ser contratadas.

Como trabalhavam para o bem da tribo, elas tendiam a apoiar um poderoso chefe ou rei, alguém que cuidasse para que as leis fossem observadas, para que todos tivessem o seu quinhão, e fizessem o seu trabalho corretamente. Por essa razão, tendiam a ter aversão à política; elas consideravam ruim qualquer coisa que fizesse a tribo lutar entre si.

Elas acham que não foram druidas, mas representantes de uma fé mais antiga; que os druidas eram um sacerdócio masculino bom e forte que adorava o sol durante o dia, e tinham tendências políticas, enquanto as bruxas adoravam a lua à noite. É quase como se os Druidas fossem os bispos, etc. que frequentavam a Casa dos Lordes e faziam as leis, e tinham uma religião mágica, e as bruxas os padres que se mantinham fora da política e possuíam sua própria forma de religião e magia.

Deve-se entender claramente que a bruxaria é uma religião. Seu deus patrono é o Deus Cornífero da caça, da morte e da magia que, assemelhando-se ao Osíris Egípcio, reina no Além-Mundo, seu próprio Paraíso, situado em uma colina oca, ou então em um lugar onde só é possível atingir atravessando-se uma caverna, de onde ele dá boas-vindas aos mortos e designa seus lugares; onde serão preparados, de acordo com seus méritos e sabedoria, para renascer em um novo corpo nesta terra, através do amor e poder da Deusa, a Grande Mãe que também é a Virgem Eterna e a Feiticeira Primordial, aquela que dá o renascimento, a transmutação e o amor a esta terra, e pelo ritual em seu louvor consegue-se o poder necessário para que isso aconteça. Elas acreditam que o Deus e a Deusa as ajudam a realizar sua magia, assim como elas os ajudam conferindo-lhes poder por meio de suas danças e de outros métodos. Na verdade, elas parecem considerar seus deuses mais como poderosos amigos do que como divindades a serem adoradas.

Para elas o conceito de um Deus Todo-Poderoso, que simplesmente por dizer, "Haja paz. Que não haja doença ou miséria", fizesse com que todas as guerras, doença e miséria cessassem, mas por motivos próprios não dissesse essas palavras, mantendo os homens na miséria, medo e necessidade, não é digno de adoração. Elas têm a clara percepção de que deve haver algum grande "Motor Principal", uma Divindade Suprema; mas acreditam que se Ela não lhes concede meios de conhecê-la, é porque não quer ser conhecida; e também, possivelmente, em nossa atual fase de evolução somos incapazes de compreendê-la. Assim sendo, Ela designou o que poderia ser chamado de vários deuses menores que se manifestam como os deuses tribais dos diferentes povos; como o Elohim dos judeus, por exemplo, que os fez à sua própria imagem ("Elohim" é um substantivo plural), "Ele os fez masculino e feminino"; Ísis, Osíris e Hórus dos egípcios; a "palavra composta" de certos iniciados, "Maben" que é MA, AB, BEN, ou "Mãe, Pai e Filho"; e o Deus Cornífero e a Deusa das bruxas. Elas não veem razão para que as pessoas não adorem seus deuses nacionais, ou para alguém procure impedir que isso aconteça. Isso sempre as fez ter uma visão negativa das missões, sejam as da Igreja ortodoxa ou de totalitários como os comunistas. Elas acham que muitas das dificuldades deste mundo são causadas por essas organizações que são formadas para fazer as pessoas agirem e acreditarem no que não querem, e impedir-lhes que façam e acreditem no que quiserem.

Normalmente diz-se que para se tornar uma bruxa a pessoa precisa renunciar ao Cristianismo; esta afirmação não é verdadeira; mas elas naturalmente não receberiam em seu grupo um cristão muito estrito. Elas não creem que o real Jesus fosse literalmente o Filho de Deus, mas estavam prontas a aceitar que ele era um dos iluminados, ou homens santos. É por essa razão que as bruxas não se consideravam hipócritas por irem à igreja "na época da perseguição" e louvarem a Cristo, especialmente porque tantos mitos de antigos heróis solares foram incorporados ao Cristianismo; e outras poderiam curvar-se à madona que se assemelha à sua deusa celeste. Nos tempos antigos, frequentar a igreja era obrigatório por lei, e a ausência era punível e perigosa, por despertar suspeita; mas esse fato é mais recente.

É preciso que se entenda que as bruxas, ou bruxos, foram, nos últimos dois mil anos, quando menos as sacerdotisas da aldeia, as mulheres e homens sábios, etc. Elas realizavam os ritos que traziam prosperidade à comunidade; de uma forma diferente, mas não oposta, à religião oficial que no princípio era o Druidismo. Então os druidas da Bretanha entraram em contato com os primeiros missionários cristãos que podem ter sido conduzidos por José de Arimateia. Eles já possuíam há muito tempo um deus chamado Hesus, e a tradição de uma criança divina, portanto não foi difícil aceitarem o ensinamento cristão primitivo. Isso os influenciava a afastarem-se da bruxaria, mas não há evidência de qualquer antagonismo entre eles.

Então começaram as invasões, primeiro as romanas e depois as saxônicas. Os reis, nobres, e os druidas cristianizados sofreram intensamente, e muitos fugiram para a Irlanda e Escócia, como fizeram muitos artesãos, joalheiros, etc. (e grande parte da maravilhosa arte irlandesa foi obra desses artesãos britânicos); mas, ao contrário do que se pensa frequentemente, a maioria da população permaneceu em suas aldeias. Os saxões, a princípio pagãos, foram convertidos ao Cristianismo por missionários de Roma, e algumas leis contra a bruxaria foram criadas.

Após a Conquista Normanda, os saxões tornaram-se uma raça de servos subordinados a mestres normandos. Mais tarde, as duas raças tenderam a misturarem-se e casarem-se, tornando-se ingleses em vez de britânicos e saxônicos. Não há traços de costumes saxônicos na bruxaria...; mas quando os normandos chegaram, possuíam uma tradição de algo parecido com a bruxaria. Se essa proveio da Noruega ou da Gália não estou certo, mas indubitavelmente existiu. De qualquer modo, os britânicos sempre consideraram os saxões como opressores que haviam roubado tudo o que havia de melhor em seu país, e as bruxas os repugnavam porque eles criaram leis contra bruxaria, portanto ambos divertiam-se em ver os saxões sendo tiranizados ao seu redor.

Os saxões eram trabalhadores, teimosos, cabeças-duras, impassíveis que permaneciam fixos em seus lugares e pagavam impostos pesados, enquanto os "bretões" que restaram eram propensos a andar sem destino, a vagar como ciganos, a caçar e lutar e facilmente aceitavam trabalhar para os normandos. Eram bons soldados mercenários, levavam uma vida severa e gostavam de lutar.

O Cristianismo pouco pressionou os normandos. Eles eram originalmente o que no Oriente é chamado de "cristãos de arroz". Seus pais haviam recebido terras do rei francês a fim de manter outros piratas distantes, com a condição de que aceitassem o batismo. Há poucos anos, na China, Feng Hu Sang, o general cristão, costumava batizar suas tropas molhando-as com mangueiras enquanto marchavam, e como Charlemagne atravessava rios com as tribos pagãs sob sua espada apontada, tendo acima um bispo abençoando-a. Tais conversões em massa são propensas a não serem muito autênticas. Mas o Cristianismo era naquele momento algo com que, embora você pudesse não acreditar ou claramente entender, teria que se conformar caso seu rei fosse um cristão convertido e abandonar seus deuses pagãos, declarando-os diabos. Seria fácil fazê-lo, pelo menos da boca para fora; mas crenças e costumes de séculos não são alterados tão rapidamente.

William, o Conquistador, havia sabiamente proclamado-se soberano da Igreja, e designou seus próprios bispos; mas como a igreja romana havia tornado-se mais poderosa, insistiu em nomear bispos não ingleses a todos os cargos financeiros. Esses e outros assuntos levaram alguns dos normandos a voltar sua atenção para a antiga fé. Pois sendo tão difícil e caro entrar no céu cristão e evitar o seu inferno, o paraíso das bruxas era simples e agradável, mas era necessário manter essa crença em segredo. Para os homens mais jovens pelo menos, essa tarefa era fácil e romântica. Eles simplesmente sairiam caçando com alguns companheiros fiéis, e se perderiam durante algum tempo na floresta. Indubitavelmente, todo o Castelo saberia seu paradeiro, mas eles não contariam ao "Stoke" (a aldeia saxônia), e o padre nunca saberia, a menos que, como frequentemente acontecia antigamente, ele próprio tivesse participado dos ritos.

Houve várias guerras que assolaram o campo em determinados lugares, mas no restante tudo permaneceu muito estável até que Eduardo I expulsou os judeus. Até então os judeus haviam sido uma raça à parte, eram os comerciantes, agiotas, coletores de impostos e médicos, vivendo principalmente nas cidades, e normalmente casando-se entre si, odiados, mas tolerados pela igreja, sua população mantinha-se baixa devido a massacres ocasionais. Quando o rei Eduardo os baniu da Inglaterra, grandes quantidades que habitavam as grandes cidades deixaram o país indo para terras longínquas;

embora muitos tenham se assentado nos distritos fora da lei, que eram os acampamentos britânicos, os distritos das bruxas. Eles provavelmente já deveriam ter conexões no local. Pelo menos é uma tradição das bruxas que, durante os massacres de judeus, sempre lhes davam abrigo quando era possível, e foi por intermédio desses judeus que as bruxas conheceram a Cabala, e assimilaram muitos conceitos das tradições místicas e mágicas judaicas na qual baseia-se, em grande parte, a magia medieval.

Nem as bruxas nem eu desejamos discutir sobre o certo ou errado do que os cabalistas judeus ensinaram. Tudo o que posso dizer é que há uma tradição das bruxas que diz que estes ensinamentos entre outros eram ministrados e aceitos, a saber, a religião antiga de Israel era a adoração ao Elohim, o Pai Sobrenatural e a Mãe Sobrenatural que haviam criado o homem à Sua imagem, macho e fêmea (Gênesis, Cap. 1, v. 26-28); este mistério foi simbolizado pelos sagrados Pilares Gêmeos, Jachin e Boaz, do Templo de Salomão; mas depois de Salomão surgiram maus padres que perverteram a verdadeira fé, e em vez dos Deuses de Amor, pregavam um Deus solitário de ódio e vingança. Para adquirir poder e riqueza, esses padres haviam cometido muitas pias falsificações na Sagrada Escritura, e assim afastaram os homens da verdade.

Com relação a esse assunto, posso citar um trecho da introdução do livro de L. MacGregor Mathers, *A Kabbalah Revelada**. Sobre o simbolismo do Sefirot, as Dez Emanações da Deidade, ele diz:

> Entre estes Sefirot, juntos e individualmente, nós encontramos o desenvolvimento das pessoas e os atributos de Deus. Destes, alguns são masculinos e outros femininos. Os tradutores da Bíblia, por alguma razão, melhor conhecida por eles próprios, cuidadosamente excluíram a existência e apagaram toda referência ao fato de que a Divindade é masculina e feminina. Eles traduziram um feminino plural por um masculino singular no caso da palavra Elohim. Porém, deixaram uma admissão inadvertida de seu conhecimento do plural em Gen. 1. v. 26, "E Elohim disse: Façamos o homem." Novamente (v. 27), como poderia Adão ter sido feito a imagem do Elohim, masculino e feminino, a não ser que o Elohim também fosse masculino e feminino. A palavra Elohim é um plural formado a partir do feminino singular ALH, Eloh, acrescentando-se IM à palavra. Então considerando-se que IM normalmente é a terminação do masculino plural, neste caso adicionada a um substantivo feminino, que resulta na palavra Elohim, atribui-se um senso de potência feminina unida a uma ideia masculina, sendo assim capaz de produzir um descendente. Atualmente, ouvimos muito falar sobre o Pai e o Filho, mas nada ouvimos sobre a Mãe nas religiões comuns atuais. Mas na cabala descobrimos que o Ancião

---

* Publicado no Brasil pela Madras Editora, 2004.

dos Dias assemelha-se simultaneamente ao Pai e à Mãe, e assim procria o Filho. Portanto, esta Mãe é Elohim. Repetindo, normalmente nos dizem que o Espírito Santo é masculino. Mas a palavra RVCh, Ruach, Espírito, é feminina, como aparece na seguinte passagem do Sefer Yetzirah: "AChTh RVCh ALHIM ChIIM, Achath (feminino, não Achad, masculino) Ruach Elohim Chiim: Ela é o Espírito do Elohim da Vida".

Como mencionei previamente, as bruxas foram muito influenciadas pelos primeiros cristãos celtas e pelos culdees, os druidas que se haviam convertido em cristãos, mas não foram tão influenciadas pelos saxões, que haviam feito as invasões ou pelo tipo de Cristianismo derivado de Roma que denunciava os ritos da bruxaria com fervor puritano. Percebe-se que, assim que os cabalistas começaram a entrosar-se com elas, a Igreja começou a persegui-los. O que parece ter acontecido é que os judeus escondidos se incompatibilizaram com o desconforto das aldeias britânicas, e lentamente começaram a retornar às cidades; mas não se atreviam a se revelarem como judeus. Eles eram obrigados a fingir ser bons cristãos, e não podiam mais ser agiotas. A Igreja, os Templários e os ourives de Lombard haviam assumido este trabalho lucrativo; mas eles em geral poderiam ser médicos e "homens sábios", e muitos deles tornaram-se o tipo que conhecemos como "magos", praticantes de magia cerimonial, vendedores de curas e amuletos e astrólogos experientes, e havia muitas pessoas que procuravam seus serviços.

A astrologia era sempre respeitada; era praticada por muitos clérigos, e a lei nunca os incomodou. A ideia fundamental da astrologia está contida no famoso preceito de Hermes Trismegisto, na Tábua da Esmeralda: "O que está abaixo é como o que está acima e o que está acima é como o que está abaixo para fazer os milagres de uma só coisa", considerava-se que tudo tinha sua assinatura astrológica ou regência, e conhecer as assinaturas astrológicas das ervas e de partes do corpo humano era um importante campo da medicina medieval. A principal autoridade entre os primeiros astrólogos foi Claudius Ptolemy (século II d.C.). Cyril Fana, em seu *Zodiacs Old and New*, diz, "A 'Grande Construção', e os 'Quatro Livros' de Ptolemy foram traduzidos para o árabe e com a invasão moura foram introduzidos na Europa ocidental durante a Idade das Trevas. Esta foi provavelmente a primeira introdução à astrologia clássica da Europa ocidental. Do árabe os livros foram traduzidos para o latim pelos doutores da igreja."

As bruxas tendem a sorrir para magos instruídos, dizendo que eles pouco conseguiriam fazer sem a ajuda de uma bruxa; mas reconhecem que na "terrível era das fogueiras" muitas bruxas foram abrigadas e protegidas pelos magos e astrólogos, e talvez seja esta a razão pela qual elas prestam atenção ao ensinamento dos cabalistas. Concepções astrológicas são parte integrante da cabala hebraica.

Durante o reinado dos reis saxônios, havia leis contra a magia e a bruxaria; mas o castigo normalmente era uma multa ou penitência na igreja, e não há registro de que tenham sido infligidas. O primeiro julgamento por bruxaria registrado na Inglaterra foi no décimo ano do reinado do Rei John, quando a esposa de Odo, o mercante, acusou um Gideão de enfeitiçá-la.

O Gideão foi julgado pelo ordálio do ferro incandescente, e foi absolvido. Como o ordálio do ferro incandescente era algo sério, Gideão foi favorecido pelos padres que conduziram a tortura, e dizia-se que estes tinham seus métodos para proteger seus favoritos do fogo, ou então ele utilizou-se de uma boa magia, possivelmente do tipo auto-hipnose, pois recentes experiências na Universidade de Texas têm produzido resultados notáveis no uso de hipnotismo para o tratamento e cura de queimaduras.

A bruxaria continuou sendo um crime eclesiástico na Inglaterra por muitos anos, que era amplamente relacionado com acusações de negação da existência de uma figura demoníaca; pois a Igreja alegava que o ato de negar a existência da pessoa do diabo era equivalente a uma confissão de ateísmo e a negação das Sagradas Escrituras. Deste modo, inúmeras bruxas foram indubitavelmente condenadas. Eram acusadas de seguirem ou consorciarem-se com "as fadas", ou com Herne, o Caçador, ou Robin Hood, o Diabo. Negar que ele fosse o Diabo era heresia; e muitas pessoas foram levadas à execução por esta razão. Quer dizer, lhes era perguntado, "Você acredita que Herne, ou Robin, ou a rainha de Elphame, como deve ser o caso, seja o Diabo?" Se eles dissessem "Não", seria heresia. Se eles dissessem "Sim", seriam condenadas por diabolismo. No início provavelmente todos negavam que ele ou ela fosse o Diabo; então viria a pergunta óbvia. "Se eles não são o Diabo, você deve conhecê-los como um homem ou uma mulher. Quem são eles? Que sejam presos e torturados". Provavelmente muitos confessaram ter ligações com o Diabo, a fim de não envolver outra pessoa, o líder de um *coven*, em dificuldades.

A menção de uma figura tão popular das lendas como Robin Hood neste contexto pode parecer estranha. Porém, ele é uma das formas do antigo deus das florestas que presidiam a caçada de Maio. Seu nome "Hood" provavelmente significa "Robin dos Bosques", como o seu equivalente na França chamado "Robin des Bois".[7]

A maioria do público em geral tinha pelo menos uma noção de onde ir em busca de medicamentos eficazes, ou de um conselho em tempos difíceis, e os camponeses sabiam muito bem que ritos e danças eram realizados regularmente para trazer boas colheitas, etc., e tinham conhecimento de quem participava e os organizava; então, ocasionalmente, as autoridades da igreja realizavam "purgações". Alguns indubitavelmente dirão que mesmo se as bruxas não soubessem que estavam praticando o mal, ficariam sabendo

---

7. Veja cap. IV de *The Hero*, de Lord Raglan.

a partir do momento que a Igreja proclamou a bruxaria como herética e pecaminosa; mas às bruxas não lhes parecia que deveriam ser condenadas por fazerem o que vinha sendo praticado há séculos e não era considerado um mal; elas indagavam o que havia de errado com os antigos costumes. E não estava a Igreja sempre proibindo algo agradável?

Se na Inglaterra, assim como no continente, a perseguição tivesse ocorrido em todos lugares ao mesmo tempo, ela poderia ter tido um aspecto diferente; porém haveria uma irrupção violenta nos domínios de algum senhor, porque ele ou sua esposa teriam subitamente "adquirido religião", ou devido a chegada de um novo bispo no distrito. (Eu digo "novo bispo" porque possivelmente o antigo bispo havia sido um frequentador assíduo do Sabá, acusação que recaiu sobre o bispo de Coventry em 1303. O Papa acusou-o de *Quod diabolo homagium fecerat, et eum fuerit osculatus in tergo. Chartier* iii. pág. 45.) Assim a perseguição desencadeava-se em um distrito, e algumas bruxas eram capturadas, enquanto outras escapavam, talvez por um rio, ou pelas terras de outro senhor.

Sir Matthew Hale (1609-1676), em *History of the Pleas of the Crown*, diz, "A prática de bruxaria, *Sortilegium*, de acordo com as antigas leis eclesiásticas da Inglaterra, era passível de condenação irrevogável de pena de morte pelo mandado *de haeretico comburendo*.

A propósito, o que a antiga Igreja julgava ser tão terrível neste crime de heresia a ponto de permitir queimar vivo quem quer que o perpetrasse? De acordo com Cobham Brewer *(Dictionary of Phrase and Fable)*, "Herege significa 'aquele que escolhe', e 'heresia' significa simplesmente 'uma escolha'. Um herege é alguém que escolhe seu próprio credo, e não adota o credo autorizado pela igreja nacional (do grego *Hairesis*, escolha.)" Um dado curioso sobre a evolução da sociedade humana é que o que foi considerado um crime capital na Idade Média tenha se tornado um dos mais importantes e fundamentais direitos da democracia moderna.

A princípio, o poder do Estado na Inglaterra não estava por trás dessas perseguições. Este era um assunto para determinados bispos e nobres. Demorou, no entanto foi completa, pois todos sabiam quem eram os seguidores da Antiga Religião. Estes eram marcados e "liquidados". Em geral, a exterminação na Inglaterra dava-se por enforcamento, embora os bispos ocasionalmente queimassem as bruxas como hereges. A tortura não era legalizada, porém às vezes era utilizada, sendo comum nas prisões daquela época.

A propaganda desempenhou um papel importante. Infelizmente o deus das bruxas usava um capacete com chifres, e quando a Igreja começou a proclamar a doutrina do diabo como o adversário de Deus, o fizeram na imagem de Pan, o deus greco-romano. Havia muitas estátuas de Pan, meio-homem, meio-cabra, com chifres na cabeça. A Igreja dizia que era muito plausível que os pagãos não houvessem feito tais estátuas sem um modelo no qual se basear; eles haviam usado modelos para outras estátuas que tinham feito, homens, mulheres e animais, e assim sendo deveriam existir reais criaturas como esta, que deviam ser diabos, e ter um Deus Supremo do Mal como chefe.

A opinião pública só pode ser convencida de que é justo enforcar, queimar e torturar, se for colocada contra aqueles que serão as vítimas; e um dos meios mais seguros de garantir que isso aconteça é amedrontar as pessoas a ponto de se descontrolarem e perderem o juízo. Daí o fato de atribuir às bruxas e outros hereges, todo tipo de crime, possíveis e impossíveis, que a mente humana possa conceber, até retratá-las como sendo representantes de Satanás na terra. A sociedade humana, impelida por essas ideias, tornou-se um trágico campo de batalha; e talvez o aspecto mais lamentável desta guerra civil da humanidade foi por vezes ter sido empreendida por homens de fé e boa vontade, no entanto os homens enganaram-se tão terrivelmente que chegaram a ponto de considerar a pira e a forca um triunfo para Cristo e Sua Cruz. Isso certamente é o que há de mais triste.

Eu já mencionei que não havia leis severas contra bruxaria na antiga Inglaterra, e Gideão quando julgado foi absolvido da pena de ordálio por ferro incandescente; mas isso apenas significa que não havia nenhum registro, ou pelo menos não restou nenhum, de julgamentos nos Tribunais do Bispado, à exceção curiosa de um padre do Bispado de Ossory na Irlanda, Richard Ledrede, que pelo que parece registrou algumas das canções do bispo (algumas delas bastante curiosas para um bispo: "Haro, je suis trahi, par fol amour do fausse amie"— esta é a letra da música), e incluiu nessas notas alguns dados sobre o caso da Dame Alice Kyteler de Kilkenny, em 1324. Ela havia sido casada quatro vezes, seu primeiro marido foi o irmão de Roger Outlaw, que era Comandante da Ordem dos Cavaleiros de St. John na Irlanda e Lorde Chanceler da Irlanda. Dizia-se que ela havia praticado feitiçaria a fim de enriquecer o sobrinho dele, e filho dela, com a ajuda de um "Diabo", Robin Filius Artis, ou Artisson que é descrito como "Aethiopis", "um negro", e com ele realizou "trabalho sujo nas encruzilhadas". Permitindo-me um certo exagero, parece não haver muita dúvida de que ela tenha realmente tentado trazer sorte para seu filho, especialmente porque um dos feitiços que dizem que ela usou, de "varrer a poeira para dentro", ainda é usado na Ilha de Man. Dizia-se que Robin às vezes aparecia na forma de "um cachorro felpudo preto" como o Moggy Dhoo espectral que, dizem, vaga pela Ilha de Man. (Seria possível pensar, não muito seriamente, se foi nosso Manx Moggy Dhoo quem deu origem à "história do cachorro felpudo"?)

Nada disso era considerado crime pelo direito civil; mas o bispo citou Bulas promulgadas pelo Papa João XXII contra a bruxaria. O bispo foi preso por criar um caso falso; mas o carcereiro tinha medo do bispo, e houve reclamações de que seu cárcere mais parecia uma "festa" (onde o bispo indubitavelmente cantava suas canções). Enquanto estava na prisão, excomungou seus oponentes, e interditou toda a diocese, o que fez com que o Arcebispo de Dublin o acusasse de impor uma interdição sem a devida realização de um inquérito. Ele deixou sua amena prisão em uma enorme procissão, e novamente atacou Lady Alice e seu filho. O arcebispo de Dublin e o Justiciar do rei intimaram-no a apresentar-se em Dublin; mas ele recusou-se a ir, e criou seu próprio tribunal em Kilkenny, convocando Lorde Arnold la de Poore, o senescal do rei, que se recusou a comparecer. Porém o arcebispo de Dublin ficou a seu favor quando questionado sobre sua "ditosa prisão", e prendeu várias pessoas, embora não tenha prendido a senhora Alice e seu filho. Por fim, William Outlaw, o filho, foi levado a julgamento em Kilkenny diante do Chanceler, do Lorde Treasurer e outros, quando foi dado um veredicto que dizia que ele deveria assistir a três missas por dia durante um ano, contribuir com alguns pobres, e pagar para assistir aos concertos do coro da Catedral.

A senhora Alice foi à Inglaterra, onde estaria segura. O bispo então atacou Roger Outlaw alegando infidelidade, o qual apelou para o Conselho do rei. Eles delegaram vários eclesiásticos de alta hierarquia para investigar o caso, os quais por unanimidade o consideraram como sendo "leal e honesto, zeloso na fé e pronto para morrer por ela". Enquanto isso, o bispo capturou vários peixes pequenos que dizia-se pertencer ao *coven* da senhora Alice, açoitou, torturou e queimou viva Petronilla Meath e outros, ficando impune por isso. Se o padre de sua diocese não tivesse anotado as canções criadas pelo bispo, é improvável que esta curiosa tentativa de julgamento de bruxaria houvesse sido registrada. É interessante que todas as pessoas envolvidas eram nobres importantes, da Inglaterra e da Irlanda, e todos apoiavam as bruxas com exceção do bispo, que recebia o apoio apático do arcebispo.

Se todos esses fatos podiam ocorrer sem qualquer registro a não ser as canções anotadas por um padre (e este foi um caso ilustre que durou anos, envolvendo muitas figuras importantes do reino), então é evidente que os Bispos podiam e faziam tudo o que quisessem em suas dioceses, sem qualquer registro, pelo menos nenhum que tenha resistido à dissolução dos monastérios.

As bruxas têm vagas histórias do "Período das fogueiras", que parece ter começado aproximadamente em 1300, com perseguições surgindo e desaparecendo até a época de Henrique VIII; mas a perseguição foi mantida por uma intensa propaganda, até que ficasse firmemente fixado na mente pública que as bruxas possuíam ligação com o diabo, que levantavam tempestades no mar, causavam abortos, e que eram de fato as autoras de praticamente todo mal que afligisse a raça humana. Até mesmo um autor moderno, Pennethorne Hughes, declarou recentemente em seu livro *Witchcraft*:

> Bruxas enfeitiçavam; traziam destruição; envenenavam; abortavam o gado e inibiam os seres humanos; serviam ao Diabo, parodiavam práticas cristãs, aliavam-se aos inimigos do rei. Elas copulavam com outras bruxas em forma masculina ou feminina, a quem chamavam de íncubos ou súcubos; cometiam abusos com animais domésticos. Além do mais agiam conscientemente, convictas de que serviam um

mestre diabólico e desafiavam o Céu. Seus motivos eram confusos, seus impulsos eram confusos e sua conduta mais e mais distante de qualquer prática original comum. No entanto, procediam dessa forma, e o motivo para essa conduta jazia nas antigas religiões e crenças. Ao lado dessas bruxas, milhares de pessoas tecnicamente inocentes morreram como o resultado dessa histeria em massa e temor pio.

William Temple, o então arcebispo de Canterbury, escreveu em 1935, "Atribua a responsabilidade pela maldade humana a Satanás se desejar; eu acredito que ele exista, e que uma grande parcela da responsabilidade é dele e de seus espíritos subordinados."

Considerando-se que atualmente ainda existam pessoas que acreditam nisto, é fácil entender de que forma quando Henrique VIII revogou quaisquer leis contra a bruxaria, as bruxas pensaram que finalmente o mundo estivesse tornando-se um pouco mais sensato, os violentos reformistas, recém-chegados de Genebra, onde Calvino estava ocupado queimando bruxas (e quem quer que fizesse um boneco de cera da Rainha Elizabeth I e lhe espetasse alfinetes em Lincoln's Inn Fields), induziram a rainha a aprovar novamente uma lei contra magia e bruxaria embora a única penalidade fosse o pelourinho. Sua prima católica, Rainha Maria da Escócia, criou a lei escocesa que autorizava queimar todas as bruxas e aqueles que as consultassem. Seu filho, James VI da Escócia, depois de James I da Inglaterra, queimava bruxas com entusiasmo, e conseguiu trazer a pena de morte para a Inglaterra; no entanto, não conseguiu fazer com que os ingleses permitissem a queima em fogueira. Também a tortura era legalizada na Escócia, mas não na Inglaterra.

Os puritanos na Inglaterra levaram adiante as perseguições e enforcamentos com determinação. Matthew Hopkins, o notório "General caçador de Bruxas", e outros que o imitavam ganharam grandes quantias em dinheiro com esta prática. Por exemplo, está registrado que ele recebeu £28 0s. 3d. de Stowmarket onde as pessoas, enganadas ao pensar que ele recebia uma comissão do Parlamento, arrecadavam uma taxa para pagar este charlatão e seus seguidores. Essa quantia representa, em valores atuais, uma soma considerável. Outro de seus esquemas para ganhar dinheiro era o "talismã de Matthew Hopkins contra bruxaria" que temos aqui neste museu. Hopkins vendeu estes talismãs como um protetor contra a bruxaria, cobrando um preço alto. Quem quer que se recusasse a comprar, correria o risco de ser denunciado como "favorável à bruxaria."

Por meio de métodos engenhosos ele inventou maneiras de torturar os prisioneiros e ainda permanecer tecnicamente dentro da lei. Porém, as pessoas estavam deixando de ser tão crédulas quanto já haviam sido; e vários cavalheiros, especialmente o Vigário de Grande Staughton, John Gaule, protestou contra suas atividades. Na realidade, Hopkins parece ter tido uma morte um tanto misteriosa. Ele começou a carreira de caçador de bruxas em 1644, e morreu por volta de 1648. Está registrado no poema contemporâneo de Samuel Butler que era o sócio dele, John Steame, declarou que Hopkins morreu de tuberculose, mas em "Hudibras" consta que algumas pessoas, indignadas com suas crueldades, uniram-se e violentamente sujeitaram-no a um de seus próprios testes, isto é nadar em uma lagoa tendo mãos e pés atados transversalmente (a mão direita unida ao pé esquerdo, e vice-versa); partia-se do princípio de que se a pessoa afundasse, seria inocente, mas se flutuasse seria uma bruxa, e consequentemente enforcada. Há uma história que diz que Hopkins flutuou, provando ser um bruxo, e contraiu um forte resfriado e morreu logo em seguida. Certo é que sua carreira foi de alguma maneira abreviada. Porém, não antes de ter criado um pequeno reinado de terror em East Anglia, e ter sido o causador de muitas mortes.

Apenas em 1735 as leis penais contra bruxaria foram revogadas; e apenas em 1951 a última lei contra bruxaria foi excluída do Código de Leis. Com toda esta história de perseguição, poderia alguém imaginar por que motivo os adeptos da bruxaria não são particularmente apaixonados pela Igreja ortodoxa, ou por que eles desacreditam de uma fé que se utiliza do ensinamento de seu Mestre, que nunca perseguiu ninguém, transformando-o em uma exaltação à tortura e ao horror? Provavelmente nunca será conhecido o número de pessoas que pereceram durante a bruxa-mania que se espalhou pela Europa Ocidental, ao longo de todo seu curso; estima-se que tenham sido nove milhões.

Embora todas as leis no tocante ao assunto tenham sido revogadas, esta revogação foi recebida por alguns grupos locais com pesar; e ainda há quem tente incentivar a perseguição publicando histórias de horror sensacionalistas, endossadas por clérigos, que lançam sérias advertências sobre "Magia Negra" e "adoração ao diabo". Como alguém pode surpreender-se com o fato de que os adeptos deste antigo culto em geral preferem não ser identificados? No entanto, as pessoas aborrecem-se quando recuso-me a lhes fornecer os nomes e endereços das bruxas que conheço, ou levá-los para assistir a um encontro de bruxas inobservados!

O que uma bruxa tem a ganhar com a bruxaria? Em primeiro lugar, ela tem a satisfação de saber que está servindo um credo antigo que ela acredita ser verdadeiro. Hoje em dia, muitas pessoas têm o simples prazer de serem elas mesmas e buscarem as coisas pelas quais se interessam, entre amigos que as entendem. Para alguns é divertido pertencer a algum tipo de sociedade secreta. Este é um tipo inofensivo de diversão, realizada por muitas organizações, tais como a Maçonaria. Mas na bruxaria pode haver algo mais. Se você possuir algum poder, estará entre pessoas que lhe ensinarão como usá-lo. Uma bruxa disse a um repórter: "O que ganho com isso? Adquiro uma vida de infinitas possibilidades, e que para mim é inteiramente satisfatória em todos os planos da consciência. Tenho o poder para transportar-me a outras dimensões e planos da existência. Comunico-me com entidades de diferentes formas de vida, e através do desenvolvimento de novos dons mágicos tenho certos poderes de percepção extrassensorial. Possuo conhecimento e habilidade para realizar em minha vida tudo aquilo que eu realmente queira. Experimento formas de prazer cuja existência é desconhecida da maioria das pessoas. Eu dominei o medo. Aprendi a respeito da organização que existe por trás de fatos sem conexão aparente".

Outra mulher, convertida à bruxaria, contou-me: "Quando eu era uma garotinha sentia medo da escuridão e de ficar só, porque frequentemente sentia ao meu redor a presença de algo que não podia ver. Nunca éramos encorajados a tentar compreender o mundo espiritual. 'Espíritos' era um assunto completamente proibido para conversação, ou considerado com terror como algo mau. Porém, desde que comecei a estudar esses assuntos, perdi esse medo. Agora entendo que o fato de uma entidade não estar encarnada não a torna necessariamente má, mas neste aspecto os espíritos são como seres humanos; alguns são companheiros desejáveis e outros não. Agora sei como lidar com os 'indesejáveis', e não os temo mais. Isso é algo que adquiri com a bruxaria".

Isso é o que duas bruxas disseram sobre suas crenças. Um estudioso honesto, ao pesquisar uma crença ou religião, pergunta às pessoas envolvidas sobre o que elas acreditam, ou lê a respeito do que elas próprias disseram acerca de suas crenças. Alguém que tenha escrito sobre a religião Católica Romana, usando apenas os trabalhos dos primeiros reformistas protestantes, ou que tenha escrito sobre os mesmos reformistas protestantes usando apenas o que os escritores católicos romanos disseram sobre os protestantes, não seria considerado um crítico sério; quem quer que esteja buscando fatos sobre a vida contemporânea na Inglaterra lendo somente jornais comunistas deste e de outros países estaria apto a formar visões distorcidas. No entanto, curiosamente antes da pesquisa da Dra. Margaret Murray sobre bruxaria, aproximadamente 30 anos atrás em seus dois trabalhos monumentais, *O Culto das Bruxas na Europa Ocidental** e *The God of the Witches*, nenhum escritor parece ter pensado, "A Igreja diz que as bruxas invocam o diabo, e voam pelos ares em vassouras, e dá como prova o fato de que foram torturadas até confessarem suas práticas, e que causavam tempestades e todo tipo de mal. Porém, eu (quem quer que tenha sido o escritor) não acredito no diabo, e nem acredito que alguém possa voar em uma vassoura; porém estou pronto a acreditar em tudo mais que foram forçadas a dizer sob tortura, e nunca mais tentar descobrir a verdade sobre o assunto." É esta uma visão lógica ou erudita?

Na época que estes autores estavam escrevendo teria sido fácil investigar. Desde então duas guerras, e condições sociais instáveis, prejudicaram toda a zona rural. Restaram apenas fragmentos das antigas tradições. Estes são alguns versos que um adepto da bruxaria escreveu há pouco tempo:

---

* Publicado no Brasil pela Madras Editora, 2003.

Lua que atravessa a noite desperta,
Antes do pálido amanhecer,
A dríade no mato,
O sátiro no vale,
Preso em sua rede de sombras
Que sonhos tens para mostrar?
Quem pisa pelos campos silenciosos
para adorar-te abaixo?
O som da chuva é silenciado,
A dança selvagem do vento termina,
Montanhas de nuvens vermelhas rubi coram
Sobre o pôr do sol;
E agora teu brilho prateado
Há uma pausa na selva,
O espírito de um sonho antigo
Respira na colina silenciosa.
Lua, deusa bruxa, sua magia invoca
Os Seres Antigos da noite.
Mais uma vez o altar de pedra fumega.
O fogo emana seu brilho.
Tuas crianças são poucas e estão espalhadas,
No entanto nós, desconhecidos, reunimo-nos
Para dançar alegremente
Ao redor da pedra gasta pelo tempo.
Não pedimos o Céu, não tememos o Inferno,
Nem lamentamos pela terra perdida,
Traçamos os caminhos da magia
Que os padres e homens esqueceram.

Capítulo III

As Origens da Bruxaria na Idade da Pedra

TENHO ME EMPENHADO EM REVELAR O TANTO QUANTO POSSÍVEL SOBRE O QUE AS BRUXAS SABEM E acreditam sobre elas mesmas e sua história. Agora discutirei as prováveis origens do culto, e para isso tentarei mostrar as várias influências que podem ter sido trazidas para a Bretanha. Eu espero que isso encoraje outros a investigar linhas semelhantes neste e em outros países.

Quando começa-se a examinar a origem da bruxaria, é como escavar uma daquelas cavernas pré-históricas na França, que ainda são habitadas. Algumas polegadas abaixo do chão acham-se uma moeda de cobre da época de Napoleão; um pouco mais abaixo acha-se moedas da época dos vários reis franceses, também de cerâmica medieval; ainda mais abaixo, restos Gallo-romanos e da Idade do Bronze, e então machados de pedra lindamente polidos da Nova Idade da Pedra; também trabalho mais rudimentar e primitivo da Antiga Idade da Pedra; e tudo isso forma o chão dessa habitação, pois as pessoas que os produziram foram os antepassados das pessoas que hoje lá vivem. Então, embora eu acredite que a bruxaria tenha sua origem na magia da caça primitiva dos povos da Antiga Idade da Pedra, é necessário analisar os povos que exerceram influência sobre ela através dos tempos.

Todos já ouviram falar das pinturas rupestres da França e Espanha, porém é pouco conhecida a escultura em um osso achada na Caverna de Pin Hole em Yorkshire, debaixo de seis polegadas de estalagmite, exibindo um homem com uma máscara animal dançando. A propósito, a caverna de Pin Hole Cave é chamada assim porque continha um buraco fundo no qual os camponeses atiravam alfinetes a fim de alcançar seus desejos; este é mais um exemplo do modo pelo qual uma tradição mágica pode subsistir em um lugar ao longo dos séculos.

Na pré-história, em várias cavernas na França e Espanha, geralmente a meia milha ou mais de distância da entrada, eram feitos agrupamentos de pedras em círculos, fogueiras e pinturas de animais em pedras achatadas com a face cuidadosamente voltada para o chão. Está claro que realizava-se ritos mágicos dentro dos círculos a fim de influenciar os animais pintados nas pedras, que eram posicionadas com a face para baixo para evitar que o poder gerado se dissipasse. Em outros locais foram encontradas figuras de animais feitas de argila que haviam sido perfuradas com lança. Quando foram descobertas, intrigaram os arqueólogos a respeito de seu significado; mas os camponeses locais disseram, "é apenas magia da caça. Fazemos isso todos os anos quando queremos matar lobos. Eles são espertos; você tem antes que dominá-los, ou então eles escaparão." As pesquisas em Abbé Breuil e outras mostram que a maioria, senão todas, dessas pinturas rupestres eram usadas para magia, e que originalmente a imagem era pintada especialmente para a operação desejada. A intensa concentração necessária era obtida durante a realização da pintura. Aparentemente, mais tarde eles descobriram outros métodos para induzir a concentração necessária, e usavam com frequência a mesma pintura, apenas retocando pequenos detalhes.

Como antropólogo, interesso-me pelo que as pessoas acreditam e como agem em razão dessas crenças. Quando comecei a escrever sobre bruxaria percebi que esta parecia ser um culto da Idade da Pedra que começou pela prática da magia da caça, e então descobriu-se que a magia usada para afetar animais poderia ser usada para afetar os humanos, e para tentar desencadear eventos. Percebi que a prática de magia havia tornado-se um culto, que depois se transformou em uma religião e que obviamente mais tarde, ideias estrangeiras ou exóticas foram introduzidas na magia simples e original do povo; mas eu acreditava que estas ideias só haviam chegado em uma data comparativamente recente, através dos Mistérios gregos e romanos. Esta ainda é a explicação mais simples; ainda que na vida real ideias aparentemente simples provam-se complicadas ao serem examinadas. Por exemplo, muitas pessoas dizem, "não havia uma verdadeira religião no mundo antes de Moisés ter conduzido o Povo de Israel para fora do Egito e estabelecido a adoração ao Deus Único e Verdadeiro na Terra Prometida, e eles eram apenas judeus até a vinda de Cristo à Terra. Todas as outras religiões não eram reais, eram apenas idolatria." Mas ao investigar, descobre-se que havia muitas religiões bem desenvolvidas antes do tempo de Moisés, e que muitas das ideias de Cristo tinham sido expressadas por Buda quase 500 anos antes.

Como antropólogo, estou acostumado a falar com pessoas e tentar descobrir o que eles acreditam em relação a certos assuntos, ao mesmo tempo em que tento evitar a armadilha de ler em suas respostas minhas próprias opiniões preconcebidas. Há muitas pessoas melhor equipadas que eu para este trabalho de investigar o culto da bruxaria; mas pelo que me consta, ninguém está fazendo isso, que deve ser feito depressa antes que se perca ainda mais do antigo conhecimento. Tendo sido iniciado em um *coven* de bruxas britânico, eu tenho a vantagem de estar em uma posição que me permite conversar com pessoas que são bruxas iniciadas, e perguntar-lhes em que acreditam, e elas podem confiar que não escreverei nada que não desejem tornar público; porque as bruxas creem firmemente em seus próprios poderes, e o perigo que representa pessoas não iniciadas fazerem mal uso de seus métodos. Além disso, elas reverenciam seus deuses, e não desejam que seus nomes sejam revelados, profanados e escarnecidos. Elas mais do que qualquer um, de fato respeitam o mandamento, "Não tomarás Seu santo nome em vão". A respeito de minha pesquisa sobre a bruxaria posso apenas falar de bruxas britânicas, porque são as únicas que eu conheço suficientemente bem e que confiam em mim o bastante para contar-me fatos a seu respeito. Acho também que as mesmas causas que afetaram as bruxas britânicas podem ter afetado as de outros países europeus.

No princípio, pensei que bastaria saber o que as bruxas faziam e acreditavam, e descobrir qual raça ou tribo fazia e acreditava no mesmo. Mas quando comecei a olhar mais cuidadosamente, constatei que muitas pessoas faziam e acreditavam em muito, ou tudo, que as bruxas praticavam. Em alguns casos poderia tratar-se apenas de coincidências; mas havia muitas delas, e eu conhecia o ditado: "A coincidência matou o professor"; assim mantive-me até que comecei a perceber um certo padrão. As pessoas faziam e acreditavam naquilo que lhes era natural fazer e acreditar, e isso significava que estas coisas eram provavelmente verdadeiras.

Assim como as manadas de elefantes são conduzidas por uma fêmea de temperamento forte, as antigas tribos de caçadores eram conduzidas por uma matriarca; quer dizer, as mulheres mais fortes física e mentalmente regiam as tribos e os homens. A matriarca e suas filhas reuniam-se em casa e governavam a tribo porque era sua magia que formava a tribo. Ela dava à luz os bebês. Há tribos primitivas que mantêm conceitos semelhantes a estes até os dias de hoje. Earl Russell, comentando o trabalho de Malinowski, *The Sexual Life of the Savages in North West Melanesia*, explica que não existe a palavra "pai" na língua Trobriand porque tal conceito não existe. Charles Seltman, em seu livro, *Women in Antiquity*, diz a esse respeito: "Os missionários não podiam continuar sem tal conceito e nomenclatura, e foram forçados a ensinar para os *Islanders* fatos sobre a procriação que essas pessoas rindo, recusavam-se a aceitar, certos de que se tratava de uma tolice. Então talvez um vigoroso caçador que gostava de fazer experimentos, tenha descoberto que a história da matriarca que fazia bebês com a ajuda de um arbusto de groselha, ou com sua própria magia, ou o que quer que ela tivesse dito, não era verdadeira. Ele percebia que havia muitas coincidências, e que estas produziam bebês, e notou que ele era a coincidência, e que a tribo poderia depender dele. As mulheres mais jovens encantaram-se com a descoberta, e ele começou a agir com autoridade e considerar-se um excelente companheiro. Porém, ainda estava distante o tempo em que o domínio do antigo matriarcado cederia lugar ao patriarcado; e que a compreensão dos fatos sobre a procriação destacou o macho, a deidade fálica como "Aquele que Abre a Porta da Vida". A Grande Mãe havia adquirido um parceiro; contudo ele não era o seu senhor.

Entre a ideia da mulher jovem que ele amava e a anciã que temia, o homem encontrara uma deusa para adorar, que o amava e protegia, e às vezes o castigava. Os psicólogos modernos que pertencem à escola de C. G. Jung dizem que escondido nas profundezas do que chamam o inconsciente coletivo da humanidade existem certos conceitos primordiais que Jung chama de "arquétipos". Ele os define como "predisposições herdadas para reação", e "talvez comparável ao sistema axial de um cristal que predetermina como será a formação cristalina na solução saturada, sem possuir uma existência material própria". Poderíamos chamá-los de "imagens primordiais". Jung define dois dos mais potentes arquétipos que habitam as misteriosas profundezas da mente inconsciente do homem como "A Grande Mãe" e "O Sábio Ancião", e pela forma como os descreve em seus trabalhos eles são indubitavelmente idênticos à deusa e deus da bruxaria. Dr. Jolan Jacobi, em *The Psychology of C. G. Jung*, diz, "Eles são bem conhecidos no mundo dos primitivos e na mitologia em seus aspectos do bem e mal, luz e sombras, sendo representados como mago, profeta, mage, guia dos mortos, líder ou como a deusa da fertilidade, sibila, sacerdotisa, Sofia, etc. De ambas as figuras emana uma poderosa fascinação..." Estas são precisamente as divindades das bruxas, e este fato pode ser uma pista para o mistério da surpreendente resistência da bruxaria através dos tempos.

Mencionei anteriormente que os camponeses da França e Espanha conheciam o significado das figuras de animais de argila talhadas com lanças, porque no século XX ainda caçavam lobos desse modo. Quer dizer, esse costume ou conhecimento mágico foi herdado de pai para filho durante dez ou 12 mil anos. Tecnicamente, vários povos ocupavam a terra em ciclos, cada um com seu idioma; mas na realidade todas essas invasões simplesmente significavam que novas pessoas entravam e possivelmente apossavam-se das melhores terras e mulheres. Os habitantes nativos eram empurrados para as áreas menos férteis; porém, em algumas gerações, o povo nativo, excluindo-se talvez alguns dos "chefes" ou nobres, era praticamente o mesmo. Rudyard Kipling expressa claramente em seus versos a história de um pedaço de terra através dos tempos, com seus diferentes senhores e donos, e a família de Hobdens que lá morou e trabalhou seguindo seus costumes, terminando com a frase:

> ... pois agora entendo, não importa quem pague os impostos, os Hobdens são os donos da terra.

Mesmo sendo este o caso da Inglaterra e de outros lugares atualmente, as famílias mais antigas são as "bruxas" hereditárias ou "povo sábio", embora infelizmente não tenham preservado registros das árvores genealógicas.

Não sei dizer quando exatamente o culto tornou-se uma religião; mas há uma célebre pintura pré-histórica em uma caverna na França *(La Caverne des Trois Freres, Ariege)*, normalmente chamada de "O Mago", que obviamente descreve um homem com uma máscara e uma pele de animal, com chifres na cabeça. Evidentemente, ele está representando o papel ritual de um animal. Na Idade da Pedra, quando o homem ainda não possuía armas de metal, dependia de facas, lanças, machados e flechas feitas de lasca ou pedra. Não é tarefa fácil matar um grande gamo ou búfalo com tais armas; assim, os caçadores da Idade da Pedra adotaram a estratégia de atrair um rebanho para uma posição favorável na qual não poderiam escapar e eram feridos com flechas, ou caíam em um precipício ou em uma cova, e lá eram pegos e sacrificados. Antropólogos sugerem que para levar o rebanho para onde os caçadores queriam, um deles, provavelmente o chefe, teria que ser alguém valente e diligente, costumava vestir-se com a pele e chifres de um animal para agir como um chamariz. Atualmente, alguns membros de tribos primitivas caçam desta maneira. Quando eu estava em Borneo há 50 anos, o Governo havia recolhido todas as armas do povo, assim sendo eles saíam para caçar gamos com um par de chifres preso a uma vara. Um homem aproximava-se do lugar certo, e o restante do grupo posicionava-se do outro lado do rebanho. Um deles gritava para assustar os animais, e então o homem de chifres levantaria a vara e correria. O rebanho de gamos, vendo os chifres em movimento, corria em sua direção, sendo conduzido a um charco, onde o homem de chifres haveria previamente colocado alguns troncos a fim de correr sobre eles e escapar. No charco os cervos eram facilmente atingidos pela lança. Esse campo era de cerrado com cinco ou seis pés de altura, portanto não era necessário usar peles e chifres, mas a Europa possuía mais campos abertos e, consequentemente, um disfarce completo seria necessário.

É muito provável que o homem que liderava a caçada também liderava as cerimônias mágicas, tornando-se o sacerdote da tribo; pois naquela época a magia e a religião possuíam uma estreita ligação. O propósito do contato com os deuses era manter contato com as forças da vida, e estas eram idênticas às forças da magia e da fertilidade. Também era costume do homem desde o passado até tempos comparativamente recentes, que o sacerdote se identificasse e fosse identificado com o deus a quem servia. Assim sendo, o caçador Cornífero tornou-se o mago-sacerdote Cornífero, e por fim o Deus Cornífero.

No entanto, o Deus Cornífero possuía outra função além de ser o provedor de alimentos. Ele também intermediava a morte. Era após sua dança mágica que o grande gamo era abatido. O caçador sabia que ele um dia também teria de deixar este mundo através do portal da morte. Creio que o povo primitivo não temesse tanto a morte como tantas pessoas atualmente. Vivendo mais próximos à natureza, seus poderes psíquicos eram mais ativos, e eram usados para comunicação com seus antepassados e amigos. Eles consideravam esta prática como algo natural. Consequentemente as bruxas, que ainda preservam este antigo credo de uma forma fragmentada, não consideram o Deus Cornífero, na forma de Deus dos Portais da Morte, como um ser aterrorizante, nem têm nenhuma concepção de um "Inferno" em chamas como é visualizado por alguns cristãos. A ideia do Além é a de um local de descanso onde as pessoas esperam sua vez de nascer novamente nesta Terra. Este, é claro, é o conceito de reencarnação que é celebrado amplamente entre todos os tipos de povos primitivos. Para eles, o lugar mais lógico de onde provêm as almas de bebês recém-nascidos é a Terra dos Mortos onde há muitas almas esperando para adquirir outro corpo. Portanto, o Deus dos Portais da Morte também é a divindade fálica da fertilidade, Aquele que abre as portas da vida. Esta é a razão pela qual o deus das bruxas foi incorporado ao panteão romano como Janus, o deus de duas faces que era Guardião dos Portais. Ele e sua consorte Diana são duas das mais antigas deidades da Europa Ocidental, e Diana, no *Canon Episcopi*, do início do século X, é chamada de Deusa das bruxas.

Há uma famosa pintura rupestre em Cogul que mostra várias mulheres dançando ao redor de um homem nu, usando jarreteiras embora não existissem meias nessa época. Presume-se que ele representasse o deus, e essa fosse uma cerimônia mágica para trazer-lhe poder. Uma dessas mulheres parece estar segurando algo parecido com um Atame (punhal mágico); mas infelizmente em uma data posterior alguém pintou um animal com chifres sobre ela. É claro que pode ser coincidência; mas a "jarreteira" faz parte da insígnia das bruxas, e a imagem assemelha-se a uma reunião de bruxas em outros detalhes.

Raramente são encontradas pinturas de mulheres nas paredes das cavernas; mas os povos da Idade da Pedra faziam pequenas estatuetas de mulheres muito gordas nuas, com seus atributos sexuais enfatizados, obviamente representando uma deusa indutora da fertilidade. É possível que eles admirassem mulheres gordas; gordura é uma indicação de beleza em partes da África atual. De qualquer modo, eles aplicavam tempo e habilidade para esculpir estas formas em marfim com ferramentas de pedra, e podemos presumir que eles veneravam esta deusa e pediam suas bênçãos, em um período em que se transformaram de caçadores em pastores de gado e desejavam uma reprodução abundante, de animais e humanos. É bem possível que a primeira sacerdotisa tenha sido a companheira do mago (ou representante do deus). Por outro lado, o matriarcado parece ter prevalecido nos primórdios, e é provável que, como ocorre com as bruxas da atualidade, o representante de deus, ou o sacerdote, em geral fosse o companheiro, escolhido pela representante da deusa, ou sacerdotisa. Enquanto o Homem saía para caçar ou pastar o gado, a Mulher, a Bruxa, permanecia no acampamento fazendo remédios e encantamentos. Ela dispunha de tempo para praticar o que poderíamos chamar de poderes naturais de percepção extrassensorial; porém, que era chamada de "magia" pelos povos primitivos. Recapitulando, quando falo em magia quero dizer a magia que realmente existe, não o que muitas pessoas pensam quando esta palavra é mencionada, como por exemplo fazer um sinal com uma vara e algo milagroso ocorrer, ou dizer uma rima fazendo sinais e imediatamente ser recompensado com a aparição de um demônio de pantomima. Uma forma rítmica de palavras (um encantamento) é às vezes usado por bruxas, com a finalidade de direcionar o poder gerado; mas o "mago", em primeiro lugar, precisa saber invocar e dirigir o poder.

Isso quer dizer que certas pessoas nasciam com poderes psíquicos naturais. Eles descobriram que certos ritos e processos aumentavam estes poderes e que se os direcionassem corretamente poderiam usá-los para beneficiar a comunidade. Assim sendo, a comunidade solicitava a realização desses ritos, ainda mais quando descobriram que eles próprios podiam participar dos ritos, ajudando a gerar poder pela dança selvagem e de outras maneiras. Isso significa que as bruxas tiveram que desenvolver o intelecto, pois há o que se possa realizar por meio de magia, e há o impossível: o curandeiro na África atual torna-se impopular se não puder justificar-se por não realizar algo que é impossível, e esta impopularidade pode ser-lhe demonstrada com uma lança apontada em sua direção. Assim, presumo que as bruxas antigas também precisassem explicar certos fatos, e que houvesse truques e manifestações genuínas.

Na Bretanha, antes de 3000 a.C., havia apenas tribos espalhadas de caçadores da Antiga Idade da Pedra. Eles eram semelhantes aos da França e Espanha, e provavelmente possuíam as mesmas crenças. Normalmente os imaginamos como habitantes das cavernas porque seus restos geralmente são encontrados nestes locais, onde foram preservados naturalmente em melhores condições; porém, sua grande maioria, de maneira semelhante aos Peles-Vermelhas na América há alguns séculos, viveu em ocas feitas de peles ou torrões de terra, deslocando-se à procura da caça; e, como os Peles-Vermelhas, os Zulus, os Pictos, os Highlanders e Irlandeses de 300 anos atrás, frequentemente andavam seminus, usando apenas uma pele que servia como uma manta para evitar o vento, com o mesmo propósito que os irlandeses usavam uma enorme capa e os Highlanders sua manta de lã xadrez. Não temendo a nudez, eram fortes e saudáveis, pois o sol e ar fresco são os melhores remédios conhecidos; mas falarei sobre isso em breve. Podemos apenas imaginar seu ponto de vista religioso; embora, como já disse, acredito que possuíam seu deus Cornífero da caça e sua deusa nua da geração. Eles enterravam objetos com seus mortos, portanto parece que acreditavam em uma vida futura, ou um além-mundo, e podemos presumir que eles conectavam esse ato de algum modo aos seus deuses. sua principal forma de adoração era provavelmente a dança, uma dança grupal executada em um círculo com intenso fervor, pois considerando-se os círculos que faziam nas profundezas das cavernas, eles evidentemente partiam do princípio de que um círculo construído de forma mágica conserva o poder. Eles provavelmente possuíam tambores rudimentares, e há uma pintura rupestre na França de um homem vestido com a pele de um touro e chifres, dançando e vibrando a corda de um pequeno arco. É provável que com várias pessoas vibrando cordas de arcos fosse possível produzir um efeito semelhante ao som de uma harpa. Provavelmente esta era uma dança simbólica executada com passos livres até que se atingisse um estado de êxtase. Para os povos primitivos, uma dança é uma oração, por meio da qual é possível atingir a unidade com os deuses.

    Ganhou-se muito dinheiro com a ideia de que os antigos bretões eram "selvagens nus". Estes antigos bretões viviam de maneira semelhante aos nudistas modernos. Eles eram limpos e saudáveis, na verdade certamente mais limpos e saudáveis que, por exemplo, os habitantes das cidades medievais infestadas de ratos e pestilência, com ruas amontoadas de lixo doméstico, e onde as pessoas consideravam o ato de tomar banho como sendo uma operação perigosa; ou, nesse aspecto, do que os moradores de nossas favelas atuais. Eles eram livres de doenças de origem nervosa das quais sofremos hoje em dia, e, como as mulheres civilizadas modernas sabem, um "nudista" raramente tem qualquer dificuldade ou dor ao dar à luz. Por muitos anos, médicos de terras estrangeiras intrigavam-se com o fato de as mulheres nativas darem à luz sem nenhuma dificuldade, e trabalharem no dia seguinte. Atualmente sabem a resposta: porque a mulher nativa que se torna "civilizada" e usa roupas tem as mesmas dificuldades e dor ao dar à luz que as mulheres europeias, embora a ciência moderna possa aliviar muitas das dificuldades causadas pela "civilização".

    A partir de 3000 a.C. houve uma imigração constante de povos da Nova Idade da Pedra para a Inglaterra, que primeiramente apareceram como caçadores, ou melhor, exploradores, e logo adquiriram animais domésticos e estabeleceram-se como fazendeiros e criadores de gado. Considera-se que estas pessoas tenham vindo do Norte da África. A princípio vieram por terra via França e Espanha; depois pelo mar, em aproximadamente 2500 a.C. aparentemente possuíam bons barcos, capaz de realizar longas viagens por mar. Fizeram aterros de sepultamento megalíticos, e parecem ter tido um culto aos mortos semelhante ao de Osíris no Egito, que é um deus dos mortos, com sua esposa feiticeira em luto pela sua morte e que o faz renascer através de sua magia; enquanto o deus da morte regia o mundo além, e poderia criar condições favoráveis para quem fosse para lá.

    Alguns povos antigos, como os Egípcios e Assírios, pareciam acreditar em um além-mundo infeliz onde a alma errante poderia padecer com fome, sede e escuridão, porém não com a dor física. Eles poderiam ser ajudados pelos deuses que os resgatariam dessas condições, mas essa ajuda era de difícil acesso às pessoas comuns, sendo reservada aos reis e homens poderosos que poderiam ser enterrados em tumbas apropriadas em cerimônias adequadas, e que ao longo de suas vidas haviam praticado os ritos que lhes ensinavam o caminho para o renascimento; ou então, teriam passado por uma cerimônia de iniciação que consistia em uma mímica dele sendo morto e reanimado — morte e ressurreição. Eles, sabendo o caminho para a Terra dos Deuses, poderiam conduzir seus seguidores até lá.

    Os povos que construíram os aterros de sepultamento megalíticos podem ter acreditado que todos os que ajudavam a construir essas grandes tumbas depois compartilhariam a imortalidade do líder enterrado em circunstâncias favoráveis, como pensa-se que era a crença no Egito. Mais tarde tornou-se costume naquele país retratar um nobre e seus familiares ao redor de sua tumba, e todos os que fossem retratados compartilhariam desse paraíso, embora continuassem a trabalhar para ele como criados. Esta crença conduziu ao curioso costume de ocasionalmente subornar os construtores de tumbas para que no último minuto, após finalizarem-se as cerimônias funerárias, no momento em que as tumbas estivessem sendo fechadas para sempre, eles riscassem a face de uma pessoa impopular, normalmente um inspetor, para privá-lo de sua parte no bom além-mundo. Eles acreditavam que de alguma maneira misteriosa a salvação dependia da preservação do corpo ou de uma imagem dele; assim sendo, um grande homem teria várias imagens de si próprio enterradas junto a ele, de forma que se o corpo fosse destruído, sua vida continuaria através dessas imagens mágicas. Ao mesmo tempo que os antigos bretões pareciam ter acreditado que a tumba do rei ou herói fosse necessária à salvação, eles parecem não ter se apegado às ideias egípcias sobre as imagens, ou então eles as fizeram em formas que não resistiram ao tempo. Porém, é provável que esta tenha sido uma concepção egípcia posterior, possivelmente inventada por sacerdotes e fabricantes de imagens, com o intuito de ganhar dinheiro. Ou talvez os imigrantes Neolíticos houvessem adotado as crenças nativas de que a unidade com os deuses através de danças e outros meios bastaria, embora pertencer ao bando ou família de um rei ou herói fosse de grande ajuda. As bruxas modernas acreditam que, quando "os Poderosos" morrem, os Anciões do culto vêm buscar seus fiéis seguidores e os levam para um lugar privilegiado entre outros iniciados que partiram antes.

No presente momento, acredito que esse corpo de crenças e práticas primitivas havia se tornado uma religião verdadeira. Se eles tiveram só dois deuses, o Antigo Deus da caça e o novo deus da morte e ressurreição, não se pode afirmar; mas há uma tendência natural para amalgamar os deuses, e considerar dois deuses distintos como sendo diferentes manifestações da mesma deidade, e tenho a impressão de que em algum momento o Grande Caçador e o deus da Morte e do que jaz, além de tornaram-se um só. A Grande Mãe também foi amalgamada com a bruxa-esposa que trouxe seu falecido marido de volta à vida, a personificação da fascinação e excitação feminina, o "Desejo do Mundo".

Em aproximadamente 2000 a.C. "o povo Beaker" de cabeça larga (assim chamado devido a um tipo específico de cerâmica que faziam) começaram a chegar pela Espanha, também via França e do Reno. Eles possuíam armas de bronze e construíam aterros de sepultamento circulares. Essas pessoas supostamente construíram Stonehenge e Avebury.

Resta pouca dúvida de que navios de Creta visitavam regularmente este país, e que eles ou os micênicos trouxeram as contas azuis de faiança fabricadas no Egito em aproximadamente 1400 a.C., que foram encontradas em grande quantidade em sepulturas em Wessex. As pesquisas do falecido

Michael Ventris, e escavações em Pylos, mostram que houve uma grande civilização no continente e também em Creta a partir de pelo menos 2000 a.C. até as invasões micênicas. O poder de Creta foi derrubado pelos gregos de Micenas que saquearam a grande cidade cretense de Gnossos aproximadamente 1400 a.C., e os navios de Micenas e de Troia assumiram o controle e mantiveram esse comércio com a Bretanha até aproximadamente 1200 a.C., quando foram conquistados pelos dórios que não eram marinheiros. O domínio marítimo então perdido foi lentamente conquistado pelos fenícios e sua colônia Cartago, na costa Norte da África e de frente para a Sicília. Eles conquistaram a maior parte da Espanha e impediram a passagem de outras nações pelo Estreito de Gibraltar. É provável que eles tenham mantido comunicação com a Bretanha; mas nessa época o ferro havia substituído o bronze, consequentemente não havia extrema necessidade de estanho proveniente das minas de West Country, que era a maior mercadoria de exportação da Inglaterra naquela época, e que era indispensável para a fabricação de armas de bronze.

    Esses são fatos históricos mais ou menos reconhecidos que influenciaram de alguma forma a fé na Antiga Bretanha, e por conseguinte sobre fragmentos do que restou dela, representada pela bruxaria. Sabe-se que ideias de todos os tipos tendem a acompanhar as rotas de comércio, e por esses meios e através das várias imigrações de colonos, diferentes ideias religiosas chegaram aqui.

Capítulo **IV**

Algumas Ideias Religiosas da Antiga Bretanha

MENCIONEI BREVEMENTE NO CAPÍTULO ANTERIOR QUE "o povo beaker" de cabeça-grande começou a chegar a esse país a partir da Espanha via França e Reno, aproximadamente em 2000 a.C. Trouxe consigo armas de bronze, e sua chegada geralmente é considerada como o início da Idade do Bronze na Bretanha. Ao contrário dos povos do Neolítico que, como vimos, construíam enormes tumbas, os longos aterros de sepultamento, estes imigrantes que utilizavam bronze enterravam seus mortos individualmente em aterros de sepultamento circulares. Eles posicionavam os corpos nas sepulturas de uma maneira curiosa, com os "joelhos dobrados tão próximos ao queixo que os corpos parecem ter sido amarrados nessa posição", como explicam Jacquetta e Christopher Hawkes em *Prehistoric Britain*. Essa posição de cócoras e deitado na lateral sob o aterro circular cercado de pedras, pode ter sido uma tentativa de imitar uma criança por nascer, no útero de sua mãe. Em outras palavras, eles colocavam seus mortos no útero da Mãe-Terra, para renascer quando chegasse o momento, e este costume pode ser uma testemunha silenciosa na crença da reencarnação. Com o corpo eram enterrados alguns pertences de valor, tais como armas e ornamentos, e um de seus típicos recipientes em forma de jarros. Sabemos que os antigos egípcios enterravam valiosos pertences com seus mortos, e conhecemos o motivo: eles acreditavam que o falecido, ou um tipo de simulacro poderia usar esses objetos no além-mundo; então o Povo Beaker pode ter tido a mesma crença.

Considera-se que essas pessoas tenham construído Stonehenge, tendo iniciado cerca de 1800 a.C., e concluído seu último estágio em aproximadamente 1200 a.C. Avebury parece ter sido construído por eles em aproximadamente 2000 a.C.; ou seja, a avenida e os círculos internos.

A avenida de Avebury é formada por pedras emparelhadas com os lados rusticamente cortadas e posicionados frente a frente. Uma das pedras é sempre longa e fina, e a outra curta e arredondada, obviamente indicando os princípios masculino e feminino. Talvez eu possa explicar melhor citando o que Gerald Yorke disse em um ensaio sobre a religião dos tântricos da Índia: "Busca-se o espiritual por meio dos sentidos ao mesmo tempo negando-lhes a validade. É uma religião de luz, vida e amor na qual a morte livra-se da dor pelo rosário de crânios ao redor do pescoço da deusa nua Kali; e na qual o sexo é considerado sagrado, e é livremente retratado nas esculturas do templo. Música, dança e arte-dramática não perderam a influência como no Ocidente... No Macrocosmo, que é o Universo para os hindus, o Sol significa o aspecto criativo do Deus... a Lua é o princípio receptivo".

No Microcosmo, ou seja, homem e mulher, estes dois planetas são substituídos pelo *lingam* e *yoni* que são adorados em templos dedicados a eles." As palavras "*lingam*" e "*yoni*" significam os órgãos genitais masculino e feminino respectivamente.

Ao mesmo tempo que penso não haver conexão direta entre a Índia e Bretanha, acredito que haja uma forma natural de religião universal nos corações dos homens, e é universal por ser fundamentada em certos fatos.

Atualmente, todo clérigo da Igreja da Inglaterra precisa estudar *Evidências* de Paley para graduar-se, e o argumento principal de Paley sobre a existência de Deus é: "Suponha que você encontrou um relógio; olhando para ele percebe-se que não se trata de um objeto da natureza, assim sendo, sua existência pressupõe a presença de um desenhista e um criador, que poderiam ser humanos; mas se neste relógio houvesse um maquinário completo que lhe permitisse fabricar muitos outros relógios, cada um equipado com o maquinário completo para construir muitos outros, isso envolveria a existência de um Deus, para projetar e criar tal artigo". Esta é uma maneira polida de fazer uma analogia à reprodução humana; mas o homem primitivo não era puritano. Para ele, o falo e seu equivalente feminino eram a única representação sensata da Divina energia criativa. Assim era na antiga Palestina, e parece que se adotava o mesmo critério para erguer as pedras que foram utilizadas na Antiga Bretanha. Eles procuravam por pedras naturalmente formadas. "O uso de ferramentas" nas pedras tirava seu caráter sagrado. A Bíblia fala sobre o "Asserim", os pilares gêmeos sagrados que eram erguidos nos bosques, e que parecem ter tido a mesma natureza simbólica.

Para o mundo antigo, como atualmente em *Evidências* de Paley, os poderes de geração eram atribuídos à generosidade de Deus, e naquela época ninguém ousaria pensar que aquele que era o símbolo vivo e evidência de Deus fosse "impróprio".

Alguns judeus podem ter entrado na Bretanha nos navios vindos de Creta, Micenas ou Fenícia. Não acredito que houvesse uma colônia, como alguns postularam; mas minha visão é que eles vieram como mercadores, e viram aqui exatamente o que viram em casa, aquilo que chamavam "Santuários nas Alturas" ou "Bosques".

Os povos da Idade do Bronze que construíram Stonehenge parecem ter adorado os mesmos princípios. De qualquer modo, de acordo com as crenças das bruxas, a "ferradura" interna das pedras de Stonehenge representa o útero, e o que deveria ser observado ao amanhecer no Solstício de Verão, o dia mais longo, é a sombra da Hele Stone que entra neste "útero" quando o sol nasce e a fecunda para o próximo ano. É costume local observar esse evento, embora geralmente diga-se ver o sol nascer sobre a Hele Stone, que claramente possui forma fálica.

Havia uma lenda local, que já acreditou-se ser um conto de fadas, que dizia que as pedras "Azuis" internas haviam sido trazidas da Irlanda. Hoje sabe-se que esse conto de fadas é quase verdadeiro; elas foram de fato trazidas do Sul de Gales. Em geral acredita-se que elas tenham sido trazidas de lá por mar, e então rio Stour acima em direção ao seu presente sítio. Outras pessoas pensam que foram trazidas por terra diretamente de Gales. Seja qual for o meio empregado, foi uma tarefa colossal, e uma força motriz religiosa ou política muito forte deve ter atuado para que os pessoas se comprometessem a fazê-lo. As sarsens gigantes do círculo exterior, erguidas por volta de 1200 a.C., foram trazidas de uma distância de aproximadamente 25 milhas, e erguê-las é outro problema. Há algo curioso a ser notado com relação a elas; na antiga Creta notou-se que, erguendo-se um pilar em linha reta, este parecia diminuir de tamanho no topo, por estar mais afastado da visão, por isso os pilares eram feitos mais largos no topo, para que parecessem mais retos. Os construtores do anel exterior de Stonehenge empregaram este princípio, o que fortemente sugere que o homem que o projetou havia visto as edificações de Creta, e sugere-se que pedreiros egípcios podem ter sido importados, pois havia semelhanças com os templos construídos por Khofra na Quarta Dinastia do Egito, onde os lintéis se encontram na metade dos topos dos pilares e esses lintéis são ajustados para ligar os tarugos, havendo dois em cada pilar. Isso sugere um protótipo em madeira, e sabemos que anteriormente os povos da Idade da Pedra faziam círculos de madeira; Woodhenge, por exemplo, é muito semelhante a isso. Como nada mais restou a não ser os furos nas coluna, é impossível afirmar se Woodhenge possuía lintéis nos topos dos pilares, e sugere-se que tenha existido um telhado sobre ele, sendo apenas uma enorme cabana. Uma razão adicional para considerar-se que Stonehenge foi construído por pedreiros estrangeiros é que a superfície dos pilares foi cortada, então lixada com pedras, uma técnica egípcia; essas pedras lixadeiras eram depois assentadas na base dos pilares. Nesses pilares foram encontradas incisões de antigos machados de bronze e de adagas do tipo micênico (em 1953).

Contudo, Stonehenge, ao contrário dos templos gregos ou egípcios, é redondo, portanto está claro que sua construção foi baseada em ideias britânicas, para deuses britânicos, tenha ele sido construído por pedreiros estrangeiros ou britânicos. É possível que tenha havido alguma alteração na religião, transfomando a velha ideia bíblica de que a pedra não cortada era sagrada, pois o uso de ferramentas a profanava. Nós não temos provas concretas de que esta era a crença na Bretanha, e sou inclinado a pensar que os povos da Antiga Idade da Pedra construíam muito com pedra não cortada, embora pudessem cortá-las um pouco. Então foi construído um pequeno círculo de pedras cortadas em Gales, que ficou conhecido como "afortunado" ou "poderoso", e por isso o grande chefe ou o sumo sacerdote ordenou que fosse transportado para Stonehenge que já era um lugar sagrado (o velho círculo de colunas, o aterro e o fosso). Se isso foi devido à conquista do Sul de Gales ou simplesmente por ordem do rei, ou do sumo sacerdote ou sacerdotisa do oráculo, é impossível dizer; mas foi feito, e então este maravilhoso novo templo foi ornamentado por trabalhos adicionais.

Diz-se que na Quarta Dinastia do Egito o rei possuía 100 grandes navios de cedro. Isso parece ter se passado na época da construção do círculo de pedras estrangeiras em Gales. Talvez naquele momento o Egito não tivesse nenhum rival no mar, e não é impossível que alguns desses navios egípcios estiveram aqui a explorar, buscar ouro, cobre, estanho, etc., ouro da Irlanda e Gales, cobre e estanho, pérolas e âmbar da Betranha. Como havia uma constante migração que subia pela costa da Espanha naquela época, eles indubitavelmente sabiam por onde ir, e assim que passassem por Finisterre, o usual vento sudoeste os levaria para a Britânia, onde havia grandes colônias de construtores de megalitos que mantinham comunicação com o oeste da Bretanha. Os sacerdotes egípcios vangloriavam-se a Solon (cerca de 600 a.C.) da antiga glória do Egito, e de como os navios há dois mil anos faziam viagens de descoberta fora dos Pilares de Hércules, ou seja, o Estreito de Gibraltar. (O Egito havia perdido seu poder marítimo na época de Solon.) Agora, essas datas parecem ajustar-se. Não há nada impossível nisso; qualquer um poderia fazer as viagens em barcos bem pequenos, se a viagem se dividisse em fases fáceis e só viajassem com tempo bom, ou seja, se não fossem pressionados pelas horas. O que parece impossível é o que sabemos que foi realizado, ou seja, o transporte das "pedras estrangeiras" para Gales.

Todos esses trabalhos maravilhosos não poderiam ter sido feitos por "selvagens ignorantes"; seus líderes devem ter sido homens muito inteligentes que tiveram estudo e grande riqueza, caso realmente tivessem importado os pedreiros egípcios. Há aspectos que sugerem influência egípcia; ou seja, cópia do que era feito no Egito. Silbury Hill em Avebury foi construído em um planalto cortado em um declive; ele cobre uma área de cinco acres. A Pirâmide de Khofra (Quarta Dinastia) localiza-se em um planalto semelhante; também cobre cinco acres, e o declive da pirâmide é igual ao de Silbury Hill. Isso sugere que alguém tenha visto o trabalho egípcio e tentado copiá-lo em terra; mas em razão de ideias religiosas particulares o fez em formato circular. Concordo plenamente que um círculo é o modo mais fácil de se construir um aterro, mas todas as outras nações parecem ter achado mais fácil construir edificações de pedra em formato quadrangular; mas Stonehenge é circular, até mesmo os lintéis são arredondadas por dentro e por fora. Isso deve ter sido por uma boa razão, e para mim a única explicação seria que eles descobriram por experiência que de algum modo misterioso um círculo retém e conserva qualquer poder gerado dentro dele, da mesma forma que funcionam os círculos das bruxas. Também há uma crença muito antiga que um círculo mantém afastadas más influências. Creio que havia sacerdotes-reis, magos que adoravam seus deuses e realizavam sua magia dentro dele e pelo menos em alguns dos muitos círculos de pedra na Inglaterra.

Já mencionei o fato do sol nascer sobre a Hele Stone na manhã do Solstício de Verão. Na edição de 1955, do Guia Oficial de Stonehenge do Ministério do Trabalho menciona-se que todo amanhecer durante o ano tem um ponto de pôr do sol diretamente oposto, e o ponto oposto do amanhecer no dia mais longo será o pôr do sol do dia mais curto, que é o Solstício de Inverno. Em Stonehenge, nesta segunda data, um observador posicionado no centro verá o sol se pôr exatamente à esquerda da pedra mais alta, atrás do altar, ou seja, a pedra vertical que restou do grande *trilithon* central, de onde as outras pedras e lintéis caíram.

Calcula-se então que se a pedra central, agora caída, da ferradura de Bluestone fosse da mesma altura que suas vizinhas, o pôr do sol no dia do Solstício de Inverno apareceria exatamente sobre ela, circundado pelas pedras do grande *trilithon*.

O Hon. John Abercromby, em seu livro *Bronze Age Pottery*, escrito em 1912, chamou atenção para esse fato, explicou que em nenhuma religião ou templo alguém entra por uma porta, anda pela edificação, e então se vira em direção à entrada para ficar de frente para o ponto principal de adoração. Porém, a entrada para Stonehenge é ao nordeste; consequentemente, se o que há de mais sagrado for o ponto do nascer do sol, a pessoa tem que se virar de costas para o altar no sudoeste para que possa vê-lo. Ele sugere então que a grande ocasião era o Solstício de Inverno, quando o pôr do sol, no dia em que simbolicamente "morria", aparecia emoldurado no grande *trilithon*, sobre o altar. O escritor do Guia Oficial, R. S. Newall, F.S.A., sugere que o *trilithon* representa a porta do mundo subterrâneo, a qual o sol atravessa no Solstício de Inverno.

Considero esta observação importante; mas o *trilithon* tem outro significado além de ser uma porta para a Terra dos Mortos. Em seu notável livro, *The Great Mother — An Exploration of the Archetype*, Erich Neuman, um discípulo de C. G. Jung, exibe várias representações de arte antiga das portas, portais, ou *trilithons*, como um símbolo da Grande Mãe, a Deusa, pela qual o deus sol renasce. Consequentemente, o aparecimento do disco vermelho do pôr do sol, brilhando entre as poderosas pedras do grande *trilithon* no crepúsculo de inverno, simbolizaria para aqueles povos antigos não só a morte, mas a promessa do renascimento, de maneira semelhante, talvez para o homem como para o sol, do útero da Grande Mãe.

Descrevi em meu livro anterior *A Bruxaria Hoje* como as bruxas atuais secretamente realizam um rito no Solstício de Inverno que representa exatamente a mesma ideia. A sacerdotisa, ou líder feminino do *coven*, se posiciona em frente a um caldeirão com o fogo aceso, enquanto as outras dançam ao seu redor em sentido horário, com tochas flamejantes. Eles a denominam a Dança da Roda, ou Yule, e seu propósito é "fazer o sol renascer." O caldeirão neste caso representa a mesma ideia do "portal"; a Grande Mãe. O fogo é a criança Solar em seu útero.

Outro monumento antigo que preciso ser mencionado, que tipifica o imaginário masculino-feminino da antiga religião, é Men-an-Tol, que significa "Pedra Furada", próximo a Penzance em Cornwall. Embora tenha sido removida de seu sítio original, consiste em duas pedras verticais, e entre elas uma enorme pedra cuidadosamente esculpida no centro, com um buraco grande o bastante para que um ser humano possa atravessá-lo rastejando. A conotação sexual desse conjunto de pedras é óbvia; e a maneira cuidadosa como a pedra central foi esculpida deve ter requerido muito trabalho, com as ferramentas disponíveis na época. As pedras ainda são reverenciadas pelo povo da Cornualha e as pessoas preservam o antigo costume de levar suas crianças para atravessar a pedra furada de Men-at-Tol "a fim de trazer sorte", ou curá-los de doenças infantis, especialmente raquitismo.

Uma lenda que persiste, frequentemente mencionada na antiga literatura inglesa, é a que narra que quando Troia caiu vários de seus príncipes e seguidores refugiaram-se na Europa Ocidental; particularmente Brutus, o bisneto de Enéas, estabeleceu-se na Bretanha e fundou uma cidade atualmente conhecida como Londres. Por este motivo, um velho nome poético para Londres é Trinovantum, Nova Troia. O poeta Humphrey Gifford (cerca de 1580) referia-se aos jovens da Bretanha como *Ye buds of Brutus Land* (os jovens da terra de Brutus), ao instigá-los a resistir à armada espanhola. Quando Troia foi considerada, anos mais tarde, uma localidade puramente lendária, essa velha história foi ridicularizada; mas pesquisas arqueológicas modernas reavivaram essa ideia.

Quando Cnossos foi saqueada por volta de 1400 a.C. o poder micênico estendeu-se à Ásia Menor e ao Egeu, incluindo Troia, e até mesmo depois que Micenas foi destruída pelos Dórios, Troia parece ter mantido comércio com a Bretanha até ser destruída, em aproximadamente 1100 a.C. Quando o berço de uma grande nação marítima é destruído, há a tendência de formar-se uma enorme multidão de fugitivos, e então, como nos dias de hoje, os estados vizinhos não os acolhiam, portanto não parece impossível a lenda que diz que uma enorme quantidade deles veio para a Bretanha, e não sendo acolhidos no vizinho West Country, atravessaram o Canal da Mancha subindo um largo rio em direção à primeira terra alta adequada para defesa, e lá fundaram uma cidade onde agora é Londres.

Eles adoravam a Grande Deusa Dana, ou Danu, e sugere-se que outro bando desses refugiados tenha ido para a Irlanda onde ficaram conhecidos como os "Tuatha de Danaan", "Os Filhos da Deusa Dana". Nennius, cronista do século IX, escreveu que o nome mais antigo da Bretanha era Albion, que para Plínio vinha de Albina (a Deusa Branca), a primogênita dos Danaids. Os latinos adoravam a Deusa Branca como Cardea; a senhora de Janus, o Guardião dos Portais de Hades. Ela era muito poderosa em Alba (a Cidade Branca), inicialmente colonizada por emigrantes do Peloponeso na época da grande diáspora. Janus, na verdade, era o Deus do Carvalho Dianus, Guardião do Portal. Sua esposa era Jana, ou Diana (Dione), deusa dos bosques, da lua e da feitiçaria. Albina, a Deusa da Cevada que deu seu nome a Bretanha, é a Senhora Branca da morte e da inspiração, também chamada Cerridwen, que significa *"cerdd* do irlandês e galês — ganho", e também "as artes inspiradoras, especialmente poesia", e *"wen"*, "branco". Ela também é a Guardiã do Portal de Hades. Identifica-se com Ísis, Paphian Vênus surgida do mar, Diana, Prosperpina e Hécate, e como já vimos no poema do início do século XIV chamado "Sir Orfeu", a senhora vestida em branco reluzente que presidia sobre a Terra dos Mortos.

Se aceitarmos a lenda das bruxas de que Stonehenge é o templo da grande deusa, simbólico de seu útero, que os druidas chamavam de o Caldeirão de Cerridwen e o Caldeirão da Inspiração, combinado com o grande falo de pedra, a Hele Stone, podemos presumir que a antiga adoração era a mesma em todos os lugares, a dos poderes criativos, como mostra a avenida de Avebury, o Cornish Men-at-Tol, o Asserim do Antigo Testamento, os Pilares Gêmeos do Templo de Salomão, e Jeová e Ashtaroth a quem ele e os antigos Israelitas adoravam, e que ainda são adorados pelo cabalistas como o Pai e a Mãe Celestial. Enquanto entre os judeus, o deus masculino parece ter sido o principal, ou pelo menos igualava-se à deusa, nos tempos antigos parece que, seja como uma sobrevivência do sistema matriarcal ou por outras causas, a deusa era a parceira governante. Então, no Templo de Artemis, a deusa da lua, que às vezes era chamada de Tétis em Iolcus, um grande porto em Tessália, havia 50 sacerdotisas. A cada sete anos uma delas era escolhida pela multidão para ser a rainha. Ela escolhia um homem para ser seu rei do Carvalho, representando o deus; mas ele era sacrificado ao término de sete anos, quando uma rainha nova era escolhida. Isso assemelha-se com o costume das bruxas; a Suma Sacerdotisa é o "Poder Divino", e escolhe qualquer homem do seu agrado como Sumo Sacerdote. Ele normalmente é seu próprio marido; mas o Sumo Sacerdote não é sacrificado, pelo menos não atualmente, e elas não possuem nenhuma lenda em que este tenha sido o caso. Pessoalmente, eu duvido muito que qualquer um assumisse o papel de rei durante um ano, ou até mesmo sete anos, sabendo que seria sacrificado ao final do período; embora pudesse fazê-lo se hovesse uma boa chance de arrumar um substituto.

Robert Graves, que escreveu extensivamente sobre o assunto, considera que, em tempos bíblicos, David herdou o título de rei dos judeus ao se casar com a Suma Sacerdotisa da Deusa Michal em Hebron. (A propósito, isso pode explicar a oposição de Samuel, seguidor de Jeová, à demanda do povo por um rei; e o fato de que Saul foi consagrado como o primeiro rei de Israel em Gilgal, um nome que significa círculo", onde havia 12 grandes pedras, aparentemente colocadas no local para comemorar a travessia do Jordão. Provavelmente havia sido um círculo de pedras.) Ao que parece, o marido da Suma Sacerdotisa da deusa do país automaticamente tornava-se o rei, ou pelo menos poderia apenas ser reconhecido como o rei por sua esposa; e se morresse ou fosse assassinado quem quer que se casasse com a viúva teria boas chances de tornar-se rei. Há sugestões sobre essas ideias nas lendas de Rei Artur onde nota-se que Artur adquire sua famosa "Távola-redonda" através do matrimônio com Guinevere, e há várias tentativas de sequestro de Guinevere por cavaleiros rebeldes que queriam usurpar o reino, como se Guinevere e o reino fossem um só.

Consta em uma passagem do perdido Evangelho aos Hebreus que, quando o Cristo foi enviado à terra, o Senhor invocou um grande poder chamado Michal, e este poder recebeu o nome de Maria e ela desceu à terra com Cristo em seu útero, e este foi dado à luz. Muitas seitas místicas da Idade Média acreditavam em um Espírito Santo feminino. Na Abadia de New Barnet, ao lado direito do altar, há uma enorme imagem de Cristo, e à esquerda, uma enorme imagem do Espírito Santo (feminino), exibindo uma mulher em branco, a Deusa Branca. Os padres dessa igreja disseram-me há alguns anos que o Cristo havia nascido do Pai, e concebido pelo Espírito Santo, e que apenas uma mulher pode conceber. Eles possuíam inúmeras provas de que esta é uma doutrina muito antiga. Esta é, claramente a antiga trindade, o "MA-AB-BEN sagrado", escrita como uma palavra composta, "MABEN", a trindade da Mãe-Pai-Filho dos antigos, ou Ísis-Osíris-Hórus. Embora o Cristianismo tenha tentado substituí-la pela Trindade exclusivamente masculina, os povos do mediterrâneo sempre almejaram uma deusa, assim sendo, a Igreja foi forçada a exaltar a Virgem Maria, de certa forma às custas da adoração do Pai e do Espírito Santo. Esta adoração da Mãe e do Filho não é tão diferente do culto das bruxas, embora possa ser heresia dizer tal coisa.

Aceitando-se que na maioria das pessoas parece haver um desejo de ter um deus e uma deusa, creio que podemos considerar que este era o caso há quatro mil anos, e toda a evidência da arqueologia aponta para isso. Presumimos que de aproximadamente 2000 a.C. até cerca de 1200 a.C. havia comunicação constante entre o mediterrâneo Oriental e a Bretanha, provavelmente por pequenos barcos mercantes que traziam vários bens valiosos para os britânicos; carregamentos de contas, e trabalhadores que conheciam o segredo da fundição do bronze. Em troca, recebiam estanho, ouro, pérolas e âmbar. Todos davam boas-vindas a esses mercadores, e talvez assimilassem suas ideias religiosas; mas estas provavelmente seriam apenas aspectos do ritual, porque as ideias religiosas eram basicamente as mesmas, embora os deuses e deusas pudessem ter nomes diferentes.

Na *British Chronicle*, Geoffrey of Monmouth narra a fundação de Londres por Brutus, bisneto de Enéas de Troia, no ano de 1103 a. C. Todos os londrinos implicitamente acreditavam nisso até que Polydore Virgil foi contratado pelo rei da França e pela Igreja romana para desacreditar todos os registros que provassem que os Tudors eram descendentes de Artur e dos antigos reis, e todas as sugestões que indicassem a existência de civilização na Bretanha antes da conquista do país pelos romanos; e obteve tamanho sucesso que estamos apenas começando a redescobrir a verdade sobre a antiga civilização britânica. Na ocasião em que Henrique VIII entrou em desacordo com o Papa, todas as estratégias de "propaganda de guerra" possíveis foram usadas pelo partido antibritânico, inclusive isso. Do ponto de vista atual, o propósito político de desacreditar as velhas tradições britânicas está claro. Uma Igreja da Inglaterra que derivava sua autoridade de Henrique VIII estava em uma posição de desvantagem; mas uma Igreja que derivasse sua autoridade de José de Arimatéa seria uma questão muito diferente; quase tão perigosa quanto a tradição de uma antiga civilização completamente independente de Roma.

Geoffrey forneceu as listas dos antigos reis britânicos e seus reinados desde Brutus, então a história foi astutamente colocada dizendo que a escrita era desconhecida na Bretanha até a chegada dos romanos, e seria impossível que esses nomes e registros pudessem ter sido preservados, portanto deveriam ser falsos. Hoje em dia, sabemos que tais argumentos não são válidos. Os Maoris da Nova Zelândia conhecem longas genealogias aprendidas de cor, que retrocedem mil, 500 anos. Mais adiante, César declara sobre os druidas (*De Bello Gallico*, VI.):

> Relatórios dizem que nas escolas dos druidas aprende-se de cor um grande número de versos, e algumas pessoas permanecem 20 anos sob treinamento. Eles não consideram apropriado comprometer estes conhecimentos por escrito, embora em quase todos os outros assuntos e em suas contas públicas e privadas fazem uso de caracteres Creek. Acredito que eles tenham adotado a prática por duas razões — eles não desejam que a regra se torne propriedade comum nem que os que aprendem a regra dependam da escrita, e assim negligenciem o cultivo da memória.

Porém, posteriormente, a forma ogâmica escrita evoluiu, aparentemente na Irlanda, e entre os II e VII séculos d.C. espalhou-se por Gales, Cornualha, Devon, Hampshire, e Ilha de Man. Esse manuscrito parece ser nativo das Ilhas Britânicas, e seu conhecimento ficou preservado na memória do povo irlandês até princípios do século XIX.

Na época de Polydore Virgil, em geral, acreditava-se que não houvesse escrita antes da ascensão Romana, ou pelo menos ele espalhou esta visão.

Pensava-se que os fenícios houvessem sido os primeiros navegantes a visitar a Bretanha; eles não sabiam que os navios de Micenas e Creta vinham até aqui regularmente. A própria Troia foi tida como um mito, até que Schliemann, seguindo seu sonho, foi escavar Troia, e descobriu, para sua surpresa, que havia não apenas uma, mas seis Troias, em uma das quais achou uma peça de ouro irlandês trabalhada de forma semelhante a esses achados por Sir Flinders Petrie, em Gaza, provando as conexões de comércio entre essas cidades e as Ilhas Britânicas. Além disso, ninguém tinha conhecimento das enormes quantias de contas egípcias trazidas para a Bretanha pelos navios cretenses e micênicos, ou que os troianos eram grandes mercadores e navegadores, de forma que quando Troia foi destruída, não é impossível ou até mesmo improvável que um grande número de refugiados tenham ido para um local onde pudessem encontrar terra boa onde pudessem comercializar.

A propósito, outra antiga tradição britânica era que a Torre de Londres havia sido construída por Julio César. Isso também foi ridicularizado, até descobrir-se que a Torre estava construída sobre fundações romanas; assim sendo, a Torre original era uma fortaleza romana, entretanto depois de César.

Embora pareça não haver nenhum traço de comerciantes cretenses com exceção das contas egípcias e peças de bronze que eles trouxeram, é bem possível que eles tenham trazido consigo parte de seu culto da Deusa de Mãe. "Nenhum traço encontrado" não significa que não haja nenhum, quer dizer apenas que eles ainda não foram achados ou identificados. As antigas formas de labirinto cortadas em pedras podem ser cretenses, e os vários labirintos na colina, embora tradicionalmente chamados de "Cidade de Troia", podem ter vindo da ideia cretense de Labirinto. Pelo menos um desses labirintos, o Miz-maze em Leigh, Dorset, era conhecido como o local de reunião das bruxas, e também como o lugar que nos velhos tempos as pessoas do distrito costumavam encontrar-se em confraternizações, provavelmente para guardar os antigos Sabás. O Miz-maze está agora quase obliterado, mas existiu até 1800 na forma de bancos feitos para seguir um intrincado padrão.

Em Jutland há velhos labirintos dispostos em caminhos de pedra; diz-se que em tempos modernos colocava-se uma jovem no centro, e os jovens rapazes iriam percorrer os caminhos para encontrá-la, e aquele que a encontrasse se tornaria seu amante. Eu nunca compreendi esta ideia, porque as paredes tinham apenas um pé de altura, e era possível ver-se tudo à frente. Penso que os rapazes da aldeia iriam aprender depressa onde começar para chegar ao local primeiro; ou então, é claro, a jovem senhorita poderia saber, e dizer ao seu favorito, "Comece naquele portão".

Diz-se que não pode ter existido nenhuma escrita antiga britânica, caso contrário, algo haveria sobrevivido. No entanto, devemos nos lembrar do incêndio da grande biblioteca de Bangor, e outras bibliotecas que eram indesejáveis para a Igreja romana (sem mencionar o clima inglês). Há 20 anos o grande argumento dos mais altos críticos da Bíblia era que os judeus eram completamente analfabetos; assim sendo, nada poderia ter sido escrito antes do cativeiro babilônico, porque em toda a Palestina haviam sido encontrados apenas quatro inscrições do pré-exílio, três calendários muito rudimentares de pedra e o quarto era a inscrição no túnel de Siloan feita por um fenício. Mas eu estava com a Expedição de Wellcome escavando na cidade de Lakish em 1936, e encontramos em uma guarita uma grande quantidade de cacos de cerâmica inscritas a tinta com uma caneta de junco. Eram principalmente cópias dos registros de um julgamento, e um deles era de alguém desculpando-se por escrever para um homem tão importante em cacos de cerâmica, dizendo, que devido à guerra, a provisão de papiro havia se esgotado. Isso explicou questões; os judeus do pré-exílio podiam escrever em papiro importado do Egito. Mas o mesmo papiro que resiste em tumba egípcia seca apodrece depressa em um país úmido como a Palestina. Também percebemos que haviam existido muitas inscrições em pedras, mas os macabeus, puritanos intolerantes, as destruíram completamente, pois eram, em sua grande maioria, inscrições religiosas dedicadas aos deuses, o Elohim, cuja adoração eles estavam tentando destruir.

Destruição semelhante tanto pela natureza quanto pela mão dos homens pode ter ocorrido na Bretanha. Sabemos que até durante o reinado de Henrique VIII a Igreja reclamava que havia um sacerdote druida em Gales chamado Hu que possuía um grande ídolo de Carvalho também chamado Hu, e que muitas pessoas adoravam esse ídolo, e lhe traziam gado como oferenda. Então o rei trouxe ambos para Londres, e os queimou juntos em Smithfield. Este ídolo chamado Hu era obviamente Hu Gadarn, e muito conhecimento deve ter se perdido com a morte desse desaventurado druida. Também temos de nos lembrar da destruição sistemática dos manuscritos dos maias, e das tábuas de madeira cobertas com hieroglifos que foram queimadas na Ilha de Páscoa por Missionários Cristãos. O que eu estou tentando mostrar é que há evidência clara da comunicação entre a Bretanha e o mediterrâneo Oriental no passado, e que através dessa comunicação várias ideias religiosas podem ter sido apresentadas a esse país. O que me intrigou, a princípio, foi a semelhança entre a Mãe Deusa Suméria e a Deusa das Bruxas (infelizmente não tenho permissão para dizer qual é). Pensei que fosse apenas coincidência. Então deparei-me com as escritas de Sr. Ross Nichols em *The Great Zodiac of Glastonbury* no qual ele diz, "Este Zodíaco assemelha-se ao sumério. Há evidência arqueológica de colonização da Bretanha por pessoas ligadas à Suméria antes de 2700 a.C. e diz-se que navios do Rei Sargon... vieram à Bretanha e o nome de Sumer realmente pode ter se originado de 'Summerlan' de Somersetshire, de onde na sexta Tríade galesa o Patriarca Hu Gadam teria conduzido os Cymry para Gales".

T. A. Waddell, em *The Phoenician Origin of the Scots and Britons* (pág. 43, Appnd.), conta sobre a tábua de inscrições do grande imperador Sargan, aproximadamente 2750 a.C., registrando suas vastas conquistas entre as quais está "A Terra do Estanho que fica além do mediterrâneo" que parece ser a Bretanha.

    Aparentemente, em um passado muito distante, alguém amoldou várias ilhas de colina em Somerset em formas curiosas; também foi escoada uma parte grande de um semipântano para formar este desenho em grande escala, quer dizer, eles fizeram um enorme mapa das estrelas na terra. Parece provável que as pessoas que fizeram esse enorme trabalho fossem adoradoras das estrelas, privadas da visão maravilhosa da Imensidão do Céu que viam toda noite em sua terra natal, e as quais, estando em uma área onde eram obrigadas a fazer grandes aterros para trazer a terra à superfície da água, nela construíram esses curiosos signos. Isso parece algo curioso a ser feito; mas trazer pedras estrangeiras de Gales para Stonehenge era igualmente curioso. Tudo o que posso dizer é que estas pessoas realmente fizeram coisas curiosas, e pode-se ter certeza de que não eram destinadas à diversão. Eles tinham uma razão muito boa, e às vezes vale a pena tentar encontrar seus motivos. Essas figuras enormes são consideradas de traçado Sumério. Seria possível que no tempo do Rei Sargon suas frotas tenham realmente vindo até aqui, conquistado parte do país e construído fortes em um grupo de ilhas entre os pântanos, de onde enviaria grupos de invasores, em busca de escravos? Ou mais provavelmente, seria apenas um centro comercial onde os mercadores comprariam estanho dos nativos, como fazíamos com Cingapura e Hong Kong. Todas as nações achavam mais fácil montar estações de comércio onde seus navios estivessem seguros e onde se comercializa o que se tem em excesso, e o que se necessita. Os sumérios e assírios eram raças de bons lutadores, possuíam quase tudo do que precisavam à mão, mas embora tivessem grandes minas de cobre em Chipre, precisavam de estanho para fazer bronze. Se realmente vinham à Bretanha com essa finalidade, a viagem era longa, e provavelmente muitos se estabeleceriam aqui com esposas nativas. Eram acostumados a inundações e a construir diques, então em sua nova morada começaram a construir diques e abrir drenos. Seus deuses eram celestiais, as estrelas que em sua terra nativa pareciam tão próximas à noite. Eles haviam mapeado essas estrelas nos signos do Zodíaco, mas nesta terra úmida e fria os céus nublavam tão frequentemente, que até mesmo quando era possível vê-las, as estrelas pareciam muito distantes. Então eles notaram que algumas dessas colinas pareciam-se muito com um Zodíaco. Então algum sacerdote ou oráculo pode ter dito: "Façam aqui um Templo às Estrelas para que o poder delas possa estar entre vocês". Há menções em antigos contos do primeiro grande trabalho nas terras da Bretanha, a construção de "Caer Arianrhod", o Templo do Céu. O segundo grande trabalho da Bretanha foi Stonehenge. Ninguém sabe onde fica esse Templo do Céu; não seria este gigantesco Zodíaco? que tem aproximadamente 12 milhas de um extremo ao outro e as figuras são tão grandes que só podem ser vistas de cima, mas o fato de que eram figuras conhecidas pode ser provado por muitas histórias antigas. Os fatos parecem ser que alguém, de alguma maneira, descobriu que essas colinas de certa forma lembravam um Zodíaco, e as cortaram e as aperfeiçoaram. Isso implica um forte governo central, ou uma forte motivação religiosa, em um passado remoto. É notável o fato de que, mais tarde, os britânicos se habituaram a construir enormes figuras, em colinas, cavalos brancos, etc. Mas também há deuses. Por exemplo, o Gigante de Cerne Abbas e as curiosas figuras descobertas posteriormente nas colinas de Gog Magog perto de Cambridge, incluindo uma figura da Deusa Nua. Sempre foi intrigante o porquê dessas figuras terem sido construídas como se a intenção fosse vê-las de cima e as figuras de Glastonbury são praticamente invisíveis a não ser que sejam vistas de cima. Isso me faz pensar, se não há outro modo, com exceção de aeronaves Atlantes (nas quais algumas pessoas acreditam) e discos voadores, pelo qual povos primitivos possam ter voado, ou pelo menos subido pelos ares? Creio que havia ao menos duas maneiras diferentes dentro de suas possibilidades. Aproximadamente 60 anos atrás, antes de existirem aviões, havia dois modos pelos quais um general em tempos de guerra poderia ver do ar o que o inimigo estava fazendo, que são por pipas e balões. Uma pequena pipa era lançada ao ar, esta por sua vez carregava uma pipa maior, que por sua vez levava outra grande o bastante para carregar um homem que poderia observar o inimigo e enviar mensagens escritas para baixo através do fio da pipa. Todo o aparato, quando dobrado, ficava do tamanho de um carro pequeno, e era mais portátil que o balão militar, com seu aparato para o gás, etc. Mas os primeiros balões eram balões de fogo. Um fabricante de papéis francês chamado Montgolfier notou que a fumaça subia com força considerável e percebeu que se prendesse fumaça em um saco, este seria levado para cima junto com a fumaça. A história conta que ele estava em uma hospedaria, quando teve essa ideia, e com a ajuda de um garçom acendeu fogo em um utensílio não mencionável que pegaram debaixo da cama e sobre o qual colocaram os sacos de papel. Os sacos de papel subiram até o teto e Montgolfier quase foi queimado como uma bruxa, apesar disso havia nascido o balonismo. Em junho de 1783, ele obteve sucesso ao enviar um grande balão a uma altura de mais de 1500 pés, queimando dez libras de palha úmida e lã para produzir fumaça, em um rescaldeiro de ferro. Em novembro daquele ano, ele e um companheiro voaram sobre Paris e, em 1784, o Canal da Mancha foi cruzado por Blanchard e Jeffries em um balão. Logo descobriu-se que era o calor e não a fumaça o que fazia com que os balões subissem. Napoleão tinha um corpo militar de balões de ar quente, e deste modo obtinha importantes informações militares e parte de seus planos de invadir a Inglaterra (o qual as bruxas reivindicam ter anulado) envolvia o transporte de tropas através de uma grande frota de balões. Agora, se Montgolfier concebeu a ideia de utilização da força de ascensão, é bem possível que algum sacerdote sumério, observando as nuvens de fumaça que surgiam dos sacrifícios, também pudesse ter concebido essa ideia e lá testado sem nenhum perigo para si próprio, e é bem provável que o segredo fosse conhecido há centenas se não milhares de anos. Se algum sacerdote Sumério realmente descobrisse isso, seu rei seguramente ficaria satisfeito em patrocinar uma experiência que poderia ser útil na guerra. Na realidade, há em vários países muitas histórias antigas sobre "máquinas voadoras" de vários tipos — o famoso "Tapete voador" oriental, por exemplo. Há uma lenda britânica do Rei Bladud de Bath, que diz que ele inventou uma máquina com a qual "tentaria voar à região superior do ar", mas caiu sobre o templo de Apolo na famosa cidade de Trinoventum (Londres) e morreu na colisão. Na Irlanda, um druida chamado Mog Ruith possuía, de acordo com a história, uma máquina mágica chamada de Roth Fail. São Columba descreve-o como um vasto navio que podia navegar terra e mar (o modo como uma pessoa dessa época descreveria um balão se o visse). A lenda conta que Mog Ruith e sua filha Tlachtga voaram neste "navio" para a Itália, onde ele conheceu o famoso mago Simon Magus. O druida emprestou-lhe o Roth Fail para desmonstrar ao Imperador romano que os deuses pagãos tinham mais poder que o cristão, mas a máquina bateu na tentativa e Simon Magus ficou seriamente ferido. Os espectadores cristãos declaravam que issso era porque eles haviam feito o sinal da cruz. A história conta que Tlachtga recolheu os pedaços quebrados da máquina, enviou-as voando para a Irlanda onde, presumivelmente, também chocou-se, transformando-se em duas enormes pedras que assim se conservam até os dias de hoje. Uma está no Condado de Dublin, a outra em Tipperary. Agora, se algum sábio dos tempos antigos realmente precedeu Montgolfier na invenção dos balões de fogo, explica-se-iam todas essas histórias (menos ter se transformado em pedra), e o mistério da construção destas grandes figuras na Terra pode ser consideravelmente esclarecido.

Em um país plano, como a Suméria, seria muito útil ter um homem no ar em tempos de guerra, ou até mesmo em tempos de paz, para vigiar os bandidos e invasores. Eles possuíam bons teares e podiam fabricar tecido de boa qualidade; usavam muito incenso composto de resinas, assim sendo sabiam fazer um verniz forte e bom, para fazer o balão impermeável. Se tivessem usado em sua terra natal, não as teriam utilizado em uma expedição de colonização, ou para espionagem? E se eles achassem que as colinas haviam sido formadas de tal modo a sugerir um signo dos deuses, seus sacerdotes não as aceitariam como tal? Não estou afirmando que foi assim. Estou apenas sugerindo o que poderia explicar os fatos da forma que os encontramos. *Viz*, sendo O Grande Zodíaco Sumério aparentemente, influenciou a Bruxaria, o que eu não saberia como explicar de outra maneira. Neste período, aproximadamente 2500 a.C. , a Assíria era considerada a maior potência do Mediterrâneo. Possuía bons navios, e uma abundante população. O bronze era uma grande necessidade e para isso eles precisavam de estanho. Se seus navios saíssem do Mediterrâneo, encontrariam uma enorme quantidade de Líbios (Berbers) emigrando em direção ao norte, para a "Terra Verde", onde havia bom pasto para o gado, e de onde provinha ouro, pérolas, âmbar e estanho. É provável que eles desejassem descobrir como era essa terra para procurar obter o que consideravam mais valioso do que qualquer outra coisa, estanho em abundância. Eles já possuíam Chipre, de onde provinha todo o cobre, mas o estanho era realmente muito raro. O retorno de um carregamento de estanho conduziria a uma expedição que seria enviada com ordens para apossar-se de uma base de fácil defesa onde seus navios poderiam abrigar-se no inverno e de onde pudessem ir para as minas. Estavam de acordo que a base mais próxima seria a Cornualha, mas possivelmente todos os abrigos adequados já estivessem ocupados. A distância da terra natal era tão grande, que dois ou três dias a mais navegando não faria diferença. Um local para defesa natural desocupado era seu objetivo. Alguns invasores providenciariam todos os escravos necessários. Era possível que as minas estivessem em posse de tribos guerreiras, as quais não valeria a pena tentar conquistar. A pedra negra era inútil aos nativos da Idade da Pedra, e eles a comerciariam em grandes quantidades em troca de contas e outros bens de baixo valor. Até onde sabemos, os povos da Idade da Pedra não eram guerreiros, a maioria de seus machados, etc., eram ferramentas, e pessoas armadas e vestindo armaduras estariam na mesma posição que os colonos europeus armados estavam entre tribos nativas há 200 anos. Quando a Assíria perdeu o poder, provavelmente foram mantidas as comunicações entre a Bretanha e os povos de Creta, gregos, troianos e fenícios. Naquela época havia um tipo de livre comércio, e é possível que navios egípcios tenham feito a viagem no passado. Há esculturas de pedra muito curiosas na Noruega e na Suécia que tinham a função de registrar as visitas de navios estrangeiros em tempos remotos, cerca de 2000 a.C. Alguns desses navios parecem-se muito com os egípcios. Veja as páginas 117 e 143 do *The Viking Age,* de Paul du Chaillu. Alguns entalhes parecem mostrar invasões de navegantes que sequestravam mulheres. Vários desses navios são representados com um sol acima, assemelhando-se à "Barca Solar" egípcia. Tudo isso parece indicar que durante a Idade da Pedra, na Bretanha, vários povos mediterrâneos vinham por mar para a Bretanha e, além disso, esse intercâmbio continuou até a ascensão de Cartago que dominou a Espanha e impediu todo o comércio de seus competidores com o exterior pelo mar. Isso ocorreu na Idade de Ferro e, portanto, o estanho não era urgentemente necessário.

Se eu estiver certo, sugiro que até os navios assírios deixarem de vir até aqui, na Bretanha já haveria crescido uma forte e compacta colônia de descendentes de pais assírios e mães nativas em Somerset, e não é impossível que este nome venha de "Suméria."

A Aristocracia e o Sacerdócio teriam a teoria de um reino onde os Sacerdotes Reis e a Suma Sacerdotisa fossem obedecidos. Possivelmente seu império se expandiu, e o centro do governo teria mudado para Avebury e Stonehenge.

Possivelmente ocorreram trasformações religiosas e eles não fizeram mais Zodíacos, mas a tradição de fazer animais gigantescos permaneceu. A avenida em forma de serpente de Carnac, em Brittany, é tão grande quanto qualquer das figuras do Zodíaco. E desta época teria vindo o costume de cortar as Figuras na Colina, o que não é encontrado em nenhum outro país. É preciso lembrar que enquanto o círculo exterior de Stonehenge, cerca de 1200 a.C., era orientado para o Sol, o círculo interno, cerca de 1800 a.C., era orientado para as estrelas e parecem ter sido construídos por um povo adorador de estrelas, que, presumivelmente, veio de algum país onde as estrelas são brilhantes e os céus claros. E posso imaginar um monarca absolutista assírio dando a ordem "há um belo círculo de pedras em Gales, traga-o aqui". Agora, o leitor perguntará, "O que tudo isso tem a ver com Bruxaria?" A resposta é: estou tentando descobrir a história e as origens da tradição chamada "Bruxaria", e como parece ter vindo de tempos pré-históricos, devo analisar os tempos pré-históricos e ver como eles realmente eram. Eu pensava que eles se assemelhavam à concepção popular de pessoas que habitavam em cavernas, vestidas de peles, e que passavam todo o tempo caçando e sendo caçado por feras selvagens e nos momentos de laser quebrando as cabeças uns dos outros com machados de pedra e arrastando suas belas mulheres pelo cabelo para dentro das cavernas, até que César e as legiões romanas chegaram e a história britânica começou. Ao contrário, acho que os primeiros Bretões eram pessoas aparentemente bem calmas, fazendeiros e criadores de gado, e as quais, embora não erguessem boas vilas suburbanas de tijolos aprovadas pelo Conselho do Município para viver, não obstante construíram as obras mais surpreendentes, presumivelmente por razões religiosas. Eles entendiam o calendário, e sabiam quando esperar pelos Solstícios de Verão e de Inverno. Eles parecem ter acreditado em reencarnação. Eles adoraram uma Grande Deusa Mãe. Eles comunicavam-se livremente com o resto do mundo. Os bretões da Idade do Bronze usavam vestes de linho e lã, e ornamentos de azeviche de Yorkshire, peças de ouro irlandês, e contas azuis trazidas por mercadores do Egito. Foram recuperadas belas taças de ouro e âmbar de suas sepulturas. Até mesmo em tempos Neolíticos, seus machados de pedra e lascas, pontas de flechas, etc. mostram sua habilidade apurada, e posteriormente foi inventada a arte de esmalte em metal na Bretanha. No entanto, ainda é possível encontrar pessoas, até mesmo arqueólogos, duvidosamente questionando-se se haveria qualquer civilização na Bretanha antes dos romanos!

A resposta é, certamente, como dizia o Professor Joad, tudo depende do que você chama de civilização. Somos inclinados a utilizar duas vagas denominações, "Civilização" e "Barbarismo", e considerar pessoas "civilizadas" aquelas que se assemelham a nós mesmos. O que aqueles a quem rotulamos "selvagens" realmente pensariam a respeito de nossa sociedade é um assunto sobre o qual raramente refletimos, o que talvez seja mais diplomático não fazer.

Até mesmo quando os bretões da Idade da Pedra não haviam desenvolvido a habilidade de fazer instrumentos de metal, eles mantinham constante comunicação com povos que usavam metal, embora estes nem sempre estivessem dispostos à fornecê-los, da mesma forma como os governos europeus desaprovam o fornecimento de armas para raças primitivas. Tais pessoas que faziam uso do metal parecem ter construído grandes obras em Avebury e Stonehenge e outros lugares, especialmente em Glastonbury. Uma estrutura notável que pode ser vista em Glastonbury é o chamado Chalice Well que se localiza ao pé de duas famosas colinas, Chalice Hill e Tor. Consiste em uma fonte, com um copioso volume de água que é circundada por uma forte estrutura de pedra. De acordo com o guia para visitantes lançado pelos atuais proprietários do poço, "A alvenaria do poço é motivo de muita discussão e acredita-se que seja de origem pré-romana. Possivelmente está relacionado aos druidas, pois os peritos consideram que esteja associado aos antigos rituais de luz solar e água. Certo é que a enorme obra em pedra é orientada para o dia do Solstício de Verão, como foi provado através de medições. Arqueólogos que examinaram as pedras relataram que elas são colocados em forma de cunha como é o caso nas Pirâmides, e marcadas em "ondulações" por instrumentos de pedra, como em Stonehenge. Sir Flinders Petrie tinha a opinião de que as pedras do poço poderiam ter sido cortadas por colonos egípcios por volta do ano 2000 a.C. As águas são ferruginoso e radioativas, tendo um fluxo constante de 2500 galões por dia, até mesmo durante secas severas. O poço é quadrado, com nível de água medindo 8'/2 pés de profundidade". Um amigo que recentemente visitou Glastonbury disse-me que, no local, se acredita que as enormes pedras do poço são do mesmo tipo de pedra azul de "Prescelly" como as famosas pedras "estrangeiras" de Stonehenge. Se isso é verdade ou não, não posso afirmar (e o mais extraordinário é que as pessoas parecem tão pouco interessadas em tentar descobrir!), mas a existência desse antigo poço sagrado prova que Glastonbury é um lugar sagrado pré-cristão.

Ninguém teria se preocupado em construir uma estrutura como essa somente para abastecimento de água. Mais adiante, como era de se esperar, ao lado do Poço Sagrado, também existe uma Árvore Sagrada. O Glastonbury Thorn, que tradicionalmente fica em frente, na Colina de Wearyall, pode ser uma versão cristianizada de uma santidade muito mais antiga. É notável que em quase todos os lugares onde é encontrado um poço sagrado, ou uma fonte, ou lago, sempre há uma árvore sagrada ou então uma lenda local a esse respeito. Esta é outra versão da representação religiosa primordial de masculino e feminino e mãe e pai. O poço simboliza o útero, o profundo recipiente da vida; e a árvore verde, viva, crescendo, o falo.

Mais tarde, o Poço Sagrado tornou-se um caldeirão sagrado, o Caldeirão de Cerridwen que na versão cristã era o Santo Graal, e na versão pagã, o caldeirão das bruxas.

Uma conexão persistente será notada entre a Grande Mãe e a água, ou o mar. Vênus surge do mar. A deusa da lua é associada com o mar, talvez por causa das marés. As conchas são símbolos da Grande Mãe. Binah, a Mãe de Celestial dos Cabalistas, é chamada o Grande Mar. Hoje sabemos que, de fato, as águas mornas dos mares Paleozoicos eram o útero da evolução da vida das primeiras criaturas vivas na terra.

O elemento complementar, o fogo, também era sagrado e mágico, e masculino, enquanto a água era feminino. O fogo ou a vela no altar é o símbolo universal de um lugar sagrado. Tal reverência é natural; dois fatores distinguiram o homem primitivo dos animais, a habilidade de fazer fogo e de construir ferramentas cortantes, e provavelmente não precisamos procurar explicações adicionais para os muitos cultos de adoração ao fogo e consagração de armas. Até os dias de hoje, as bruxas preservam essas tradições: a chama sobre o altar, e o punhal ritual com o qual o círculo mágico é desenhado. Ambos podem ter se originado no amanhecer da civilização humana. (Psicologicamente, é obvio que a arma também tem um significado fálico).

Os povos da Idade do Bronze na Bretanha podem ter usado incenso em seus ritos religiosos. Foi encontrado um tipo de vaso de cerâmica, datando daquele período, que os arqueólogos chamam de "incensário", pois eles não têm condições de designar qualquer outro uso para ele. Tais recipientes são pequenos, e perfurados na parte mais baixa, possivelmente para permitir entrada de ar suficiente para manter o carvão ardendo onde os grãos de incenso são queimados. Sabemos que os ritos religiosos de tempos antigos usavam incenso extensivamente, e se a Antiga Bretanha podia importar contas egípcias, como sabemos que fazia, não há nenhuma razão para que não importasse incenso egípcio também.

Eu mencionei, previamente, o uso de incenso por bruxas em seus ritos. Esta não é necessariamente uma importação, ou uma imitação de práticas da igreja, como se percebe pelo que já foi dito.

Resumindo, tudo indica que no início da Idade da Pedra foram descobertos certos segredos por meio dos quais praticava-se o que chamamos magia. Quer dizer, seus praticantes trabalhavam para obter certos benefícios para si próprios e seus amigos. Talvez houvesse muita superstição aliada a alguns fatores práticos. Como primeiramente era usada para obter boa caça, tornou-se parte da religião ligada ao deus da caça. Depois, quando começou a ser usada para obter fertilidade, uma deusa da fertilidade passou a integrar o culto. Conceitos da vida depois da morte, com que as pessoas primitivas estavam muito preocupadas, também influenciaram. O deus do culto tornou-se o regente do Além-Mundo, e acreditava-se que a compreensão de seus mistérios ajudasse seus seguidores a ajustar-se às condições que encontrariam quando deixassem esta vida e suas almas atingissem o "Outro Lado". Esta fé era muito semelhante em todo o mundo antigo, embora obviamente houvesse muitas variações locais determinadas por um caráter nacional.

Não havia nenhum antagonismo entre religiões do velho-mundo; ninguém reivindicava que seus deuses fossem os únicos e que todos os outros fossem falsos. Pelo contrário, os viajantes respeitavam os deuses nativos dos países para onde iam, reconhecendo como diferentes teofanias dos mesmos Poderes Cósmicos. Sectarismo e perseguição religiosa eram praticamente desconhecidos. Consequentemente havia livre intercâmbio de ideias religiosas, especialmente ao longo das rotas de comércio; e não há razão real para que qualquer conceito religioso das civilizações da Idade do Bronze na Europa e no Mediterrâneo fosse desconhecido para a Antiga Bretanha.

Capítulo V

O Druidismo e os Celtas Arianos

FREQUENTEMENTE PERGUNTAM-ME, "ONDE SE ENCAIXAM OS DRUIDAS?", "As bruxas faziam parte da crença dos druidas?" Eu apenas posso dizer, "Se soubéssemos exatamente em que os druidas acreditavam, eu poderia lhe dizer; mas sabemos muito pouco sobre esse povo misterioso". Antigos escritores contam que os druidas reverenciavam o Sol, e sabemos que eles eram os sacerdotes do povo celta da cultura Hallstadt da Idade do Ferro, que invadiu a Bretanha no século V a.C. e ocupou a parte sudeste. Mais tarde, aproximadamente 250 a.C., o povo belga da cultura La Tene da Idade do Ferro invadiu a Bretanha e ocupou o sul, empurrando os outros povos para o norte e oeste. Estes eram bretões, com um pouco de sangue teutônico, e são os "Bretões" a respeito de quem César escreveu. La Tene era o centro druida gaulês. Aproximadamente em 50 a.C., logo após a invasão malsucedida de César, houve outra invasão belga, e estes dominaram todo o país da Planície de Salisbury à Surrey. Embora essas invasões tenham varrido um grande número de pessoas, os defensores normalmente refugiavam-se em fortes nas colinas, que eram quase impenetráveis ao ataque dos agressores; mas eram forçados a render-se por fome e sede, já que não tinham provisão de água. Os fortes eram projetados para defesa contra invasões curtas. Isso significa que é improvável que muitos dos defensores tenham sido mortos, embora possam ter sido reduzidos a um estado de servidão. As ondas sucessivas de invasores bélicos, especialmente quando começaram a vir portando armas de ferro, transformou o quadro comparativamente calmo da Idade do Bronze na Bretanha em um de conflito e guerra, com cada aldeia contra seus vizinhos. O grande número de fortes nas colinas mencionados acima, que foram construídos neste período, são testemunha dessa situação. A força unificadora era o sacerdócio druida, com o Arquidruida como dirigente, a quem até mesmo reis menos importantes tinham de obedecer.

Há muitos equívocos populares sobre os druidas. Por exemplo, pensava-se no princípio, quando a arqueologia britânica estava em sua infância, que os druidas haviam construído Stonehenge. Hoje, os arqueólogos datam a parte mais antiga de Stonehenge de aproximadamente 1800 a.C., e, como vimos, os druidas não haviam chegado na Bretanha até as invasões do início da Idade do Ferro acima mencionadas. Porém, Jacquetta e Christopher Hawkes, em seu livro *Prehistoric Britain*, dizem sobre os druidas e Stonehenge:

> Então qual é a relação dos druidas, esses misteriosos sacerdotes da Idade do Ferro céltica, essas figuras barbudas e que usam longas vestes, que muitos de nós amamos, com os povos dos grandes círculos de Stonehenge? A fonte de tais ideias pitorescas estava na imaginação de Stukeley (os druidas exerciam uma atração inevitável em um romântico), e por isso era longo e aprazível o dever da mente científica para desdenhá-los e negá-los. No entanto, a descoberta da cerâmica comprovadamente da Idade do Ferro no local, e também... dos buracos na pedra da Idade do Ferro, abalou tal ceticismo. É agora possível e permissível acreditar que deve ter havido uma última fase em que Stonehenge foi administrado por sacerdotes célticos, entretanto tenham contribuído pouco para sua formação. Parece, então, que a ideia sugerida por Stukeley está mais próxima da verdade que ele merecia.

A menção aos druidas mais antiga é por um grego, Sotion de Alexandria, aproximadamente 200 a.C., e quando Sotion escreveu eles já possuíam uma considerável reputação como filósofos. Grande parte do que sabemos sobre Druidismo vem de Júlio César e Plínio; embora haja muito conhecimento tradicional dos Bardos galeses preservado em livros tais como *Barddas*, que foi escrito por Llewellyn Sion de Glamorgan, um bardo e estudioso galês no final do século XVI d.C. Esse manuscrito foi editado e traduzido por J.A. Williams Ap Ithel para a Sociedade de Manuscritos galeses; declara que esses são os antigos ensinamentos druidas, mas os estudiosos modernos duvidam. Porém, certamente contém um pensamento que não é originalmente cristão, e ensina reencarnação. A descrição de César em seu *De Bello Gallico* é suspeita, e sua motivação política é óbvia; e a de Plínio é recente, cerca de 77 d.C. César relata a famosa e horripilante história de como os druidas ofereciam sacrifícios humanos enchendo enormes bonecos de vime com homens vivos, ateando-lhes fogo; mas esta é uma maneira extremamente impraticável de oferecer sacrifícios humanos, pois quando tal imagem estivesse em chamas, ela imediatamente cairia e seus ocupantes escapariam. Os romanos tinham um forte e real interesse em histórias de atrocidades contra os druidas, pois estes eram a força unificadora entre as aldeias da Gália e Bretanha, e foi a desunião entre as aldeias britânicas e gaulesas que por si só permitiu a conquista romana. Porém, não considero a história das imagens de vime como pura invenção. Parece improvável que fossem usadas para sacrifício humano, mas as imagens de vime, frequentemente enormes, há muito tempo são populares em desfiles de carnaval na Bretanha, na França e em outros locais. A maioria desses festivais populares datam de tempos do paganismo, e as imagens podem ter sido originalmente de deuses pagãos. Antigamente, o vime era o material disponível mais adequado para uma imagem portátil grande; pedra ou madeira seriam pesadas e difíceis carregar se a estátua fosse grande; mas uma enorme imagem de vime, talvez enfeitada com flores e ramos verdes, seria uma visão impressionante. Lembro-me de ter visto no Museu de Salisbury um belo "gigante da cidade" de vime que ainda é carregado em procissões populares.

Alguns estudantes de Druidismo indignadamente negam a acusação de que os druidas ofereciam sacrifícios humanos. Alan Insole, em seu livro, *Immortal Britain*[8] diz, "Nossos historiadores... ignoram o fato de que se um povo fosse acostumado a celebrar seus festivais de uma maneira horripilante por gerações, então em todas as colinas sagradas teriam sido encontradas pilhas enormes de ossos e crânios queimados. Mas nunca foi encontrado nada". Várias cremações e outras formas de enterros foram encontradas em Stonehenge, mas não há nenhuma evidência de que eram sacrifícios. A erroneamente denominada *Slaughter Stone* (Pedra da Matança) é de fato uma sarsen caída, e os peculiares entalhes em sua superfície foram produzidos por fenômenos climáticos.

Um interessante cemitério encontrado em Stonehenge pode confirmar a ideia das bruxas de que a "ferradura" de pedras azuis representa o útero. Era um "enterro de cócoras" no qual o corpo foi enterrado em posição fetal, e foi encontrado dentro da "ferradura", em frente ao Altar de Pedra. Este costume de "enterro de cócoras", frequente entre os povos antigos, pode ser um símbolo da crença que mencionei anteriormente, que as almas dos mortos vão esperar pelo renascimento em forma humana nesta terra. Isso simboliza a Vida latente no útero da deusa, esperando para renascer. O costume de enterrar conchas com os mortos pode ser outra forma do mesmo simbolismo, pois a concha é um símbolo feminino (ou seja, do útero), e este também era um costume frequente entre povos antigos.

Os informantes de Júlio César sobre o Druidismo eram os druidas gauleses, e eles diziam-lhe que suas regras de vida haviam sido descobertas na Bretanha e então transferidas para a Gália. Escritos irlandeses dizem o mesmo, e por isso os estudantes foram da Irlanda para a Bretanha, como fizeram os gauleses, para aprender seus segredos na fonte, o que às vezes envolvia 20 anos de estudo. César menciona suas objeções a escreverem seus ensinamentos secretos, e a doutrina cardinal que ensinaram, isto é, que almas não perecem a morte, mas passam de um corpo a outro (nós chamarí-

---

8. Aquarian Press, 1952.

amos esta ideia de reencarnação). Esta doutrina removia o medo da morte, e consequentemente era um grande incentivo à coragem. Precisamos nos lembrar de que os romanos no tempo de César em geral acreditavam que um Inferno bastante desagradável caberia a todos, com exceção de uns poucos favorecidos que poderiam alcançar a semidivindade, portanto essa crença deveria ser curiosa para César e para o povo a quem ele estava escrevendo. Ele também diz que eles discutiam muito sobre o movimento das estrelas, o tamanho do Universo e da terra, a ordem da natureza e os poderes dos deuses imortais, e que eles passavam seu conhecimento aos homens mais jovens.

Cícero (*De Divinatione*) diz, "eu conheci um druida, Divitaecus o Aeduan. Ele dizia possuir um conhecimento da natureza que os gregos chamam 'Fisiologia', e ele fazia previsões, às vezes por meio de augúrio e às vezes por conjetura". Aeduan foi amigo de César, e era um homem de negócios, político e diplomata de reputação estabelecida ao longo de toda a Gália. Há uma estátua de bronze em tamanho real dele no *Promenade des Mabres* em Autun. De acordo com a tradição, um druida chamado Abaris foi amigo de Pitágoras que, a propósito, também acreditava em reencarnação. Diodorus Siculus disse a respeito dos celtas:

"Entre eles prevalece a doutrina de Pitágoras, de acordo com a qual as almas dos homens são imortais, e depois de um determinado período, recebendo um corpo novo, recomeçam a viver".

G. Keeling, em seu *History of Ireland*, menciona os druidas irlandeses que praticavam adivinhação embrulhado-se em peles de touros sacrificados. Práticas semelhantes eram conhecidas na Escócia e chamadas de "Taghairm". De acordo com Plínio, os druidas possuíam uma misteriosa pedra redonda, do tamanho de uma maçã pequena que chamavam de "o ovo da serpente", a qual usavam em um estojo pendurado no pescoço. Esta pode ter sido uma pedra de vidência, usada como a bola de cristal para vidência (o dispositivo favorito das bruxas). Alguns escritores dizem que essas "glane-stones", como eles as chamavam, eram feitas de vidro verde, e uma história maravilhosa conta que elas eram geradas por um emaranhado de serpentes sibilantes. Provavelmente, esta era uma fábula para assustar os não iniciados. Os druidas irlandeses parecem ter sido notáveis por seus poderes de profecia. A palavra usada para descrever tais profecias é "Baile", que significa "discurso de excitação". Na Irlanda, os druidas eram ligados ao tribunal do rei, e eram incumbidos de usar seus poderes para ajudá-lo e protegê-lo.

Sempre se soube que as bruxas têm certas palavras como *Coven* e *Athame*, que parecem não pertencer a nenhum idioma conhecido, e o assunto complica-se pelo fato de pessoas, não necessariamente bruxas, terem feito uso dessas palavras no passado. Eu já estava há muito tempo na Bruxaria antes de perceber que algumas delas tinham consciência de um "Velho Idioma" conhecido apenas por poucos; não creio que exista alguém que realmente possa falar bem esta língua, mas ela possui um grande número de palavras, principalmente relativas à bruxaria. Hoje em dia tornou-se apenas um tipo de gíria divertida, e algumas das que são conhecidas como "Palavras de Bruxas" são obviamente "jargões", como "Kicking the Wind (Chutando o Vento)" — a palavra delas para enforcamento. Datando, obviamente, da época em que as bruxas e outros eram executados publicamente sendo estrangulados lentamente (antes da "forca" ser inventada).

Algumas palavras que elas usam, como *Vavasour* (alguém que possui terras de outro) são provavelmente franco-normandas. Outras palavras são aparentemente celtas, mas o corpo principal do idioma é composto de palavras como "Halch", "Dwale", "Warrik", "Ganch", etc., que parecem pertencer a alguma língua mais antiga. Infelizmente elas não me permitirão revelar os seus significados, ou outras palavras mais antigas.

Parece que na ideia original de realeza, o rei é o representante terrestre de Deus. Este era o caso no Egito, na Suméria e na Grécia Antiga. No Egito de aproximadamente 2750 a.C., o rei era o deus sol Rá ou Osíris, uma deidade com forma terrestre. Em suas veias corria o ichor de Rá, o ouro dos deuses e deusas. Sua tarefa era assegurar a prosperidade da terra e do povo, tornar a terra fértil, preservar as águas da vida do Nilo, a fertilidade das mulheres, etc. Este também era o caso da Suméria, mas a fim de preservá-lo, o rei deveria participar de uma forma de matrimônio sagrado com a deusa da fertilidade, por meio de sua sacerdotisa. Onde quer que a doutrina do rei Divino fosse observada, como na Bretanha, era trabalho do rei preservar a terra frutífera. Se as colheitas não prosperassem, o rei era dado como responsável; de algum modo ele devia ter desagradado os deuses. Também, se o rei fosse maltratado, as colheitas se perderiam. Na Irlanda, quando os clãs de vassalos revoltaram-se contra o reinado de Tuayhal Teachtmhor, no século I a.D., sucedeu-se a escassez, e ele foi responsabilizado pela revolta. Se a esposa do rei não fosse virtuosa, a terra não frutificaria. Através de seu matrimônio o rei Divino promoveria a fertilidade do campo. No festival de Lughnassad (Lammas), os reis irlandeses realizavam um matrimônio ritual com uma sacerdotisa que representaria a terra da Irlanda, muito semelhante ao que o sacerdote de Nemi fazia quando a representante de Diana, como deusa da terra, anualmente casava-se com o rei dos Bosques (o deus da caça?). Aqui vemos os druidas, como os sacerdotes sumérios, protegendo o rei e conduzindo um culto da fertilidade que aparentemente requeria um grupo de sacerdotisas.

Os druidas praticavam astrologia e adivinhação, e acho provável que estes tenham sido os antigos costumes do campo pelo menos no tempo que os invasores da Idade do Bronze, os Proto-Celtas, chegaram aqui e construíram Stonehenge; e a classe sacerdotal de mulheres, que no matrimônio sagrado representavam o papel da deusa do campo, supõe-se que fossem as bruxas, ou mulheres sábias, iniciadas nos antigos mistérios. Como já vimos, as bruxas compartilham a crença dos druidas em reencarnação.

As profecias de "Baile" têm semelhança com práticas da bruxaria como o "Taghairm", embora as bruxas o pratiquem sem sacrificar um animal. Em objeção a alguns escritores quanto ao fato de que Boadiceia tenha agido sem um druida, portanto não poderia ter havido druidas em sua época (61 d.C.), creio que isso prova os fatos. No reinado do Imperador Claudius (41-54 d.C.), os romanos haviam suprimido os druidas naqueles territórios da Bretanha e da Gália que estavam sob domínio romano, ostensivamente baseados na afirmação de que a religião que os druidas professavam era bárbara e desumana; mas eles podem não ter percebido a força da Bruxaria, na qual, enquanto um homem não pode representar o papel da deusa, uma suma sacerdotisa, tendo uma espada ritual presa à cintura, pode assumir o papel do deus. Vale a pena mencionar que Boadiceia praticava adivinhação observando as ações de uma lebre. Dio, em seu *Roman History* diz, "Quando a rainha britânica Boadiceia terminou de falar ao seu povo, empregou uma espécie de adivinhação, deixando uma lebre escapar da dobra de seu vestido; e quando ela correu para um lado que foi considerado auspicioso, toda a multidão gritou com prazer, e Boadiceia, elevando sua mão para o céu, disse, 'eu vos agradeço, Andraste... eu vos suplico e peço a vitória'". Andraste era uma deusa britânica que diz-se ter dado origem ao nome daquela parte do país antigamente chamada Anderida. Seu nome assemelha-se muito ao da antiquíssima deusa grega Andrasteia que era uma das três pagens de Zeus na Caverna Dictean e a quem posteriormente os gregos identificariam como Nêmesis. Essas três deusas (as outras duas eram chamadas de Io e Amalthea) eram as guardiãs da Cornucópia, ou Chifre da Abundância, um atributo que frequentemente é representado em estátuas célticas das Três Mães (por exemplo a Tríplice deusa lunar). Se essa identificação estiver correta, Boadiceia estava invocando a deusa da lua em seu aspecto destrutivo que é o da lua minguante, simbolizado por uma anciã terrível, rezando por vingança contra os romanos pelas injustiças que haviam cometido. (Ela havia sido desonestamente destronada de seu reino, açoitada como uma criminosa, e suas filhas estupradas por soldados romanos.) Desde um tempo imemorial a lebre tem uma associação sagrada com a lua, portanto seria um animal adequado para acompanhar uma deusa lunar em sua adivinhação. Posteriormente, as lebres foram tradicionalmente associadas às bruxas. Com relação a Boadiceia ter liberado uma lebre de seu vestido, pode ter sido uma domesticada. Será este o exemplo mais antigo registrado de "uma bruxa e seu animal familiar"?

Parece que a oração de Boadiceia foi atendida. Sua revolta foi causadora do maior abalo sofrido pelo poder romano em anos, e embora Boadiceia provavelmente tenha perdido sua vida nela, conduziu diretamente à substituição do tirânico Suetonius Paulinus por oficiais que regeram pacificamente pelos dez anos seguintes.

No passado, estudiosos acreditavam que o Druidismo havia se originado no Oriente. R. Borrow, em seu *Asiatic Researches*, traçou a grande semelhança entre os cultos dos druidas e dos magis persas (Plínio havia notado o mesmo anteriormente), e o General Charles Vallency acreditava que eles tivessem sido os primeiros brahmins, e depois caldeus, e então magis. A minha opinião é que existia um antigo culto que provavelmente partiu da Suméria e do Oriente Próximo, no qual algumas cerimônias deveriam realizar-se em bosques sagrados, "Paraísos" como eram chamados, preferivelmente em uma colina, onde às vezes se realizava um matrimônio sagrado, como uma representação ou outra forma, para conferir a Realeza Divina ao regente, e acreditava-se que a prosperidade geral da terra dependesse disso. Na Bretanha, esse bosque sagrado era de carvalho, na Irlanda, de teixo; no Oriente outras árvores eram usadas. Posteriormente esses bosques sagrados foram plantados próximos a todas as cidades, e por influência cristã ou judaica começaram a ser chamados de "Paraísos". Originalmente é provável que fossem bosques naturais. Há vários lugares antigos chamados de "Paraíso" até hoje, especialmente em Glastonbury. E há um perto desse museu, antigamente usado pelas bruxas. Os antigos judeus faziam o mesmo, mas tendo colinas por perto, eles normalmente plantavam seus bosques nas "alturas".

Em tempos muito antigos, a descendência era traçada, não pelo pai, mas pela mãe. Era a sacerdotisa que atribuía realeza ao rei escolhendo-o como o seu companheiro no matrimônio sagrado; e o herdeiro do trono não seria o filho do rei, mas o homem que se casasse com a filha da rainha sacerdotisa. Então, com o colapso de civilizações mais antigas, como a Minoica Cretense, por exemplo, antes das invasões arianas na Europa, ideias patriarcais e descendência pela linha masculina, foram impostas à sociedade pelos invasores. Cresceram os sacerdócios masculinos, e mitologias foram alteradas para se adequarem às novas ideias; embora os velhos poderes femininos ainda fossem temidos e venerados pelo povo, era necessário ceder a eles até um certo ponto.

Não seria possível que os proto-celtas, ao se fortalecerem, tivessem introduzido cada vez mais suas próprias ideias patriarcais na Bretanha? Em um país nublado e úmido, o deus solar seria bem-vindo e reverenciado, e o sol e a lua identificavam-se com os princípios sexuais gêmeos, que eram a real base de adoração antiga. Provavelmente o sol tenha sempre sido venerado como o chefe dos deuses celestiais; mas temos que nos lembrar de que os celtas irlandeses parecem ter dedicado maior veneração à lua, pelo argumento verdadeiramente irlandês que o sol só ilumina durante o dia, quando você não precisa de luz, enquanto a lua ilumina à noite, quando é realmente necessária. Embora eu acredite que algum sacerdócio dos proto-celtas (pode chamá-los de "proto-druidas" se preferir) por volta de 1200 a.C., tenha convertido a nação para um tipo de adoração ao sol, pois o círculo exterior de Stonehenge cerca de 1200 a.C., é orientado ao sol, isso possivelmente significava apenas que havia uma seita masculina que adorava principalmente o deus solar e uma seita feminina que adorava a deusa lunar; ambos sendo da mesma religião, como atualmente temos um monastério de monges que são dedicados, por exemplo, a São José, e um convento que venera a Santa Ana, ambos cristãos. Mas acho que até mesmo nesta época as bruxas eram as mulheres sábias da aldeia e sacerdotisas que praticavam a adoração principalmente em seu próprio círculo; embora talvez frequentassem os principais festivais onde lhes era designado um lugar especial nas cerimônias, mas não participavam da educação e políticas da nação. Pelo menos, embora os romanos falassem sobre ordens de "druidesas" (que podem ter sido as bruxas), eles aparentemente não tentaram perturbá-las, enquanto massacravam os druidas porque eles incitavam os britânicos à resistência, e geralmente interferiam na política. Os druidas possivelmente evoluíram de um ramo da Antiga Religião que se transformou no culto das bruxas, e pode ter adotado muitas de suas ideias; por exemplo, o uso do círculo para gerar e conservar poder. Perceberam por si próprias que havia um grande poder no círculo, podemos estar certos pelo uso que fizeram de Stonehenge, etc.

Robert Graves e outros postularam a evolução de um sacerdócio masculino que gradualmente usurpou os privilégios do antigo matriarcado, e assumiu o exercício de seus poderes. Teriam os druidas sido esse sacerdócio, o qual, quando foi destruído na Bretanha pelos romanos, delegaram às sacerdotisas dos velhos tempos, que haviam sido deixadas em segundo plano por aquela mesma razão, a posse da terra?

Houve uma alteração nas ideias religiosas da Bretanha na Média Idade do Bronze, quando mais invasores atravessaram o canal e se instalaram nas desejáveis terras de Wessex ao redor de Stonehenge, formando a brilhante cultura que foi chamada a Era dos Comandantes de Wessex. É evidente que este povo venerava Stonehenge, devido ao grande número de aterros de sepultamento que foram encontrados em suas proximidades; mas em vez de enterrar seus mortos da mesma maneira que seus antecessores, eles os cremavam e enterravam suas cinzas em uma urna funerária, junto a ricos ornamentos, armas e ferramentas. Fotografias aéreas da área ao redor de Stonehenge mostram muitos de seus aterros de sepultamento, meticulosamente arredondados, e, no caso dos denominados aterros de sepultamento em forma de "disco", cercados por uma pequena barreira e uma vala, a ideia talvez fosse envolver a sepultura por um círculo mágico protetor.

Os arqueólogos consideram que, aproximadamente em 900 a.C., devido às sucessivas imigrações para o continente, o idioma falado na Bretanha deveria ter sido reconhecidamente céltico. Este povo vigoroso, os Celtas, que trouxeram sua cultura e seu sacerdócio Druida para a Bretanha, era uma ramificação da grande invasão ariana na Europa, no Mediterrâneo e na Índia exercendo um tremendo impacto no mundo antigo. Este povo nômade espalhou-se a partir dos arredores do que agora são as estepes russas, que nessa época, cerca de 2000 a.C., provavelmente eram mais mornas e férteis do que hoje. Sendo nômade, sua sociedade era mais inclinada à forma patriarcal do que as estabelecidas civilizações matriarcais da Idade do Bronze. A princípio eram bárbaros selvagens, mas tornaram-se hábeis alunos das sociedades que invadiram, e eles próprios podem ser os descobridores do processo de fundição do ferro, que surgiu primeiramente no Oriente Próximo cerca de 1500 a.C. Outra de suas descobertas foi domar e montar cavalos. Gradualmente superaram e transformaram as civilizações mais velhas, e tornaram-se diferenciados entre os gregos, latinos, celtas, persas, hindus da época dos Vedas, etc. O idioma deste último povo, o sânscrito, é reconhecido como a mãe da maioria das línguas europeias atuais, incluindo a céltica.

Porém, na antiga Índia de tempos pré-arianos, de acordo com o que os arqueólogos modernos descobriram por meio de pesquisa nas antigas cidades enterradas de Mohenjo-daro e Harappa, o povo adorava o mesmo deus cornífero e a deusa mãe, que eram venerados na Europa. Muitas peças de cerâmica de uma deusa foram encontradas em Mohenjo-daro, de aparência idêntica àquelas da Grande Mãe no antigo Oriente Próximo. Em ambas essas antigas cidades, assim como em nosso país, foram encontradas pedras cônicas verticais, e grandes anéis de pedra, simbolizando respectivamente os princípios masculino e feminino. Entalhes em Mohenjo-daro mostram um deus cornífero masculino, às vezes representado com três faces, e com as mesmas características do "Diabo" dos sabás das bruxas; uma tocha flamejante entre os chifres que podem ser de um touro ou de um gamo. Ele está nu a não ser pelos ornamentos do ritual. Em um entalhe ele está sentando em uma postura de assentamento de pernas cruzadas, como essas de ioga, cercado por vários animais. Evidentemente, ele é o deus dos animais. Talvez se imaginasse que as feras estivessem sob sua proteção. Nesse caso, então este entalhe indiano, datando de entre 3000 e 2000 a.C., tem uma cópia idêntica no altar da antiga França céltica, ou Gália, como era chamada na época, encontrado em Rheims, que descreve um deus cornífero alimentando um touro e um gamo e está sentado em uma postura de pernas cruzadas muito semelhante. O original pode ser visto no Museu em St Germain-en-Laye.

Considera-se que a Grande Mãe da Índia pré-ariana e seu consorte cornífero sejam os protótipos do Deus Shiva, o Deus das Feras (Pcisupati) e o Senhor da Ioga, e sua mãe Shakti, a Grande Mãe, cujos ritos, entre os tântricos, assemelham-se aos *covens* das bruxas ocidentais.

Foram encontradas várias representações de deuses gauleses, e os gauleses também adoravam a Grande Mãe em sua forma Tríplice (a Virgem, a Mãe e a Anciã). O distrito francês chamado Marne tem o nome das Três Mães, e várias estátuas delas e de outras deusas foram encontradas. Sabemos que os gauleses antigos adoravam deuses e deusas, e os irlandeses antigos faziam o mesmo, e os sacerdotes de ambos eram druidas, e isso parece eliminar a opinião de alguns escritores acerca do Druidismo de que os druidas eram monoteístas, e de fato os precursores da mensagem cristã.

Porém, certos escritores de Druidismo acreditam que os druidas avidamente aceitaram a fé cristã quando ela surgiu na Bretanha, e amalgamaram o Cristianismo com o seu paganismo. Acredito que isso seja verdade com relação ao Cristianismo que veio após a morte de Cristo, mas não o Cristianismo transformado do tempo de Agostinho. Geralmente não se nota que o Cristianismo chegou à Bretanha por duas diferentes fontes; que são, o que é chamado de "Cristianismo Celta", tradicionalmente trazido para estas terras por José de Arimateia, e a missão muito posterior dos católicos romanos agostinianos em 597 d.C. Sendo ou não o próprio José de Arimatéa quem, como diz a lenda, fugiu para cá com alguns companheiros depois da Crucificação, refugiando-se no centro druida de Glastonbury, é certo que o Cristianismo foi estabelecido na Bretanha muito antes do tempo de Agostinho, e era diferente do que Agostinho, o emissário da Igreja romana, pregava; porque em 607 d.C. o arcebispo de St. David, com seis bispos e o abade de Bangor, reuniram-se com Agostinho e recusaram-se terminantemente a reconhecer a supremacia de Roma. Como resultado, foram massacrados na Abadia de Bangor pelo saxões sob ordens do bispo romano, e a Biblioteca de Bangor, naquela época uma das melhores do mundo, foi queimada; os druidas haviam sido previamente massacrados pelo general romano Suetonius Paulinus, e seu ensinamento foi destruído. Esses dois eventos não poderiam ter gerado outro efeito a não ser abrir lacunas em nosso conhecimento das antigas tradições de nosso país.

Dr. O'Donovan, editor de *The Annals of the Four Masters* diz:

> Nada está mais claro que o fato de St. Patrick ter amalgamado o Cristianismo com a superstição pagã, com tanta habilidade que converteu o povo à religião cristã antes que entendessem a diferença entre os dois sistemas de crença.

Sir John Rhys diz:

> O Druidismo irlandês absorveu uma certa porção de Cristianismo, e seria um problema consideravelmente difícil fixar um ponto onde terminasse o Druidismo e começasse o Cristianismo no senso restrito do termo.

Eles apenas consideravam que certos santos e o próprio Jesus eram grandes druidas. Geralmente reconhece-se que alguns druidas continuaram com suas práticas, mas passaram a denominar-se *Cele De, Culdees*, que significa os Servos de Deus. Eles praticavam adoração na Igreja de St. Regulas em St. Andrews até 1124 a.C. No oitavo século funcionaram em Ripon, York e também em Iona. Na Irlanda dominaram em Clones e Armagh, e em 1628 um acordo foi assinado por Edward Burton, encarregado prior da Catedral de Armagh, "em nome do coro de Vigários e Culdees". O arcebispo Lanfranc ficou extremamente horrorizado ao descobrir que eles não praticavam o estilo romano de adoração, e não reconheciam os santos romanos. A Igreja romana também ficou chocada porque eles não eram celibatários, dizia-se que seu estilo de tonsura era druida.

As bruxas e os druidas certamente compartilham várias crenças: a crença em uma vida futura e em reencarnação; na eficácia do círculo mágico; em formas de profecia (ou o que podemos chamar de clarividência); consideravam sagrados Stonehenge e outros círculos de pedra, que posteriormente tornaram-se tradicionais locais de reunião de bruxas; e caracterizavam-se por uma extrema aversão a escrever seus ensinamentos. Mas talvez a maior e mais notável ligação entre os druidas e as bruxas são as quatro grandes ocasiões de ritual que as bruxas chamam de "sabás."

Na Irlanda, como foi mencionado, havia um grande festival anual no dia 1º de agosto (Lammas), que ocorria em Tailltenn e era presidido pelos druidas. Dizia-se ser em honra ao deus solar Lugh. Um festival semelhante ocorria na Gália em Lugudunum (Lyons) em honra a Lugus, deus da luz e do conhecimento. O festival de Tailltenn também era em honra a Tailltiu, mãe de criação de Lugh. Tem estreita relação com o culto aos mortos, e Tailltiu obviamente é a Grande Mãe. A energia gasta nos jogos era considerada fonte de renovação das forças do deus para que se trouxesse fertilidade à terra (atualmente, as bruxas dançam em Lammas com o mesmo objetivo). A celebração de Lughnassad (Lammas) assegurava fartura de grãos, leite, etc., em toda a Irlanda. Se os ritos fossem pobres as colheitas seriam pobres, e matrimônios temporários parecem ter sido uma forte característica dos ritos. Até hoje "um matrimônio de Tailltenn" é a palavra para o tipo de união "quando você não incomoda o sacerdote com seus assuntos privados". "Lughnassad" quer dizer "o matrimônio de Lugh", no qual ele possuiria sua mãe e a terra. O rei de toda a Irlanda em uma cerimônia casava-se com a deusa, na verdade, uma sacerdotisa que a representava. Isso era exatamente o que ocorria na Suméria, quando a cada ano o rei, representante de deus, casava-se com uma sacerdotisa que representava a deusa.

Samhain (1º de novembro), o festival de inverno dos celtas, era o início do Ano (Novo), e na véspera de Samhain (o nosso Halloween) eram feitas previsões para os acontecimentos do próximo ano. Na Irlanda, o mesmo ocorria em Tara, quando todos os druidas reuniam-se para oferecer sacrifício aos deuses. Eles sacrificavam uma ovelha negra, e ofereciam libações aos espíritos daqueles que tivessem morrido durante o ano.

Dia 1º de maio era Bealteinne (Beltane); duas grandes fogueiras eram acesas pelos druidas em cada colina sagrada, e o gado era conduzido entre elas como uma prevenção contra doenças. Mais tarde, na Bretanha, o rei de Maio e rainha de Maio, "Robin Hood e Maid Marian", representariam o Antigo Deus e deusa da fertilidade. Acreditava-se que seu matrimônio e união influenciariam as colheitas de forma mágica. As comemorações do Dia de Maio (*May Day*) eram ferozmente denunciadas pelos puritanos, por causa da liberdade sexual que prevalecia entre os participantes.

Ross Nichols, em seu pequeno livro, *Sassenach Stray*, diz, a respeito das velhas tradições gaélicas:

> O grande sol (Beltane); reaparece em *May Day*, substituindo o minguado sol de inverno, quando são acesas fogueiras cerimoniais de adorável magia. No Halloween o pequeno sol é substituído pelo grande sol; o mundo inferior sobrepõe-se ao mundo superior e pode-se prever o futuro. Nessas transições, seres sobrenaturais liberam-se e voam em profusão.

Os quatro grandes festivais que a bruxaria celebra são Halloween, *May Eve* (Véspera de Maio — a velha "Walpurgis Night"), Lammas e Candlemas, 2 de fevereiro. (É importante ressaltar que, sendo um culto lunar, celebra-se a véspera do festival.)

O dia 2 de fevereiro é chamado pela Igreja Cristã de "A Purificação da Santa Virgem Maria"; mas na verdade é uma derivação dos ritos da deusa romana Februa que era venerada com tochas flamejantes. Oimelc, o festival da deusa lunar "Bride" entre os antigos celtas e gaélicos, era celebrado em 1º de fevereiro. "Bride" em tempos modernos foi cristianizada como "Santa Brígida" ou "Santa Brigite", mas a véspera de "St. Bride" ainda é considerada "misteriosa" pelos gaélicos, uma crença que é o tema de um das histórias sobrenaturais de "Fiona Macleod", "By the Yellow Moonrock" (de *The Dominition of Dreams*). No dia de Bride, as serpentes despertariam de seu sono de inverno e sairiam dos buracos, e os gaélicos têm um encantamento contra elas que diz o seguinte:

> Hoje é o dia de Bride.
> A serpente de sua toca sairá.
> Eu não molestarei a serpente,
> E a serpente não me molestará.

Porém, há outra versão deste encantamento que diz:

> No dia de Bride das belas madeixas
> A nobre rainha da colina virá;
> Eu não molestarei a nobre rainha,
> Nem a nobre rainha me molestará.

Aparentemente, a serpente é, na realidade, uma forma da deusa, e nós podemos recordar a conexão com a deusa cobra Minoica Cretense, e o "Lamias" da lenda grega, cuja beleza extraordinária inspirou um dos poemas de Keat.

Notar-se-á que estes quatro antigos festivais dividem o ano precisamente em quatro partes, razão pela qual às vezes são conhecidos como "os dias dos quatro quadrantes". Sua origem é um tanto enigmática. Sugere-se que eles estejam conectados com as épocas de fertilidade dos animais.

Eu gostaria de fazer uma sugestão sobre este assunto que acredito que nunca tenha sido feita. Os quatro grandes sabás ocorrem quando o sol está em um dos quatro signos fixos do Zodíaco; às vezes chamados de Signos Querúbicos, porque Homem, Águia, Leão e Touro, de acordo com o ensinamento cabalístico, são os Kerubs ou símbolos regentes dos Quatro Elementos. O Homem é Aquário, o signo fixo do Ar, a Águia é Escorpião, o signo fixo da água (ou melhor, seu símbolo esotérico); o Leão é Leão, o signo fixo do Fogo; e o Touro é Touro, o signo fixo da Terra. Nos tempos do Cristianismo eles foram adotados como os símbolos dos Quatro Evangelistas, o Homem para São Mateus, a Águia para São João, o Leão para São Marcos e o Touro para São Lucas.

Em *Gods in the Making*, de T. Mawby Cole e Vera W. Reid, encontramos o seguinte:

> Estes quatro signos fixos são talvez os mais universais de todos os símbolos religiosos, pois encontram-se nos deuses — animais com faces humanas — da Caldeia, nas quatro esfinges assírias, no Querubim da Cabala. Os mesmos símbolos são frequentemente mencionados por Ezequiel, e às vezes são representados nos quatro braços de Shiva nos templos hindus, e todos os quatro estão presentes na misteriosa Esfinge do Egito... Não há dúvida de que estes símbolos dos signos fixos tão universalmente empregados possuam profunda e intensa significação esotérica. Pela sua posição no Zodíaco, entre os pontos cardeais, eles podem ser considerados como a marca dos picos de culminação de energia cósmica liberada pelos Equinócios e Solstícios, ou, novamente, para indicar estágios vitais e progressivos do desdobramento da consciência.

O sabá de Candlemas ocorre quando o sol está em Aquário; o de *May Eve* quando o sol está em Touro; o de Lammas quando o sol está em Leão; e o Halloween quando o sol está em Escorpião.

Capítulo VI

A Bruxaria na Época dos Romanos e Saxões

A POSIÇÃO DA BRUXARIA NOS TEMPOS ROMANOS E SAXÔNICOS PARECE BASTANTE MISTERIOSA. A principal pergunta é: as bruxas e os druidas eram membros do mesmo culto? As bruxas não têm nenhuma tradição específica sobre este assunto. Pessoalmente, acho que não; o culto da bruxaria era a religião da terra, e a dos druidas era uma religião mais aristocrática, mais parecida com a situação de mil anos depois, quando a bruxaria era a religião dos camponeses, mas a Igreja romana era o poder dominante. A última não apenas era uma religião, mas também Administração Pública, o sistema educacional, os políticos e as "mãos não tão ocultas" que regiam os reis. O druidas parecem ter ocupado uma posição semelhante.

A ocupação romana durou de 43 d.C. a 410 d.C. Eu duvido que a religião que os romanos trouxeram consigo tenha exercido muita influência no culto da bruxa. Acredito que o culto oficial dos Imperadores deificados e Capitoline Jove era mais uma expressão de sentimento nacional, assim como as figuras da Britannia com tridente e escudo (embora esta realmente seja uma representação da Grande Deusa Mãe), ou "Tio Sam" com calças compridas listradas e um cavanhaque, ou a bela senhorita de saias curtas, um chemise de *decolleté*, e o Casquete da Liberdade, estampado "La France". Os homens lutaram e morreram por eles, eles realmente acreditavam nos deuses, no que representavam. Quer dizer, eles não os levavam a sério (quem poderia ter levado a sério os imperadores divinizados?) mas os obedeciam; como um povo, quaisquer que fossem seus sentimentos particulares sobre realeza quando o hino nacional fosse executado. Mas a questão é outra quando pensamos nos vários cultos de Mistério que os romanos trouxeram consigo, o culto de Serapis em York por exemplo, ou o culto de Mitras que possuía vários templos na Inglaterra, um dos quais foi recentemente descoberto em Londres.

Do que conhecemos deste segundo culto duvido que tenha exercido qualquer influência. Era um culto exclusivo, puritano, masculino de adoração ao sol que atraía soldados implacáveis, de vida rígida, e era muito popular entre os legionários romanos. Porém, é diferente quando se trata dos Mistérios romanos e gregos. Eu discorri longamente em meu livro anterior *A Bruxaria Hoje*, sobre as descobertas na Vila dos Mistérios em Pompeia. Todos os Mistérios eram semelhantes; eles tinham seu drama sagrado onde o candidato reproduziria certos eventos da história do deus ou deusa. Este é o princípio da sagrada comunhão entre cristãos, o ato de comer o pão e beber o vinho a fim de identificar-se com os atos de Cristo. Quando rituais deste tipo são executados, eles impressionantemente tornam-se eventos na vida do candidato; eles podem de fato mudar seu caráter, transformando-o em um veículo adequado para obter contato ou comunhão com o deus. Eles são definitivamente mágicos em intenção; mas esta intenção é tornar os participantes em homens melhores e mais merecedores de salvação na vida futura. O Orfismo talvez fosse o mais importante dos cultos de Mistério. Era uma religião orgástica, extática, consistindo principalmente na adoração a Dioniso, e o iniciado vivia o mito repetidamente a fim de obter a unidade com o deus, e paringenesis, morrendo e renascendo novamente como o deus havia feito. Eles normalmente tinham algum tipo de doutrina do pecado original, ou pelo menos impureza, e os iniciados eram purgados disto por meio de certas mortificações da carne nos Mistérios (entretanto, esta doutrina não era igual à doutrina do pecado original da Igreja Cristã). Os Mistérios eram os principais centros da vida grega, protegidos pelo Estado que pagava as taxas dos pobres de forma que todos os cidadãos pudessem ser membros, enquanto as pessoas de mal caráter, não importando a posição que ocupassem, eram rigorosamente excluídas. Os segredos eram considerados necessários para a preservação do Estado, e traí-los seria uma ofensa penal. Estes Mistérios floresceram ininterruptamente durante mais de mil anos, até o século IV d.C., quando os primeiros cristãos saquearam e destruíram os templos, e proibiram a realização dos ritos. (Templos deliberadamente profanados também foram encontrados na Inglaterra; como o santuário de Conventina e o templo de Mitras em Carrawburgh.) O próprio Templo de Elêusis foi destruído pelos godos, pela instigação dos monges, que seguiam o host de Alaric.

Os imperadores romanos Augustus, Claudius, Hadrian, Marcus Aurelius, Commodus, Septimus Severus, e provavelmente Antoninus, eram iniciados nos Mistérios de Elêusis, pelo que se sabe, Hadrian era o único imperial iniciado a ter recebido todos os três graus, e foi ele quem trouxe a celebração destes Mistérios para Roma. Dudley Wright, em *Os Ritos e Mistérios de Elêusis**, diz:

> No começo do quinto século, Theodosius, o Grande, proibiu e quase totalmente extinguiu a teologia pagã no Império Romano, e os Mistérios Eleusinianos sofreram uma destruição generalizada. Porém,

---
* Publicado no Brasil pela Madras Editora, 2004.

é provável que os Mistérios fossem celebrados secretamente apesar dos severos éditos de Theodosius e parte deles continuou através da Idade das Trevas, entretanto privados de seu esplendor. É certo que muitos ritos da religião pagã foram realizados sob o disfarce de reuniões festivas, muito depois da publicação dos éditos do Imperador, e Psellius nos informa que os Mistérios de Ceres existiram em Atenas até o oitavo século da era cristã e nunca foram totalmente suprimidos.

Na Vila dos Mistérios em Pompeia foram encontrados afrescos em tamanho real que ilustram uma iniciação. Adquiri algumas dessas ilustrações em tamanho grande que exibiam detalhes minúsculos e as mostrei às bruxas inglesas, e todas disseram o mesmo: "Então eles conheciam os segredos naquela época".

Agora, isso pode significar que os verdadeiros segredos das bruxas vieram para a Inglaterra por meio dos Mistérios, quer dizer, antes de, digamos 100 d.C., e que as bruxas britânicas eram apenas as mulheres sábias da aldeia; mas eu não sinto que essa seja a verdadeira explicação. Acho que normalmente concorda-se que os Mistérios gregos originalmente vieram do Egito, e provavelmente tenha sido assim. Há certos aspectos do culto das bruxas que podem ter se originado no Egito também; mas também há ideias que podem ter sido derivadas da Suméria. Minha impressão é que todas essas coisas chegaram à Inglaterra em tempos remotos, quando havia direta comunicação e comércio com Egito, Creta e Síria. Naquela época, havia livre intercâmbio de ideias religiosas que eram livremente adotadas; mas é possível que certas ideias e práticas tenham vindo para a Inglaterra por intermédio dos Mistérios trazidos pelos romanos. Calçadas báquicas e órficas foram encontradas em Somerset; mas pouco se pode provar a respeito da prática de Mistérios de natureza dionisíaca na Inglaterra.

O conceito de bruxas como seguidoras da deusa lunar, e feiticeiras com as quais seria perigoso intrometer-se, já era bem conhecido no mundo romano. Lúcio Apuleio, que se destacou no século II d.C., era um romano provinciano que escreveu em latim um romance maravilhoso e muito popular, *The Golden Ass*, que é descrito como o pai da literatura moderna romântica, é essencialmente um romance de bruxaria. Nele podem ser encontrados muitos conceitos do comportamento das bruxas medievais. No começo do conto, Lucius narra como viajou à Tessália, um lugar famoso pela Bruxaria, e como seus companheiros de viagem regalaram-no com as mais assustadoras e horríveis histórias sobre os poderes das bruxas da Tessália.

Logo, Lucius teria prova disso em pessoa. A esposa de seu anfitrião na Tessália era Pamphiles, uma bruxa famosa. Sua prima Byrrhena o advertiu solenemente, diante da estátua da deusa Diana, a não se intrometer com Pamphiles ou tentar espiar seus encantamentos: mas Lucius menosprezou sua advertência, e decidiu espreitar e "dar meu dinheiro para aprender esta arte, e transformar-me por completo em um feiticeiro".

Para isso fez amor com a libertina criada Fotia, e persuadiu-a a deixá-lo espiar Pamphiles pela fresta de uma porta, quando estivesse realizando seus ritos mágicos. Ele a viu ficar nua e ungir-se toda com um unguento, quando transformou-se em uma coruja e saiu voando. Ele implorou para que Fotis roubasse o unguento mágico para ele; mas a criada roubou a caixa errada, e quando Lucius utilizou-o, transformou-se, não em uma coruja, o pássaro da sabedoria, mas em um asno.

Nesta forma ele viveu muitas aventuras horripilantes e absurdas, até que, estando à beira-mar na lua cheia, solenemente rezou pedindo à deusa da lua que o libertasse do feitiço, expressando arrependimento por qualquer ofensa que tivesse cometido contra ela. Foi recompensado com uma visão em sonhos da deusa, na qual ela lhe revelou como remover o feitiço, e em gratidão a ela, após recuperar a forma humana, tornou-se um sacerdote de Ísis.

Nesta história, assim como nos tempos medievais, diz-se que as bruxas podem transformar-se em vários animais, usar unguentos mágicos, encantar pessoas por meio de uma mecha de cabelo e fazer feitiços usando partes roubadas de corpos recém-enterrados, defumações com incenso e pentáculos inscritos com caracteres mágicos. É importante lembrar que, por muitos séculos, as pessoas tiveram uma crença extraordinária no valor medicinal da maioria dos remédios horríveis; assim sendo, o uso de tais coisas não indica necessariamente magia negra. Mrs. C. Leyel, em seu interessantíssimo livro, *The Magic of Herbs*,[9] cita-nos alguns deles. Boticários perfeitamente respeitáveis vendiam pó de múmia e carne humana; e um licor preparado com crânios de criminosos foi prescrito para Charles II quando ele teve uma apoplexia.

Lucius relata com entusiasmo várias histórias macabras dos poderes das bruxas de sua época. No entanto, elas não eram devotas de Satanás, de quem Lucius nunca tinha ouvido falar. A deusa das bruxas é Hécate; e Hécate, na visão que liberta Lucius da escravidão, é descrita de forma idêntica a Ísis, a misericordiosa e adorável rainha do Céu. Quer dizer, ela é a mesma deusa em seus aspectos escuros e claros, como é natural a uma deusa da lua.

É notável que Shakespeare em *Macbeth* faz suas três famosas bruxas invocarem Hécate como a senhora dos encantamentos. Não há "Satanismo" nisso.

"Papus" (Dr. Gerrard Encausse), em seu *Traite de Magie Pratique* (Paris, 1893), fornece em um apêndice de "*Magie des Campagnes*", ou "magia dos campos", entre muitos outros assuntos evidentemente tirados de fontes como o *Grand Albert* e livros semelhantes, um extraordinário feitiço tradicional que, se for autêntico (infelizmente ele não fornece sua fonte), é uma surpreendente ilustração da mistura de velhas práticas pagãs

---

9. Jonathan Cape, 1932.

com o Cristianismo, uma invocação à Hécate na lua cheia mesclada com os ritos da Igreja:

Evocação.

Durante nove dias inteiros, quando a lua estiver aumentando sua luminosidade, depois do quinto dia, queime um incenso em louvor aos poderes protetores das almas sofredoras; reze um "Pater" a cada dia [Pater Noster (Pai Nosso), a Oração do Senhor], somente para o descanso dessas almas, e acenda uma vela com essa mesma intenção em louvor aos espíritos que protegem almas em sofrimento, para a aquiescência da sua intenção.

De tempos em tempos, queime um incenso em louvor aos espíritos, para esse fim.

Durante as três noites seguintes (evite a sexta-feira) acenda uma fogueira e gire ao redor três vezes, formando um círculo mentalmente. Pegue um incenso e lance-o ao fogo, enquanto mentaliza e implora à Hécate (a deusa dos encantos); então entre no círculo, posicionando-se no centro, invoque a ajuda das estrelas através do olhar e do pensamento, e diga: "Ó Hécate, deusa nos céus, deusa na terra e Prosérpina no inferno; Ó mãe das sombras, suprema rainha da morada dos mortos; não envie contra mim vossas legiões, Ó Hécate, pelo contrário faça com que me sirvam. Ó tríplice Hécate, grande deusa que preside os encantamentos, neste fogo que vos é oferecido, o incenso queimará em louvor a vós. Ó Hécate, que vossa divindade venha a mim e vosso poder me circunde, que meu Pai nos Céus não se ofenda com isso! Por Hécate, Ó espírito regente do ar; por Hécate, almas sofredoras dos mortos; por Hécate, Ó almas errantes da região inferior; por Hécate, tornem-se meus ajudantes, meus servidores, meus guardiões.

Então, deixando o círculo, pegue o incenso em suas mãos para oferecê-lo aos espíritos, e formule sua demanda.

Depois, queime uma oferenda de pão e vinho para o benefício das almas sofredoras em geral; e quando terminar, diga: "Por Hécate, no silêncio da noite, eu conclamei as legiões do ar, o vasto exército da Boa Deusa; para alguns eu ofereci o incenso que os deleita, para outros o pão do qual têm fome. Agora, enquanto as estrelas brilham poderosas e as forças invocadas se movem; como um soberano em seu manto púrpura, vosso servo, Ó Hécate, irá dormir em paz.

Um toque de Cristianismo é dado a esse ritual pelo uso da Oração do Senhor e a condição imposta na prece, "Que meu Pai no Céu não se ofenda"; mas a deusa bruxa é concebida como a regente das "almas sofredoras", ex. almas do Purgatório que é concebido como uma espécie de região intermediária da qual almas podem revisitar a terra. A palavra que traduzi como a "Boa Deusa" é "Obs" no original; isso soa como uma versão desgastada de "Ops", a deusa da terra e da fertilidade, a mãe de Saturno, mas pode ter conecção com a Adoração a Obi na África. A deusa que era a guardiã da semente escondida na terra, também em muitos antigos Mistérios, a guardiã dos mortos cuja promessa de imortalidade e renascimento era simbolizada pelo renascimento do trigo a cada ano. Notar-se-á que se o feitiço for executado apropriadamente, durante nove dias quando a luz da lua estiver aumentando, depois do quinto dia ocorrerá a lua cheia. Este era o momento tradicional para realização do Esbá local, quando o poder da deusa lunar estivesse em seu ponto mais alto.

Em 324 d.C. o imperador convertido Constantino decretou que o Cristianismo deveria ser a religião oficial do Império Romano. Os templos dos deuses romanos foram destruídos ou convertidos em igrejas cristãs. Essa mudança de religião causou muitos motins políticos, quando os cristãos triunfantes começaram a atacar os seguidores das religiões mais antigas. A antiga sociedade romana foi rompida e começou a desintegrar-se.

Como Hendrik Willem Van Loon diz em seu *History of Mankind*, "Os cristãos ainda eram uma minoria entre o povo (não mais que cinco ou seis por cento), e para vencer, precisaram recusar-se a ceder. Os Antigos Deuses deviam ser destruídos. "O imperador Justiniano fechou a escola de filosofia que havia sido fundada por Platão em Atenas; e Van Loon continua: "Este foi o fim do velho mundo grego no qual permitia-se ao homem pensar seus próprios pensamentos e sonhar seus próprios sonhos de acordo com seus desejos".

As convicções do Velho Mundo estavam sendo destruídas. Ondas de bárbaros do Oriente, os Hunos, Godos, Vândalos e seus seguidores selvagens e bandidos, abalaram o Império Romano. Constantino, o primeiro imperador cristão, removeu seu tribunal de Roma e refugiou-se em Bizâncio, que foi nomeada Constantinopla em sua homenagem. O império foi dividido entre seus dois filhos em províncias orientais e ocidentais, tendo Constantinopla como capital oriental e Roma como capital ocidental. O filho mais velho governou em Roma, e o mais jovem em Constantinopla.

O império ocidental logo desmoronou completamente nas mãos dos invasores bárbaros. Em 410 d.C. o imperador Honório chamou de volta as legiões romanas que estavam na Inglaterra, dizendo aos bretões que ele já não podia poupar as tropas romanas para guarnecer o país; a necessidade em casa era desesperadora. Ele ordenou aos bretões que se defendessem contra os invasores bárbaros, os anglos e saxões que há algum tempo estavam tentando invadir o país.

Com o Império Romano em decadência, a velha "Pax Romana" deu lugar a uma anarquia local; havia bandidos em todos os lugares. A Igreja esforçou-se em produzir algo que substituísse a velha tradição romana, e em grande parte obteve sucesso. As autoridades eclesiásticas tornaram-se os líderes do povo. Eles eram fanáticos, e geralmente com baixa instrução; mas eles serviram para unir as várias províncias quando seus líderes naturais foram abolidos, e surgiram bispos na curiosa posição de comandantes de exércitos, ou melhor, a milícia local. De qualquer forma eles preveniram um colapso completo de autoridade nas províncias de onde as legiões haviam sido retiradas. Nestes tempos o exército era principalmente composto de conscritos de outras províncias. A parede romana na Inglaterra era principalmente guarnecida por mercenários da Alemanha e recrutas da Espanha, e guerras locais impediram o envio de reforços.

Os conselhos da Igreja também estavam ocupados; sua preocupação era extirpar a Antiga Religião, e assumir completo controle do Estado. O Conselho de Ancyra, 314 d.C., por exemplo, quando Vitalis, bispo de Antioch, St Leontius de Caesarea e muitos outros bispos, denunciaram pactos com o diabo. Eles também contestaram o vegetarianismo: pelo menos, o 14º cânon ordena que "o clérigo que obstinadamente se recusar a comer carne, ou legumes cozidos com carne deverá ser destituído de suas funções". O 18º cânon excomunga aqueles que, tendo sido designados bispos e forem recusados pelas pessoas da diocese para a qual foram indicados, desejarem invadir outras dioceses (um lembrete sobre o modo pelo qual os bispos deveriam comportar-se nesses tempos). O 24º cânon condena a cinco anos de penitência aqueles que usarem adivinhação ou feitiçaria para curar doenças, ou que sigam os costumes dos gentios (os pagãos). O 15º cânon decreta que a propriedade da igreja vendida ilegalmente por padres durante uma vacância no bispado poderá ser recuperada pela Igreja (aparentemente sem nenhuma recompensa para o inocente comprador, um caso claro da velha lei romana "Caveat emptor, "Deixe o comprador se precaver"). A Igreja aqui está claramente substituindo a lei civil. Isso ficou claro no Conselho de Angers, 453 d.C., com Leo, arcebispo de Boudges, presidindo, o 1º cânon dizia algo como "desde que havia sido concedido aos bispos o poder de julgar casos civis, o clero deveria, sempre que houvesse alguma diferença entre si, aplicar suas leis a eles em vez das autoridades civis. Que no caso de um desacordo entre o clero e os laicos, eles deveriam exigir que o caso fosse julgado pelo seu bispo; mas se a outra parte não aceitasse, eles não deveriam ir a qualquer juiz secular sem a permissão de seu diocesano". Este é um caso muito claro de tentativa de subversão da lei ordinária do lugar. O mesmo Conselho ordenou que todos os monges peregrinos fossem excomungados. Os padres eram proibidos de agredir ou mutilar seu rebanho! O

4º cânon destitui de suas funções todos os clérigos que não se privarem de relacionamento com todas "as mulheres estranhas" (as bruxas?).

Assim, enquanto os papas, reis e imperadores disputavam, enquanto as cidades se organizavam como pequenos estados independentes, enquanto vários invasores se estabeleciam em novas províncias (como os Northmen fizeram na França sendo batizados e se autodenominando "Normandos", embora ainda retivessem muito da crença pagã e formassem alianças, pelo menos, com as bruxas locais), enquanto as grandes massas juravam lealdade a qualquer senhor supremo que pudesse protegê-las, a Igreja gradualmente criou uma fé, e usou o diabo para forçar a obediência por meio do medo. E a Igreja era a única força consistente. Poderia chantagear seus servos, mas os protegia. A milícia do bispo era uma força formidável; mas esta segurança só foi construída à custa da perda da humanidade e tolerância.

Lentamente, as leis contra heresia e feitiçaria tomaram força. O padre que seria apenas "destituído" por associar-se com as bruxas, pelo Conselho de Angers, 500 anos mais tarde teria sido queimado vivo, se o bispo assim o desejasse (claro que muitos bispos não o fizeram; alguns possivelmente pertenciam ao culto, especialmente os bispos normandos.) Pelo decreto do Conselho de Ancyra, a penalidade por usar feitiçaria para curar doenças era de cinco anos de penitência; em 1576, Bessie Dunlop de Ayr foi condenada e queimada viva pela mesma ofensa. Ninguém alegou que ela havia prejudicado alguém; sua ofensa foi especificamente curar. Pelo Conselho de Ancyra, os padres foram proibidos de agredir ou mutilar seus fiéis; mas em 1596, outra escocesa, Alison Balfour, foi forçada a confessar bruxaria pelo expediente do *pilnie-winks*, um instrumento de tortura usado para esmagar dedos, não os dela, mas de sua filha de sete anos, na sua presença. Na Idade Média ainda não havíamos alcançado o refinamento da civilização; mas o progresso estava a caminho, a despeito de tais atividades reacionárias como aquelas do Santo Sínodo de Paderborn em 785, que decretava que "Aqueles que, sendo enganados pelo diabo, mantiverem-se de acordo com a crença pagã que as bruxas existem e queimá-las, será castigado com morte."

Apesar de os livros escolares falarem dos romanos deixando a Bretanha, de fato havia muito poucos para partir, com exceção do Exército. Um ou dois oficiais e alguns comerciantes podem ter ido; mas os "romanos" na Bretanha eram os bretões que eram cidadãos romanos. Alguns deles deviam ter um pouco de sangue romano, embora suas famílias já morassem na Bretanha há várias gerações. Eram bem educados nos padrões romanos, mas eram bretões, e quase imediatamente dividiram-se nas várias tribos nas áreas nas quais estavam quando os romanos haviam chegado 350 anos antes. Então, Northumberland teve de resistir sozinha a todos os ataques dos pictos e escoceses, sem ajuda das outras tribos. Também, em toda a costa oriental vários distritos tiveram que se defender contra grandes ataques saxônicos sem ajuda de outros, e sem a frota romana para atacar os navios dos invasores. Como sabemos, o resultado foi a conquista e ocupação da maior parte da Bretanha pelos saxões.

Um resultado da divisão em áreas de clãs separados foi a ruptura do sistema romano de cultivo em enormes fazendas com vilas anexas. Estas foram prontamente desertadas pelos escravos ou servos que as cultivavam. O dono romano-britânico, desertado, também teve de partir. Alguns desses servos na época começaram a cultivar pequenas áreas por conta própria; e como resultado, a provisão de alimentos da nação caiu quase pela metade. Os pequenos fazendeiros apenas tinham condições de se alimentar, não sobrava nada, portanto era impossível para os novos estados sustentarem um exército no campo. Para repelir um ataque local, um grupo da milícia local poderia reunir-se durante alguns dias, mas logo se dissiparia. Essas circunstâncias tenderiam a aumentar a influência do culto da bruxa. As bruxas acreditavam nos ritos de fertilidade, e usariam todos os seus poderes para fazer com que cada pequena comunidade cultivasse trigo, etc., nos pequenos campos como eles haviam feito nos tempos pré-romanos. Creio que aqui temos uma pista da razão pela qual não ouvimos falar de bruxas nos tempos romanos. A vila romana era muito semelhante a uma vasta fazenda comunitária na Rússia hoje. Era uma agricultura científica aplicada por peritos, o trabalho ligado à terra era realizado por mão-de-obra escrava ou forçada. Eles não tinham necessidade dos ritos de fertilidade das bruxas, no entanto, estas ficavam nas "aldeias de nativos", em locais afastados da cidade. Quando toda a mão de obra escrava desertou as vilas romanas, seus donos também as abandonaram. Sabemos disso porque as vilas romanas que escavamos não foram pilhadas ou queimadas; elas simplesmente foram desnudadas de qualquer objeto portátil e abandonado, e pouco a pouco foram sendo soterradas.

Se esses estados britânicos tivessem ficado intocados eles teriam, no devido tempo, indubitavelmente, restabelecido as boas condições em que se encontravam antes da invasão romana; mas as constantes invasões saxônicas, somadas às invasões dinamarquesas, provocaram um estado caótico. A maioria dos mercadores e negociantes parece ter emigrado para a Irlanda que era, na ocasião, extremamente próspera e eles foram responsáveis por grande parte do primoroso trabalho em metal "irlandês" e outras produções artísticas pelas quais ela foi famosa pelos próximos 300 anos. Uma grande parte do restante da população britânica depois de algum tempo parece ter emigrado para Britânia e Gales; no entanto, não houve extermínio em massa ou massacre da população céltica como alguns livros deduzem. O que de fato ocorreu foi que os saxões gostavam das ricas terras baixas ao longo dos rios. Elas eram densamente florestadas, mas com grande labuta eles abriam clareiras e lá se estabeleciam. Eles compartilharam com a população britânica algumas poucas cidades maiores, especialmente Londres e Exeter, onde havia britânicos e saxônicos, cada um com suas próprias igrejas e governo. Os reis saxônicos faziam suas leis, e os britânicos tinham de obedecê-los, mais ou menos (principalmente menos), como ocorreu na Irlanda há 50 anos.

Até aquele momento não se sabe se a Wica possuía um nome específico. Elas eram o povo, os sacerdotes e sacerdotisas da Antiga Deusa, que era reconhecida como sendo do povo. Os saxões odiavam e temiam qualquer coisa relacionada à magia. Eles adoravam Odin (Woden) e Thor e os outros deuses escandinavos, e eram extremamente "respeitáveis" em um sentido germânico. Quando eles se tornaram cristãos, tornaram-se mais respeitáveis, aquele Odin que também realizava uma caça selvagem que se assemelha à de Herne, e as Valkírias, que de certa forma se assemelhavam às bruxas da lenda, só que voavam à cavalo pelos ares em vez de cabras ou cabos de vassoura, tudo ficou mais difícil; eles odiavam a memória de Odin e das Valkírias porque eram divindades pagãs. Já fui questionado: "Os saxões causaram mudanças no culto da bruxa?" Minha resposta é: "Creio que não". César registrou que os costumes dos "alemães" eram completamente diferentes dos célticos. Eles não tinham druidas, e passavam a maior parte do tempo caçando e em perseguições guerreiras, reconhecendo como deuses apenas o que eles podiam ver e que obviamente os beneficiassem, tais como o sol, a lua e o fogo; "dos outros deuses eles nunca tinham ouvido falar". Eles não eram agricultores, fazendas estabelecidas eram fortemente desencorajadas por seus chefes. O leite, o queijo e a carne eram seus principais alimentos. De uma forma geral, César retrata os alemães (exemplo das tribos teutônicas) de sua época como um povo de vida selvagem, seminômade, que apreciava saquear outras tribos. Tacitus, em 98 d.C., descreve-os de forma semelhante. Eles eram originalmente mais uma descendência dos nômades arianos patriarcais, e um estudo de sua religião revela mais uma vez o processo da imposição de um panteão masculino patriarcal sobre um matriarcado aborígine. Seus deuses eram os guerreiros Aesir, encabeçados por Woden (ou Odin) e Thor; mas há indicações de outros deuses, mais velhos e mais pacíficos, chamados Vanir, de quem eram chefes Frey e Freya, nomes que simplesmente significam "o senhor" e "a senhora". Frey era o deus da paz e da abundância, e o Adão de Bremen nos conta que ele foi descrito como "*cum ingenti priapo*". Carl Clemen, em seu *Religions of the World*, ilustra uma estátua fálica de Frey; e ele às vezes era chamado Fricco. Freya também era chamado Frigga; e os nomes dessas duas deidades antigas são a origem óbvia de várias palavras de conotação sexual que normalmente não são consideradas publicáveis. É evidente que Frey era originalmente o companheiro de Freya; mas posteriormente ela "casou-se" com Woden, e Frey tornou-se seu "irmão". Como Ishtar, um dos atributos de Freya era seu maravilhoso colar, e nisso ela também se assemelha à deusa bruxa. Ela é de fato a Grande Mãe aborígine, e Frey seu consorte fálico. O deus pai Woden e seus ferozes seguidores são os deuses dos patriarcais invasores Ayran.

Quando os anglos e saxões começaram a invadir a Bretanha, estavam mais civilizados do que quando César e Tacitus os descreveram. Mesmo assim havia uma grande diferença entre eles e os cultos e alfabetizados romano-britânicos, muitos dos quais eram cristãos da velha igreja céltica. É a esse período que o Rei Artur e os cavaleiros devem ter pertencido, se tiverem existido historicamente.

Os saxões entraram como conquistadores pagãos; eles pilharam, mataram e estupraram. A maioria da população céltica dispersou-se nessas longas guerras, e os remanescentes moravam em locais inacessíveis. Apenas nas grandes cidades as raças realmente encontravam-se e misturavam-se, e mesmo lá elas eram odiadas por conquistadores que tinham desalojado os celtas de suas terras ancestrais e os forçado a viver em locais afastados das cidades. Eles também odiavam magia. Esta não é condição para qualquer mescla de práticas de culto. Então os saxões se cristianizaram, o novo tipo de cristão-romano intolerante tornou as coisas mais difíceis. E então, quando os saxões começaram a estabelecer-se satisfatoriamente, começaram as invasões dinamarquesas. Para eles, os saxões eram renegados que haviam abandonado a velha fé de Odin e Thor, e portanto mereciam ser exterminados. Mas logo estes dinamarqueses foram batizados e cristianizados, e viveram em uma confederação preocupada com os saxões.

Nessa época, os celtas em suas moradias afastadas da cidade foram recuperando sua prosperidade, e os legisladores saxônicos-dinamarqueses começaram a criar leis contra a magia aborígine as quais temiam. Como eles não tinham bruxas próprias, não possuíam um nome específico para elas; porém, inventaram um a partir da palavra *wig,* um ídolo, e *laer,* aprendizagem, *wiglaer* que eles reduziram para wicca. Eles também usavam os termos *scin-laeca, galdor-craeftig* e *morthwyrtha*. Scin-laeca parecia significar um fantasma duplo astral ou corpo astral, ou alguém que pudesse projetá-lo. *Galdor-craeftig* é alguém qualificado em feitiços. *Morthwyrtha* é um adorador dos mortos. Eles também tinham a palavra *dry* para mago. Suas leis no assunto eram claras: "Se qualquer *wicca* ou *wiglaer* (masculino de bruxa), ou falso jurador, ou *morthwyrtha*... ou qualquer imunda, contaminada, *horcwenan* (prostituta) declarada, estiver em qualquer lugar nesta terra, o homem deverá expulsá-la...."

"Nós ensinamos que todo sacerdote deverá extinguir toda forma de paganismo, e proibir *Wilweorthunga* (adoração à fonte) e *licwiglunga* (encantamentos ou preces aos mortos), *hwata* (presságios ou adivinhações), e *galdra* (magia), adoração humana, e as abominações que os homens comentem nas várias artes da *Wica*, e *frithspotturn* com olmos e outras árvores, e com pedras ("caminhando para as pedras"?), e com muitos fantasmas. "Foram formuladas penalidades para destruir qualquer um por "wicca crafte", ou por tornar uma pessoa doente, ou por causar morte, ou por usar "wicca crafte" para conquistar o amor de alguém, ou dar-lhe comidas e bebidas enfeitiçadas, por adivinhação (*wiglian*) por intermédio da lua, ou por adorar o sol ou a lua, o fogo ou as inundações, os poços ou as pedras, ou as árvores, ou por "amar a wicca crafte". Também havia outra palavra, *unlybban wyrce* que parece significar magia ilegal, isto é, de tipo mortal, ou o que hoje em dia é chamado de Magia Negra. É um fato curioso que quando as bruxas passaram a ter o inglês como língua, adotaram o nome saxônico Wica".

A alusão à "adoração humana" é notável, pois pode ter relação com o aparecimento do antigo Deus Cornífero na forma do seu sacerdote, o representante do deus, vestido em seu disfarce ritual de pele e chifres. O *Liber Poenitentialis* de *Theodore*, composto no século VII, estabelece, "*Si quis in Kalendas Januarii in cervulo aut vetula vadit, id est, in ferarum habitus se commutant, et vestiuntur pellibus pecudum, et assumunt capita bestiarum; qui vero, taliter in ferinas especies se transformant, III annos poeniteant; quia hoc daemoniacum est*"; Quem quer que em Kalands de janeiro, saia na forma de um gamo, quer dizer, tome a forma de um animal, vestindo a pele de um animal de chifres, e vestindo a cabeça de um animal, de forma a transformar-se em um animal selvagem, penitência de três anos, porque isso é diabólico. "No entanto, apesar desta e de leis semelhantes, o costume do "Touro de Natal" ou "Wooser" foi mantido em Dorset até o fim do século XIX: como testemunha a curiosa máscara conhecida como "Dorset Ooser" ilustrada no livro de Margaret Murray, *God of the Witches*, e *Horns of Honour* de Elworthy. No pequeno e divertido livro, *Dorset Up-along and Down-along*, há uma descrição desse costume:

> O touro, cabeça felpuda com chifres, casaco felpudo e olhos de vidro, costuma vir, sem ser convidado, a qualquer festividade de Natal. Ninguém sabe quando ele pode ou não aparecer. Ele tem liberdade em toda casa, e é permitido penetrar em qualquer quarto escoltado por seu guardião. Todos os convidados fugiriam diante de seus chifres formidáveis, os mais formidáveis, ao fim da noite, não se pode ter certeza de que o touro e o seu guardião estejam estritamente sóbrios. O touro de Natal agora está obsoleto, mas até 40 anos atrás ele era um costume reconhecido. Em algumas partes de West Dorset esta criatura era conhecida como o Wooser, e há aqueles que nos falam que ele tem origem na adoração ao diabo.

"O Kalands de Janeiro" era o dia de Ano Novo que coincidiria com os tradicionais 12 Dias de Natal.

Em todo esse período há apenas uma influência que eu posso considerar que possa ter afetado a Wica, além de ter recebido um nome. É quando os romanos se cristianizaram, e todos os desastres começaram a acontecer no Império Romano. Alguns dos romanos mais conservadores acreditavam que todos esses desastres eram um castigo pelo abandono dos Antigos Deuses que sempre haviam dado a vitória a Roma. Eles desejavam pedir perdão a esses deuses, mas o governo romano e os padres haviam destruído todos os templos, ou os convertido a outros usos. Eles conheciam esse pequeno culto da fertilidade da Bretanha e da Europa Ocidental. Estes eram seus próprios deuses com outros nomes, e muitos deles começaram a comparecer a reuniões de bruxas, por ser o único modo pelo qual poderiam entrar em comunhão com seus próprios Antigos Deuses. Pelo menos alguns destes teriam pertencido aos cultos dionisíacos, outros podem ter sido iniciados de Ísis, como Lúcio Apuleio; e é bem possível que eles tenham ensinado seus Mistérios às bruxas (pois elas parecem ter possuído pelo menos alguns deles, se considerarmos a evidência da vila dos Mistérios, da qual eu já falei).

Diz-se que depois da conquista normanda, quando havia muitos ataques saxônicos nos locais afastados das cidades, as tropas normandas enviadas para suprimi-los eram frequentemente lideradas por "bruxas de língua francesa". Isso pode significar que as bruxas locais eram melhor instruídas que a maioria, e falavam francês; mas é mais provável que as bruxas normandas tenham vindo à conquista, fraternizando-se com os moradores dos campos, os "pagãos", os britânicos das terras afastadas que odiavam os usurpadores saxônicos, e descobriram o que estava acontecendo.

Diz-se que Hereward the Wake matou uma dessas bruxas que estava ajudando a caçá-lo no país de Fen.

Dizia-se frequentemente que os normandos mantinham bruxas como cortesãs em seus castelos. Imagino que isso seja bastante provável. Um castelo normando abrigava vários homens guerreiros, mas não muitas mulheres. Como havia um tipo de aliança entre o castelo e o população dos campos, é provável que alguns soldados tivessem amantes britânicas. Não sendo cristãos, não teriam um matrimônio cristão; mas devemos lembrar que fora das grandes famílias poucos casavam-se. O próprio William, o Conquistador, era filho ilegítimo de Robert, o Diabo, também chamado de Robert, o Magnífico, e a bonita filha de um curtidor, Arlette ou Harlotta, cujo nome alguns dizem que originou a palavra "harlot" (meretriz). Muitos dos grandes homens da época orgulhavam-se do título de "Bastardo". (Quando o Rei Luís da França desejou que o Duque de Maine, um de seus filhos ilegítimos, o sucedesse, ele encomendou uma pesquisa, e parecia que mais da metade dos reis da França haviam sido gerados fora do matrimônio; assim nos conta o Conde de São Simão. Foi o Regente d'Orleans que pôs o legítimo herdeiro no trono, à força.)

Quando William, o Conquistador, conquistou o reino da Bretanha, recebeu um pedido do Papa Gregório VII para que prestasse uma homenagem a ele como rei da Bretanha, ele respondeu: "Eu nunca tive a intenção de ser-lhe leal, e não farei isso agora. Eu nunca prometi isso, nem acho que meus antecessores o fizeram aos seus"; uma resposta que deve ter aumentado sua popularidade com o culto da bruxa tanto quanto doeu aos pios. Seu sucessor, William Rums, viveu para incomodá-los ainda mais, porque ele era um pagão declarado; e com relação a isso, pode-se notar que Rufus, embora não fosse o filho primogênito, herdou o trono porque era o favorito do Conquistador. Se a Igreja tivesse prevalecido, Rufus nem mesmo teria nascido: pois o Papa Leão IX proibiu taxativamente Baldwin, o Conde de Flandres, de dar a mão de sua filha Matilda em matrimônio a William, o Normando; mas o par casou-se desafiando-o. Os historiadores frequentemente questionam a razão para a ação do Papa, assim como a razão pela qual o pai do Conquistador foi apelidado de "Robert, o Diabo". Se William e sua família fossem, pelo menos, meio-pagãos, o quebra-cabeça estaria resolvido.

Capítulo VII

O Pensamento Mágico

TALVEZ, ESTE SEJA O MOMENTO OPORTUNO PARA SE QUESTIONAR: "O que é Magia? Por que as pessoas acreditam nela?"
O professor Nadel, ex-professor de Antropologia e Sociologia da Universidade Nacional da Austrália, em Canberra, ministrou uma interessante palestra no 'Terceiro Programa da BBC' em 4 de janeiro de 1956. Ele disse: "Em poucas palavras, a magia é a tentativa de experimentar o que é fisicamente impossível, e, sendo assim, os que acreditam em magia devem inevitavelmente confrontar-se repetidas vezes com evidências do fracasso de seus esforços mágicos". Como exemplo ele cita os 'fazedores de chuva' que jogam água para cima de forma que pareça estar chovendo, e quando a chuva não vem eles percebem que seu encantamento não funciona. Mas não há nada "fisicamente impossível" sobre o cair da chuva. O professor começou com uma definição errada. Se os mágicos tentassem fazer chover para cima por exemplo, então eles poderiam ser acusados de tentar o fisicamente impossível. Porém, o que eles estão tentando neste caso, é causar a ocorrência de um fenômeno natural, determinando como e quando isso deve acontecer. A ciência moderna constantemente tenta realizar o mesmo.

Eu defino magia como a tentativa de causar o fisicamente incomum. Aleister Crowley definiu-a como "A Ciência e Arte de causar a ocorrência de mudanças por determinação da vontade". S. L. MacGregor Mathers (Frater D.D.C.F. da Ordem Golden Dawn) definiu-a como "A ciência do controle das forças secretas da natureza".

Infelizmente, professores e outros parecem ter adquirido suas ideias de magia nos Contos de Fadas dos Grimm, onde alguém faz um sinal com uma varinha e imediatamente o impossível acontece. Eu duvido que os irmãos Grimm já tivessem ouvido falar sobre fazer chover; e se tivessem, eles provavelmente teriam descrito desta forma: "O mágico lançou uma tigela de água pelos ares, para que a água caísse em gotas, fez um sinal com sua varinha, e imediatamente a chuva se precipitou do céu sem nuvens". Embora coisas curiosas possam ser realizadas usando-se o tipo certo de varinha, na verdade nada se faz dessa maneira.

Eu entendo magia como a arte de obter resultados. Considere um exemplo simples: Se eu produzir um boneco de cera de um homem de modo apropriado, e passar a espetar alfinetes nesse boneco, e assá-lo da maneira tradicional, e contar para esse homem o que estou fazendo, e ele morrer de pavor, eu posso afirmar que sua morte foi o resultado de um ato de magia. Se eu contar-lhe o que estou fazendo, sem realmente estar, e ele morrer de medo, estará morto da mesma forma, não é? Agora, se eu usar o boneco de cera como um ponto de focalização, projetar na mente dele o que estou fazendo, sem deixar que ele saiba por palavra ou ação, e ele morrer, eu posso afirmar que sua morte foi decorrente de um ato mágico.

Em meu Museu na Ilha de Man tenho Ossos Pontiagudos Australianos, Kens Majapahit malaios, etc., que são usados para matar apontando. Parece haver provas incontestáveis de que muitas pessoas morrem anualmente como resultado do uso dessa magia; casos em que um homem é levado a um hospital e após ser examinado, não é encontrado o menor traço de envenenamento ou qualquer outra coisa que pudesse se definida como *causa mortis*. Embora eles frequentemente estejam amedrontados, tudo é feito para confortá-los, e eles muitas vezes estão totalmente felizes, e não mostram sinal de medo (e o medo causa sinais psicológicos e tem efeitos específicos no corpo humano). Eles podem não apresentar esses sinais; mas em alguns dias seus corações deixam de bater, e a autópsia não consegue definir a *causa mortis*. (Talvez eu deva acrescentar, para o benefício do leitor nervoso, que estou me referindo a acontecimentos na Austrália e Malaya, e não nas vizinhanças do meu Museu!) Os interessados podem encontrar detalhes adicionais em um pequeno livro chamado *Deadly Magic: including the Australian pointing stick*, escrito pelo Coronel F. J. Hayter.

Eu li que muitas pessoas descrevem como magia, ou "experiências mágicas", a representação do resultado pretendido, "mostrando o Poder do fazer", e repetindo uma rima para fazer funcionar. Eu suponho que eles acreditem que a imitação gera a ocorrência do resultado quando desencadeado por uma rima. Prefiro pensar que a imitação e o modelo da pessoa, etc., são simplesmente meios que ajudam a focalizar a mente. Isso é reforçado e levado à mente inconsciente por meio de uma repetição de palavras (o Feitiço). Não é necessário estar exatamente na forma de uma rima, mas ritmo ou aliteração ajudam a memória; quer dizer, não se pode conduzir algo para o inconsciente e fixar a mente no objeto se for necessário parar para pensar qual será a próxima palavra, e o ato de ler distrai a atenção, mesmo que ligeiramente. Na realidade, é necessário algo que fale por si só. No momento, não me recordo de feitiços na forma de uma rima humorística, embora indubitavelmente eles existam; mas eles quase se autodeclamam, e o impacto da rima final deve ser muito eficaz. Também acredito que o "feitiço" deve ter uma referência específica ao trabalho em mãos, entretanto, algumas pessoas afirmam que isso não é necessário, e que palavras em uma língua desconhecida, especialmente, "Enochian", usada por Dr. Dee e

Edward Kelly (posteriormente por Aleister Crowley), ou série de palavras de significado desconhecido, "os bárbaros nomes de evocação", tenham um efeito melhor; entretanto, para usá-las efetivamente é necessário aprendê-las de cor de forma que elas possam "falar por si próprias" no momento adequado, sem nenhum esforço de memória. Há a prática de bruxaria para elevar o poder ao extremo, e expressando claramente então o que é requerido, termina com uma fórmula da qual poderei fornecer as duas últimas linhas. Ela "fala por si", terminando como uma martelada: "Conforme eu desejo, que assim seja, cante o feitiço e que assim se faça!" Um praticante de magia que descobriu essa finalização disse-me tristemente, "Eu prefiro esta às nossas fórmulas. Eu estou cansado de berrar, 'eu ordeno isto' e 'eu ordeno aquilo', terminando mansamente com 'se for vossa vontade e 'seja feita a vossa vontade'".

Mrs. Nesbit escreveu muitos anos atrás que para a magia funcionar é necessário expressar o desejo em rima original criada no momento, e quanto pior a poesia melhores serão os resultados; mas eu não acredito que ela tenha dito isso com a intenção de ser levada a sério! (Assim como a ideia de H. G. Weels, em uma de suas histórias humorísticas, de que todos os ingredientes em compostos mágicos devem invariavelmente ser os piores, exemplificando que se um ovo for ingrediente da receita, este deve estar podre.) No entanto, isso não é tão tolo quanto parece, com respeito a alguns tipos de magia. O falecido Aleister Crowley afirmava que sentimentos súbitos de repulsa poderiam ter um grande efeito em determinadas indivíduos, e não há dúvida de que ele fez extraordinários experimentos neste sentido. Os "grandes segredos Tântricos" que ele usou em sua Ordem secreta a O.T.O. (Ordo Templi Orientis), ou Ordem dos Templários Orientais, eram dessa natureza, e não há dúvida de que ocasionalmente produzia resultados, entretanto eu penso que isso ocorria porque ele tinha poderes pessoais naturalmente excepcionais; mas ele era fascinado por essas práticas, as quais posso apenas descrever como repugnantes, porque elas se adaptavam à sua natureza. Em certa ocasião, disse-me, "As práticas de bruxaria são adequadas para pessoas que apreciam essas práticas, pessoas dessa natureza; mas eu gosto de algo onde eu possa mergulhar e manter-me por oito horas seguidas"; e eu acho que ele conseguia. Mas ele precisava tomar uma incrível quantia de drogas perigosas para esse fim, e embora ele as usasse inteligentemente, e pudesse suportar quantidades heroicas, ele sofreu por isso no final. Porém, ele era um homem idoso quando morreu, e seu intelecto estava incólume.

Eu gostaria aqui de poder pregar a mentira tola de que Aleister Crowley era um "Satanista". Crowley, assim como a maioria das pessoas inteligentes, não acreditava em Satanás. (Eu devo acrescentar que estou nesse grupo.) As declarações que eu li em artigos "populares" sobre ele, de que teria feito "um pacto solene com o Diabo", e "vendido sua alma a Satanás", são completa ignorância ou invenções jornalísticas. Crowley era filho de pais que pertenciam à rigorosa e exclusiva Irmandade de Plymouth Brethren.

Quando garoto, revoltou-se contra a rigidez de sua educação até que, como declarou: "Eu praticava travessuras furtivamente como uma fórmula mágica, até mesmo quando era desagradável; por exemplo, eu entrei sorrateiramente em uma igreja — um lugar que minha mãe não entraria nem para o funeral de sua irmã mais amada. (A Igreja da Inglaterra, porque eu acreditava que aquele Anglicanismo era uma forma peculiarmente violenta de adoração ao Diabo, e desesperava-me ao ser incapaz de descobrir de onde provinha a Abominação.)" Em 1898, quando ele tinha 23 anos de idade, entrou para a Ordem Hermética Golden Dawn, que clamava ser da linhagem original Rosacruciana. Nessa Ordem, ele aprendeu práticas mágicas que o habilitaram, no Cairo em 1904, a contatar uma poderosa entidade desencarnada chamada "Aiwass" que ditou a ele 220 versos do *Liber Legis*, *O Livro da Lei*. Baseado nesse documento, Crowley embasou sua *Magia*, e o resto de sua vida.

Foi de *Liber Legis* que ele obteve seu famoso dito, "Faz o que quiseres, há de ser tudo da Lei. Amor é a Lei, Amor submetido à vontade". Porém, isso não era um convite à liberdade total, e as pessoas que pensavam que fosse, revelam que isso é o que elas gostariam de fazer caso pudessem.

Crowley afirmava que "Todo homem e toda mulher é uma estrela", e, como as estrelas nos céus, cada um tem designado o seu próprio curso. Esse curso ele chamou de Verdadeira Vontade; e ele sustentava que se todos realizassem sua Verdadeira Vontade não haveria nenhum infortúnio no mundo. "O sol se move no espaço sem interferência. A ordem da natureza provê uma órbita para cada estrela. Uma colisão prova que algum deles extraviou-se de seu curso. "Portanto, disse ele, a real tarefa do homem é descobrir sua Verdadeira Vontade e realizá-la; e ele recomendava sua Magia como um meio mediante o qual um indivíduo poderia descobrir sua Verdadeira Vontade. Além disso, disse que o grande objetivo da Magia deveria ser o de obter o Conhecimento e Diálogo com o Santo Anjo Guardião individual que mostraria o caminho. Todos os outros objetivos da Magia seriam secundários, válidos apenas se conduzissem para o grande objetivo, A Grande Obra; e se fossem perseguidos como fins em si mesmos, tornar-se-iam Magia Negra. Ele recebeu o título de "A Besta 666" porque acreditava que o Apocalipse, no qual esse personagem interessante é descrito, é uma profecia do final de uma grande Era e o começo de outra, e que ele era a simbólica "Grande Besta" que seria o arauto da Nova Era que ele chamou de Aeon de Hórus. Muitos outros ocultistas, incluindo aqueles de tamanha respeitabilidade que quase se deitam e morrem sempre que o nome de Crowley é mencionado, concordam que estamos agora no período de transição entre duas grandes Eras, a Era de Peixes e a Era de Aquário e que este rompimento com velhas formas de civilização para dar lugar ao novo é o motivo da contenda e sublevação mundial. Notar-se-á que esses assuntos não têm relação ou semelhança com a concepção popular de "Satanismo" tão amada pelos escritores de ficção sensacionalista. E como não há nada secreto nesses ensinamentos de Crowley (que são discutidos abertamente em todos os seus principais trabalhos), eu só posso concluir que os escritores supracitados e jornalistas ou não entendem o inglês da rainha, ou então continuam propagando esse mito porque acham que são melhor pagos para excitar o público com emoções de deliciosa maldade do que se revelassem a pura realidade.

Crowley era poeta de notável poder e inventividade, e muitos de seus rituais eram compostos em verso; provavelmente pelas razões citadas anteriormente. Eu às vezes me pergunto se a poesia se originou da magia; alguma fórmula, possivelmente uma bênção, mais provavelmente uma maldição, seria considerada eficaz. Diz-se que os druidas da antiga Irlanda destacavam-se pelo uso da poesia para fins mágicos; diz a lenda que um deles compôs tamanha sátira sobre um rei mau e inóspito que encheu-lhe a face de bolhas, e há várias outras histórias célticas de efeitos mágicos gerados por canções dos druidas. Como sabemos, nas escolas, as lições mais prosaicas são repetidas em um tipo de melopeia, que geralmente possuem algum tipo de ritmo, e as palavras finais são distorcidas até que rimem. Isso é empregado instintivamente quando bruxas começam a repetir feitiços não compostos em rima. Nos velhos tempos, a aliteração também era muito usada, mas seu uso era mais frequente entre os praticantes solitários. É difícil compor uma aliteração, e ainda mais difícil lembrá-la. Dizer em voz alta "Que assim seja", não tem a mesma força decisiva como um golpe de martelo como ocorre quando é dita na última linha de uma rima.

Entre abençoar e banir, parecia a nossos antepassados que havia muitas fórmulas que produziam resultados misteriosos, se ditas na entonação correta que "sintonizaria" à vibração que eles estivessem buscando. Pode-se dizer, "Oh, sabemos que alguns tons especiais produzem efeitos, isso não é magia!" Exatamente; mas eu entendo que magia é saber que determinadas coisas produzem certos efeitos, e fazer uso desses efeitos para tornar as pessoas mais sensíveis a certas influências. Combinar meia dúzia ou mais de tais influências — digamos dança, cantos, incenso, etc. — produz efeitos que algumas pessoas diriam "funcionam como mágica".

Uma das histórias que são populares entre escritores de ficção, é a de uma pessoa que encontra um feitiço em um velho livro ou manuscrito e o recita por simples divertimento, e um demônio ou espírito aparece, ou algo acontece. Creio que seja muito improvável, porque a parte mais importante de qualquer operação é a crença, ou melhor, o firme entendimento de que ela pode ser feita, que você pode fazê-la e a fará. Talvez perceba-se que ela não se realizará imediatamente, e que talvez não se tenha realizado a operação corretamente, assim talvez seja necessário variar o feitiço a fim de obter o apropriado. Pela minha experiência pessoal, o fator mais importante é com quem se está trabalhando. Deve-se estar em pleno acordo com essas pessoas, e é muito raro estar de acordo com alguém à primeira vista. É possível obter isso trabalhando com essas pessoas durante algum tempo. Obviamente, é possível, frequentemente percebe-se instintivamente, "eu posso trabalhar com aquela pessoa", e a armadilha aqui é que essa impressão pode ser apenas atração física. No entanto, se isso é sentido por todas as pessoas envolvidas, é muito provável que o ato de praticar juntos induzirá a essa sintonia mágica. Deve-se sempre lembrar o que é magia e como ela funciona. Não é o caso de apertar um botão ou abrir uma torneira. É trabalho, e geralmente trabalho duro. Para a maioria das coisas seria mais fácil produzir resultados por métodos ordinários de trabalho mundano habitual; e, acima de tudo, não é um modo de se ganhar dinheiro. Mas há certas coisas que não podem ser obtidas através de métodos ordinários, e então ela funciona.

Evidentemente, na modernidade, a magia não é tão requisitada quanto já foi. Seus usos foram diminuindo. Para o homem primitivo era quase tudo; representava a diferença entre uma vida boa e a fome. E também trazia o sentimento de segurança e proteção do qual hoje em dia, casas cedidas pelo governo, aluguéis subsidiados, pensões familiares, salário-desemprego, assistência médica gratuita, dentes postiços, óculos, são substitutos pobres.

Em primeiro lugar, embora os eleitores possam pensar que essas coisas são maravilhosas, elas não trazem aquele espírito de encantamento e romance que a magia ainda traz até mesmo nestes tempos prosaicos; aquela curiosa mistura de excitação e calma que seus praticantes sentem. Novamente, em nossos "tempos horríveis, difíceis, em que vivemos" somos privados da liberação emocional que as pessoas costumavam obter com as grandes danças. Elas eram naturais e simples, e "cumpriam com o esperado", digamos. Quer dizer, elas proporcionavam às pessoas sentimentos que nenhum entretenimento artificial pode oferecer, e fazia com que suas vidas valessem a pena. Como De Lancre disse a respeito dos bascos, "Eles não falam de nada que não seja o último sabá, eles não esperam por nada que não seja o próximo". Hoje em dia somos quase que totalmente privados deste reino de alegria natural. Em vez disso, vamos aos cinemas, ao *Palais de Danse*, e assistimos televisão.

Minha crença pessoal é que há algumas coisas que podem ser realizadas por magia e outras que não podem, e eu duvido que se possa fazer chover por intermédio de magia. Mas é preciso lembrar que eu conheço bem um tipo de magia, e sou inclinado a acreditar que todos os tipos funcionam do mesmo modo. Eu posso estar equivocado neste ponto. Esses espíritos que os magos e cabalistas tentam invocar ou evocar podem existir, e se eles existem, suponho que possam influenciar o tempo. Uma classe de tais espíritos chamada de "elementais", quer dizer, espíritos que habitam os "quatro elementos" dos antigos, terra, ar, fogo e água. Eu sei que existem pessoas que parecem acreditar que eles podem afetar o tempo. Porém, as bruxas me dizem, "nos tempos antigos as pessoas queriam que as bruxas 'fizessem chover' ou 'fizessem o tempo secar', e é claro que não podíamos; mas se assim o disséssemos perderíamos nossa influência. Bem, nós normalmente entendíamos o tempo, e nós, às vezes, podíamos clarevidentemente prever o que iria acontecer. Então era o caso de adiarmos até que soubéssemos quando aquilo aconteceria naturalmente. Então seria seguro realizar algum rito". Isso não era motivo para risos, porque na África o curandeiro às vezes é assassinado (para encorajar os outros) se a chuva não vem. A prática africana é dizer, "Os deuses seguraram a chuva porque alguém fez algo errado; alguém está fazendo magia maligna, ou cometeu incesto. Devemos fazer uma grande reunião e descobri-los, e eles devem ser mortos". Creio que as bruxas da Bretanha precisavam inventar alguma história em autodefesa; os deuses estavam coléricos porque a Igreja havia proibido as grandes danças nos locais adequados, ou algo assim. Possivelmente isso não era muito ético; mas os padres, e ainda mais os puritanos, sempre atribuíam a culpa de todo infortúnio, desde gêmeos à febre suína, "à malícia das bruxas", e, é claro, reivindicavam todos os tempos bons e todas as outras coisas boas como respostas às suas próprias orações. Não havia nenhum registro de estação meteorológica naquela época, assim, como hoje em dia, as pessoas estão sempre dizendo que o tempo era pior quando eles eram jovens, e havia muito mais febre suína, e que eles tinham mais dor de dente e dor de barriga e reumatismo que eles tinham há 30 anos, tudo devido à malícia daquelas bruxas malvadas. É uma pena que ninguém nunca tenha pensado em perguntar-lhes antes que sacassem seus *thumbscrews* (instrumento de tortura para espremer os dedos) e acendessem as fogueiras: "Se vocês realmente acreditam em tudo isso, por que não rezam suas grandes orações da igreja para melhorar a situação?" E se eles dissessem, "Mas nós o fazemos regularmente", então perguntar: "Então vocês realmente acreditam que as bruxas são mais fortes que seu Deus?"

Há apenas 60 anos, Hiram Maxim nos conta em *Li Hung Chang's Scrap Book*, que o célebre estadista chinês, Li Chang Hung, estava na Inglaterra em uma missão diplomática, e o tempo estava incrivelmente seco. Ele surpreendeu-se ao ver que estávamos nas igrejas rezando pela chuva, pois achava que acreditávamos apenas em comércio e grandes armamentos, e perguntou a um bispo: "O seu Deus responde suas orações, pois vejo que o chão parece completamente seco?" o bispo lhe disse: "Às vezes, Deus responde nossas orações; às vezes, em Sua sabedoria, Ele retém esses benefícios, em sua bondade infinita". E Li Chang Hung disse, "Isso é muito engraçado. É muito parecido com o incenso chinês".

Outra situação constrangedora para uma bruxa era quando alguém de posição importante na sociedade mandava chamá-la para dizer: "Eu quero um veneno forte e secreto, ou vou mandar queimá-lo". As bruxas eram grandes herboristas, e trabalhando com ervas naturalmente se percebe que certas substâncias são remédios muito bons, mas uma dose muito alta pode matar. Por exemplo, meimendo é bom para asma, mas está estritamente incluído na lista de venenos. Minha esposa foi enfermeira no Hospital St. Thomas. Em seu treinamento, muitas informações relativas à manipulação de substâncias venenosas foram ensinadas a ela. "Nenhuma enfermeira pode ministrar mais de seis gotas disto; um doutor pode dar dez gotas disso, e nada mais; todas as substâncias desta natureza devem ser mantidas fora de alcance; a dose letal disso, etc..." Em outras palavras, na linguagem jornalística: "Esta mulher fez um curso secreto no qual foi ensinada a manipular venenos". A interpretação do uso das palavras na linguagem jornalística e propaganda é um ramo importante da pesquisa antropológica relacionada a questões como estas com as quais estamos lidando. Como declarei, as bruxas realmente conheciam venenos, e eu acredito que no passado elas foram pressionadas a fornecê-los, como o pobre boticário de Shakespeare em *Romeu e Julieta*. Possivelmente, alguns dos primeiros casos de bruxas queimadas na fogueira foram daquelas que haviam se recusado a fornecê-los. Não resta a menor dúvida de que muitos famosos magos, alquimistas e astrólogos realmente forneceram venenos, e é muito provável que alguns astrólogos tenham ajudado suas predições de que alguém importante morreria com uma "pequena dose". Todos os farmacêuticos já venderam venenos como tratamento. A Itália era famosa por envenenamento. Ainda existem cartas do pio Rei Felipe da Espanha, o marido de "Blood Mary" e da invencível Armada, nas quais ele discute sobre o envio de mensageiros para a Itália a fim de obter melhores venenos. Ele queria assassinar várias pessoas, mas executá-las sem terem cometido crime causaria escândalo, e se elas fossem esfaqueadas pelas costas, o assassino poderia ser pego, e revelar quem o contratou; o Rei Felipe repugnava aquele tipo de publicidade. Dizem que na Itália, no século XVII, uma mulher chamada Tofani inventou um veneno insípido e incolor que tirou a vida de mais de 600 vítimas, mais especificamente maridos não desejados, parentes idosos, etc., antes que ela fosse finalmente executada. Era vendido em garrafas rotuladas "Manna de St. Nicholas de Bari", o óleo milagroso que supostamente fluía da tumba deste santo. Era o dia do "Bravo" que assassinava qualquer um a um preço fixado de acordo com a condição social da vítima. Há uma história contada sobre um famoso nobre espanhol que estava morrendo; o padre estava ouvindo sua última confissão antes de lhe dar a absolvição, quando perguntou: "Você perdoou seus inimigos?" "Mas eu não tenho inimigos, Padre". "Mas meu filho, pense, você é um grande estadista; certamente você deve ter feito alguns inimigos durante sua longa carreira?" Ele respondeu firmemente: "Padre, eu sou um Santiago de Santiago. O senhor acredita que algum homem tenha sobrevivido após ter se declarado meu inimigo? Eu não tenho inimigos, Padre". O assassinato era costume da época, especialmente entre as camadas mais altas da sociedade; portanto se uma bruxa já tiver sido forçada a fornecer veneno por meio de ameaças de serem queimadas vivas, não sejamos tão severos com elas.

Charles Godfrey Leland, em seu *Gypsy Sorcery*, diz (pág. 178):

> É correto afirmar que os santos padres e inquisidores foram os primeiros a sistematizar e formular a Magia Negra. Sob tamanha autoridade, tal crença floresceu, enchendo as pessoas de pavor abjeto ou curiosidade profana. O respeitável Conselho de Constance, e o

Formicarium, forneceram a lista de crimes das bruxas como 'clarividência; habilidade de ler segredos e predizer eventos; poder para causar doenças, provocar a morte por meio de raios e tempestades destrutivas; transformar-se em pássaros e animais; trazer amores proibidos; provocar a esterilidade de seres vivos e colheitas; e devorar crianças'.

Esse Conselho aparentemente nunca tinha ouvido nada a respeito da lorota de que bruxas voam em vassouras, pois indubitavelmente teriam acrescentado em sua lista. Agora, esse Conselho foi reunido pelo Imperador Sigismund, e durou três anos e meio, do Dia de Todos os Santos em 1414 até 1418. Sua prioridade era acabar com a cisma causada pelo número de papas rivais. Nessa época havia três: Baltasar Cossa, chamado Papa John XXIII; Pedro di Luna, chamado Papa Benedict XIII; e Angelo Corrario, chamado Papa Gregório XII. Esperando encontrar dificuldades, um arcebispo trouxe consigo 600 soldados a cavalo. Outros fizeram o mesmo, então finalmente foram criados regulamentos limitando para dez o número de cardeais, para cinco o número de bispos e abades, para quatro o de cavaleiros, por causa da extrema escassez de forragem. Foi este Conselho que concedeu a John Huss um "salvo-conduto para dirigir-se a eles e explicar suas colocações. Ele foi tolo o bastante para confiar neles, e foi prontamente queimado vivo. As ideias religiosas de John Wycliffe foram condenadas, e como ele já estava morto ordenou-se que seus ossos fossem desenterrados e profanados. Jerome de Prague, que havia vindo com Huss, ficou tão aterrorizado com o terrível destino de Huss que se retratou de seus erros. Ele foi excomungado, anatematizado, e então queimado vivo. O Conselho depôs todos os três papas e elegeu um novo, o cardeal Colonna, chamado de Papa Martin V, e organizou-se para não ter mais de um papa por vez no futuro. Era o tipo de Conselho cujas decisões encorajavam as pessoas a acreditarem em Magia Negra, feitiçaria e todos os tipos de superstição.

Por exemplo, em 1571 um saltimbanco exibiu vários truques com cartas em Paris. Ele foi torturado até que confessasse que havia participado de um sabá de bruxas. Então foi queimado, e em consequência do que havia dito, várias pessoas foram queimadas sob a mesma acusação. De fato, parece provável que o que ele confessou foi ditado sob tortura, e possivelmente várias pessoas inocentes consequentemente foram queimadas. Entre 1580 e 1595, mais de 900 pessoas foram queimadas vivas apenas em Lorraine, e um vasto número fugiu do país, por medo da feitiçaria.

Ao mesmo tempo, um interesse em ocultismo distinto da velha tradição pagã da bruxaria foi seguido mais ou menos secretamente por muitos nobres — e até mesmo por Príncipes da Igreja. Por exemplo, apesar do fato de que em 1423, São Bernardino de Siena havia pregado contra as cartas de Tarô em Bolonha, chamando-as de invenção do Diabo, em 1484 o famoso miniaturista

Antônio Cicognara foi contratado para pintar um belíssimo baralho de cartas para presentear o Cardeal Ascanio Sforza. Algumas cartas desse magnífico baralho foram exibidas na América em 1954. É verdade que as cartas de Tarô poderiam ser usadas apenas para jogos, mas seu principal uso, como sabem os estudantes de ocultismo, é para adivinhação.

A sinistra Rainha Catarina de Médici (que liderou o massacre de protestantes na Véspera de São Bartolomeu) era notadamente interessada nas artes ocultas. Há boatos de que seu filho favorito, o Rei Henrique III da França, era devotado à Magia Negra. Logicamente, pode ter se tratado apenas de rumores políticos espalhados para desacreditá-lo, já que ele era altamente impopular; mas parece provável que a Rainha Catarina realmente o tenha instruído em suas práticas de ocultismo, e depois da morte dele seus curiosos instrumentos mágicos foram publicamente exibidos.

Finalmente ele foi assassinado, e substituído por Henrique IV, que levava a vida e a religião mais alegremente do que a Rainha Catarina e seu filho. Ele era de origem protestante, mas quando recebeu o conselho de que teria melhor aceitação como rei se mudasse de religião, exclamou: "Paris merece uma Missa", e se converteu. Porém, ele também morreu nas mãos de um assassino, deixando seu filho, Luís XIII, ainda menor, e sua rainha, Maria de Médici, que reinou como Regente. Uma vez mais a sombra da feitiçaria cobriu a Casa Real francesa. A rainha Regente, para o desespero e dissabor dos nobres, ficou completamente submetida ao domínio de dois aventureiros italianos, Leonora Galigai e seu marido Concini, para quem Leonora, de personalidade mais forte, não perdeu tempo em obter o título de Marechal D'Ancre. Leonora, oficialmente dama de companhia da rainha, exercia tamanha influência sobre a rainha que ela e o marido praticamente regiam a França, e acumularam uma enorme fortuna. Ela parecia ser uma daquelas estranhas personalidades que, como Rasputin, possuía o poder de lançar sobre as pessoas um tipo de glamour hipnótico. Logo seu marido Concini estava coberto de honrarias, enquanto o rei de 16 anos era mantido praticamente prisioneiro. Novamente, como Rasputin, havia rumores de que Leonora olhos de serpente praticava Magia Negra, e que era isso que lhe dava extrema preponderância sobre a rainha.

O jovem rei, em desespero, conspirou com alguns nobres o assassinato de Concini, e um deles matou o Marechal à bala. Ele foi enterrado às pressas, mas a população de Paris, por quem ele era odiado por ser opressor, retirou o corpo de sua sepultura e pendurou-o na forca que Concini havia construído na Pont Neuf, para intimidar todos os que se aventurassem a fazer oposição a ele; e tamanha era a fúria contra o Marechal que depois de seu simbólico enforcamento, seu corpo foi cortado em pedaços e vendido a quem desejasse comprá-lo. Essa é, ao menos, uma explicação para essa cena de horror macabro; mas, diz-se, há outra, de Concini era considerado um poderoso feiticeiro, e acreditava-se que tais soturnas relíquias possuíssem qualidades mágicas.

O rei, ao recuperar sua liberdade, enviou uma companhia de arqueiros para prender Leonora Galigai e levá-la à Bastilha. Ela foi levada a julgamento, acusada de feitiçaria. Alegou-se que haviam sido encontrados em seus aposentos alguns livros em hebraico (que provavelmente eram grimórios), e um de seus criados disse tê-la acompanhado a uma igreja para sacrificar um frango à meia-noite. É claro que todos os homens estavam contra a favorita deposta; mas ao que parece, a Marechala associou-se a um médico judeu italiano chamado Montalo, que era um renomado feiticeiro, e consultou um adivinho que lançou feitiços sobre ela. Obviamente, ela foi declarada culpada, e condenada a ser decapitada e queimada no Place de Greve, no dia 8 de julho de 1617.

Sua resposta à acusação de feitiçaria é memorável. "Minha feitiçaria", disse, "é o poder pelo qual aqueles de mente forte dominam os débeis". (*"Mon Sortilège a été le pouvoir que doivent avoir les âmes fortes sur les ésprits faibles."*) Vendo o retrato dela (e ela certamente não era notável por sua beleza ou afabilidade de expressão), e relembrando essas palavras, sente-se uma certa compaixão pela Rainha Maria de Médici.

Leland diz:[10] "Há uma forte tradição de que os papas praticam bruxaria desde o século X, e que o Papa Sylveste II confessou isso em seu leito de morte". Porém, aqui Leland falha em distinguir entre magia cerimonial e bruxaria assim como fazem tantos escritores. Tanto Catarina de Médici como Leonora Galigai podem ter sido feiticeiras; mas elas eram muito católicas para serem bruxas pagãs. Magia cerimonial, branca ou negra, a mágica dos grimórios é algo totalmente distinto da bruxaria, é embasada em um conjunto de ideias totalmente diferentes. Algumas delas datam do Egito Antigo, e exemplos podem ser encontrados em papiros daquela terra; mas na forma em que eram conhecidos e praticados na Idade Média eram definitivamente cristãs em perspectiva e fraseologia. Porém, essa foi uma perspectiva dada por tradução, pois elas são baseados na tradição judaica secreta, a Cabala. Explicar aqui as ideias desta grande tradição seria uma tarefa desesperadora; ela requer um livro exclusivo, e algumas boas elucidações preliminares podem ser encontradas em *The Mystical Qabalah*, de Dion Fortune e *A Kabbalah Revelada*, de S. L. MacGregor Mathers. Resumidamente, deve ser dito que a magia cerimonial desse tipo parte do princípio de que espíritos bons ou maus devem ser comandados pelo conhecimento e utilização de nomes sagrados de Deus ou dos anjos e arcanjos, a quem um determinado espírito esteja destinado a temer e venerar, motivado por uma afinidade oculta e sujeição a eles. Quando espíritos maus são evocados, eles são comandados e limitados pelos nomes sagrados de Deus a realizar a vontade do mago. Por isso se diz "um nome para conjurar". A palavra conjurar literalmente significa "jurar" ou "prestar juramento". "Nem sempre

---

10. Op. cit., pág. 188.

espíritos maus são invocados; mas não obstante os seres que respondem ao chamado ou conjuração do mago geralmente são considerados astutos ou algo pior, e o mágico recebe a recomendação nos grimórios, ou livros de magia, para que permaneça dentro de um círculo sobre o qual estão escritos nomes sagrados e símbolos, de forma que o círculo constitua um tipo de fortaleza astral. Se for desejada a aparição visível da entidade evocada, então é necessário desenhar um triângulo fora do círculo, e a aparição do espírito ficará restrita à área do triângulo. É comum encontrar representações artísticas fantasiosas de cenas de magia cerimonial que mostram o mago vestido com sua túnica posicionado do lado de fora do círculo, e o demônio ou espírito aparecendo dentro dele. Isso, de acordo com a prática explícita nos grimórios, é totalmente absurdo.

Os que estão familiarizados com as lendas do Egito Antigo se lembrarão da crença dos egípcios no "hekau" ou "palavras de poder" por meio das quais é possível atrair entidades desencarnadas e até mesmo deuses e semi deuses. Diz uma lenda que Ísis havia adquirido seu poder obtendo e usando o nome secreto do Supremo Deus Rá. Isso, é claro, nos remete a crenças mais primitivas, como as que fazem alguns selvagens relutarem em revelar seu verdadeiro nome a quem quer que seja, que neste caso poderia ser usado para fazer mágica contra eles. Eles preferem ser chamados por um apelido.

A magia Cabalística dos nomes parece ter raízes na lenda hebraica do Rei Salomão, que por sua grande sabedoria descobriu as palavras de poder, os nomes secretos de Deus, e os deixou como legado a seu filho Rehoboam.

Esta é a suposta origem do que pode ser chamado de grimório clássico, "A Clavícula (ou Chave) de Salomão" que é dado como sendo o documento original o qual o Rei Salomão deixou como legado a seu filho. Há diversas edições deste trabalho. Seu complemento é um trabalho chamado "O Lamegeton, ou Chave menor de Salomão" (às vezes chamado de *"The Goetia"*), que supostamente é uma descrição dos 72 regentes dos maus espíritos a quem o bom Rei Salomão, para o benefício da humanidade, prendeu dentro de um recipiente de bronze e lançou ao mar. Por causa da insensatez de gerações posteriores, este recipiente foi pescado novamente e os demônios foram liberados; mas os selos os quais Salomão compeliu os demônios príncipes a lhe entregar estão contidos no "Lemegeton", e através destes curiosos *símbolos*, dos procedimentos mágicos e dos nomes de poder neles contidos, ainda podem, diz o livro, ser submetidos a obedecer a vontade do mago.

Eu conheço pessoalmente um homem que me contou que recentemente obteve sucesso ao evocar a aparição visível de um espírito do "Lemegeton". Este espírito apareceu para ele em mais de uma ocasião, e conversou com ele.

Se o aparecimento foi visível e audível para uma terceira pessoa, obviamente eu não sei. O aparecimento do espírito foi um pouco diferente do especificado no grimório; entretanto, de acordo com Aleister Crowley, que também praticou a evocação desses espíritos, isso não é incomum.

Em minha opinião, o interesse está no que o espírito supostamente disse. Ele deu o seu nome o qual depois ficou provado estar na ortografia hebraica correta, e contou ao operador que criaturas do tipo dele não eram necessariamente "boas" ou "más"; eles eram apenas diferentes. Quer dizer, eles estavam em um plano de evolução diferente da raça humana e, por conseguinte, seria equivocado classificá-los de acordo com padrões humanos, considerando-os espíritos "bons" ou "maus". Por isso, também, o relacionamento entre eles e os humanos nem sempre seria saudável. O espírito não parecia ser particularmente maligno. Sua aparência era a de um homem alto, forte, mas coberto com o que pareciam escamas brilhantes, e uma cabeça com o que pareciam ser pequenos chifres de fauno ou orelhas altas e pontudas.

Os dois grimórios mencionados acima são os livros de referência para a maioria dos outros livros mágicos deste e de períodos posteriores, que os copiam e os adaptam, ou de qualquer modo se assemelham a eles. A maneira como tais livros chegaram em mãos cristãs é sugerida no prefácio de uma cópia do manuscrito "*Key*" no Museu Britânico (Lansdowne MSS. 1203): "no tempo antigo este Testamento foi traduzido do hebraico para o latim pelo Rabino Abognazar que o transportou consigo para a cidade de Arles na Provença, onde, por um preço notável, a antiga *Hebrew Clavicule*, ou melhor, sua preciosa tradução, caiu nas mãos do Arcebispo de Arles, depois do massacre dos Judeus naquela cidade; quem, do latim, traduziu-a para a linguagem comum nos termos que aqui seguem, sem ter alterado ou aumentado a tradução original do hebraico".

Durante a Idade Média muitos cristãos eruditos, especialmente Pico de Mirândola, estudaram a Cabala Judaica, aparentemente "para a conversão dos judeus"; mas na verdade para adquirir conhecimento de suas práticas mágicas; e então deram-lhe uma aparência cristã, e os grimórios posteriores a este não só usam os nomes cabalísticos hebraicos de Deus e dos arcanjos para dominar os espíritos, mas também os nomes de Jesus, de Maria e dos Apóstolos.

A Wica parece ter aprendido certas crenças com os cabalistas as quais elas incorporaram para si próprias. Uma dessas crenças é que havia dois grupos, ou seitas, no antigo Israel que podem ser comparados à nossa moderna "High Church" inglesa da época de Charles I e os puritanos, e os reis de Israel fizeram o que acreditavam ou consideravam politicamente conveniente. Quer dizer, eles construíam "Santuários das Alturas" e "Bosques" e praticavam adoração nesses locais.

Então o próximo rei cederia ante os puritanos e causaria sua destruição. Então seu filho e herdeiro, ao sucedê-lo, imediatamente os restabeleceria.

Durante seus períodos de poder, a seita puritana parece ter sido capaz de interpolar várias declarações das "Sagradas Escrituras" para favorecer seus objetivos. Finalmente, no reinado de Josias, que era particularmente supersticioso e crédulo, o Sumo Sacerdote Hélcias fingiu ter encontrado um novo livro da Lei de Moisés, do qual, nos 300 anos da construção do Templo, ninguém nunca havia ouvido falar.

Embora fosse perfeitamente possível às partes interessadas às vezes incluírem algumas linhas ao final de um Livro existente, é totalmente impossível que pudesse existir qualquer livro desconhecido nos arquivos em um período que sacerdotes interessados de ambos os lados ficavam continuamente vasculhando os livros, em busca de alguma passagem que pudesse confirmar suas opiniões.

Mas o Sumo Sacerdote conseguiu amedrontar o rei a fim de forçá-lo a desacreditar seus grupos oponentes.

Como é narrado em II Reis 22:2, o rei ficou aterrorizado e rasgou suas vestes e disse, "Ide e consultai o Senhor... acerca do conteúdo deste livro que acaba de ser descoberto. A cólera do Senhor deve ser contra nós, porque nossos pais não obedeceram às palavras deste livro". Portanto, é óbvio que esse livro consistia em ameaças de vingança de Deus contra os que o adoravam da velha maneira, Astroth no templo onde Salomão o havia colocado, o modo que Hélcias e seu grupo desejavam suprimi-lo. Estando amedrontado, o Rei Josias cumpriu todas as ordens contidas no Novo Livro, atribuindo plenos poderes à facção dos puritanos, e ele executou toda a destruição narrada em II Reis 23. "Não houve antes um rei como ele que tivesse voltado para o Senhor de todo seu coração, com toda sua alma e força e em pleno acordo com a lei de Moisés, tampouco houve depois um rei igual a ele".

Agora os cabalistas dizem muito plausivelmente: "A Bíblia está cheia de histórias de pessoas que fizeram a vontade de Deus e prosperaram. E o país também prosperou. E aqueles que trabalharam contra a vontade de Deus encontraram morte súbita em consequência, e a terra também sofreu com a Cólera de Deus". E eles dizem que este é um claro exemplo, em razão da "Pia Falsificação" de Hélcias, e do favorecimento aos puritanos por parte do rei. Como diz o próximo versículo, II Reis 23:26: "Apesar disso o Senhor não desistiu da grande cólera que o inflamava contra Judá..." e no versículo 27: "...rejeitarei Jerusalém, esta minha cidade escolhida, e o templo onde eu disse que estaria Meu Nome". E o versículo 29 nos conta como Josias foi morto prontamente em Meguido por um Faraó que impôs ao país o pagamento de pesados tributos em ouro e prata, e encarcerou o filho do rei levando-o para o Egito onde morreu. O outro filho, Joaquim, teve sucesso, mas Nabucodonosor deportou-o com sua família e todos os homens abastados e todos os seus artesãos e tesouros para o cativeiro na Babilônia. Pelo menos alguns dos cabalistas acreditavam que a verdadeira história por trás de todos esses acontecimentos curiosos era que Hélcias e seu grupo haviam sido secretamente subornados pela Babilônia com promessas de pródigas quantias e poder ilimitado sobre o povo, para causar desunião religiosa na terra de forma que se tornassem presa fácil para a Babilônia.

Alguns deles pensam que o livro forjado é o Deuteronômio 4:26-27. Outros pensam que foi "discretamente abolido" assim que cumpriu com sua função. Será facilmente compreensível que as Wicas são naturalmente interessadas em histórias como essas que mostram o "trabalho sujo" das pessoas que as oprimiram, e nos cabalistas que adoravam secretamente a Deusa.

Capítulo **VIII**

O Pensamento Mágico (cont.)

Estas ideias e procedimentos, embora sejam muito antigos (Os trabalhos mágicos de Salomão são mencionados por Josephus), são recentes quando comparados com as ideias por trás das práticas de bruxaria as quais, como tenho tentado mostrar, datam da Idade da Pedra. Embora a ideia básica da "magia do nome" possa ser primitiva, e embora técnicas semelhantes — apesar de, obviamente, serem usados nomes diferentes para Deus — fossem conhecidas pelos antigos egípcios, a magia cerimonial que veio da Idade Média até nós é uma tradição altamente sofisticada a qual requer uma certa dose de instrução para que se possa trabalhar com ela. Também são necessárias parafernália e preparações elaboradas; e é indiscutivelmente judaica-cristãs em linguagem e perspectiva. A tradição da bruxaria, por outro lado, não é cristã ou judaica; e podia ser tratada e o foi, por pessoas que não sabiam ler ou escrever; e sua parafernália é das mais simples. O círculo das bruxas não é criado para manter os demônios do lado de fora, porque nenhum demônio é evocado; o círculo é formado para manter o "poder" do lado de dentro. Elas compartilham a crença no "poder do nome" na medida em que elas não gostam que seus Deuses sejam chamados desnecessariamente, nem que seus nomes sejam divulgados; portanto essa convicção, como já vimos, origina-se de um nível muito primitivo de desenvolvimento humano e podemos encontrar exemplos disso em quase todas as sociedades humanas. As práticas da bruxaria de dança ritual, "magia iniciática", etc., são muito mais primitivas em forma do que os ritos solenes e elaborados da magia cerimonial. A magia cerimonial era uma atividade para sacerdotes e nobres; a bruxaria pertencia essencialmente ao povo, embora a tradição pudesse ser às vezes transmitida por gerações em uma família antiga e nobre.

Porém, alguns praticantes da magia cerimonial, embora pudessem não pertencer a *covens* de bruxa, conheciam sua existência, e às vezes conseguiam que bruxas os assistissem como clarividentes. Em troca, eles ajudavam e protegiam as bruxas em tempos de perseguição; e se a bruxa fosse pobre, poderia obter bens, armas mágicas de qualidade e instrumentos do mago. Eu descrevi em ficção o funcionamento desse "acordo de cavalheiros" em meu romance *High Magic's Aid*.

Todavia, há algo que preciso enfatizar. Eu não conheço nenhum grimório que instrua o mago a saudar Satanás como Deus, ou adorar os poderes do mal. Degradantes, estúpidas e blasfemas como podem nos parecer as ideias contidas atualmente nos mais desagradáveis grimórios, elas não consistem na prática do "Satanismo" como é descrita pela ficção sensacionalista. Sua ideia básica é invocar Deus e seus anjos para compelir os demônios a servir ao mágico, às vezes, para fins completamente ímpios. No tipo mais elevado de grimório, porém, o praticante é advertido solenemente contra o uso do conhecimento nele contido para fins malignos, e diz que se ele assim o fizer, o mal repercutirá nele próprio.

O Papa Honório III, que pregou as Cruzadas, é o suposto autor de um famoso grimório para evocar espíritos, o qual era reservado ao uso exclusivo dos padres. Temos uma cópia do *The Grimoire of Honório* no Museu. É muito similar a todos os outros grimórios; é diabólico no sentido que ensina como evocar demônios e forçá-los a trabalhar para você. Pessoalmente, eu duvido que um espírito mau possa ser induzido a fazer o bem a alguém. Há um preâmbulo que supostamente é uma Bula Papal de Honório III dirigida aos padres da Igreja, confiando-lhes métodos para o controle de demônios. Se o grimório é autêntico ou não, é evidentemente destinado ao uso por padres, pois alguns de seus requisitos só poderiam ser levados a cabo por um padre ordenado. Por exemplo, ele especifica que o operador "deveria levantar-se no meio da noite na primeira segunda-feira do mês, e rezar uma missa ao Espírito Santo". Depois da consagração, ele segura a hóstia com a mão esquerda, e, estando de joelhos, diz: (e aqui segue uma longa oração a Jesus Cristo para "assegurar ao vosso desventurado servo que agora segura Seu Corpo nas mãos, a força e o poder para aplicar essa força contra os espíritos rebeldes"). Na sequência, há o sacrifício de um galo preto depois do amanhecer, e no dia seguinte, ao amanhecer, há a celebração de uma missa aos anjos. Uma pena do galo sacrificado deve ficar no altar ao lado de uma faca nova. Então, utilizando o vinho consagrado, o mestre desenha certas figuras em um pedaço de papel de virgem sobre o altar. Quando a missa termina, o documento é embrulhado com um pedaço de seda novo de cor violeta, junto com a Oblação e uma parte da hóstia consagrada. É necessário realizar o sacrifício de um cordeiro, e a recitação de vários salmos e ladainhas, finalizando com uma missa aos mortos, e são fornecidas detalhadas instruções para a evocação e controle de demônios.

De acordo com Leland, uma edição impressa do Grimório do Papa Honório foi publicada em Roma em 1629. "Não é Cabalístico, é repleto de ideias cristãs e é acompanhado de uma cópia da Bula Papal permitindo o seu uso."

Vale a pena ressaltar que o Papa Honório III, em 1223, escreveu ao Arcebispo de Canterbury recomendando que concedesse um benefício na Igreja Inglesa a Michael Scott, o feiticeiro. O arcebispo ofereceu para Michael a Arquidiocese de Cashel na Irlanda, a qual ele recusou por não possuir nenhum conhecimento de irlandês. Era uma importante posição, e para o seu mérito, ele recusou por acreditar que fosse desqualificado para o posto. Evidentemente, Michael Scott era mantido em alta estima pelo Vaticano, pois em 1227 o Papa Gregório IX, o sucessor de Honório, novamente intercedeu em seu favor.

Em 1611, um padre chamado Godfrey foi preso acusado de ser o responsável pela corrupção de várias mulheres, e de estar presente em vários sabás de bruxas.

O Abade de Poponsa, que escreveu um relato do julgamento, diz: "O processo contém muitos depoimentos sobre o poder dos demônios... Várias testemunhas disseram que depois de ungir-se com óleo, Godfrey transportou-se para o sabá (sem vassoura?) e depois retornou para seus aposentos entrando pela chaminé. Um dia, quando esses depoimentos estavam sendo lidos para o Parlamento e a imaginação dos juízes estava excitada por uma longa narração de eventos sobrenaturais, ouviu-se um barulho extraordinário; então, repentinamente, um homem alto trajando preto apareceu na lareira. Todos os juízes, pensando que o Diabo havia vindo resgatar seu discípulo, fugiram, restando apenas o Conselheiro Thornton o escrivão, cuja toga ficou presa na escrivaninha. Aterrorizado por pensar ter sido pego por outro diabo, tremendo fez o sinal da cruz, com os olhos saltando das órbitas, então o homem alto aproximou-se, curvou-se, pediu desculpas, explicando que ele era o limpador de chaminés e que após varrer as chaminés de Monsieur dês Comptes, as quais eram adjuntas ao Tournelle, havia descido por engano na Câmara do Parlamento". A propósito, com relação a essas chaminés enormes que se intercomunicavam, é bem possível que muitas vezes as pessoas que desejassem entrar e sair sem ser notadas talvez o fizessem pela chaminé, entrando na casa ao lado. É possível que Godfrey tenha feito isso, embora isso não prove que ele estivesse indo a um sabá; ele poderia simplesmente estar a caminho da casa de uma das mulheres a quem ele foi acusado de molestar. Assaltantes de trem e outros são famosos por terem sido capturados escondidos em chaminés. Provavelmente era uma prática popular entre pessoas atléticas, e talvez possa explicar a lenda do "Papai Noel". Como queimava-se lenha, e não carvão, não seria tão desagradável escalar essas chaminés.

Padres certamente usavam magia naquela época. Leland cita o feitiço pronunciado por Sir John Rowell, padre de Corstophine, na Escócia, contra ladrões que haviam invadido seu galinheiro, invocando esses demônios para os atormentar:

"Gorog, Harog, Sym, Skynar, Devetinus, o Demônio que fez o Dyce, Firemouth, Cocodame, Tutuvillus, Browney e Syr Garnage." Ele não informa a data, mas provavelmente é anterior à primeira lei contra magia e feitiçaria na Escócia, aprovada pela Rainha Maria da Escócia em 1563, "O indivíduo ou grupo de pessoas, não importando a condição social, grau, estado, que tiver em mãos e fizer uso de qualquer tipo de bruxaria, feitiçaria, ou necromancia, estará sujeito à pena de morte, que será executada contra o usuário, abusador, ou aquele que buscar uma resposta por meio de consulta."

À primeira vista, parece curioso para algumas pessoas o fato de que a Igreja não contestou a magia cerimonial, durante a perseguição às bruxas. Eu creio que a única resposta seja que a Igreja praticava este tipo de magia, e sabia que a feitiçaria era uma forma diferente de magia porque era uma religião distinta, e que envolvia continuação de uma tradição de práticas por certas famílias e grupos de pessoas que conseguissem obter conhecimento dessas práticas unicamente por iniciações secretas ou ensino familiar; e a Igreja odiava e temia essas tradições como se pertencessem a um inimigo mortal.

O Totemismo existiu entre povos da Idade da Pedra, e as tradições secretas foram passadas de geração em geração. É muito provável que os Mistérios do Egito, Suméria, Elêusis, Samotrácia, Cabiri, Bacacus, etc., tenham sido elaborados a partir dessas tradições primitivas. Aparentemente, ao longo do tempo houve uma fusão de crenças ocultas. Esse conceito tem sido propagado por várias sociedades místicas, derivadas da tradição de Blavatsky, de que os segredos das ciências maravilhosas têm sido passados de geração em geração, até os tempos modernos, por uma série de "adeptos", da crença teosófica. Apesar de duvidar dessa última parte, creio que uma tradição secreta foi transmitida; mas depende do que se entende por "adepto." Normalmente presume-se que signifique um homem fantástico, e surgem os nomes de Francis Bacon, Conde de St. Germain, Roger Bacon e outros. Mas mesmo aceitando que eles realmente tenham sido "adeptos" eles não dizem de quem receberam sua "adesão", e para quem eles a transmitiram, e eu gostaria de informações autênticas sobre este assunto. De qualquer modo, se este for o caso, creio que o mais provável seja que algum conhecimento considerado secreto e sagrado tenha sido passado pelas pessoas comuns. Existem muitas linhas de transmissão cujos possuidores encontram-se e discutem suas tradições, e nesse contato ou até mesmo conflito, existe um intercâmbio de ideias. Escritores gregos e romanos, e até mesmo anteriores a eles, diziam, "Quando se fala dos mistérios antigos, deve-se entender que as cerimônias, processos de iniciação e revelações, são os mesmos e aplicam-se a todos igualmente. Strabo diz que as estranhas orgias em louvor ao nascimento místico de Júpiter assemelhavam-se às de Baco, tal qual Ceres e Rhea, Vênus e Ísis. Eurípides diz que os ritos de Cibele são celebrados na Ásia Menor, e são idênticos aos mistérios gregos de Adonis, Dioniso e os ritos cretenses de Cabiri". Temos uma grande quantidade de provas de que esses antigos místicos eram possuidores de grande sabedoria oculta, e práticas mágicas ou semimágicas, e que quando os Mistérios foram destruídos por volta do século IV, e proibidos de serem praticados em público, é natural esperar que essas práticas começassem a ser realizadas secretamente, e que continuassem nas camadas mais baixas da sociedade, que em todos os lugares são as mais conservadoras. A palavra "pagão" se origina do latim "paganus", que significa aldeão ou camponês; e a palavra *Heathen** é anglo-saxã, e significa "morador do campo (heath)."

Ritos que originalmente seriam realizados em um templo enorme, se ligeiramente modificados poderiam ser realizados em um campo deserto; o que significa que as pessoas teriam de deslocar-se para participar. Agora, o local mais conveniente para que muitas pessoas pudessem participar secretamente seria em geral nas encruzilhadas para onde as pessoas poderiam vir de qualquer direção, e isto é o mais apropriado pois as encruzilhadas são sagradas para Diana em sua forma de Hécate, a Deusa da Bruxaria. Vale a pena ressaltar que as mais antigas menções à bruxaria frequentemente dizem que as bruxas reúnem-se nas encruzilhadas, e que a Deusa Bruxa é a Deusa da Lua e da Noite. Embora receba muitos nomes, ela tem uma forte identificação com Diana, pois não é ela a consorte do Antigo Deus da Caça? Lewis Spence, em *The Encyclopedia of Occultism*, fala sobre Bensozia: "Demônio-Fêmea Chefe em certos sabás realizados na França nos séculos XII e XIII. Ela era a Diana dos antigos gauleses, e também foi chamada de Nocticula Herodias, e de Lua. Ele diz que consta nos manuscritos da igreja em Couserans que mulheres do século XIV saíam à noite a cavalo para as festas de Bensozia. Então, todas elas eram forçadas a escrever seus nomes em um catálogo sabático junto aos das verdadeiras bruxas, e após esta cerimônia elas acreditavam terem transformado-se em fadas. Foi encontrada em Montmorillon, em Poitou, no século VIII, em uma parte de um antigo templo, a figura de uma mulher nua esculpida em baixo relevo, a qual acredita-se ser a deidade original do culto de Bensozia". Violet Alford e Rodney Galope escrevem em *Folclore*, Vol. XLVI, 1935, sobre "Traços de um Culto a Diana, da Catalonia a Portugal", dizendo:

> No pórtico da igreja em Mossaic (no Garonne perto de Agen), há um espetacular entalhe de uma mulher nua, com um sapo no lugar da folha de figo, e um diabo ao seu lado; uma outra, que está numa parede no Castel Gaillard, mostra uma mulher galopando em uma lança. Du Mège desejou transportá-la para o Museu de Toulouse, porém os habitantes da vila não o permitiram, dizendo que em sua ausência o granizo destruiria sua colheita, e o rio sofreria inundações. (De Mège, *Archëologie Pyrénéenne*, Toulouse, 1858).

---

*N. do T.: Pagão.

Não há palavra em francês que corresponda exatamente a *"witch"** a qual, em anglo-saxão original, possuía duas formas, "wicca" (masculino), e "wicce" (feminino). O francês usava a palavra *"sorcier"* para ambos feiticeiro e bruxo, e na forma feminina *"sorcière"*. *"Sorcellerie"* geralmente pode ser traduzido como "bruxaria." As senhoras que saíam a cavalo, como citado anteriormente, presumivelmente viajavam longas distâncias. Sendo forçadas a escrever seus nomes, eu presumo que lhes era dito: "Se você quiser retornar, deve tornar-se uma de nós, ou seja, ser iniciada, e então você será uma fada". Na França, assim como na Escócia, um grande número de pessoas falavam "fadas" quando obviamente se referiam a bruxas. Era um termo mais polido, e na Escócia qualquer comunicação com "fadas" era considerada uma admissão de ligação com bruxas, isto é, com os "pagãos", os povos dos campos, que praticavam a Antiga Religião e realizavam ritos mágicos. Em resumo, havia grandes festivais em homenagem à Deusa Nua da Lua, para onde as pessoas comuns provavelmente iriam caminhando, eram vizinhos uns dos outros e conheciam-se, e os nobres (pois acredito que seria improvável que as senhoras fossem sem ser escoltadas por um homem) iriam a cavalo. Devido à perseguição, quando alguém viesse pela primeira vez, deveria fornecer algum tipo de referência, ter seus nomes registrados, de forma que pudessem voltar como membros do culto os quais tivessem praticado um ato de adoração à Deusa; assim, se eles fossem espiões, teriam problemas com a Igreja, pois haveriam tornado-se "fadas", ou seja, bruxas, e adorado a Deusa Bruxa.

O "Romance da Rosa", composto ao final do século XIII, contém essa meio irônica meio séria descrição sobre "as bruxas cavalgadoras noturnas":

> *Maintes gens, par lor folie,*
> *Cuident estre par nuit estries*
> *Errans avecques dame Habonde;*
> *Et dient, que par tout ie monde*
> *Li tiers enfant de nacion*
> *Sunt de cest condicion,*
> *Qu'il vont trois fois en la semaine,*
> *Si cum destinee les maine,*
> *Et par tous ces ostex se boutent,*
> *Ne cles ne barres ne redoutent,*
> *Ains s'en entrent par les fendaces,*
> *Par chatieres et par crevaces,*
> *Et se partent des cors les ames,*
> *Et vont avec les bonnes dames*
> *Par lius forains et par maisons:*

---
* N. do T.: Bruxa.

Et ie presevent par tiex raisons,
Que les diversites veues
Ne sunt pas en lors liz venues.

Os versos anteriores, em seu pitoresco francês arcaico, são uma alusão ao famoso Decreto do Conselho de Ancyra, referindo-se a "certas mulheres más, retornando a Satanás, seduzidas pelas ilusões e fantasmas de demônios, (as quais) acreditam e professam que cavalgam à noite com Diana...". Esse decreto foi divulgado no estatuto episcopal de *Auger de Montfaucon*, 1279-1304 e diz: *Nulla mulier se nocturnis equitare cum Diana paganorum, vel cum Herodiade seu Bensozia, et in numina mulltitudinem profiteatur"*. Notar-se-á como um fato curioso que a Igreja, neste caso, parece insistir que as histórias de ir à cavalo ao sabá para cultuar a Deusa Bruxa eram "ilusões e fantasmas de demônios", e as pessoas eram encorajadas a não acreditar nelas. Este foi de fato o ensinamento oficial dos primórdios da Igreja por muitos anos, até que se percebeu que essa atitude era insustentável, quando convenientemente descobriu-se que esse decreto do Conselho de Ancyra era na realidade apócrifo, e, ao contrário, as pessoas foram advertidas que o sabá era, afinal de contas, real, e que era um pecado mortal *não* acreditar nisso! Muitos documentos que ilustram essa mudança radical de opinião por parte da Igreja são citados na obra de H. C. *Lea's Materials Toward The History of Witchcraft*, a qual eu recomendo ao leitor para particularidades bastante divertidas sobre a infalibilidade dos ensinamentos da Igreja sobre bruxaria (veja Apêndice 4).

"Dame Habonde" era Abundia, a Deusa de Fertilidade, e "Bensozia" era "Bona Socia", "A boa vizinha". Todos esses termos são títulos da Deusa Bruxa, e eufemismos para o seu nome real, da mesma forma como suas seguidoras, as bruxas, são chamadas de *"les donnes dames"*. Outros termos para referir-se à Deusa foram *"La Reine Pedauque"*, a rainha com Pé-de-Ganso (sendo "pé-de-ganso" um eufemismo para o seu signo, o Pentagrama); e "Frau Hilde" ou "Holda" nos países teutônicos. O Dr. W. Wagner, em *Asgard and The Gods: the Tales and Traditions of our Northern Ancestors* fala sobre Holda. "... que aqueles que fossem de qualquer forma aleijados seriam restabelecidos em sua força e poder banhando-se em sua Quickborn (fonte da vida) e ali idosos reencontravam sua juventude evanescente". Esta é precisamente a Deusa Bruxa do Renascimento e Ressurreição; e é o mesmo conto que fala sobre o caldeirão mágico da Antiga Deusa Britânica, Cerridwen. O significado interior em ambos os casos é o mesmo; o dom da Deusa é o renascimento em um novo corpo, a reencarnação. "Com membros mais robustos e cérebro mais brilhante, a velha alma pega a estrada novamente."

A propósito, este pode ser o significado interno do antigo conto britânico de Avalon, o Santuário das Maçãs. Todo antigo conto celta refere-se ao além como sendo um lugar com macieiras, mas ninguém parece saber exatamente o porquê. Se o leitor se der ao trabalho de fazer a experiência de fatiar uma maçã, descobrirá a resposta: o miolo forma o signo do pentagrama, o símbolo da Deusa, do Renascimento e da Ressurreição. "Avalon" era o local para onde as almas iriam descansar entre as encarnações na terra. Até hoje, no ritual de bruxaria, a Sacerdotisa primeiramente levanta-se com os braços cruzados em frente ao peito e os pés unidos, para representar o Deus da Morte, e então abre os braços e posiciona-se com os pés separados para representar a Deusa da Ressurreição. Nessa posição, o corpo humano se assemelha à figura do pentáculo, ou pentagrama. Porque era o lugar de onde a cansada e velha alma renascia em um corpo jovem, com sua força e coragem renovadas; Avalon era também chamada em céltico, "Tir-nan-Og", a Terra da Juventude.

Wagner, em *Asgard and the Gods* (1880), explica que Holda se assemelha à outra Deusa da Ressurreição, Ostara que, de acordo com o Venerável Bede, deu nome ao nosso festival da Páscoa. Ela era a Deusa da Primavera, porém suas lendas não foram registradas.

> Restou apenas em um monumento, recém-descoberto, da velha adoração, e estão nas Pedras Extern que foram encontradas na Floresta de Teutoberg no extremo norte dos bosques nas colinas. Consta da história de uma aldeia vizinha, datada do século passado, que um povoado de camponeses ignorantes era responsável por muitas contravenções, durante a homenagem à Deusa pagã Ostara... As pedras talvez fossem chamadas *Eastern* ou *Eostorn-stones*, e podem ter sido dedicadas a Ostara. Lá, como em qualquer outro lugar, os sacerdotes e sacerdotisas da deusa provavelmente reuniam-se nos tempos pagãos, e espalhavam Mayflowers, acendiam fogueiras, sacrificavam criaturas em oferecimento a ela, e saíam em procissão na primeira noite de maio, que era dedicada a ela... No século VIII foram publicados editais proibindo essas práticas; mas em vão, as pessoas não abandonariam sua velha fé e costumes. Posteriormente as sacerdotisas foram declaradas bruxas, as fogueiras, as quais iluminavam grandes distâncias foram declaradas de origem infernal, e o festival de maio começou a ser visto como o Sabá das bruxas.

Se houvesse o abate de animais nesses festivais, provavelmente serviria a propósitos mundanos, como alimentação, e as fogueiras serviram para cozinhar; porque nenhum encontro de bruxas era, ou é, uma comemoração completa sem alguma espécie de refeição festiva. Quando as pessoas vinham de longas distâncias para esse ponto de encontro, elas desejavam uma refeição substancial, e a carne e as bebidas faziam parte da atração do sabás das bruxas. A Igreja tentou dispersar essa atração perigosa divulgando a história que a carne e a bebida das bruxas na verdade continham todos os tipos de substâncias horríveis e asquerosas a fim de fazer com que o sabá parecesse repulsivo, para que as pessoas não mais desejassem frequentá-lo. Porém, a monstruosidade dessa história frustra o seu propósito; porque quem sairia de sua cama aconchegante, à noite e percorria longas distâncias pelo adorável prazer de comer imundícies e beijar o tergo de um bode? As pessoas comuns iam aos sabás das bruxas por uma razão natural e compreensível, porque elas viviam bons momentos ali.

Creio que seja importante ressaltar que, embora a maioria das ilustrações nos trabalhos dos oponentes à bruxaria pareçam, à primeira vista, ser trabalhos da fantasia e da imaginação, se não da loucura; ao analisar vários deles com uma bruxa, ambos percebemos que em vários aspectos estavam corretos.

Na verdade, era como se o homem que havia feito o desenho tivesse estado presente e visto algo que ele não havia compreendido, ou possivelmente tivesse conversado com alguém que havia visto. (Obviamente ele devia ter estado presente nos julgamentos.)

Não posso falar sobre a maioria desses assuntos. Porém, devo mencionar isso. No princípio, eu ficava intrigado com o grande número dessas figuras que mostravam esqueletos de animais, com alguns fragmentos de carne ainda neles. Eles são geralmente retratados como se ainda estivessem vivos e se mexendo. Eu pensava que a intenção fosse simplesmente produzir um quadro horrível até o dia em que presenciei uma festa de bruxaria em um bosque; quando um carneiro inteiro foi "assado" em uma fogueira (e estava muito bom). Foi assado por inteiro, em um enorme espeto de ferro, e quando pronto, a carne foi destrinchada. Foi uma visão estranha, com as chamas iluminando as árvores, e subitamente vi a os contornos do carneiro através da fogueira, suas costelas descobertas, os ossos das quatro patas voltadas para baixo. A luz oscilante da fogueira e a fumaça davam a impressão de que ele se movia como se estivesse vivo, exatamente como mostravam os antigos "quadros de bruxaria", com exceção de que este não tinha cabeça, e é provável que nos tempos antigos eles o assavam sem tirar a cabeça.

Vale a pena ressaltar que Joana D'Arc, em seu julgamento, admitiu ter dançado ao redor da "Árvore da Fada". Um dos seus companheiros que honrava "as fadas" foi queimado como bruxo na época de Joana. No início de sua carreira houve uma conspiração entre os homens do exército francês, para assassiná-la, porque ela era uma bruxa. Durante toda sua história ela parece ter sido aconselhada e guiada por várias pessoas. Alguns pensam que esta deve ter sido uma poderosa sociedade secreta. Certamente, ela havia dito que eles eram "santos", São Miguel e Santa Catarina, ambos antigas divindades com disfarces cristãos; São Miguel representando o Deus Sol, e Santa Catarina Cerridwen, a Deusa Celta da Natureza; isso explica a popularidade desses dois santos como patronos das igrejas e capelas construídas nos topos das colinas, os velhos "Santuários das Alturas". Será lembrado como Joana esquivou-se cuidadosamente da pergunta, "São Miguel apareceu nu para você?" Fica evidente pelo seu julgamento, que Joana não gostava de contar mentiras diretas, mas que era perita em evasivas; ela conseguia esquivar-se como um advogado. Uma leitura cuidadosa de suas respostas, que estão registradas nos arquivos de seu julgamento, rende algumas questões intrigantes, as quais eu recomendo ao estudante interessado.

Em primeiro lugar, na própria confissão de Joana, sua obediência às exigências da Igreja Católica com relação à confissão, frequência às Missas, etc. era a mínima possível; e quando ela escrevia uma carta para seus colegas cujo conteúdo fosse apenas "fachada" o qual ela desejava que eles não acreditassem, ela escreveria "Jesus Maria" e o sinal da cruz acima. Um uso curioso da cruz para um devoto católico!

O que particularmente escandalizou os padres que a julgaram foi o frequente uso de trajes masculinos. Há uma tradição no culto da bruxa que uma sacerdotisa pode personificar o Deus ou a Deusa, mas um sacerdote do sexo masculino, pode apenas personificar o Deus. Portanto, Joana em trajes masculinos pode perfeitamente estar personificando o Deus das bruxas, como crê Margaret Murray; especialmente devido ao curioso emblema que ela adotou como estandarte pessoal: uma espada vertical com a ponta circundada por uma coroa, e uma flor-de-lis de cada lado. Essa figura é idêntica ao Ás de Espadas dos velhos símbolos místicos das cartas do Tarô, que ainda são usadas por ocultistas, e que são os precursores de nosso atual jogo de cartas.

Muita engenhosidade foi exercitada por ocultistas e outros para explicar a origem dessas cartas, e no antigo "Livro das Invasões", considerado como datado do século XII, há um paralelo no mínimo curioso. Os quatro talismãs mágicos que Tuatha de Danaan, os antigos Deuses irlandeses, trouxeram consigo para a Irlanda foram a Espada de Nuada, a Lança de Lugh, o Caldeirão do Dagda e a Pedra de Fal que são análogos à Espadas, Varinha,* Copas e Pentáculo** compreendendo o que A. E. Waite chama de "Os Quatro Naipes do Tarô". E a Espada de Nuada, de cujo golpe ninguém nunca escapou ou se recuperou", não é senão a espada do próprio Antigo Deus da Morte que ainda é simbolicamente usada pelo Seu representante nos ritos de bruxaria.

O significado do Ás de Espadas no simbolismo do velho Tarô era "Triunfo", e, como símbolo do Antigo Deus, era perfeitamente apropriado caso Joana fosse a representante viva Dele, e as duas flores-de-lis, é claro, eram os emblemas nacionais da França.

A Igreja julgou e condenou Joana por heresia, em parte porque era o que eles estavam interessados em reprimir, e em parte porque sua heresia era fácil ser provada. Hoje em dia, se um homem cometer uma dúzia de assassinatos ele raramente será julgado por mais de um por vez; apenas se não for possível proferir o veredicto desejado será apresentado o próximo crime, mais fácil de ser provado. Assim aconteceu com Joana; sua heresia

---
* N. do T.: Paus.
** N. do T.: Ouros.

estava clara, e eles conseguiram tirá-la do caminho, como queriam. Não foi necessário questioná-la sobre fadas e bruxaria. Vinte anos mais tarde, quando o rei estava estabelecido no trono, ficou tão aborrecido com as zombarias de outros reis por ter sido posto no trono por uma bruxa, que ordenou um novo julgamento, baseado em muitas provas falsas. Joana tornou-se uma heroína nacional e, como diz Bernard Shaw, teria se divertido muito em ouvir que havia se tornado uma santa cristã.

Em todos os julgamentos de bruxaria, aparentemente muitas das respostas dadas eram totalmente verídicas, considerando-se o fato de que "o Diabo" era simplesmente um homem, frequentemente usando uma máscara. Ele era o Sumo Sacerdote que até hoje, em algumas raras cerimônias, usa um capacete com chifres que provavelmente é remanescente da máscara. Parece que em algumas cerimônias de bruxaria na Austrália máscaras reais são ocasionalmente usadas; mas como diz-se que essas cerimônias são realizadas em "estúdios", pode tratar-se apenas de uma licença artística, no entanto creio que provavelmente seja uma tentativa de reavivar a antiga prática. Por exemplo, Jeanne Belloc, no reinado de Henrique IV da França, foi indiciada por bruxaria aos 84 anos. Ela disse que assistiu a um sabá pela primeira vez em 1609, onde ela foi apresentada para o Diabo, que a beijou, uma marca de aprovação a qual ele atribuía apenas às grandes feiticeiras (as bruxas). Ela disse que o sabá era realmente um tipo de baile de máscaras para o qual as pessoas iam frequentemente fantasiadas de cachorros, gatos, asnos, porcos e outros animais, embora alguns não usassem disfarce. Considerando-se que essa era uma reunião do povo dos campos e outros crentes que usavam disfarces de animais para obter boa sorte mágico-religiosa e fertilidade para seus animais domésticos, como fazia o povo pré-histórico das cavernas, e ao mesmo tempo divertiam-se, e que ela, como um eminente membro do culto, certamente foi apresentada em pessoa ao líder, que a beijou da mesma maneira que poderia acontecer hoje, sua explicação é bastante compreensível.

Há até mesmo uma história escocesa de uma jovem bruxa que ficou impaciente com as tentativas do "Diabo" de tocar música para dançar com um *"trump"* (um tipo de harpa judaica), e arrebatou seu instrumento dando-lhe uma beijoca brincalhona na bochecha, dizendo-lhe que podia tocar melhor que ele. Essa história por si só deveria descartar a ideia de que o "Diabo" que presidia os sabás seria uma espécie de ser sobrenatural. Imagine o Satanás de Milton sendo beijado na bochecha por uma empregadinha escocesa!

Gomme, em *Folklore as a Historical Science* (pág. 201 e as seguintes), enfatiza a importância da iniciação aplicada à bruxaria. "Isso enfatiza a existência de uma casta social à parte da população geral. A existência desta casta há muito tempo, onde praticavam seus poderes, transmitindo este ato de iniciação era após era. Está claro que as pessoas que de tempos em tempos eram apresentadas à casta das bruxas davam prosseguimento às práticas e assumiam as funções da casta embora elas mesmas tivessem ingressado como noviças e estranhas. Assim chegamos no que pode ser denominado um meio artificial de descendência por meio de um grupo peculiar de superstições. Na Idade Média isso foi influenciado pelas crenças de realização de práticas tradicionais por certas famílias e grupos de pessoas que só poderiam adquirir tais práticas pela iniciação e ensino familiar". Obviamente foi exatamente isso o que aconteceu. É um grupo familiar, se preferir, mas nem todos da família pertencem a ele, apenas aqueles que são iniciados, e as pessoas não pertencentes às famílias de bruxas às vezes são apresentadas e iniciadas. Embora seja incomum aos membros do culto se definirem como uma "casta", eles certamente consideram-se como um tipo de "família" à parte. Em um encontro de bruxas, no qual eu estava presente, houve uma discussão sobre a visita a um clube de nudismo, e uma mulher disse: "Eu não gostaria de fazer isso". Eu perguntei "Por que não?" E a resposta foi: "Eu não me incomodaria aqui, é claro, mas eu não o faria na presença de outras pessoas". Precisamente o sentimento de "casta"!

Voltando à afirmação de que todos os Mistérios são um, creio que isso evidentemente significa que há certas formas de religião que podem ser definidas como "naturais" que são consideradas verdadeiras por povos de origem europeia.

Povos de origens oriental e africana também têm suas próprias formas "naturais", que podem ser diferentes das europeias. O Cristianismo, pelo menos na forma como o conhecemos, é uma religião oriental a qual foi originalmente imposta de cima, à força na Europa Ocidental, e embora tenha muitos pontos positivos, não é natural às pessoas desses países. Creio que esse é um dos motivos pelos quais o culto da bruxa sobreviveu à mais cruel e determinada perseguição conhecida pela humanidade.

Platão diz: "Em que consiste a doença do espírito, por que motivo é obscurecido, e como pode ser clarificado, pode ser aprendido por intermédio da filosofia. Pois através da lustração dos Mistérios a alma é liberada e passa para uma condição divina, pois a disciplina com boa vontade torna-se mais útil à purificação... Ao entrar na parte interior do Templo, impassível e protegido pelos ritos sagrados, eles genuinamente recebem em seus seios a iluminação divina, e despidos de suas vestes participam da natureza divina." As mesmas ideias encontram-se em Especulações de Thales. Proclus, em seu *A Teologia de Platão*, diz, "A mente é afetada e agitada na morte, assim como na iniciação aos Mistérios, palavras respondem palavras, como também coisas às coisas; pois morrer e ser iniciado são sinônimos. Com hinos, danças e conhecimento sublime e sagrado, coroados e triunfantes, eles caminham pelas regiões dos abençoados".

Há um velho ditado que diz: "A diferença entre ortodoxia e heterodoxia é que ortodoxia é minha doxia e heterodoxia é a doxia de outra pessoa". A doxia de João Calvino (uma velha megera indesejável) constava de sua máxima: "Todo prazer é pecado". Hoje em dia, a maioria das pessoas modifica esse ditado, dizendo "Meus prazeres são inocentes, o prazer dos outros é pecado". As bruxas não podem ser condizentes com essa mentalidade.

Elas tendem a seguir a moralidade do lendário bom Rei Pausol: "Faz o que quiseres, contanto que não prejudiques ninguém". Mas elas acreditam na importância de uma determinada lei: "Não se deve usar a magia para causar dano a alguém, e se para prevenir um dano maior for necessário prejudicar algo, isso deve ser feito de maneira que o mal seja minimizado". Isso implica que toda ação mágica seja discutida primeiro, para se ter certeza de que não causará dano, e isso induz a um hábito mental de considerar os resultados das ações, especialmente em relação aos outros. Isso, você pode dizer, é Cristianismo básico. E obviamente também é Budismo elementar, Hinduísmo, Confucionismo, Judaísmo, entre outros.

> Tantos Deuses, tantos credos,
> Tantos caminhos sinuosos
> Quando apenas a arte de ser amável
> É tudo que esse velho mundo necessita."

Leland diz em seu *Gypsy Sorcery* (pág. 435),

> "Surgiu uma classe de juízes e inquisidores como Bodin na França e Sprenger na Alemanha que compuseram longos tratados sobre como caçar bruxas e colocá-las à prova, e geralmente presidir julgamentos de bruxas. A crueldade e sangue frio desses livros podem apenas ser explicados pela probabilidade de que seus autores sentiam-se justificados por motivos de fidelidade à Igreja de Cristo e à religião. O pavoroso terror se disseminou, especialmente entre os mais inteligentes, pela possibilidade da acusação de feitiçaria recair sobre eles a qualquer momento, gerando uma situação intolerável. Os intelectuais ou ricos poderiam a qualquer momento ser acusados por qualquer pessoa de má-fé que quisesse acusá-los. É curioso que a parte mais séria da população não tenha tentado impedir esta terrível situação; mas eles não podiam, pois o sistema tinha a aprovação da Igreja, em cujas mãos estava toda a perseguição".

Podemos compreender o que tudo isso significou à bruxaria; mas podemos apenas imaginar o que isso teria significado para o fundador da religião cristã.

126   *O Significado da Bruxaria*

Margaret Ine Quane e seu filho queimaram vivos por causa da bruxaria, próximo a Market Cross, Castletown, 1617. Na sentença lia-se: trazida pelo coronel de Glenfaba a este lugar de execução para ser queimada até que a vida deixe o seu corpo.

De uma ilustração no Witches Mill.

Capítulo IX

Por quê?

Certa noite, alguém me perguntou: "por que as mulheres ocupam a posição principal na bruxaria?" Tive que responder: "Eu não sei". Ninguém sabe. Dizer que sempre foi assim não é resposta. O mais fácil é dizer que é devido à sobrevivência do matriarcado. Pode até ser, mas duvido que seja a verdadeira resposta; já que não se sabe exatamente qual é a origem do matriarcado. Creio que a melhor explicação é porque as mulheres representam a Deusa; e a bruxaria originou-se quando o culto à Deusa se sobrepôs ao culto original do Antigo Deus da Caça e da Morte.

Deve-se entender com clareza que nem todas as mulheres são consideradas representantes da Deusa. Apenas aquelas que são reconhecidamente jovens, adoráveis, carinhosas, generosas, maternais e afáveis. Enfim, as que possuem todas essas qualidades, que podem ser resumidas em uma única palavra, "doçura". Elas deveriam ser ideais para o homem; de forma que sejam merecedoras de receber o espírito da Deusa quando invocado.

O poeta canta:

> Ó mulher! Em nossos momentos de descanso
> De incertezas, timidez e dificuldades,
> Instáveis como a sombra
> Que o trêmulo álamo branco traz
> Quando a dor e a angústia trazem sofrimento
> Tu és o anjo que nos salva!

Esse não é o ideal de uma bruxa. Ela deve ser firme, fiel e calma, caso contrário ela não estará apta para receber a Deusa. Se ela for mal-humorada, egoísta e mesquinha, certamente nunca receberá essa benção divina. A Nossa Senhora da Bruxaria tem um elevado ideal adiante; ela deve ser entusiasmada e gentil e ser sempre a mesma pessoa. De qualquer forma, elas sempre receberão a honra e o respeito que as bruxas dedicam a todas as mulheres, mas para receber as mais elevadas honrarias, ela deve ser merecedora.

Uma antiga imagem sumeriana da Deusa Nua usada pelas bruxas nos rituais (cerca de 1750 a.C.)

Entre suas virtudes deve estar a percepção de que a juventude está entre os requisitos necessários para ser a representante da Deusa, e ela deve estar pronta para graciosamente ceder o seu posto para uma mulher mais jovem, no momento apropriado. Então ela se tornará uma das Anciãs com forte poder de decisão no Conselho.

Porém, como o Antigo Deus disse à Deusa: "A Idade e o Destino murcham todas as coisas, e contra elas estou indefeso. Mas quando os homens morrem e vêm a mim eu lhes dou paz e conforto de forma a poderem retornar".

Portanto, uma verdadeira Sacerdotisa percebe que graciosamente despojar-se de sua nobre posição é uma das maiores virtudes, e ela retornará à nobreza de seu posto em uma próxima vez, em outra encarnação, com mais poder e beleza. De certa forma, a religião das Bruxas reconhece que todas as mulheres são uma encarnação da Deusa, e todos os homens uma encarnação do Deus; e por esta razão toda mulher é potencialmente uma sacerdotisa, e todo homem potencialmente um sacerdote; pois na bruxaria o Deus e a Deusa são o Masculino e o Feminino, a Direita e a Esquerda, os Dois Pilares que sustentam o Universo e toda manifestação de masculino e feminino é uma manifestação d'Eles.

Há muitos tipos de beleza, e beleza do espírito é maior que a do corpo. As purificações que ocorrem nos cultos aumentam essa beleza secreta. Nos tempos antigos, os Mistérios devem ter sido um jardim de belas faces. Uns podem amar olhos negros mais que castanhos, outros preferem os azuis aos acinzentados, e também há maravilhosos e raros olhos verdes. Para alguns, a pele branca é maravilhosa, outros a preferem bronzeada ou escura; mas todas elas são diferentes facetas da mesma pedra preciosa.

As grandes religiões, o Cristianismo em suas diferentes formas, o Maometanismo, e em grande parte o Budismo e o Comunismo *in excelsis* (pois o Comunismo é uma religião, como aquela dos primeiros hebreus: "Lute ferozmente para conseguir pilhar as maiores quantias para a tribo, sacrifique suas vidas aos milhares, assim o Templo será rico e os sobreviventes terão parte nas riquezas"); todas são religiões projetadas para controlar as massas de forma que elas trabalharão duro para que as classes governantes possam criar uma sociedade abastada e poderosa.

Este controle pode ser chamado de reis, sacerdotes, nazistas ou comissários comunistas, não faz diferença; eles são todos o mesmo, embora alguns sejam mais cruéis que outros. Qualquer que seja a forma que se rotulem as políticas, elas são essencialmente idênticas, e estão vinculadas ao eterno "policiamento moral" de seus súditos; e é necessário entender que qualquer força que de alguma forma obstrua ou interfira neste constante "policiamento moral" sofrerá imediata oposição dos Poderes de Ser dessas "religiões". Pois em nenhuma delas será permitido que se tenha os próprios pensamentos secretos e os doces sonhos com a Mãe de Todos e com a Eterna Mãe que é gentil, carinhosa, afável e generosa. A beleza e a doçura são um terror para todas estas tiranias organizadas; portanto elas devem ser rebaixadas e escondidas ao máximo.

Os comunistas e os nazistas, sendo totalmente cruéis, não apenas proibiram a liberdade de expressão e ação, mas também os cosméticos e roupas bonitas. Outras religiões menos poderosas tentam evitar roupas bonitas. Quanta monstruosidade as mulheres foram persuadidas a vestir, em nome da "modéstia"! As religiões na realidade "conduzem" os desfiles de modas em Paris e em outros lugares, a fim de forçar as mulheres a usarem enormes e volumosas saias que escondem as pernas, e todos os tipos de acessórios são colocados para evitar que o corpo fique à mostra. As curvas devem ser cobertas ou aplainadas, e as garotas devem se esforçar ao máximo para parecerem garotos. *"Viva a Homossexualidade!"* é o grito. Contanto que possamos manter as mentes dos homens afastadas de qualquer coisa doce e amável!

Nossos rapazes e nossas meninas devem estar protegidos do que quer que os faça produzir "pensamentos". Assim, a arte deve consistir em rabiscos de crianças com significado obsceno. Na realidade, as pessoas acham melhor uma obscenidade reprimida, do que serem naturais e abençoados com a benção de Pan. Portanto seu senso de beleza, sexo e natureza devem ser sistematicamente destruídos e eles devem ser ensinados que o "Matrimônio foi estabelecido apenas para a procriação", reduzindo o amor humano ao nível da criação de gado.

Pois se eles considerarem a beleza, nunca serão grandes Comissários. Eles nunca estarão prontos para trair sua pátria às ordens do "Partido". E, acima de tudo, eles nunca terão um emprego desalmado, ou a vocação de um fomentador de greves, ou um carrasco nazista, ou um dos "Caçadores de Deus" Dominicanos que lideraram a Inquisição. Eles nunca teriam ajudado Savonarola a destruir todas as coisas adoráveis. Eles nunca seriam puritanos, tais como aqueles que fizeram da Inglaterra um enorme deserto e de cujos abusos ainda sofremos. (Nos dias em que o capitão de um navio, retornando de uma longa e perigosa viagem, em um domingo, beijou sua esposa, e passou o resto do dia no tronco sendo açoitado pela multidão pelo terrível crime de "Quebra do sabá".)

Sejam eles Comissários Vermelhos da Europa ou agentes "MacCarthyite" na América; chefes da Gestapo no século XX ou padres caçadores de bruxas na Idade Média; espiritualmente eles pertencem à mesma família. O mesmo veneno negro os corrói; ânsia de poder, brotando dos medos e repressões das profundezas da mente inconsciente.

Não havia espaço para esse tipo de espírito no culto da bruxa e tampouco nas religiões dos mistérios que a antecedeu na época do matriarcado na Idade do Bronze, caso se mantivessem fiéis às suas tradições. O propósito da iniciação era dar aos neófitos instrução esotérica que os libertasse do medo do desconhecido e os ajudasse a encontrar uma filosofia que desse sentido ao Universo, especialmente às doutrinas da reencarnação, do carma e da imortalidade da alma humana; e nas orgias sagradas eles se libertariam das repressões e encontrariam o êxtase na bênção de Pan.

Não sabemos exatamente onde a religião puritana patriarcal se originou. Robert Graves, em *The White Goddess*, sugeriu que tenha vindo do Oriente. Mas certamente em tempos pré-históricos ela começou a infiltrar-se, arruinar, e às vezes a atacar as formas mais velhas de religião. Por que isso aconteceu é uma pergunta ainda mais difícil. A resposta pode estar no antigo ensinamento esotérico que diz que os eventos da humanidade seguem um determinado ciclo cósmico. Talvez tenha sido necessário à raça humana descer ao "Kali Yuga", ou Idade das Trevas, como os Ocidentais a chamam, ou a "Era de Peixes", o signo do sofrimento e do autoflagelo para aprender alguma lição importante.

Em tempos bíblicos, os puritanos judeus que destruíram os "Santuários das Alturas" parecem ter gerado a ideia "Beleza é Má"; suponho que seja porque aqueles a quem estavam buscando destruir, as sacerdotisas que adoravam a rainha dos Céus, eram adoráveis; e talvez porque os jovens tenham se rebelado, perguntando: "Por que deveríamos destruir coisas tão belas e agradáveis?" Então as pessoas tiveram que ser condicionadas a considerar a feiúra como santa; como mais tarde os cristãos declararam: "A sujeira é santa, a limpeza é da bruxa e do Diabo". Eles referiam-se aos perigosos inimigos dos bons cristãos que ficam na escuridão à espera de capturar suas almas para o Diabo e eles começaram a descrever estes inimigos como as ninfas dos bosques, sereias lendárias, e bruxas, como na lenda de Tannhauser, com olhos de estrelas e dentes de pérolas, seus lindos ombros alvos e seus seios brilhando à luz das estrelas (as histórias da bruxa velha medonha e imunda vieram mais tarde). Assim, os primeiros cristãos incitaram seus convertidos à pilhar e destruir templos pagãos e aldeias, e no momento apropriado, os puritanos instigaram a população a destruir belas igrejas cristãs, estraçalhando janelas com vitrais maravilhosos e desfigurando todos os belos entalhes que estivessem ao seu alcance. E assim chegava aos ouvidos de um padre ou ministro chocado. "Ainda restam alguns que adoram a beleza e dizem que amor e morte são um só, pois o amor é mais forte que a morte, e lhe segue no outro mundo em aventuras além do espaço e do tempo; e dizem que bondade também é felicidade e que a felicidade é bondade"; tal culto estava marcado para a destruição.

Como já disse, há certas ideias religiosas que parecem vir naturalmente às pessoas, e só posso concluir que é porque há uma necessidade fundamental dessas ideias. Por exemplo, entre os índios americanos, os meninos passam um longo período nos bosques em jejum, purgação e flagelo. Isso é experimentado para que o iniciado entre em contato direto com "algo" divino. Os gregos chamaram esse processo de o Noumenon por trás do mundo manifestado dos fenômenos. Podemos denominá-lo de as camadas mais profundas do inconsciente. Esse rito transforma a criança em um homem, e por isso é chamado de "Rito de Passagem". Quando ele deixa a condição de menino e torna-se um guerreiro, ganha um espírito guardião, ou um contato com os Deuses que se tornam guias para toda sua vida. Na Europa, Ásia e África, em períodos nos quais não havia possibilidade de relacionamento, praticamente todos os povos primitivos realizavam as mesmas cerimônias de iniciação, e essas eram iniciações em sacerdócios, em poderes mágicos, sociedades secretas e mistérios. Eles normalmente eram considerados necessários para o bem-estar da tribo e do indivíduo. Eles usualmente incluíam uma purificação e alguns testes de coragem ou força — frequentemente severos e dolorosos, instrução em sabedoria tribal, educação sexual, como fazer encantamentos, e geralmente em assuntos religiosos e mágicos, e frequentemente um ritual de morte e ressurreição. A prática dos índios americanos basicamente consistia nisso.

Quando se questiona as razões para essas semelhanças, no fundo sempre se encontra o Culto da Grande Mãe de todos os Seres Vivos, a Deusa da Lua. Podemos conhecê-la melhor como Ishtar da Babilônia, mas ela já foi adorada sob muitos nomes nos vários países onde ela regeu; Attar, na Mesopotâmia; Ather, na Arábia; Astar, na Abissínia; Atargatis na Síria, e Astarte ou Artêmis na Grécia. Pois ela é a força que se expressa doando e quitando (ou recebendo novamente) a vida, e é também a "força do amor", a Deusa Bruxa que se apresenta com estas palavras:

> Não conheço outra lei que não seja o amor
> Que eu não tenha outro nome senão amor,
> E tudo aquilo que vive é meu
> De mim eles vêm, para mim eles vão.

Ela é a Grande Mãe de Todos, a provedora de fertilidade e do poder de reprodução. Toda a vida provém dela, todas as plantações, frutos, animais e pessoas são seus filhos. Ela é doadora e ceifadora, a Deusa da Vida, Morte e Renascimento, mas tudo de um modo docemente amoroso. "Humoristicamente, ela foi descrita como a mãe que amorosamente dá palmadas e beija suas crianças".

A célebre "Dança dos Sete Véus" foi originalmente uma cerimônia religiosa, a história de Tammuz e Ishtar que ocupavam uma posição de destaque no ritual na história da Grande Deusa. Ela era celebrada pelos antigos judeus, mas os puritanos contestaram fortemente sua celebração no Templo de Salomão, e foi condenada pelos profetas bíblicos. Anualmente, Tammuz, ou Adonis (de" Adonai", que significa "Senhor"), morria e ia para o Mundo Subterrâneo, e o inverno chegava e a terra não produzia frutos, e nenhum homem, animais ou plantas podiam reproduzir-se, tampouco poderiam desejar reproduzir-se, todos entravam em profunda dormência.

Em tábuas cuneiformes está escrita a história da "Descida de Ishtar a Hades":

> Desde que a Senhora Ishtar desceu à Terra de onde não há retorno,
> O touro não copula com a vaca,
> O asno não se acasala com a asna,
> Nem o homem se deita com a mulher,
> O homem dorme em seus aposentos,
> A mulher dorme só.

Podemos pensar de outra forma, mas para os antigos o poder e o desejo de fertilidade eram dons dos Deuses. Quando a Deusa se ausentava da terra indo para a Terra de onde não há retorno, todo o desejo natural igualmente se ausentava da terra. Assim, toda a humanidade lamentava-se, enquanto a Deusa ia para o Outro Mundo resgatar seu amor, e a cada um dos seis portões que tinha de atravessar, os guardiões a despojavam de alguma peça de roupa, simbolizada pelos véus. Quando ficava nua no sétimo portão, era despojada de suas joias. Assim, ritualmente nua, ela irradiava poder mágico, como rainha do mundo Subterrâneo, e resgatava Tammuz e o trazia de volta ao mundo dos homens.

Alguns consideram que o ato de despir-se de suas roupas e joias representa a lua minguante, até que cresça novamente em sua beleza e poder.

Magia e inspiração são seus dons. Ela é a Deusa da Magia e dos Magos. Afrodite ensinou seu filho Jasão a "atrair a Lua negra e invocar Hécate; porque ela própria não possuía o dom da magia."

Os Ritos de Hécate eram realizados à noite e eram destinados a desviar o mal. Ela é Dea-Triforme das encruzilhadas, a rainha das Almas Finadas, e desliza pela noite seguida por um espantoso cortejo de espíritos e cães ladrando. Ela é a rainha de tudo que habita nas partes ocultas da psique, da mente inconsciente, como diríamos. Ela é frequentemente representada na arte antiga como três aspectos em um, Artêmis, Selene e Hécate. Artêmis é a lua crescente, Selene a lua cheia e Hécate a lua negra. Cada uma delas normalmente carrega um grande punhal (o atame das bruxas), uma tocha e um chicote ou açoite. O poder máximo da magia reside em Hécate, a lua negra, cujos ritos sempre foram celebrados à noite.

No dia 13 de agosto havia um grande festival para Artêmis na Grécia e para Diana, a rainha do Céu, em Roma, para prevenir a vinda de tempestades de outono que pudessem prejudicar a futura colheita. Atualmente, nesses países, o mesmo dia 13 de agosto é dedicado a orações à Virgem Maria, a rainha de Céu, para evitar tempestades até que se faça a colheita.

Mulheres de toda a Ásia Ocidental e muitas do Sul da Europa usam um crescente como um amuleto para assegurar a ajuda da Mãe Lunar no momento do parto. Hoje essas mulheres podem dizer que a Mãe Lunar é a Virgem Maria; e enquanto dizem isso se curvam à lua no céu. E para a maioria de nós é considerado de boa sorte ver a lua nova se não for através de uma janela, pois isso significa estar dentro de uma casa, e não como deveria ser, do lado de fora para reverenciar a lua nova. Antigas narrativas sobre povos primitivos descrevem-nos como uma multidão ao ar livre (fora de suas casas) reunida para dar boas-vindas à lua nova.

Há uma curiosa superstição que a lua envia as crianças, não diretamente, mas por um pássaro lunar gigantesco, para diferentes mulheres. Possivelmente, esta é a origem de nossa ideia de cegonhas que trazem bebês. Lembro-me de um grandioso voo de cegonhas sobre Jerusalém quando eu estava lá (suas asas fazem um barulho extraordinário), e de pessoas dizendo: "haverá muitos nascimentos de bebês nos próximos dias ou algo assim".

Às vezes, a lua crescente era concebida como uma barca mágica navegando nas águas do espaço, a qual trazia novas almas para nascerem na terra, e carregava as almas dos mortos para o Outro Mundo. As Três Rainhas que transportaram o Rei Artur agonizante para Avalon eram a Tríplice Deusa em sua barca Lunar.

Em quase todos os lugares do mundo não cristão, a lua é servida principalmente por mulheres, entretanto os homens têm um papel secundário no rito. Mas as mulheres têm o poder mágico para trabalhar com as atividades de fertilização da lua, inclusive trazer chuva e zelar pelo fogo sagrado, que não se deve permitir que se apague. Quando um homem é um fazedor de chuva, ele normalmente assume o ofício casando-se com uma sacerdotisa da lua. Em muitas partes de África, o fazedor de chuva tem que ter uma mulher para ajudá-lo a despejar a água. O rei de Dahomey é a encarnação do Deus Lunar e o principal fazedor de chuva, mas ele não pode fazer isso sozinho, ele precisa ser ajudado por uma sacerdotisa do Deus Lunar. No entanto, em muitas tribos africanas, o ritual para trazer chuva deve ser realizado por mulheres nuas que se banham com as águas das fontes sagradas.

Devemos nos lembrar que uma das acusações contra bruxas medievais era que elas iam nuas aos lagos e riachos e se molhavam para trazer chuva e tempestades.

Até muito recentemente, camponeses na Alemanha, Tirol, Rússia, Romênia e Hungria, quando precisavam de chuva, conduziam uma garota nua a um riacho e a molhavam, ou às vezes todas as meninas da aldeia andariam nuas pela aldeia cantando e espirrando água umas nas outras.

Acreditava-se que o poder fertilizador da lua residia em sua luz, e muitas vezes essa ideia era reforçada acendendo-se fogueiras, tochas, velas em seu louvor, as quais eram usadas como magia da fertilidade. Em tempos modernos são carregadas ao redor de campos recém-plantados assim como nos tempos antigos eram trazidas em procissão em louvor à Hécate.

Diana, a Caçadora, também era a mãe de todos os animais e humanos, e era descrita com tetas supranumerárias, como a Diana de Eféso. Ela é mostrada vestindo um crescente na cabeça, e frequentemente carregando uma tocha acesa. A tocha era muito importante em sua adoração.

É importante ressaltar que no 2º dia de fevereiro é celebrada a Candelária em louvor à Virgem Maria, Lua da nossa Igreja; mas antes esse dia era celebrado com tochas em louvor à tríplice Deusa Lunar do celtas, Brigite,

Bride ou Brigentis, e nesse dia uma nova fogueira era acesa e abençoada. É um dos tradicionais sabás das bruxas, e é celebrado com fogueiras pelas bruxas atuais.

As deusas lunares orientais, assim como entre os celtas e em Roma, eram servidas por sacerdotisas que mantinham o fogo sagrado, emblemático do poder do sol e da lua. Às vezes, essas sacerdotisas eram chamadas de "virgens vestais"; mas normalmente eram consideradas como esposas do rei, e frequentemente ele recebia o poder casando-se com uma dessas sacerdotisas. Na Antiga Roma, muitos reis eram filhos de uma virgem vestal; quer dizer, aquela cuja natureza feminina havia sido dedicada à Deusa, e não para a vida comum de casada. Em sua consagração, as virgens vestais romanas recebiam o nome de Amata, ou "Amada" que era o nome da esposa do legendário rei de Roma Latinus, do qual deriva a palavra "Latim". Junto com o fogo perpétuo nos templos das deusas lunares, normalmente havia símbolos fálicos para representar sua fertilidade divina. Em Roma, eles eram conhecidos como "Priapus", e Robert Graves, em seu livro *The White Goddess* considera que o famoso "Palladium", sobre o qual acreditava-se que mantê-lo seguro no templo garantiria a segurança do país, não era uma "estátua respeitável" de uma divindade vestida, mas uma imagem fálica. Em muitos países essas "virgens vestais" eram como as prostitutas sagradas do Templo de Jerusalém, "o Templo das Donzelas", que entregavam-se a estranhos por dinheiro, que era destinado ao Templo. Assim o termo "virgem" era usado em seu significado antigo que era simplesmente "solteira". Ou seja, elas eram comprometidas com o serviço ao Deus.

De acordo com ideias modernas, isso era muito chocante; porque somos condicionados a pensar assim. Em tempos modernos, pelos últimos 2 mil anos, muitas mulheres têm se "comprometido com o serviço à Deus". Elas são expressamente chamadas de "Noivas de Cristo"; eles têm que morar em conventos levando uma vida de absoluta miséria e reprimindo todos seus instintos naturais. É inconcebível que qualquer Deidade condenaria milhões a uma vida de interminável repressão, a menos que se entenda a ideia por trás de tudo isso, que é: "Os Deuses não são Todo-Poderosos, eles precisam da ajuda dos homens e das mulheres. Se suficiente poder de coragem for gerado pelos adoradores o Deus tornará-se Todo-Poderoso".

Uma das primeiras tentativas de realizar isso foi por meio do "Matrimônio Sagrado". O amor não era apenas para a satisfação das partes; seus poderes eram dedicados a um propósito superior, o de atribuir grande poder aos Deuses, e ao mesmo tempo proporcionar a comunhão entre os Deuses e seus adoradores.

Às vezes as pessoas tentam produzir um bom efeito utilizando-se de meios ruins, e parece haver evidência de que alguns padres também usaram os homossexuais para o mesmo propósito (e para ganhar dinheiro), mas o fato principal permanece claro. Acreditava-se que os Deuses precisavam da ajuda dos homens para conceder as bênçãos requeridas pela tribo ou nação, e que era um dever religioso colaborar com os Deuses nesse trabalho benéfico. Isso poderia ser efetuado pela abnegação pessoal, ou indiretamente, delegando o sacrifício aos outros. Enquanto toda a nação acreditava nisso, eles não viam nenhuma razão por que esse serviço aos Deuses não devesse dar prazer aos homens ao mesmo tempo.

Já acreditou-se que o aprendizado só pudesse ser obtido por meio de longas e frequentes horas de estudo; hoje em dia acredita-se que melhores resultados são obtidos se as lições forem feitas de maneira interessante e agradável. O objetivo principal é o mesmo, uma boa educação. O melhor modo de produzi-la é simplesmente uma questão de opinião. Embora eu já tenha ouvido queixas sobre o modo desagradável, nunca ouvi o modo agradável ser descrito como "mau".

Quando os puritanos ganharam na Palestina, o modo agradável de "gerar poder" foi proibido, e inúmeras pessoas passaram a acreditar que todas as atribulações e cativeiros no estrangeiro eram o resultado da destituição do Deus tribal judeu de seu "Poder" e de sua Deusa consorte, de forma que Ele não poderia mais proteger o povo. Veja Jeremias, Cap. 44, v. 15-19, referindo-se aos remanescentes de Judá que vieram para se estabelecer no Egito. "Todos os homens que sabiam que suas mulheres incensavam a deuses estrangeiros, e todas as mulheres presentes — uma grande assembleia — e todo o povo que habitava no Egito e em Patros responderam a Jeremias, dizendo: 'A palavra que nos falaste em nome do Senhor, não a queremos escutar. Antes continuaremos a fazer tudo o que prometemos, queimar incenso à rainha do Céu, e fazer-lhe libações, como fazíamos nós e nossos pais, nossos reis, e nossos chefes, nas cidades de Judá, e nas ruas de Jerusalém. Tínhamos então fartura de pão, éramos felizes e não víamos a desgraça. Mas desde que cessamos de queimar incenso à rainha do Céu, e de fazer-lhe libações, tudo nos faltou e nós perecemos pela espada e pela fome. Por outro lado, quando queimamos incenso à rainha do Céu, e quando lhe fizemos libações, é por acaso sem o conhecimento de nossos maridos que lhe fizemos bolos que a representam e oferecemos libações?'"

Fica evidente pelos versículos acima que a parte principal nesse culto era exercida pelas mulheres. Em 1936-37, eu estava escavando com a Expedição de Wellcome, que escavou a cidade bíblica de Lachish. Nós encontramos o Templo de Jeová, e nele os restos de uma belíssima estátua de marfim da Deusa. De acordo com um artigo no *The Observer*, de 10 de julho de 1955, "Desenterrando o passado da Terra Santa", por T. R. Fyvel:

> No local de um templo na Cannanite (aproximadamente 1750 a.C.) localizado no litoral da Galileia Ocidental, um grupo supervisionado pelo Dr. M. Dothan descobriu um "Santuário das Alturas" de aproximadamente 14 metros de diâmetro... Um achado notável foi um

primoroso molde de pedra, o primeiro deste tipo visto em Israel, de uma deusa cornífera com um comprido chapéu cônico, cabelos longos e um olhar provocativo — poderia ser Ashira do Mar, ou Astarte.

Um molde de bronze feito a partir da pedra ilustra o artigo; mostra uma deusa alta, esbelta, nua, usando apenas ornamentos rituais, e com uma expressão encantadoramente maliciosa.

Porém, depois do triunfo dos puritanos na antiga Palestina, os documentos que agora chamamos de Bíblia foram cuidadosamente editados e expurgados a fim de que fossem removidas todas as menções favoráveis à Deusa-Consorte e seus ritos.

Muitos anos depois, sob a influência de São Paulo e outros deste tipo, inúmeras pessoas dedicaram suas vidas a terríveis torturas como ermitões. Estes tornaram-se incontroláveis por sua conduta excêntrica, conduzindo a revoltas e matança, até que foram arregimentados em conventos e monastérios. Os líderes religiosos conheciam a ideia por trás disso, entretanto eu duvido que os atuais membros e seguidores percebam isso hoje em dia. Mas indubitavelmente muito da força da igreja em seu início residia no grande reservatório de "poder" que é continuamente gerado nesses estabelecimentos em todo o mundo (pela abstinência de relações sexuais); pelo constante direcionamento do pensamento para a vontade da Igreja e seu engrandecimento; e às vezes por verdadeiras torturas, como o uso de cintos dolorosos e pulseiras de espinhos e pela flagelação. Ao mesmo tempo, tal poder está sendo gerado para ser desperdiçado, e como não parece haver uma fórmula adequada para preservá-lo e contê-lo, fica continuamente vazando e se dissipando. Daí as frequentes histórias curiosas de estranhos fenômenos psíquicos em monastérios e conventos, como o das "freiras possuídas" de Loudun; todo, é claro, atribuído ao "Diabo" onipresente, ou a "milagres." A única ordem cristã que faz uso consciente desse poder hoje em dia é a dos jesuítas, e é importante ressaltar que praticamente todos os estados no mundo já tenham tido leis contra essa Ordem, porque eles sempre estavam influenciando os fatos a seu próprio favor.

São Clemente de Alexandria que, antes de se converter cristão, foi iniciado na adoração à Deusa Cibele, cujo símbolo era uma lua crescente em união perpétua com o sol, diz a seguinte confissão de fé:

> "Eu comi o tamborim
> eu bebi o címbalo,
> eu carreguei o vaso sagrado,
> eu entrei na câmara nupcial".

Agora, parece óbvio que "eu comi o tamborim e bebi o címbalo" significa que a refeição sagrada, ou uma espécie de Eucaristia com comida e bebida que havia sido abençoada foram comidas através das "ferramentas de trabalho" do culto, e esta refeição é conhecida por consistir em um bolo de cevada e vinho. É importante notar que a "refeição sagrada" das bruxas, "Bolos e Vinho" consiste em bolos (qualquer tipo) e vinho que são abençoados e comidos e bebidos através do uso das "ferramentas de trabalho", e essa bênção tem pelo menos um significado fálico ou de fertilidade. "Eu carreguei o vaso sagrado" pode ser algo semelhante ao costume das bruxas de que todos deveriam ter uma das "ferramentas de trabalho", normalmente o atame, nas mãos quando as mãos não estiverem ocupadas de outra forma. Talvez no tempo de São Clemente, a "entrada na câmara nupcial" envolvesse mais que uma bênção de fertilidade. Eu menciono este fato para mostrar que todos os antigos mistérios estavam conectados.

Nestes mistérios, para demonstrar a verdade que Deus é masculino e feminino, e que a verdadeira bem-aventurança consiste na sua união, era costumeiro às mulheres em sua iniciação aos mistérios da Grande Deusa, sacrificar a virgindade contraindo o matrimônio sagrado, *hieros gamos*, que às vezes era consumado com uma imagem fálica, às vezes com um estranho ou com um sacerdote. Isso era para tornar o ato impessoal. O sacerdote era considerado uma encarnação do Deus; portanto era um estranho. Ele até mesmo poderia ser o próprio Deus. Os dois eram estranhos um ao outro, e nunca haviam se encontrado antes, e provavelmente não se encontrariam novamente. Agora, admitindo-se o fato de que os primeiros escritores protestantes eram preconceituosos, parece haver pouca dúvida de que pelo menos até a época de Henrique VIII havia certos conventos onde as freiras eram consideradas como as noivas dos padres e regularmente cumpriam esse papel. Não era simplesmente uma questão de libertinagem. Acreditava-se sinceramente que o Matrimônio Sagrado devesse ser realizado regular e reverentemente, a fim de trazer poder e bênçãos para a comunidade, como sempre havia sido o caso. Os primeiros protestantes não perceberam isso. Sempre havia existido duas escolas de pensamento na Igreja com respeito a isso, e devido a uma série de abusos, o velho costume foi interrompido. Pelo menos passou a ser praticado apenas em segredo absoluto; mas o conhecimento de sua existência foi difundido durante a Revolução Francesa, e muitos monges e freiras desafortunados foram maltratados até que admitissem essas práticas. É provável que seja este fato que tenha inspirado *"Les Noyades"*, quando, como Swinburne cantou:

> No quinto ano incontrolável da mudança das coisas,
> Quando a França estava gloriosa, mas tingida de sangue,
> Justa com a poeira da batalha e as mortes dos Reis.
> Uma rainha de homens com a cabeça emoldurada por um
> elmo de cabelo
> emissária desceu até o Loire e matou
> até que todas as ondas adoeceram em seus caminhos engraxados de
> vermelho
> Ligados e afogados, assassinando dois a dois
> Donzelas e jovens, nus e casados.

Quer dizer, muitos sacerdotes e freiras, entre outros, foram despidos, atados face a face, e afogados, em uma cerimônia que foi chamada de "casamento civil". Apesar disso obviamente ter sido feito em escárnio, ilustra o que todos os camponeses sabiam, ou seja, que havia um Matrimônio Sagrado que eles acreditavam que ainda fosse praticado pelos sacerdotes e freiras e os divertia matá-los enquanto eles o estavam celebrando, embora involuntariamente.

Como Charles Seltman tão verazmente diz em seu *Women in Antiquity* (pág. 30):

> Há ocasiões em que a nudez torna-se essencial como um ato de adoração em uma religião que já ultrapassou o primitivo e o mágico. A ideia está presente no rito muçulmano de remover os sapatos e lavar os pés antes de entrar em um lugar sagrado; indo mais longe, era ainda mais reverente livrar-se de toda a contaminação das roupas e entrar no santuário em um estado de limpeza e pureza, não temendo nenhum dano proveniente dos maus espíritos, porque Deus está em sua Casa. Assim sendo, nudez no culto pode ser catártica e profiláctica, destinada à limpeza e proteção. Contudo, esse costume não se aplicava apenas ao santuário, mas, muitas vezes, a procissões de tipo religioso. Pinturas em vasos dos séculos VIII e IX a.C. mostram que carpideiras e até mesmo a própria viúva caminhavam nuas no cortejo fúnebre de qualquer cidadão ateniense. Aproximando-nos de casa, observamos a afirmação de Plínio que em cerimoniais religiosos na Antiga Bretanha, as mulheres e meninas ficavam completamente nuas após terem aplicado uma loção bronzeadora marrom sobre o corpo. Essas considerações podem justificar a visão de que toda pequena terracota nua da Mesopotâmia não necessariamente representa Ishtar, mas uma permanente substituta para a devota. A estatueta representaria a mulher durante o ato de adoração, despida e com as mãos sustentando os seios.
>
> Ritos de fertilidade eram periodicamente praticados pelas mulheres da Mesopotâmia, da Hither Ásia e das regiões fronteiriças do Mar Mediterrâneo. Escritores com outra bagagem de conceitos morais frequentemente presumiam que as mulheres estavam de alguma forma "manchadas" pelos ritos orgiásticos, mas agora percebemos os fatos mais claramente e temos que admitir que as mulheres, *como posteriormente as Tíades em Atenas e Delfos, desfrutavam completa e apaixonadamente dos ritos de fertilidade e sentiam-se santificadas por eles. É evidente que tal eram as distinções e privilégios das mulheres da Babilônia que não podemos deixar de nos surpreender com o contraste da sua posição com a severa posição que o sexo feminino ocuparia três milênios depois.*

Com referência a esta passagem, as bruxas demonstraram-me os dois tipos de gestos feitos com as mãos que são frequentemente retratados em representações artísticas da forma feminina, nesse período. Um deles, as mãos no plexo solar, é muito semelhante a um gesto da bruxaria; e o outro, exibindo os seios com as mãos, elas consideram uma representação da lua cheia e do sol como objetos de adoração, deste modo a mulher simbolizaria o Deus Solar e a Deusa Lunar, e por isso inúmeras figuras desse período são de mulheres. Os homens estariam presentes nos ritos, e também totalmente nus, mas eles não podiam representar a Deusa, e por essa razão não haveria estatuetas deles dedicadas aos Deuses. Isso novamente está de acordo com os costumes da bruxaria. A Suma Sacerdotisa representa a Deusa, mas às vezes, se necessário, pode representar o Deus (desde que um homem à altura não esteja presente no culto); mas um homem nunca poderá representar a Deusa. Na realidade, por toda a antiguidade a atitude para com as mulheres parece ter sido muito semelhante à da bruxaria. A mulher era privilegiada, contanto que fosse merecedora. Quer dizer, ela deveria ser amável, encantadora e generosa. O espírito de cavalheirismo é essencialmente pagão. Na visão dos escritores vitorianos, a mulher nos tempos antigos era menos favorecida, ela tinha que cultivar os campos enquanto seu senhor e mestre ia para as guerras. Hoje em dia, percebemos que guerra gera necessidades, e em tempos de necessidade as mulheres tinham que se responsabilizar pela terra, e gostavam disso. Tendemos a omitir o fato de que essa liberdade recém-adquirida devolveu o que os escritores vitorianos ousaram apenas sugerir, isto é, que quando as mulheres se libertam algumas delas fazem o que bem entendem, a despeito de todos ensinamentos da Igreja. Todos os corpos religiosos declaravam-se extremamente chocados com os Relatórios de Kinsey, dizendo que apenas na América poderiam acontecer tais coisas, e que isso apenas poderia ocorrer em comunidades não religiosas. Um dado curioso nos Relatórios de Kinsey era que a porcentagem de relações sexuais pré e pós-conjugais entre mulheres de todas as classes sociais, rendas e religiões era aproximadamente a mesma. Quer dizer, aproximadamente 34% de todas as mulheres questionadas admitiram isso livremente. Quando considera-se que mulheres cristãs praticantes são, ao menos, propensas à timidez ao admitir suas, digamos, indulgências, podemos concluir que as verdadeiras proporções eram muito maiores. Um relatório muito divulgado pelo Conselho de Orientação matrimonial fornece o mesmo coeficiente para a Inglaterra.

O famoso verso de Swinburne nos revela suas opiniões:

> Tu conquistaste, ó pálido Galilean;
> O mundo tornou-se cinzento com tua respiração.
> Nós temos bebido das coisas de Lethean,
> E nos alimentado da certeza da morte.

Este é um modo poético de dizer que a Igreja tirou todos os prazeres de nossas vidas, e fez isso simplesmente para fazer valer sua máxima "Amor é Vergonha". Porém, hoje em dia um grande número de mulheres em países cristãos faz valer o seu direito de amar sem se envergonhar disso. Pelo menos a ponto de responderem ao Conselho de Orientação matrimonial e corpos semelhantes; lembrando-se de que o conselho de Orientação matrimonial não pode usar nenhum método da Inquisição, eles simplesmente perguntam, e apenas as pessoas que não sentem nenhuma vergonha, ou até mesmo bastante orgulhosas disso, revelarão francamente suas experiências sexuais.

Em face dos valores apresentados por estes relatórios, não podemos presumir que a opinião pública pouco a pouco está mudando com relação a esses assuntos? Quando eu era jovem, havia mexericos sobre "mulheres terríveis" que haviam se divorciado, ou pior ainda, que viviam com homens com quem não estavam casadas. Havia histórias de pessoas que as haviam conhecido por acaso e descoberto seu vergonhoso segredo, e quando ele se tornava público, os culpados eram forçados a deixar o bairro, cabisbaixos e envergonhados. Hoje em dia elas permanecem e enfrentam a situação com determinação. Todos os seus amigos sabem que elas não estão casadas, e ninguém parece importar-se com isso.

Ao contrário dos relatórios da Igreja, as bruxas não acreditam ou encorajam a promiscuidade. Para elas o sexo é sagrado e belo e não deve ser sórdido ou vulgarizado. (Elas também reconhecem um fato que muitos cristãos parecem ter esquecido, isto é, que há outros seis Pecados Mortais além da Luxúria.) Em um velho livro raro que possuo, *Receuil de Lettres au Sujet des Malefices et du Sortilege... par le Sieur Boissier* (Paris, 1731), há uma citação muito valiosa que narra um fato que ocorreu em um grande julgamento de bruxaria em La Haye Dupuis, em 1669, a qual ilustra a atitude das bruxas a esse respeito. Uma testemunha, Marguerite Marguerie, disse que quando um bruxo não estava presente no sabá sua parceira não participava da dança, e diz mais adiante: "A dança, é realizada... em pares de costas um para o outro, cada bruxo possui sua esposa no sabá, que às vezes é a sua própria esposa, estas esposas lhes eram dadas quando eram marcados (iniciados: minha nota) e eles não as trocam; quando essa dança termina, eles também dançam de mãos dadas, como nossos aldeões...".

Boissier é uma testemunha valiosa, pois está escrevendo sobre fatos que ocorrem na memória viva do seu próprio tempo, e ele não está de forma alguma advogando em favor das bruxas, pois seu livro termina com a reprodução de uma carta do Parlamento da Normandia para o rei da França, em protesto pelo rei haver comutado as penas de morte, modificando-as para banimento e suspendendo procedimentos adicionais. Esta carta explicava detalhadamente como tal clemência para com as bruxas ofendia Deus e punha em risco a cristandade. (Para seu crédito, Luís XIV não prestou atenção a esta petição fervorosa.) A propósito, a foto que Boissier cita também revela que os participantes dos sabás ficavam nus; e que a maioria das bruxas pertencia a famílias de bruxas, e haviam sido ensinadas por seus pais; que aqueles que desejassem escapulir de suas casas sem serem vistos para participar do sabá tinham o hábito de fazê-lo pelas antigas enormes chaminés; que havia três "marcas" atribuídas às bruxas em três ocasiões diferentes, mas apenas as mais velhas possuíam todas as três, que as "transformavam em magas" (atualmente diz-se "Três Graus"); e que as bruxas, para espantar as pessoas do local onde se reuniam, personificavam a Caça Selvagem; escrevi sobre todos esses fatos em meu livro anterior *A Bruxaria Hoje*, como me foi narrado por atuais sobreviventes do culto da bruxa, antes que este livro raro de Boissier estivesse em meu poder; e antes mesmo que eu tivesse ouvido falar sobre ele. Eu recomendo a todos os que desafiaram minhas declarações sobre os pontos anteriores que consultem este livro de Boissier sobre esses fatos.

Podemos adquirir uma perspectiva melhor desses sabás secretos e comemorações focalizando as condições sociais nas quais eles floresceram. Charles Seltman, em *Women of Antiquity* (pág. 163), diz sobre o Cristianismo:

> Como uma religião histórica, com um fundador na época, a Fé possui um significado; mas apenas sem desviar-se — como já estava ocorrendo em meados do primeiro século de nossa era — do formidável exemplo e preceito de seu Fundador. As evidências que possuímos tornam improvável que Ele tivesse consentido à difamação da metade — a metade feminina — da humanidade... No entanto, foi esta linha que conduziu, por medo das mulheres e do sexo, para uma terrível fuga nos votos de celibato e castidade. No contexto do mundo medieval e moderno, a maioria dos monges e freiras eram pessoas quietas dedicadas não apenas aos seus ideais, mas a uma proposta chamada 'santidade'. Mas os grandes movimentos monásticos frequentemente permitiam um número reduzido de fanáticos assumir controle sobre a bem equipada máquina da Igreja. Muitas dessas criaturas eram determinadas, dedicadas, truculentas, e não muito sãs, pois acreditavam que fossem os instrumentos consagrados de Deus, e tinham aquele medo e ódio das mulheres que apenas tais homens eram capazes. De fato, as pessoas da Idade Média estavam pouco a pouco enlouquecendo, devido ao apavorante código adotado relativo às mulheres. Diz-se que a bomba atômica hoje está nos levando à loucura; este estado, porém, não se compara ao pensamento selvagem induzido por uma fé fundamentada em uma concepção de "Céu e de Inferno" do universo físico.

Como diz G. Rattray Taylor, em *Sex in History* (pág. 19):

> A Igreja nunca obteve sucesso na aceitação universal de seus regulamentos sexuais, mas o tempo foi hábil em obrigar a abstinência sexual em uma escala suficiente para produzir uma rica colheita de doenças mentais. Não é exagero dizer que a Europa medieval se assemelhava a um vasto manicômio. Nessas condições, deve-se acrescentar, vários pequenos grupos de pessoas mais iluminadas se esforçaram muito para manter acesa a chama tênue da sanidade e do progresso humano.

Os procedimentos do Tribunal Cristão, o Tribunal da Igreja, em muitos casos sobrepunha-se à lei da terra. Chaucer conta-nos sobre o Tribunal dos arquidiáconos que tratava de crimes sexuais, bruxaria, difamação, testamentos, contratos, falta de testamento após a morte, falta de sacramentos, usura e simonia e outros tipos de crimes e conta sobre o Oficial de Justiça do Bispo "que marcando as pessoas com brasa cobra o dízimo e pequenas oferendas para a igreja. Ele anda por todos os lados com os mandamentos da fornicação".

Como J. W. Jedwine narra-nos em *Tort, Crime and Police*:

> Os Tribunais da Igreja contêm todos os crimes sexuais e os Tribunais boas mulheres 'para serem violadas'!!! ou seja, mulheres estupradas violentamente, como no caso de uma cidade em guerra. E então, por este crime as mulheres são despidas publicamente e chicoteadas enquanto os homens devem pagar à Igreja, e qualquer um que tenha dado abrigo a uma mulher que tenha pecado é castigado pela Igreja como cristão reincidente — "Robert Donalson e Margaret Masoun são condenados a pagar XI shilings por não revelarem que o bebê nascido em sua casa era Jeanet Masoun, gerada do adultério de Jhon Beautoun de Pitlichie e também por tornar completa a humilhação." (Registros de St. Andrews Kirk Session. Scottish Hist. Soc. pág. 796).

O Oficial de Justiça era ajudado por espiões e pessoas maliciosas que encorajavam os litigantes a procurar o Tribunal Cristão em vez do conhecimento comum de seus vizinhos. Os registros da Jurisdição de *leet* de Norwich (Seld. Soc.) fornecem ampla evidência disso... O tribunal que reivindicou esses direitos como assuntos relativos à religião deve ser um tribunal pertencente a um estrangeiro indesejável; por exemplo, o Convento inglês muitas vezes era a cela de uma Abadia francesa (veja Y.B. 17 Edw. III, 14,18)... Nos Orkneys, o procedimento para fazer um voto à São Magno era tirando a sorte, para definir se o voto seria ir para o sul em uma peregrinação, ou a libertação de um escravo, ou a doação de dinheiro para o santuário de São Magno. Geralmente, no final, seria a doação de dinheiro para

Uma cabeça do "rei dos Bosques", o deus das bruxas, no formato de folhas.

Nos velhos tempos, quando as bruxas eram forçadas a frequentar a igreja, elas frequentemente conseguiam incluir seus deuses entre as esculturas da igreja. Ele pode ser encontrado em muitas antigas igrejas, embora cada entalhe seja diferente a fim de ocultar sua identidade. Este exemplar está no Museu da Magia e Bruxaria, em Castletown.

O altar de uma bruxa, no círculo, arrumado para a realização de ritos.

o santuário... Tinha havido no dia do rei Stephen uma disputa entre São William de York e Henry Murdoc que era o candidato dos Cistercianos e de São Bernardo e Roma. O Arcebispado do qual São William, em 1153, havia sido destituído lhe foi devolvido; Osbert de Bayeux que tinha sido um Arquidiácono de Murdoc envenenou o cálice Eucarístico de São William, e alegou imunidade por ser um oficial da justiça comum!!!

Agora, creio que deveríamos tentar considerar "o porquê" desse fantástico estado da lei. Por que um homem deveria escapar impune de um assassinato cruel e covarde? (Um leigo poderia ser desculpado por pensar que envenenar o cálice da Sagrada comunhão também fosse algo da natureza de um sacrilégio.) Eu creio que a única resposta seja que havia tamanho ódio generalizado do sacerdócio, ou daquilo que ele representava, que nenhum sacerdote poderia sentir-se seguro ao ser julgado por um tribunal legal ordinário. (É claro que no caso de Osbert de Bayeux poderia haver complicações devido ao fato de um normando ter assassinado um saxão.) Mas sempre havia a forte reivindicação da Igreja que todos os seus membros (sacerdotes ou ordens inferiores) estivessem acima da lei e pudessem cometer crimes impunemente. O *Select Pleas of the Crown* (S.P.C., pág. 121) mostra que, em 1220, um homem acusado de agressão e assassinato no Parque de Lord Warenne alegou pertencer ao clero, por ser um acólito, e assim livrou-se. *The Ancient Laws of Wales*, editado por Aneurin Owen (A.L.O.W. v. II, 92), diz:

> Se um estudante comete um roubo e é degradado, não deve também ser morto, pois não deve haver duas punições para uma única causa.

Em vista disso, parece que ocasionalmente os tribunais poderiam tratar um padre criminoso destituindo-o de sua função, e nada mais. Em todo caso, parece claro o veredicto: "Inocente, mas não faça isso novamente".

Les Très Ancient Coutumier Normandie (T.A.N.C. Cap. 72), as Constituições de Ricardo III (Coração de Leão), dizem: "os Sacerdotes e Padres não devem ser enforcados, os padres na prisão devem ser encaminhados ao Bispo. "É claro que se o padre tivesse feito algo que desagradasse o Bispo, problema dele; mas na prática, encaminhá-lo ao Bispo significava simplesmente libertá-lo. A propósito, este costume era conhecido como Benefício do Clero, e na realidade, consistia em que qualquer um que soubesse ler deveria ser considerado um clérigo. O teste era a suposta leitura pelo acusado de um versículo da Bíblia perante o tribunal. Eu digo "suposta" porque tornou-se uma rotina que todos os criminosos o memorizassem, e era conhecida como "O Versículo do Pescoço", por salvá-los do enforcamento. A Igreja agarrava-se obstinadamente a esse privilégio e a primeira tentativa de mitigar esse mal foi que todos que reivindicassem o "Benefício de Clero" teriam o dedo

146 — *O Significado da Bruxaria*

A única foto conhecida de um ritual de bruxaria. (As máscaras foram pintadas para evitar reconhecimento.)

polegar marcado com ferro em brasa para evitar que pedissem novamente. Então o homicídio doloso foi excluído de seus benefícios. Posteriormente, aqueles que revogaram as leis penais contra bruxas acharam que cometer assassinato não era "muito adequado" para sacerdotes e bispos. Os modos e opiniões estavam pouco a pouco modificando-se.

É difícil entendermos a mentalidade daquela época. Os que concebem a Idade Média como um período de romance, dos torneios e festejos e românticos casos de amor, devem lembrar-se que isso existiu no tempo de monarcas como o bom Rei Rene de Provença, o protetor dos Trovadores; mas A Cruzada do Papa Inocêncio III, contra os albigenses, inibiu a maioria desses costumes. As mulheres das classes privilegiadas, como nós as chamamos hoje em dia, podem ter se divertido, assim como as das classes mais baixas, se não se importassem em trabalhar duro e gostassem de crianças. Camponeses podem viver satisfeitos na sujeira e em ambientes que fariam qualquer reformador social estremecer. Mas dizem que entre essas duas classes sociais as únicas carreiras disponíveis para mulheres nessa época (Charles Seltman, op. cit.) eram "A *burguesa* esposa-cozinheira empregada, a prostituta, a freira e a bruxa". Esta opinião é interessante. Quer dizer, com exceção das nobres e serviçais (esposas, criadas, camponesas) que eram destinadas a labutar todos os dias de suas vidas, e a freira que estava fadada a um destino ainda pior, as únicas mulheres livres, pessoas que podiam usar seus cérebros, eram as prostitutas e as bruxas. Agora, havia multidões de prostitutas em toda cidade, e elas acompanhavam todos os exércitos em hordas bem organizadas, e alegremente aliavam-se aos inimigos caso seus protetores fossem derrotados. A Igreja algumas vezes as perseguiu, mas normalmente as deixava em paz, contanto que pagassem dízimos sobre seus ganhos.

Nos dias de hoje é curioso encontrar bruxas consideradas como uma classe ou profissão. Desde o "período das fogueiras", as bruxas sempre fizeram todo o possível para serem imperceptíveis, porém antes da lei do linchamento do reinado eclesiástico tudo era diferente; a maioria delas eram, como hoje em dia, mulheres casadas, em casamentos felizes, e gozavam de um *status* distinto, eram respeitadas e de certa forma temidas, embora também fossem geralmente amadas por seus serviços à comunidade como médicas, parteiras, e dissipadoras do mal.

O padre da aldeia era frequentemente considerado da mesma maneira; ele poderia aborrecer as pessoas com respeito aos dízimos, mas indubitavelmente era uma boa influência; como no caso do padre da aldeia de Inverkeithing, em 1282, ou dos padres bascos sobre quem De Lancre escreveu em 1613, que ocasionalmente participavam dos ritos da Antiga Religião. Os monges da Abadia, que nunca contribuíam para o bem da população rural, eram detestados. Eles sempre estavam às voltas para cobrar dízimos, levando coisas à força sem nunca retribuir, e fizeram com que a Igreja fosse odiada. Também eram odiados por seus constantes ataques a mulheres "sensatas", quer dizer, aquelas que não se encaixavam nas categorias de esposa-empregada-serviçal ou freira. Mulheres, eles pensavam, deveriam gerar inúmeras crianças para tornarem-se monges e freiras, com uma quantidade suficiente de casadas para dar continuidade à raça, ou deveriam ser freiras e despojarem-se de tudo. Como diz Simone de Beauvoir, em *The Second Sex*:[11]

> "É o Cristianismo que investe as mulheres novamente de um prestígio amedrontador; o medo do outro sexo é uma das formas assumidas pela angústia da consciência intranquila do homem.... o mal é uma realidade absoluta; e a carne é pecado. E, obviamente, estando a mulher sempre na condição de 'o Outro', não se considera que reciprocamente macho e fêmea são ambos carne; a carne é, para os cristãos, o 'Outro' hostil — precisamente a Mulher. Nela os cristãos acreditam estar encarnada a tentação do mundo, a carne e o diabo. Todos os padres da Igreja insistem na ideia de que ela induziu Adão ao pecado. Temos que citar Tertullian (final do século II d.C.): Mulher! Você é o portal do diabo. Você persuadiu a quem o diabo não ousou atacar diretamente. Por sua causa o Filho de Deus teve que morrer. Você deveria vestir-se sempre de luto e maltrapilha... a literatura cristã esforça-se para aumentar o desgosto que o homem pode sentir pelas mulheres. Tertullian as define como 'um Templo construído sobre um esgoto'... Santo Agostinho (354-430 d.C) destacou com horror o obsceno ponto comum dos órgãos sexuais e excretores:

'Inter faeces et urinam mascimur'. Quer dizer: "Nascemos em meio à urina e sujeira".

Muitos teólogos consideravam (e quanto a esse assunto, aparentemente alguns deles ainda o fazem) que o pecado original está relacionado com a própria lei da geração:

"Concupiscência é um vício... a carne humana nasce da carne pecadora. A união dos sexos transmite o pecado original à criança, sendo acompanhado desde a 'Queda' pela concupiscência". (Santo Agostinho)

Alguns dos seguidores de Santo Agostinho chegaram a dizer que o Todo-Poderoso estava errado em mandar Adão "frutificai e multiplicai-vos" pelos meios providos, e que o pecado de Adão foi obedecer à vontade do Todo-Poderoso, sugerindo que se Adão apenas tivesse tido a delicadeza de recusar-se a ter qualquer relação com esses métodos asquerosos, o Todo-Poderoso teria sido forçado a inventar um modo mais decente de executar os seus planos. A Igreja curiosamente sempre foi relutante a dar crédito ao Grande Arquiteto do Universo por seu trabalho.

---

11. Edição francesa, 1949 (trad. inglês, 1953).

Tendo a Igreja sido influenciada por pessoas com esta mentalidade, pode-se entender "o porquê" de muitas de suas ações. Por outro lado, quando as bruxas consideraram Santo Agostinho como um velho notoriamente sórdido, e acreditavam no propósito divino e santidade de seu Deus Fálico e Cornífero, o cônjuge da Deusa Lunar, pode-se entender "o porquê" de suas crenças e ações, e a origem do conflito secular que existe entre eles, e que ainda não está resolvido.

Capítulo X

Crenças Curiosas Sobre as Bruxas

P ROVAVELMENTE FOI A INFLUÊNCIA DA IGREJA QUE GEROU A MAIOR PARTE DAS CURIOSAS histórias que circulam a respeito das bruxas, e possivelmente a história que mais obteve sucesso em causar medo e ódio em relação à arte da bruxaria foi a de que elas produziam bonecos de cera, nos quais espetavam agulhas com o intuito de matar a pessoa ali representada.

Tentar matar por esse método é uma prática muito antiga e quase mundial. Antigas inscrições babilônicas dão a fórmula para fazer bonecos de cera, barro, ou resina, que seriam lentamente queimados enquanto recitavam-se fórmulas sagradas para torturar ou matar a pessoa representada na imagem. O Alcorão narra que o Profeta sofreu um atentado contra sua vida dessa forma. É fato histórico que o Bispo de Troyes em 1318 d.C. foi julgado e condenado à morte, as evidências indicam que tendo querelado com a rainha da França, ele fez uma imagem de cera e após ultrajá-la, queimou o boneco, e a rainha morreu. Em 1663, o Papa Urbano sofreu um atentado contra sua vida, tendo sua imagem de cera apunhalada com uma faca ao mesmo tempo em que o boneco derretia lentamente no fogo. O Rei Luís XIII da França sofreu vários atentados semelhantes durante sua vida.

É curioso o fato de que a Igreja parece não ter contestado esse tipo de assassinato se fosse praticado por padres ou leigos. Apenas as bruxas eram apontadas por esses abusos. Por quê? Para mim, a razão está clara. A Igreja sabia muito bem que a magia de seus padres não era muito eficaz, mas a magia das bruxas funcionava, e portanto poderia ser perigosa.

Quando eu escrevi meu primeiro livro sério sobre este assunto, *A Bruxaria Hoje*, falei sobre o uso de bonecos de cera:

> Até agora eu não encontrei ninguém que conheça exatamente o rito utilizado. Não tenho a menor dúvida de que alguns ainda o conhecem, embora não admitam. Eu, particularmente, gostaria de obter a posse

desse rito, porque acredito que essa fórmula esteja praticamente inalterada desde o período em que os homens da caverna a utilizavam.

Desde então, tive a sorte de presenciar a realização desse rito, mas infelizmente, ou muito felizmente, não foi executado com intuito de matar ninguém, embora eu acredite que o método utilizado possa matar. Isso também confirma aquilo que uma bruxa me disse há muito tempo: "Antes que você possa causar qualquer dano ao seu inimigo por meio de um boneco de cera, primeiro você deve sentir uma raiva genuína e espontânea, só assim conseguirá atingi-lo fisicamente"[12]

Neste caso, um certo homem que nós podemos chamar X, tentava ganhar algumas posses chantageando o proprietário, dizendo enfaticamente: "Se você não ceder, certos fatos virão a público, o que será extremamente desagradável para você e seus amigos". O proprietário consultou advogados, mas lhe foi dito: "Se este fato se tornar público, será muito desagradável. X por si próprio nada falaria pois poderíamos processá-lo por difamação. Ele faria com que outras pessoas espalhassem o boato. Você deve julgar se não será melhor deixá-lo ficar com a propriedade a permitir que seus amigos sofram. É apenas uma questão de três mil libras".

O proprietário, não aceitando o fato de ser chantageado, foi até uma bruxa que conhecia bem o chantagista e não aprovava suas atitudes. Então, na reunião seguinte, ela expôs esse caso já que todos nós tínhamos tido experiências desagradáveis com X. Ficou combinado que algo seria feito, mas de modo que não lhe causasse nenhum dano. Assim eu pude ver exatamente o que foi feito. Claro que eu não posso contar como foi feito, mas posso dizer que considero esta uma prática muito antiga, um modo de impingir uma maldição, algo que suponho que tenha sido descoberto por um método de tentativa e erro, em que fazendo-se algo de uma determinada maneira trará um efeito específico. Neste caso o poder foi direcionado para impedir o ofensor de falar, costurando-se seus lábios, e para prevenir que ele tomasse uma atitude contra o proprietário, o boneco foi atado firmemente.

Claro que o incrédulo dirá que foi pura coincidência o fato de X ter imediatamente parado com todas as ameaças, vendido sua casa e deixado o distrito.

Creio que isso serve para ilustrar como a ética das bruxas é ao menos melhor do que, digamos, a do Bispo de Troyes.

Para falar a verdade, eu sei que a Bruxa Principal estava enraivecida, e creio que se as outras tivessem permitido, o homem poderia ter sido gravemente ferido, ou até mesmo morto. Mas acho que isso também mostra o que tão frequentemente tenho dito. "As bruxas podem ficar bravas e esquecerem-se de seus ensinamentos, mas as outras não permitirão que elas causem nenhum dano."

---

12. Esse boneco de cera está em exibição no meu Museu da Magia e Bruxaria.

Nisto que se houver alguém entre os presentes que não concorde com o que está se tentando realizar, o feitiço pode ser prejudicado. Isso talvez explique as acusações em julgamentos de bruxaria: "Você estava presente e consentiu a morte de A". ou qualquer que fosse a acusação contra a principal.

Por favor, não vá imaginar que as bruxas estão sempre fazendo esse tipo de coisa, pelo fato de eu ter relatado o único caso em que eu estava presente quando o "boneco" das bruxas foi usado. Esse foi o primeiro caso que eu presenciei em quase 20 anos.

O ponto de vista habitual de certos críticos é dizer: "Já que elas sabem produzir bonecos de cera, isso prova que elas *sempre fazem isso*". Presume-se que se eles próprios soubessem fazê-los, nada poderia evitar que eles os usassem contra todos aqueles de quem não gostassem.

Há muito tempo, certas pessoas tinham um sentimento semelhante, e a terrível verdade dos fatos é que bastava que se acusasse alguém de bruxaria para que esse alguém fosse queimado. De qualquer forma, permanece o fato de que existem muito poucas bruxas que sabem como fazê-lo; a maioria dos membros certamente desconhecem o processo. Eu estava conversando com um casal que estava presente quando o "boneco" foi produzido e ambos disseram: "Vimos quando ele foi feito, mas mesmo assim não sabemos fazê-lo", e esta é exatamente a minha posição: sinto que perdi algum detalhe e "aquela que o fez" não me revelará.

É provável que pessoas que não são bruxas saibam o segredo. J. M. MacPhearson em *Primitive Beliefs in the North-West of Scotland*, pág. 203, conta-nos que uma velha senhora em Inverness: "ficou ofendida com seu Pastor porque este se recusou a dar-lhe a Sagrada Comunhão. Ela, então, adotou o antigo método de fazer um boneco. O Pastor ficou em péssima saúde e enfraquecia gradualmente. Então o boneco foi descoberto, o feitiço quebrado e ele recuperou-se". Essa velha senhora deve ter sido uma devota cristã para desejar a Comunhão tão intensamente.

Ele também nos conta (pág. 204) dos Pescadores de Prestonpans que alçavam vela para pescar nas noites de domingo para o criadouros de peixes. O clérigo da cidade pregava contra o descanso deles no Sábado Sagrado, portanto para "prevenir qualquer dano proveniente das suas rezas, os pescadores fizeram pequenos bonecos de trapo e os queimaram no topo de suas chaminés". Neste caso, as orações do Ministro eram intencionadas para provocar o mal.

O uso de uma imagem para proteger uma pessoa contra o mal é de conhecimento comum entre as bruxas, especialmente para curar doenças. Quando o paciente estava distante, um boneco era feito e "formava-se a conexão", e os medicamentos eram aplicados nele.

O fato é que as pessoas de todos os lugares conhecem a arte de fazer imagens, da Babilônia, da Índia, do Antigo Egito, da Grécia, do Ceilão, da África. Existe a ideia de que aquilo que for feito à imagem de um homem será feito a ele, por meio de alguma forma de mágica homeopática. Feiticeiros lidaram com isso em larga escala. Quando queimamos alguém em efígie, estamos no mínimo tentando trazer má sorte a ele.

Acreditava-se que Nectanebus, o último rei nativo do Egito, em aproximadamente 358 a.C., mantinha sua independência dessa maneira. Ele tinha modelos de cera dos barcos e guerreiros egípcios e de prováveis inimigos. Diante de qualquer tentativa de invasão do Egito, ele colocava os bonecos em barris de água, de frente para os bonecos egípcios, e por meio de suas conjurações, os navios lutavam na água, o inimigo era derrotado e os navios deles afundavam. E isso fazia com que os navios reais também afundassem.

Como seus sucessores não praticaram esta arte, o Egito perdeu sua independência.

Com toda essa ânsia pelo "Desarmamento" hoje em dia, fazer alguns desses "Navios de Cera" pode ser uma boa precaução. E que tal bombas atômicas de cera? Mas não pergunte às bruxas, elas não conhecem essa arte, isso é feitiçaria.

A pergunta parece-me ser: "Por que se crê que é tão ruim uma bruxa fazer uma imagem, quando não parece haver nenhuma objeção para que outras pessoas façam o mesmo?" Uma resposta óbvia é: "O boneco da Bruxaria funciona enquanto o de outras pessoas não".

Embora pareça ter funcionado de forma excelente para o Bispo de Troyes e para a Velha Senhora de Inverness. Porém, e um grande porém, se as bruxas pudessem matar seus inimigos tão facilmente, por que não haveria um número notável de mortes entre os seus "Opressores"? Se isso tivesse ocorrido, seguramente teria sido difundido como sendo um bom exemplo da malícia das bruxas.

Nisto que a perseguição às bruxas teria sido um fator de apto à levá-las a um estado de "raiva espontânea e genuína" necessário.

Em nenhum momento quero transmitir a impressão de que as bruxas têm mais valores éticos do que as outras pessoas, e eu creio que quando atacadas primeiro elas revidam, mas as bruxas realmente "iniciadas", não apenas pertencentes à "Congregação", eram poucas. A Igreja, como um todo, era uma força inteligente e poderosa, sabia atacar rapidamente e, até certo ponto, proteger-se da magia. Existe uma tradição entre as bruxas de que milhares de pessoas foram torturadas e queimados para cada bruxa; e sempre que uma bruxa revidasse, milhares seriam martirizados. As bruxas reuniram-se e decidiram: "Não podemos lutar contra este terror; sempre que atacarmos, outros milhares serão massacrados, a única maneira de sobrevivermos é trabalharmos secretamente, nunca ferir ninguém, apesar de estarmos sendo injustiçadas, no tempo devido, seremos esquecidas". E assim procederam, e com um pouco de habilidosa propaganda, criaram uma imagem divertida da Bruxaria, uma velha com um gato preto que voa em um cabo de vassoura e assim por diante, e pouco a pouco foram esquecidas, todas as leis contra elas foram revogadas, assim que se descobriu quão inofensivas elas eram.

Mesmo assim, uma bruxa foi queimada viva no México em 1955, e os "poderosos" precisaram usar muito dinheiro e influência para suprimir esse fato, referindo-se a ele como um ato de selvageria. Bem, a bruxa mexicana pode não ser igual à britânica, e talvez ela tivesse causado algum dano, ou ela poderia não ser uma bruxa; a real acusação contra ela parece ser que ela havia realizado uma cerimônia em honra aos antigos deuses.

É devido ao infeliz resultado da propaganda da Igreja que a palavra bruxaria é usada pela imprensa, quando eles querem contar um caso curioso de envenenamento, um caso de um *Poltergeist*, um *Blackfellow* australiano usando um osso pontiagudo, um sacrifício de Vodu, um "trabalho esquisito" de um curandeiro africano, a suposta Adoração ao Diabo em Paris ou em outro lugar, ou até mesmo o caso curioso de alguns alunos que, durante uma aula de biologia natural numa casa de veraneio abandonada, expuseram as espécimes capturadas em uma mesa-redonda. A esposa do vigia, vendo esse círculo, gritou: "Magia Negra" e "Bruxaria", e foi correndo à Paróquia pedir permissão ao bispo para exorcizar o lugar. A imprensa sensacionalista desfrutou de sua orgia habitual de manchetes gritantes, mas quando a verdade veio à tona, fez um discreto silêncio.

A verdade é que, em outra época, já tivemos humor melhor. Quando um célebre naturalista francês ao descrever um animal, disse: "Este é um animal muito malvado; se vocês o atacarem, ele se defenderá".

Ele foi muito ridicularizado por ter dito isso.

Por quê? Pensa-se que se uma bruxa for atacada, ela não deve revidar, embora o comentário seja sempre: "Ela é tão malvada". Talvez porque os perseguidores acreditavam que por ser inofensiva, seria um alvo fácil. Como as pessoas sempre falam de uma bruxa no feminino, eu faço o mesmo; entretanto, logicamente, refiro-me ao gênero masculino e feminino.

Mas voltemos à fabricação de bonecos de cera. Creio que o fato de amarrar o boneco ilustra um dos usos que uma bruxa faz do seu cordão. Desde os tempos antigos menciona-se a utilização pelas bruxas de "Cordões, Linhas ou Novelos", para fazer o bem ou o mal, e frequentemente são descritos como sendo coloridos. Bruxas gregas são sempre descritas utilizando cordões coloridos.

As bruxas modernas fazem o mesmo; eu perguntei a razão e a resposta foi: "Apenas porque são bonitos". Isso talvez simplesmente signifique que pelo fato de a bruxaria ser um ritual religioso, elas o realizem da maneira mais "agradável" possível, ou talvez haja algum outro motivo já esquecido. Algumas pessoas sugerem que seria porque cordões brancos logo ficam sujos, mas não creio que seja esse o motivo, pois nesse caso elas usariam preto ou cores escuras, embora as bruxas italianas usem cordões ou linhas pretas quando realizam um feitiço maléfico.

Neste museu, possuo um limão seco espetado com alfinetes pretos e atado com um cordão preto. Esse trabalho foi feito com a intenção de separar dois amantes cuja união os pais desaprovavam, e diz-se que os cordões pretos são empregados em "feitiços mortais".

A propósito, a bruxa utilizou fitas brancas para amarrar o chantagista, mas não havia intenção de feri-lo, mas simplesmente prevenir que ele prejudicasse os outros, e era a única fita que ela tinha à mão.

Diz-se que as bruxas babilônicas prendiam as almas de pessoas dando nós em um cordão, recitando um feitiço a cada nó. Uma velha acusação contra as bruxas na Europa é a de que elas davam nós para arruinar as pessoas, entretanto minhas amigas negam conhecer essa arte. Mas não há a menor dúvida de que as (assim chamadas) bruxas da Ilha de Man, e em outros lugares, vendiam cordões com nós aos marinheiros, para assegurar ventos favoráveis, e frequentemente dizia-se que desatando-se o primeiro nó haveria um vento leve, que logo se dissiparia, desatando-se o segundo resultaria em um vento forte e breve e desatando-se o terceiro nó haveria uma tempestade que provavelmente afundaria o navio.

Creio que isso nos mostra que tudo o que as bruxas faziam era distorcido. Marinheiros não são mais tolos que as outras pessoas. É óbvio que nenhuma pessoa sensata desataria o terceiro nó se acreditasse que provocaria uma tormenta, e qualquer capitão sagaz compraria vários cordões e apenas desataria o primeiro ou o segundo nó. Eu digo "as assim chamadas bruxas", pois nem todos os que vendem encantamentos e feitiços são iniciados. E uma antiga lei da bruxaria diz que nunca se deve praticar magia por dinheiro. "Embora, obviamente, na bruxaria, assim como em qualquer outra religião, nem todos os seguidores obedeçam aos ensinamentos".

Voltando ao assunto "cordões". A Inquisição, a princípio, acusou as bruxas de "Levantar Tempestades, Sacrifício Humano, e Vestir Cintas" o que sempre me pareceu ser uma combinação curiosa, já que a cinta era uma vestimenta comum à época.

A Inquisição pode ter sido composta por canalhas sádicos; no entanto, eles certamente não eram tolos. Quando eles fizeram essa acusação, havia um real motivo por trás dela.

Deve-se lembrar que a mesma acusação foi feita contra os Templários. A Crônica de São Denis, afirma enfaticamente: "Em suas cintas estava sua *mahommerie*", ou seja sua magia. Algumas bruxas acreditam que isso quer dizer que a Inquisição sabia que ambos, os Templários e as bruxas, utilizavam-na para fazer magia.

A Crônica de Chipre, menciona um fato curioso em que o criado de um Templário subtraiu (roubou?) a cinta de seu mestre; e este, assim que tomou conhecimento do fato, matou o criado com sua espada. Também menciona que um bisbilhoteiro ouviu um cavaleiro instruindo alguns noviços para que guardassem muito bem os cordões, que os vestissem escondidos por baixo de suas roupas para que assim pudessem obter grande prosperidade. Não consigo imaginar nada que possa ser feito com um cordão para atrair grande prosperidade, exceto aqueles produzidos pelas bruxas em um trabalho de bruxaria.

Alguns autores confundem o cordão com a "jarreteira das bruxas". Esta é uma insígnia de grau, mas pelo que me consta, raramente é usada hoje em dia, embora muitas as possuam e ocasionalmente as usem.

A jarreteira era usada ocasionalmente nos tempos antigos como uma insígnia de reconhecimento. Hoje em dia não teria muita utilidade, já que se alguém quisesse se fazer passar por uma bruxa, este seria o primeiro item em que pensaria.

A Dra. Margaret Murray acredita que o cordão era usado como um meio de execução de traidores; eu não tenho conhecimento sobre esse assunto, embora os casos que ela cita me parecem homicídios por clemência, quando um homem era levado, e submetido a prolongadas torturas, estrangulava-se ou era estrangulado a fim de obter uma morte misericordiosa, uma forma de eutanásia para seguir aos reinos da Deusa, a terra descrita pelos poetas, "onde os rapazes caminham com uma luz dourada sob seus pés, e as garotas com faces e seios brilhantes, e os brotos florescendo nos galhos das macieiras, e tudo é juventude na glória da manhã, a manhã é eterna na terra da juventude". A terra para onde as Wicas acreditam que irão para desfrutar do descanso e frescor, até que por intermédio do poder da Deusa estejam prontas para renascer na terra uma vez mais.

T. C. Lethbridge diz (pág. 125) em *Gogmagog*:

> A bruxaria alcançou sua totalidade quando o estágio de pastoreio da existência substituiu a caça como modo de vida. De forma a assegurar essa finalidade, realizavam-se danças rituais livres e banquetes, e nos intervalos vítimas eram sacrificadas no fogo. Sabe-se que o principal objeto de adoração é a Deusa, mas eu nunca havia visto seu nome exibido, embora sugerisse algo semelhante a "Adraste". No entanto, o líder das cerimônias parecia vestir-se de modo a assemelhar-se a um touro, bode ou cavalo... Agora este ritual assemelha-se àquele que se deduz seja da religião Gog e Magog. Será o mesmo ou não?

> (pág. 127). A imagem popular das bruxas, que ainda permanece conosco, é resultado de uma longa e furiosa propaganda criada por seus inimigos. Deve estar longe da verdade. Uma fé que precisou de tanta malignidade das autoridades eclesiásticas para suprimi-la, deve ter tido muitos pontos positivos a ponto de representar um sério rival, está claro... havia uma firme crença na imortalidade.

> (pág. 131). A questão do Druidismo. Seu nome está certamente conectado à raiz céltica 'dru' de carvalho. Eles são descritos pelos contemporâneos como sacerdotes do carvalho sagrado no bosque sagrado... Se quisermos dar antigos exemplos do uso dos bosques sagrados, ou ritos relacionados ao carvalho, será necessário percorrer um longo caminho para mostrar que um sacerdócio do tipo druida existiu na Inglaterra antes dos celtas da idade do ferro chegarem.

Esses celtas podem ter sido os primeiros a chamá-los druidas, mas eles teriam sido druidas de qualquer forma.

(pág. 136). Não é surpreendente encontrar evidências da existência de duas crenças lado a lado no mesmo indivíduo. Não há apenas o testemunho bíblico disso entre os antigos hebreus; mas caso a Dra. Margaret Murray esteja certa, no que seguramente acredito, as famílias que regiam a Inglaterra, até os tempos de Plantagenet, eram devotas de ambas as religiões. ...Os ritos da antiga fé, agora considerados superstição, atualmente são praticados em todo o país. Isso não significa que as pessoas não fossem cristãs; mas que elas também conseguiam ver muito sentido nas velhas crenças. A ideia de transmigração e subsequente renascimento na terra devia exercer uma atração maior nos guerreiros celtas do que o ressoar de uma harpa no céu, ou o descanso no seio de Abraão.

... Muitos do rituais de Ísis transformaram-se em cerimônias cristãs; muitos deuses e deusas pagãos foram canonizadas como santos cristãos; Brigid tornou-se Santa Brígida, Ma e Matrona tornaram-se a Santa Maria.

Tudo o que o Sr. Lethbridge diz é exatamente o que as bruxas me disseram, à exceção de que elas negam ter usado qualquer forma de sacrifício vivo, seja humano ou animal. O Sr. Lethbridge acredita que, no princípio, a Deusa possuía uma personalidade feroz, uma Deusa da morte e destruição, mas foi ela quem distribuiu as maçãs da vida e tinha caráter maternal; e quem mais tarde transformou-se em uma Deusa Lunar mais moderada a quem já não se fazia oferendas de sangue.

Naturalmente o Sr. Lethbridge aceita os fatos com os quais ele se depara; eu faço o mesmo com respeito às tradições e rituais que sobreviveram, e considero odioso qualquer sacrifício de sangue ou queima. É bem possível que este ódio venha de um tempo quando tais práticas eram realizadas. (Embora as bruxas modernas atribuam isso a objeções às estranhas atividades de Aleister Crowley.) Também creio que haja muita evidência de que originalmente havia uma "Caçada Mágica", e presumo que foram as mesmas pessoas que, à medida que foram transformando-se em criadores de gado, passaram a realizar ritos de pastoreio, entretanto esta é apenas minha teoria.

O primeiro dia do mês de maio (Primeiro de Maio) é celebrado na Europa e América, mas ninguém parece saber o motivo exato. Não é um festival cristão. Antigamente era celebrado com procissões e comemorações. Conjectura-se ser remanescente de algum antigo rito de fertilidade para marcar a chegada da Primavera. Mas a Primavera começa em março; alguns dizem estar relacionado à uma deusa romana, Florilia; nesse caso, podemos esperar que algo sugira sua adoração.

Outros dizem que era o Beltane céltico, quando sacrifícios eram oferecidos ao Deus Baal, ou Beal. O Apolo romano era às vezes chamado de Belinus, o deus do Tyre era Baal; o deus fenício era Baal; e o grande deus irlandês era Beal. Todos esses nomes significavam Sol; embora seus festivais fossem na Primavera, nem todos parecem ter ocorrido em Primeiro de Maio.

Um dos festivais mais importantes para as bruxas, em louvor à sua Deusa, é realizado nesse dia; porém, como são adoradoras da Lua, seu dia começa ao pôr do sol. Assim, de acordo com nossos cálculos, elas celebram a noite de 30 de abril. Existe algo que nos levaria a pensar que o festival das bruxas originou o *May Day*? Ele era celebrado na Inglaterra? Nós lemos: "era uma época propícia ao prazer e ao amor sexual". Os jovens saíam na véspera de 30 de abril e passavam a noite bebendo, ouvindo música e fazendo amor". Eles apanhavam galhos de árvores floridas e depois de uma noite relaxante retornavam para casa de madrugada: "Trazendo May".

Em 1585, o puritano Philip Stubbs escreveu: "eu tenho ouvido relatos dignos de credibilidade... dezenas ou centenas de donzelas passam a noite nos bosques, e um terço delas retornam para casa defloradas". Ele era um puritano e provavelmente estivesse exagerando, embora devesse existir algo daquilo que se queixava; ele também repugnava o *May Pole*,* e diz: "Elas dançam ao seu redor como os pagãos faziam em dedicação aos seus ídolos; esta é a descrição perfeita senão a própria coisa". Eu creio que isso significa que ele compreendia o que o *May Pole* representava.

Os puritanos votaram um projeto de lei no Parlamento denominando as celebrações do Primeiro de Maio como "Vaidade Pagã". As danças eram condenadas como pagãs e objeto do demônio.

Thomas Hall, um dos escritores puritanos, disse: "Se Moisés ficou irado quando viu as pessoas dançarem ao redor do Bezerro Dourado, ele talvez também ficasse ao ver as pessoas dançando o morrice ao redor de um mastro em louvor a uma puta". Podemos presumir que ele não sabia que o *May Day* era em louvor a uma deusa, a qual as pessoas ainda veneram, porém seu nome nunca é mencionado. Por quê? E nesse caso, não poderia ela ter sido a deusa das Bruxas, cujo nome sou proibido de mencionar, como eu disse em *A Bruxaria Hoje*.

Eu gostaria de saber por que esse dia foi escolhido para ser o feriado do dia trabalho pela seríssima Internacional Socialista desde 1889. Saberiam eles que a Deusa havia prometido liberdade a todos os seus filhos?

---

* N. do T.: O Mastro.

Capítulo XI

Quem Foram os Deuses da Bretanha

A Bretanha não teve sorte com relação à sua história. Apesar de possuir alguns dos mais maravilhosos monumentos da antiguidade, a maioria deles data de um período em que a escrita era pouco comum, e o que se escrevia normalmente não era gravado em pedra, embora existam inscrições Oghamicas no Sul do País de Gales e em Silchester, Hampshire. César conta-nos que os druidas utilizavam caracteres gregos para escrever, no entanto há dois alfabetos chamados de "Alfabetos de Árvores" que também eram usados por eles. Mas devido à invasão romana e consequente tendência de separação das tribos britânicas, à vinda do Cristianismo que destruiu muitas das velhas tradições, além das invasões saxônicas e às várias centenas de anos de luta que conduziram à destruição de bibliotecas como a da Abadia de Bangor que foi queimada pelos seguidores de Santo Agostinho, e o abominável clima úmido inglês, praticamente não restou nenhum registro escrito; ao passo que a exterminação dos druidas pelos romanos e o amplo desmembramento da vida tribal na Antiga Bretanha eliminou também a maioria das tradições orais.

Há também incidentes históricos, profundamente angustiantes para um antropologista, como aquele de certos bispos que reclamaram a Henrique VIII, no período em que este foi entitulado o "Defensor da Fé", que havia um "padre pagão" em Gales, que recebeu o nome de Dorwell Gardarn devido a um "grande ídolo" com o mesmo nome, feito de carvalho, ao qual ele servia, e para o qual as pessoas tinham o hábito de oferecer gado em sacrifício. No intuito de salvar as almas das pessoas do Inferno, os bispos trouxeram o "padre" e seu "ídolo" para Londres e os queimaram. Essa foi uma terrível perda para nosso conhecimento, assim como o "ídolo" que deve ter sido uma relíquia de tempos imemoriais e provavelmente representava Hu, Gadarn. Hu o Poderoso, o regente do Hades céltico.

A Irlanda foi mais afortunada, pois lá os druidas permaneceram nos tribunais do rei na posição de sábios e mágicos, e ela nunca foi conquistada pelos romanos ou saxões. Também nos anos posteriores, muitos padres irlandeses escreveram as tradições do país, em parte para explicar a vinda de São Patrício; além de incluírem muitos contos dos tempos antigos. Assim, há um bom registro dos antigos deuses irlandeses, seus nomes e atributos, embora explanações cristãs estejam inclusas.

Outra fonte de informação sobre os antigos deuses está nos romances medievais tais como *Morte D'Arthur*, as histórias do Graal, etc., nos quais os Deuses e Deusas se apresentam sob estranhos disfarces; a Deusa Lunar, por exemplo, aparece como "Morgan Le Fay", ou o Antigo Deus que figura como o "cavaleiro das fadas", como em "Sir Huon of Bordeaux".

O próprio Artur parece ser uma forma do Antigo Deus da Morte e do Além Mundo; pois está provado que até mesmo na época de Shakespeare, as pessoas comuns o reconheciam como o Regente do Além Mundo. Lembrar-se-á na obra de Shakespeare, do que a senhoria de Sir John Falstaff diz ao descrever sua morte: "Ele teve um final feliz e foi para junto de Artur, se é que alguém já esteve lá". O Rei Artur foi considerado, em algumas localidades, o líder da Caçada Selvagem, o que definitivamente o identifica como o Deus das Bruxas. T. Crofton Croker, diz-nos em *Fairy Legends and Traditions of the South of Ireland*,

> As lendas populares estão cheias de narrativas sobre caçadores selvagens, assim como personagens incansáveis. Diz-se que o Rei Artur costumava caçar nos bosques britânicos: ninguém podia ver o monarca pessoalmente, mas o som das cornetas e os uivos dos cães de caça podiam ser claramente ouvidos; e quando alguém o chamava, ouvia a resposta — 'Somos nós, Rei Artur e sua família'.

O epitáfio na tumba de Rei Artur, em Glastonbury, citado por Sir Thomas Malory é uma alusão à antiga crença na reencarnação: *Hic jacet Arthurus, Rex quondam, Rexque futurus*, o que significa: "Aqui jaz Rei Artur, aquele que foi rei e que será rei novamente". Em seu romance, *Wife to Mr. Milton*, Robert Graves descreve como John Milton, o poeta, em uma fase de sua vida acreditava tão piamente que o Rei Artur reencarnaria e novamente conduziria a nação britânica, que começou a elaborar mapas astrológicos para averiguar a época mais favorável para a concepção de uma criança, de forma a providenciar um veículo para que o espírito de Artur pudesse reencarnar, e mantinha relações sexuais com sua esposa nos horários que os mapas astrais, numa tentativa de procriar um filho que fosse o Rei Artur renascido.

Pelo que foi mencionado acima, fica claro que o Rei Artur era considerado tanto um herói, que um dia reencarnaria, quanto um Deus. Aparentemente o *Dux Brittanorum* que uniu a prejudicada nação britânica contra os invasores saxões depois da retirada das Legiões, havia entrado na mente do povo para ser associado com os atributos de um antigo deus. Esse é um fato corriqueiro para estudantes de religião comparativa que sabem como os mitos divinos de várias formas, tais como nascimentos milagrosos, etc., são incorporados às vidas de homens famosos com o passar do tempo e suas histórias são contadas e recontadas. Aqueles heróis que passaram para o domínio dos Deuses tornaram-se semelhantes à eles, da mesma forma que no antigo Egito a alma dos homens justos unem-se à de Osíris.

Muito tem sido escrito por vários autores acerca da velha lenda da Caça Selvagem; mas essa conexão com o culto da bruxa geralmente parece não ser notada. Porém, mencionei em meu livro *A Bruxaria Hoje,* que as bruxas modernas contaram-me que no passado tinham o hábito de irem às suas reuniões a cavalo, vestidas com roupas estranhas e dando gritos selvagens a fim de espantar as pessoas. Certamente essa estranha cavalgada, era vista pelos camponeses como a Caçada Selvagem, com seus cavaleiros fantasmas, vistos como se fossem a própria morte. Algumas pessoas lançam dúvidas sobre minha declaração a respeito desse assunto; mas, como mencionei previamente, a confirmação dessas declarações de meus informantes chegaram a mim por meio de um velho e raro livro, *Receuil de Lettres au Sujet des Malefices et due Sortilege... Par le Sieur Boissier,* (Paris, 1731). Nesse livro, Boissier transcreve os testemunhos de um julgamento de bruxaria na França, em 1669, alguns dos quais narram que as bruxas estavam realizando um encontro em uma encruzilhada nas proximidades de uma antiga fazenda quando alguém surgiu na estrada: "O Diabo fez aparecer seis cavalos sobre os quais havia seis bruxas montadas", e com gritos alvoroçados e berros selvagens galoparam em direção ao intruso, espantando-o com eficiência. Certamente ele pensou que fosse o famoso cortejo fantasma, um tipo de lenda encontrada por toda a Europa.

Mas *por que* as bruxas deveriam personificar a Caçada Selvagem? Existiria algum outro significado para o culto além da brincadeira de assustar as pessoas? Creio que sim, e estas lendas da Caçada Selvagem são remanescentes de uma das mais antigas tradições dos antigos deuses.

Seu líder possui vários nomes em diferentes países, e em diferentes distritos das Ilhas Britânicas. Mas não importando sob qual nome ele possa ser conhecido ele sempre será o antigo Deus Da Caça e da Morte. Um de seus nomes mais famosos é Gwyn ap Nudd, e Charles Squire fala a respeito dele em seu *Celtic Myth and Legend, Poetry and Romance:*

> Gwyn ap Nudd sobreviveu na tradição mais que todos os seus semelhantes sobrenaturais. O professor Rhys vê nele o equivalente britânico do gaélico Finn mac Cumhail. O nome de ambos significa "branco"; ambos são filhos do deus-celestial e famosos caçadores. Gwyn, entretanto, é mais que isso; pois sua caça é o homem, nos antigos poemas galeses, ele é o deus da batalha e dos mortos, e como tal, faz o papel de *psychopompos*, conduzindo os mortos ao Hades, de onde é o regente. Posteriormente, na história semicristianizada ele

é descrito como "Gwyn, filho de Nudd, a quem Deus colocou acima de uma família de diabos em Annwn, temendo que destruíssem a presente raça. Mais tarde, com o paganismo ainda mais degenerado, ele passou a ser considerado como rei das *Tylwyth Teg*, as Fadas galesas, e seu nome ainda não foi esquecido no seu último reduto, o romântico vale de Neath. Ele é o caçador selvagem de Gales e do Oeste da Inglaterra, e às vezes sua matilha ainda é ouvida em perseguição por lugares ermos à noite.

Em seu mais antigo disfarce, como deus da guerra e da morte, ele é tema de um poema em diálogo contido no Livro Negro de Caermarthen. Obscuro, como a maioria dos antigos poemas galeses, é, no entanto, uma produção vivaz... Nele podemos ver refletida talvez a figura mais nítida do panteão britânico, o 'poderoso caçador', não de gamos, mas de almas humanas, cavalgando seu cavalo demoníaco, e atiçando seus demoníacos cães de caça sobre a caça amedrontada. Ele sabe quando e onde os grandes guerreiros caíram, pois recolheu suas almas no campo de batalha, e agora os rege em Hades, ou no 'topo de uma montanha coberta de brumas'.

O pai de Gwyn, Nudd ou Llud, é semelhante ao Deus irlandês Nuada, o possuidor da Grande Espada "de cujo golpe ninguém jamais escapou ou se recuperou", ou seja, a Espada da Morte, que era um dos Quatro Talismãs dos Tuatha De Danaan, os filhos da Deusa Dana, a Grande Mãe dos deuses e dos homens. Ele pode ser simplesmente uma versão mais jovem de Nudd, assim como Hórus foi de Osíris.

Um dos redutos especiais de Gwyn foi Glastonbury Tor, o qual, em tempos remotos, era rodeado de pântanos quase intransponíveis. Lembrar-se-á que as bruxas afirmam que Glastonbury é um de seus lugares sagrados. Como "Avalon", o Santuário das Maçãs, com seu simbolismo de renascimento, seria naturalmente sagrado ao Antigo Deus da Morte e Ressurreição. Eu já mencionei o Poço Sagrado que lá existe, que já era antigo quando o Cristianismo chegou na Bretanha.

Ocorre-me a possibilidade de que o famoso "Glastonbury Thorn" pode ser a última relíquia restante de um bosque sagrado, como é mencionado nos antigos romances do Graal, que falam como se inúmeras árvores existissem lá. Todas essas relíquias dos tempos antigos seriam, é claro, cristianizadas depois da conversão, ou suposta conversão, da Inglaterra, e lendas seriam criadas para explicar sua existência.

Realmente, onde quer que encontremos um santuário cristão realmente antigo, podemos quase estar certos de que este foi construído sobre um santuário pagão ainda mais antigo. Essa era a política praticada deliberadamente nos primórdios da Igreja, já que eles sabiam que as pessoas, de qualquer forma, continuariam a visitar seus tradicionais lugares sagrados fossem eles cristãos ou não, portanto deveriam ser cristianizados. Ainda existe uma carta de São Gregório, Papa na época, para Abbot Mellitus em 601 d.C. na qual ele ordena que os templos pagãos deveriam ser "purificados" e transformados em igrejas cristãs, de forma que "a nação, vendo que os seus templos não estão destruídos, possa remover o erro de seus corações e conhecendo e adorando o verdadeiro Deus, possam recorrer aos santuários com os quais estavam mais familiarizados". (Citado pelo Venerável Bede em sua "História Eclesiástica".) Muitas vezes, como vimos, esses antigos locais e templos foram deliberadamente profanados e destruídos, mas quando havia o risco de incitar o sentimento popular, considerava-se uma política melhor adaptá-los calma e sutilmente à nova religião.

Foi assim que o Elíseos céltico, Avalon, tornou-se o foco da lenda cristã; embora, como mencionei anteriormente, não é há nada impossível na história de José de Arimateia, se ele realmente estivesse no comércio de estanho, e tenha vindo para a Bretanha após a Crucificação, quando provavelmente sua posição em seu país de origem teria ficado no mínimo difícil, se não perigosa. Ele, assim como muitos outros posteriormente, teria vindo à Bretanha como um refugiado político, esperando viver de alguma atividade que conhecesse.

Uma lenda de Glastonbury Tor ilustra a luta entre os elementos pagãos e cristãos em Glastonbury. Relata como um velho ermitão dos primórdios do Cristianismo, São Collen, que morava em uma cela perto de Glastonbury Tor, um dia, ouviu dois homens, que estavam passando próximos à sua cela, falarem que Gwyn ap Nudd era o rei de Annwn (o Além Mundo) e das fadas. São Collen pôs sua cabeça para fora de sua cela e disse-lhes para calarem-se, afirmando que Gwyn e seu exército de fadas não passavam de demônios. Os dois homens retrucaram que logo Collen teria que se encontrar com o Soberano Negro cara a cara. Mais tarde, alguém bateu à porta de Collen e gritou: "Quem está aí?", ao que se respondeu: "Eu sou o mensageiro de Gwyn ap Nudd. rei de Hades, vim convocá-lo para ir falar com ele ao meio-dia no topo da colina". O santo recusou-se a. O mensageiro retornou com a mesma mensagem, mas ele recusou-se novamente. Então o mensageiro voltou uma terceira vez, e recebendo uma terceira recusa, disse ao santo que se não obedecesse após ser chamado três vezes, seria pior para ele. Então o santo decidiu ir, mas por precaução, levou um frasco de água benta consigo.

O santo subiu com dificuldade a ladeira verdejante do grande Tor, e para sua surpresa encontrou-a coroada por um esplêndido castelo, o qual ele nunca havia visto antes. Cortesãos elegantemente vestidos caminhavam nas proximidades, e um pagem conduziu o santo à presença de Gwyn, que estava sentando em uma cadeira dourada diante uma mesa farta. Gwyn, em contraste com a descortesia do santo, convidou-o para compartilhar de seu banquete, e acrescentou que se houvesse algo que ele desejasse em especial bastaria que solicitasse e lhe seria trazido. Mas o santo, sentindo-se vítima de ilusão mágica e glamourie, disse: "Eu não como folhas de árvores". Ele evidentemente conhecia o tradicional encantamento *fith-fath* ou metamorfose pelo qual um objeto comum poderia ser transformado de modo a parecer algo "rico e distinto". Porém, Gwyn continuou a conversar com o santo moderadamente e perguntou-lhe se não admirava o libré dos cortesãos que eram vermelhos de um lado e azuis do outro. "Suas roupas são boas o suficiente para o seu gênero", respondeu asperamente. "Que gênero é este?" perguntou Gwyn. "O vermelho mostra que lado está sendo queimado, e o azul mostra que lado está congelando", respondeu o santo; insinuando que eles eram demônios ou almas danadas do inferno. E neste momento Collen atacou-o com seu frasco de água benta, e o rei de Annwn, juntamente com seu castelo e seus estranhos companheiros, desapareceram misteriosamente pelos ares.

Como sempre, os pagãos são descritos como sendo amáveis e corteses, enquanto os "santos" como rudes e destrutivos.

St. Collen de forma alguma seria a única pessoa a testemunhar estranhos acontecimentos em Glastonbury Tor. Há histórias atuais de pessoas que viram luzes estranhas e formas de fadas no Tor, e conheci nativos que asseguraram-me solenemente que o Tor é o oco — talvez uma "uma memória folclórica" da Colina Oca onde o Antigo Deus reinou.

O "exército de Fadas" de Gwyn, o *Sluagh*, como é chamado na Irlanda, é tradicionalmente composto por aqueles cujas almas são boas demais para o inferno, mas não suficientemente boas para o céu; ou então das almas de pessoas que não foram batizadas, ou seja, os pagãos. Notar-se-á, porém, que o nome "Gwyn" significa "branco", e na doutrina dos druidas, os Reinos Superiores do Além Mundo (os quais os espiritualistas chamariam de "Planos Superiores") eram chamados de o Reino de Gwynfyd. Curiosamente, branco já foi uma cor popular de luto. Diz-se que Henrique VIII usou branco em luto por Ana Bolena, e há um lindo retrato de "Marie, Reine d'Ecosse, en Deuil Blanche", a Rainha Maria da Escócia vestindo luto branco por seu primeiro esposo. De acordo com Cobham Brewer, branco foi a cor de luto na Espanha até 1498. Seu significado era *esperança* para a alma dos que haviam partido. Talvez seja um distante costume pagão, levando esperança para a alma no Além Mundo, e a promessa do renascimento, em contraste com as soturnas doutrinas cristãs do Julgamento Final e do Paraíso, reservado para poucos escolhidos e a maior parte da humanidade ameaçada pelo Inferno e Purgatório.

Gwyn, o divino pai de Nudd, ou Nodens, como era chamado pelos romanos, possuía um famoso templo em Lydney, no Severn. Ele era considerado um Deus da cura, do mar, ou, como era chamado, "O Deus das Grandes Profundezas", e os romanos o equiparavam a Silvanus, que era o rei dos Bosques. Essa parece ser uma curiosa complexidade de atributos; porém nem todas as profundezas estão no mar.

Posteriores e pós-cristãos são os poemas e histórias galeses traduzidos por Lady Charlotte Guest no "*Mabinogion*", ele contém poucas, porém claras ideias, sobre o líder da Caçada Selvagem, que aparece como "Arawn, o rei de Annwn", acompanhado de cães brancos de caça das fadas com orelhas vermelhas, os quais frequentemente figuram nos mitos celtas. Em North Devon esses cães de caça espectrais são chamados "Yeth Hounds", ou seja, Pagão ou Cães Pagãos, e em Dartmoor os "Cães de caça do Desejo". Talvez essa expressão seja corruptela de "Cães das Bruxas"* grafia dos termos 'bruxa' e 'desejo' em inglês são parecidas:

Nos países escandinavos e teutônicos, o líder da Caçada Selvagem é Odin ou Woden, e o Dr. W. Wagner, em *Asgard and the Gods*, faz um intrigante comentário acerca disso; ele diz:

> A Caçada Selvagem geralmente ocorre na estação sagrada, entre o Natal e a Décima Segunda Noite. Dizem que quando os gritos fossem especialmente altos e distintos, provavelmente o ano seria frutífero. Na época do solstício de verão, quando o dia e a noite têm a mesma duração, a Caçada Selvagem atravessava o vento e a chuva, pois Woden também era o senhor da chuva e costumava cavalgar em seu cavalo de nuvem, para que chuvas abundantes pudessem refrescar a terra.

Notar-se-á na citação acima, primeiramente, a conexão na mente popular entre a Caçada Selvagem e a fertilidade, e em segundo uma conexão entre as aparições da Caçada Selvagem e dos equinócios e solstícios, que são quatro das oito ocasiões de rituais da bruxaria.

Da Irlanda vem outra lenda que conecta um tipo de Caçada Selvagem ou cavalgada das fadas com a fertilidade e também com o sabá das bruxas. T. Croften Croker, em seu *Fairy Legends and Traditions of the South of Ireland*, relata que na região do Lago de Killarney existe uma lenda sobre um grande chefe de um clã dos tempos passados, chamado "O'Donoghue". Ele governou num tempo antes da história e seu reino se distinguia pela abundância, sabedoria e prosperidade — uma espécie de Idade do Bronze. Um dia, ele deixou o mundo dos homens e entrou no Lago de Killarney, depois de proferir à sua corte reunida uma profecia dos tempos que viriam depois dele.

Ele supostamente emerge das águas, montado em um cavalo branco, e cavalga sobre a superfície das ondas, acompanhado por um lindo cortejo de fadas ao som de uma música encantadora. Notar-se-á que sua aparição está conectada à fertilidade e boa fortuna, e a ocasião em que ocorre é *May Day*, um antigo sabá. Não é difícil ver na figura do "Deus O'Donoghue" um dos antigos deuses.

Há, no entanto, outro aspecto das crenças relativas à Caçada Selvagem, que ilustra a outra face do caráter do Antigo Deus, a saber, o Deus da Mor-

---

* N. do T.: *witch* e *wish*.

te. É a tradição que conecta a aparição da Caçada Selvagem com alguma calamidade nacional. Isso parece aplicar-se, especialmente à aparição de "Le Grand Veneur de Fontainebleau", na França, e de Herne, O Caçador, em Windsor Park na Inglaterra. Wagner, em *Asgard and the Gods*, diz que os gritos do segundo foram ouvidos ao lado do Palácio Real no dia anterior ao assassinato de Henrique IV por Ravaillac. Obviamente, o Antigo Deus da Morte havia vindo buscar a alma do fadado rei. "O furioso exército também atravessou o céu duas vezes, escurecendo o sol, antes que a revolução começasse. A população de todos os lugares acredita que seu aparecimento é o prenúncio de pestilência ou guerra, ou outro grande infortúnio."

Eliott O'Donnell, em seu livro, *Haunted Britain*, fala de Herne, o Caçador:

> ...o espantoso espectro de Herne, sua cabeça coroada com os chifres de um gamo gigantesco. Às vezes ele é visto a pé, às vezes montado em um enorme cavalo negro. No segundo caso, vem acompanhado por seus cães de caça que o seguem em sua corrida desenfreada pelo parque.
>
> Está aberto a conjecturas se o Gamo Branco Fantasma, que também conforme rumores assombra o parque, é presa de Herne, pois pelo que se sabe, nunca foi visto sendo perseguido pelos cães do Caçador. Dizem que seu aparecimento prediz algum evento de importância nacional e de acordo com um boato que circulou na ocasião, foi visto no parque imediatamente antes do início da Primeira Guerra Mundial.

Este gamo poderia ser uma manifestação do próprio Herne. Eu também ouvi em algum lugar, que Herne e seu cortejo de fantasmas foram vistos pouco antes do início da doença que matou o Rei George V. Cristina Hole, em *English Folklore* diz:

> Antes que qualquer calamidade afetasse a família real ou a nação, a aparição de Herne, o Caçador, era vista com chifres na cabeça, juntamente com a forma fantasmagórica do carvalho atormentado (a árvore sagrada de Herne: nota minha). Às vezes um gamo branco também aparece saindo de um buraco, o que está associado às fadas. Diz-se que todos os três fantasmas tinham sido vistos no parque antes da crise econômica de 1931.

Herne, o Caçador, com seu capacete coroado com chifres de gamo, seu cortejo de seguidores selvagens, sua associação com as "fadas", e a enorme árvore de carvalho, agora aparentemente destruída, sob a qual costumava aparecer, é por excelência o exemplo britânico de uma tradição sobrevivente do Antigo Deus das Bruxas.

Notar-se-á a natureza dual do Antigo Deus. Ele é o doador da fertilidade da terra, dos humanos e animais; mas ele também é o Senhor dos Portais da Morte. Esta natureza dual fez com que alguns estudantes de religião comparativa o equiparassem a Janus, que era em tempos muito antigos o consorte de Diana e que era retratado com duas faces. Também há uma óbvia semelhança ao Shiva indiano, que é tanto o Deus Fálico quanto o Destruidor, e que é o consorte da Grande Deusa Mãe, Shakti.

As bruxas explicam essa dualidade por meio de um ritual no qual elas invocam o Antigo Deus: "Vós sois aquele que abre a Porta do Útero; no entanto, todas as coisas nascidas precisam morrer, pois devem ser renovadas, portanto vós sois o Senhor dos Portais da Morte".

Na Lenda Mágica das Bruxas que narrei em *A Bruxaria Hoje* e a qual foi publicada novamente como Apêndice deste livro, o Antigo Deus explica à Deusa que Idade e Destino (Karma), contra os quais ele é impotente (porque são Leis Cósmicas), fazem com que todas as coisas murchem e morram: "Mas quando os homens morrem ao término de seu tempo, dou-lhes descanso e paz, e força para que possam retornar", isto é, renascer na terra, ou reencarnar.

Em duas das mais famosas "figuras da colina" da zona rural inglesa podemos ver esses dois aspectos do Antigo Deus manifestados. "O Gigante de Cerne", desenhado na colina de Cerne Abbas em Dorset, fálico, e com um bastão elevado (também um símbolo fálico), o caracteriza como o Deus da Fertilidade; e ele ainda é considerado como tal pelos nativos. Diz-se que se uma mulher sem filhos deseja tornar-se fértil, ela deve passar uma noite deitada sobre o falo do Gigante na estação do ano apropriada; e há uma história de um clérigo local que, enraivecido pela aparência naturalista do Gigante, e sendo incapaz de vesti-lo com um calção, propôs que aquela parte da anatomia do Gigante a qual ele se opunha fosse arada, mas foi impedido de executar esse projeto pela indignação dos habitantes locais. Felizmente, o Gigante de Cerne pertence agora ao Patrimônio Nacional, e espera-se que esteja a salvo de tamanho vandalismo.

Há outra história de Cerne da época da Primeira Guerra Mundial quando uma comunidade de freiras foi viver naquele local, e ficaram sensibilizadas com a visão do Antigo Deus gloriosamente desavergonhado. Então a Madre Superior ordenou que subissem a colina com recipientes de água benta e benzessem essa obra do Diabo a fim de exorcizar sua influência perturbadora. Ao retornarem, atravessando a aldeia, alguém lhes disse: "Não adianta subir a colina nesta época do ano. Se você quiser ter bebês deverá ir até lá em maio".

Outra figura é, certamente, o "Long Man de Wilmington", em Sussex. Esta figura foi redesenhada no final da era vitoriana, e ficou coberta de vegetação a ponto de somente um esboço ficar visível quando o orvalho ou geada cobrissem a grama. Porém, no final do século passado, quando houve um reflorescimento do interesse pela arqueologia, o trabalho de redesenhá-la foi realizado devido à insistência do Dr. J. S. Phené. Naturalmente, naquele tempo eles não teriam desenhado o "Long Man" na forma naturalista do Gigante de Cerne! Porém, com exceção desse detalhe, creio que os velhos contornos foram refeitos da maneira mais fiel.

Como sempre, a figura aparece, em uma colina; desta vez com os braços abertos, aparentando segurar duas longas varinhas. Sir Flinders Petrie achava que poderia representar o Deus Solar abrindo os portais do amanhecer. Creio que Petrie estava próximo de estar certo, mas ele realmente representa o Antigo Deus, Senhor dos Portais da Morte, os quais ele é representado segurando.

Na época em que eu estava escrevendo, traços de outras "figuras gigantescas" esculpidas na terra foram encontrados nos declives das Colinas de Gogmagog em Wandlebury, a algumas milhas de Cambridge, pelo Sr. Thomas Charles Lethbridge, Mantenedor Honorário das antiguidades anglo-saxãs no Museu Universitário de Cambridge. O exame desse sítio apenas começou, e levará algum tempo antes que se chegue a qualquer conclusão final; mas já foi descoberto o suficiente para mostrar que uma das figuras é uma Deusa nua. Ao norte da figura, no topo da colina, há um antigo aterro o qual o Professor Grahame Clarke, do Departamento de Arqueologia de Cambridge, acredita que pode ter sido palco de ritos da fertilidade, cujos traços indicam que aparentemente sobreviveu até a época elizabetana, quando um édito universitário proibiu os estudantes de realizarem festividades em Wandlebury. Algo semelhante ocorreu em Cerne, onde há um pequeno aterro no topo da colina, logo acima da figura que é localmente conhecida como "The Gigant's Frying Pan". Aqui o *May Pole* era erguido todo *May Day*, até que Cromwell e seus puritanos puseram um fim a essa prática. É muito provável que essa figura represente uma antiga Deusa Britânica, e creio que próxima a ela, sobre sua cabeça, foi encontrada uma forma de lua crescente, e ao seu lado, parte da figura de um cavalo, ou alguma espécie de animal. A Lua, obviamente, teria uma clara associação com a Deusa Mãe. É provável que existam ainda mais figuras desse tipo nas Ilhas Britânicas, as quais as técnicas modernas de arqueologia, especialmente fotografias aéreas, ainda podem descobrir, e a partir das quais aprenderemos mais sobre nossos Antigos Deuses.

Uma notável figura neolítica da Grande Mãe foi encontrada na velha mina de pederneira conhecida como Grime's Grave, em Norfolk. Jacquetta e Christopher Hawkes, em seu livro *Prehistoric Britain*, assim a descrevem:

> Entronada na saliência de um rochedo, estava desenhada com greda a imagem de uma mulher gorda e grávida, olhando para um falo, também em greda, e uma enorme pilha de chifres de gamo que haviam sido colocados, como oferendas, aos seus pés. Na verdade, este lugar foi o santuário de um culto da fertilidade, mas aparentemente servia a um propósito curioso e inesperado. Essa específica ferramenta falhou em extrair a usual rica pederneira, e parece aceitável supor que o santuário foi criado para neutralizar a esterilidade desta mina e assegurar a abundância da próxima. Mas esta foi apenas uma manifestação das condições peculiares de uma comunidade mineradora, de um culto da

fertilidade que geralmente era praticado entre os povos do Neolítico — foram encontradas estatuetas femininas e falos em vários campos elevados e em uma tumba onde presumivelmente os ritos eram voltados para fins biológicos — a fecundidade dos homens e animais.

Precisamente o mesmo conceito pode ser encontrado atualmente entre as bruxas. Sua Deusa é a Mãe da Fertilidade em todas as suas formas, seja ela fertilidade da terra, do gado e dos seres humanos, ou a prosperidade material de algum empreendimento, ou as formas mais sutis de fertilidade que germinam na mente e produzem a poesia e as artes. Esta última não é meramente um refinamento moderno. Um de seus nomes célticos era Cerridwen, e este é o nome de lugares como Liskeard em Cornwall que é "Lys Cerrid", a corte de Cerrid. Era ela quem, na mitologia bárdica, era a possuidora do Caldeirão Mágico no qual era preparado o " Awen", a bebida da inspiração, com a qual os velhos se tornavam jovens novamente. Isso, com o passar do tempo, foi cristianizado como o Santo Graal. Um espaço de tempo separa a Grande Mãe de Grime's Graves da Senhora Branca dos bardos, mas o arquétipo é o mesmo. Seu "Caldeirão" é o Útero da Deusa, a Mãe e Amante de todos os homens, pois ela é potencialmente encarnada em todas as mulheres.

Porém, não devo transmitir a impressão de que os povos da Antiga Bretanha adoravam um só Deus e uma só Deusa que eram exatamente os mesmos em todas as partes do país. Em tempos muito remotos, o país era dividido em muitas tribos diferentes, as quais, obviamente, viviam em localidades diversas, diferindo umas das outras devido ao tipo de região onde se encontravam. Por exemplo, os povos marítimos conceberiam seu Deus como um Deus do Mar, os que dependiam da agricultura reverenciariam mais intensamente o aspecto da Divindade que manifestava a vegetação e fertilidade dos ciclos anuais da Natureza, ou a fertilidade do gado; e os caçadores teriam um Deus da Caça. Essas tribos também tinham dialetos diferentes, e até mesmo idiomas diferentes, e portanto os nomes dos Deuses poderiam variar de uma parte a outra do país. Como Charles Squire, em seu *Celtic Myth and Legend, Poetry and Romance*, diz:

> Os celtas, tanto de descendência gaélica quanto britânica, estavam divididos em inúmeras pequenas tribos, cada qual com suas próprias deidades locais englobando as mesmas concepções essenciais sob nomes diferentes.

Creio que essa afirmação seja mais ou menos verdadeira para todos os povos. Mas as duas grandes realidades com as quais todos os povos antigos se deparavam eram essencialmente a imutável, infinita realidade da Vida e Morte; juntamente com um terceiro fator indiscritível, o poder mágico que os Deuses tinham em mãos. Por conseguinte, onde quer que os homens formulassem para si figuras da Divindade, estas sempre foram os arquétipos: a Senhora da Vida, o Senhor da Morte e o Além; e com eles a teia da magia foi tecida.

Os Grandes Deuses Antigos não eram meros conceitos presentes nas folhas de velhos livros e nas mentes de velhos estudiosos. As pessoas se lembram; ou melhor, a própria terra se lembra. Christina Hole, em seu livro, *English Folklore*, cita uma história contada por R. M. Heanley em *Saga Book of the Viking Club*, janeiro, 1902. Ela diz:

> Em setembro de 1901, ele (Heanley) viu um Kern Baby feito de palha de cevada colocado defronte ao portão de um campo de trigo. A esposa do fazendeiro lhe disse que foi colocado ali para evitar tempestades. Ela disse que orações eram eficientes até certo ponto, mas o Todo-Poderoso deve estar cansado e sobrecarregado com tanto milho para tomar conta, e ela acrescentou: 'Nós não devemos esquecer nossa própria-providência. É melhor que ambas as partes estejam atentas. Em muitos distritos rurais, a palavra Providência não é usada em seu significado religioso usual, mas denota o Diabo, ou então os Antigos Deuses com quem eles são frequentemente confundidos.

Dr. Evans no *Folklore Journal* de março, 1895, narra como, em uma manhã de Sexta-feira Santa, no final século XIX, um senhor lhe disse, "eu vou para as King-stones, pois lá estarei em uma terra santa". Ele estava se referindo às Pedras de Rollright na divisa de Oxfordshire e Warwickshire, que tradicionalmente era o principal local de reunião das bruxas das redondezas, em tempos não tão antigos.

Referências a respeito dos panteões irlandeses e galeses são, como eu disse, abundantes, entretanto o segundo é mais recente, e podemos confiar que os Deuses Galeses Antigos são os mesmos da Antiga Bretanha. Os Deuses irlandeses assemelham-se a eles, com nomes ligeiramente diferentes devido à diferença no idioma. Mas na Bretanha quase todas as referências foram destruídas por sucessivas ondas de invasões, e pelas atividades da hierarquia cristã, de forma que pouco restou além de vagas menções no folclore, as grandes figuras esculpidas nas colinas, e as crenças preservadas nos *covens* das bruxas.

A Grande Mãe da Irlanda era chamada de Dana; a versão galesa deste nome era Don, que teve uma filha chamada Arianrhad que quer dizer "Roda Prateada", portanto podemos considerá-la uma Deusa Lunar. Mas ela também era a Deusa cujo castelo era o local para onde iam as almas dos heróis quando eles morriam, e a constelação Cassiopeia foi chamada de Lys Don, a Corte de Don. No entanto, havia lugares na Bretanha chamados Caer Arianrhod. Diz-se que existe na Baía de Cardigan, em Gales, uma cidade submersa no mar, chamada Caer Arianrhod, cujos sinos podem ser suavemente ouvidos com o balanço da maré.

Arianrhod tinha um irmão que também era seu consorte, chamado Gwydion, e ele era "O principal encantador dos Bretões". As histórias no

"Mabinogion" tratam desses Deuses e Deusas, mas em um estilo mais recente e confuso, e são evidentemente pós-cristãs porque elas contêm referências a assuntos tais como rezar a missa. Porém, podemos distinguir os traços das figuras divinas que brilham através das névoas de obscuridade, e entender algo sobre o que os antigos bretões acreditavam acerca dela, suas relações e funções, e o significado de seus mitos. Por exemplo, diz-se que Arianrhod deu à luz os Deuses gêmeos, Llew, o deus Sol, e Dylan, o deus das Ondas, e concebeu esses filhos milagrosamente, saltando sobre a varinha de um feiticeiro. Isso é interessante, porque mostra o antigo significado da vara como um símbolo fálico, e sua relação com o cabo de vassoura que as bruxas carregavam como tal. Christina Hole, em seu *English Folklore*, diz: "Os Ciganos saltavam sobre cabos de vassoura em seus casamentos, e havia uma forma de matrimônio sobre um cabo de vassoura que era muito comum em uma época, entretanto nem sempre criavam-se vínculos caso alguma das partes desejasse não cumprir os votos posteriormente". Na verdade, creio que esse seja mais um costume de ambulantes do que de ciganos. Pelo menos, isso é o que os ciganos me dizem. Em Yorkshire, uma mulher imoral é chamada de *"besom"**. As mães normalmente tomam cuidado para evitar que suas filhas pisem em uma vassoura, e as pessoas maliciosas ou rancorosas às vezes colocavam uma onde a menina pise sem querer: a razão é que se ela passasse por cima de uma vassoura ou cabo de vassoura se tornaria mãe antes que fosse esposa. O tirso enfeitado com hera e pâmpanos carregado pelas bacantes provavelmente tinha o mesmo significado essencial. Há pinturas em antigos vasos gregos de bacantes acenando um galho com um feixe de folhas na ponta, que são reminescentes dos quadros de bruxas com vassoura.

Llew, o deus Sol, é o mesmo Lugh céltico cujo festival, o Lughnassad é, como vimos, o "Lammas", um dos sabás das bruxas. É curioso como, apesar de toda a propaganda para "feriados escalonados", a época de Lammas no começo de agosto ainda é o período no qual a classe trabalhadora obstinadamente mantém-se fiel como a época favorita para tirar férias. Eles não sabem exatamente o porquê, apenas sentem que é o momento propício; e nenhum outro parece se igualar. A memória popular custa a morrer.

O Deus Feiticeiro cuja varinha trouxe Llew e Dylan ao mundo era Math, o irmão da Grande Mãe, Don. Seu nome significa "tesouro" ou "riqueza", e ele ensinou suas artes ao seu sobrinho Gwydion que então se tornou o druida dos Deuses. Gwydion é o mesmo Woden Teutônico ou Odin. Math pode ter sido o Merlin original.

O grande Deus do Mar era Manawyddan, o filho de Llyr. Seu nome céltico era Manannan MacLir, o Deus da Ilha de Man. Ele era o possuidor do "Davy Jones Locker" original. Um velho poema galês conta como:

---

* N. do T.: Vassoura.

A conquista de Manawyddan, o Sábio,
Depois da lamentação e cólera inflamada,
Foi a construção da fortaleza de ossos de Oeth e Anoeth.

Isso é descrito como sendo uma prisão na forma de colmeia, construída com ossos humanos assentados juntos, dividida em inúmeras celas formando um tipo de labirinto; nela ele aprisionava "os que fossem pegos entrando sem autorização em Hades" (presumivelmente os perversos, ou então os que não estivessem sobre a proteção dos Deuses pela iniciação nos Mistérios). Esse conto horripilante foi gradualmente adaptado para a tradição dos marinheiros de "Davy Jones Locker". A mente céltica era hábil em associar o além mundo, não só com a "Colina Oca", ou "Avalon", o Santuário das Macieiras, mas também com uma bela terra "Debaixo das Ondas", ou no mar a Oeste, embora esta última concepção obviamente seja mais comum entre os povos que viviam próximos ao mar, e seu deus do Mar — Manannan ou Manawyddan, com sua bela esposa Fand, seriam seu regente.

É importante lembrar que as palavras Hell* e Hades não transmitem aos povos antigos a conotação que têm hoje. "Hell" é o nome da Deusa Hel, a Deusa escandinava e teutônica dos Mortos. Seus reinos não eram um lugar de punição nas chamas, mas simplesmente o lugar para onde as pessoas iam quando morriam. De maneira semelhante, "Hades" leva o nome do Deus grego que era o Regente do além mundo e tem o mesmo significado do anterior.

Talvez os Deuses irlandeses, os Tuatha de Danaan, sejam aqueles cujas figuras aparecem mais claramente no "pôr do sol dos velhos contos." A Deusa Lunar gaélica era chamada de Brigit ou Bride, e também era a Deusa do fogo e da poesia que os gaélicos julgavam ser um tipo de chama ou luz supersensual. Falamos das pessoas como "iluminados", ou "tinindo em entusiasmo". Bride é descrita coroada com a lua crescente, e com uma tênue chama de fogo que surge de suas mãos. Uma das mais poéticas concepções gaélicas era o Deus do Amor, Angus Og, Angus, o Jovem, que carregava o Cálice da Cura em suas mãos. Outro Deus era O Dagda, pai de Angus. Aparentemente ele era um Deus da Terra, e possuía uma harpa mágica, cuja melodia, quando ele tocava, fazia as estações mudarem e seguirem seu curso.

Dar uma explicação completa dos antigos panteões irlandeses e galeses seria uma digressão; o leitor interessado pode encontrar explicações mais completas em *Celtic Myth and Legend, Poetry and Romance*, por Charles Squire; *Myths and Legends of the Celtic Race*, por T.W. Rolleston; *The Candle of Vision*, por "A.E".; e as obras de *Fiona Macleod (William Sharp)*. Mas creio que foi dito o suficiente para indicar que eles não eram meros "demônios da fertilidade" (quem quer sejam), ou fetiches tribais, mas um

---

* N. do T.: Inferno.

Olimpo de seres graciosos que foram indubitavelmente o produto de um gênio poético do qual nossa raça pode orgulhar-se — pois há muito sangue céltico entre os ingleses.

    Estou mencionando esse ponto devido a um incidente muito divertido que aconteceu em uma conferência a qual assisti recentemente em Caxton Hall. O conferencista estava falando a respeito dos Deuses célticos, quando um cavalheiro usando um barrete levantou-se e o criticou severamente por não depreciá-los, dizendo que eles eram "o Diabo". Estando disposto a aprender algo novo, perguntei ao homem do barrete se ele faria a gentileza de me indicar qual deles especificamente era o Diabo, já que existia um número considerável de Deuses célticos (sem contar as Deusas), pois entendi que havia apenas um diabo, e ele não poderia ser todos de uma só vez. Porém, lamento não ter recebido nenhuma resposta inteligível, caso contrário alegremente transmitiria a informação ao leitor.

Capítulo XII

Signos e Símbolos

UMA FREQUENTE ALEGAÇÃO CONTRA AS BRUXAS, FEITA PELO TIPO MAIS TOLO DE escritor, é que elas tentam profanar as igrejas e destruir os cemitérios cristãos. Gostaria que essas pessoas soubessem que há poucos neste país mais interessados na preservação de nossas catedrais e igrejas do que os membros do culto da bruxa, pois são nessas catedrais e igrejas que podem ser encontrados alguns dos mais interessantes signos secretos do culto.

Visando a elucidação desse paradoxo, devemos nos lembrar das condições em que o país se encontrava quando os mais antigos espaços para o culto do Cristianismo foram construídos. Já vimos que a Igreja aceitava a prática de construir seus santuários sobre os sítios pagãos; mas quem teria edificado tais igrejas? A resposta é pelo artífice britânico comum que naquela época poderia ou *não* ter sido um cristão; mas que não tinha outro mestre senão a Igreja para quem pudesse construir locais de adoração, e nenhum outro empregador com exceção da Igreja Cristã para lhe proporcionar emprego. Por outro lado, a própria Igreja empregou os melhores artesãos que pôde obter; e se ficasse questionando crenças pessoais, a igreja nunca teria erguido uma igreja ou catedral sequer.

Frequentemente ouvimos descrições das inúmeras esculturas de antigas igrejas e catedrais como sendo "pitorescas" ou "curiosas" ou "grotescas"; mas poucas pessoas do público em geral perceberam exatamente o quão "curiosas" essas esculturas são. Peritos em arquitetura de igrejas, surpresos com os temas de algumas delas — até mesmo considerando o humor grosseiro de tempos passados — desenvolveram várias explanações não convincentes para sua existência, a saber, "que as autoridades eclesiásticas desejavam que a igreja fosse uma espécie de livro-ilustrado da vida contemporânea para uma congregação que não sabia ler" ou que "os entalhes tinham o intuito de mostrar figuras imorais a fim de exemplificar o que deveria ser evitado". O quão inconvincentes são essas explicações o leitor pode julgar à medida que progredimos; mas até mesmo se eles tivessem razão com relação às mais rabelaisianas e escandalosas representações, eles não podem explicar a presença de símbolos que são definitivamente pagãos.

Duas das mais interessantes representações deste último tipo são conhecidas como "Sheila-na-Gig" e o "Homem Verde." A primeira é uma figura rudimentar de uma mulher nua, com os órgãos sexuais deliberadamente enfatizados. Sua intenção não é a obscenidade, mas simplesmente uma representação do princípio feminino da fertilidade. Em sua forma rudimentar e primitiva, é uma figura da Grande Mãe, como as pequenas estatuetas do Paleolítico das cavernas já mencionadas. O nome "Sheila-na-Gig" significa "A Sheila Feliz" ou "A alegre Sheila", de acordo com Payne Knight que foi um dos primeiros escritores a notar essas curiosas figuras; Dra. Margatet Murray, entretanto, sugere o significado "A Mulher do Castelo". Este é certamente um nome irlandês, já que essas figuras foram primeiramente descobertas em antigas igrejas da Irlanda, embora também existam exemplares na Bretanha, como veremos, e no continente.

No Museu da Sociedade dos Antiquários em Dublin, de acordo com T. Clifton Longworth, há vários exemplares de Sheila-na-Gig, retirados de igrejas antigas. Um deles veio de Rochestown, Co. Tipperary; outro de White Island, Lough Eme, Co, Fermanagh; e um terceiro de County Cavan.

Em seu livro, *The Devil a Monk Would Be*, Longworth descreve e ilustra uma Sheila-na-Gig da Igreja de Kilpeck, a aproximadamente nove milhas de Hereford. Ele diz que essa é "uma das mais notáveis igrejas normandas neste país. Ela exibe inúmeras fantásticas figuras de homens e animais, e um maravilhoso trançado celta e entalhe entrelaçado, de forma que todos os antiquários concordam que deve ter sido construída sob influência irlandesa. Entre as esculturas pitorescas, no alto, próximo ao teto há um exemplar rudimentar de Sheila-na-Gig". (A influência, no entanto, poderia ter sido galesa ou escocesa.) Ele prossegue explicando que há um entalhe semelhante na Fachada Ocidental de Southwell Minster, mas que está em uma posição tão elevada que fica difícil distinguir os detalhes; e que há outra em York Minster.

Para Longworth, esses entalhes são "obscenidades gritantes". O estudante de cultos antigos pode, porém, vê-los com outros olhos. Eles certamente são rudimentares e primitivos; porém, ao seu próprio modo, tão sagrados para os homens que os esculpiram quanto, por exemplo, a estátua da Madona para os católicos. Sem dúvida, a *Vesica Piscis* ao redor da figura da Mãe de Deus em muitos quadros e entalhes, é simplesmente uma representação formalizada da mesma ideia; o portal do nascimento.

Uma das mais notáveis figuras de Sheila-na-Gig que se encontram neste país está preservada no Museu Lake Village em Glastonbury. É conhecida como *"Jack Stag"*, mas a figura é obviamente feminina, embora esteja muito desgastada pela ação do tempo. Ela ficava no topo do antigo Market Cross, que foi demolido em 1808, e substituído no presente pela elegante, no entanto moderna, estrutura. A conexão de Glastonbury com a Antiga Religião já foi mencionada.

M. D. Anderson, em *Looking for History in the British Churches* (John Murray, 1951) diz:

> Por mais estranho que pareça, o clero medieval não preveniu a inclusão entre os motivos que decoravam as igrejas de alguns símbolos rudimentares, derivados dos antigos ritos da fertilidade. Em um artigo no *Anthropological Institute Journal*, de 1934, a Dra. M.A. Murray cita diversos exemplos do emblema conhecido como Sheila-na-Gig (a Mulher do Castelo) entalhados em igrejas inglesas e menciona sua afinidade com a deusa egípcia Baubo. Em Whittlesford (Cambs) Sheila-na-Gig está entalhada sobre uma janela da torre da igreja, acompanhada por um sinistro quadrúpede com cabeça humana.

Baubo, na sagrada lenda de Ísis e Osíris, empenhava-se em confortar Ísis, que estava inconsolável pela morte de seu marido Osíris; mas todos seus esforços haviam falhado até que, em desespero, ela subitamente tirou suas saias revelando seu corpo nu à deusa, que se pôs a rir ao ver a cena. Exatamente o mesmo incidente acontece na lenda sagrada de Eleusis, só que neste a mulher cômica chama-se Iambe, e a pessoa enlutada a quem ela consegue trazer um sorriso à face é Demeter, que está pranteando por Perséfone. Então, é aceitável supor que este incidente lendário contenha algum ensinamento religioso. Sugiro que seu significado subjacente possa ser que a pessoa consternada conforte-se e sorria ao sinal do Portal do Renascimento, a promessa de que o amado perdido renascerá em outra reencarnação, quando eles se lembrarão, conhecerão e amarão um ao outro novamente. Também é evidentemente associado com a antiga ideia de nudez ritual, especialmente na conexão da anterior com fertilidade.

Nas notas, ao final do supracitado livro, o autor afirma que exemplos adicionais de possíveis figuras da fertilidade entalhadas em igrejas são discutidos e ilustrados em *Man* XXX e XXXI, também em um artigo de Dina Portway Dobson sobre escultura anglo-saxã em Bristol e Glos. Arco. Soc. Trans., L.V.; e que exemplos de Sheila-na-Gig em abóbadas podem ser encontrados em *C.J.P. Cave's Roof Bosses in Medieval Churches*.

Parece realmente estranho que o clero medieval não tenha se oposto à inclusão dessas imagens pagãs. Seriam alguns deles simpatizantes secretos da Antiga Religião, com um pé em cada canoa? Ou será que os construtores dessas antigas igrejas teriam sido tanto pagãos quanto cristãos?

É controversa a afirmação de que ninguém além de um crente construiria uma igreja; temos, porém, os exemplos de Voltaire e Sir Francis Dashwood para provar o contrário. A igreja construída pelo segundo, a West Wycombe, possui algumas características curiosas que podem ser indicativas de suas crenças particulares. Lembrar-se-á que ele também foi o fundador do notório "Hell Fire Club".

A forma da catedral cristã, afinal de contas, é baseada no antigo bosque sagrado. Os arcos abobadados das naves de nossas grandes catedrais reproduzem em pedra a forma arredondada das copas das árvores, e na extremidade delas há uma janela a leste, normalmente em forma circular, que representa o Sol nascente. As torres gêmeas que tão frequentemente são uma característica da estrutura trazem à memória os Pilares Gêmeos; e a elevada flecha, é um símbolo fálico. Alguém informou G. K. Chesterton deste último fato uma vez, e ele nos fala em um de seus ensaios, "Por um momento tive o mesmo sentimento daqueles que queimaram as bruxas!" Mas nenhum acesso de raiva por parte do devoto alterará os fatos da história religiosa. Chesterton sentia que acreditar que a flecha de uma igreja fosse um símbolo fálico seria depreciativo para a igreja, já a bruxa que ele desejava queimar não pensava desse modo.

Provavelmente, tampouco alguns dos antigos padres. Nem todos eram fanáticos caçadores de bruxas. Pelo contrário, muitos eram dotados de sabedoria e tolerância suficiente para permitir que a Antiga e a Nova Religião florescessem em paz, lado a lado, e até mesmo para compreender que "Não há religião acima da Verdade". Considerando-se, por exemplo, a famosa Dança do Chifre celebrada em Abbots Bromley em Staffordshire que é claramente uma sobrevivente dos ritos da Antiga Religião. De acordo com M. D. Anderson, os seis jogos de chifres de rena e o cavalinho de madeira ainda são mantidos na Igreja quando não estão em uso, e originalmente a dança ocorria *dentro da própria igreja*; depois, a música era tocada do pórtico da igreja enquanto a performance dos dançarinos era no adro; hoje em dia a dança ocorre pelas ruas.

Dançar nas igreja sem dúvida não era um acontecimento raro; e frequentemente era concomitante aos festivais cristãos. O "coro de Natal" original era composto por dançarinos. Uma velha orientação de Sens determinava que os líderes do clero "no segundo dia de Natal deveriam executar uma dança no local reservado ao coro da igreja ou ao redor dele, segurando cajados". Creio que os meninos coristas conhecidos como *seises* dancem defronte ao Altar principal da Catedral de Sevilha durante a Missa até os dias de hoje. Porém, os Sínodos de Rouen, 1214, de Liege e Exeter, 1287, e a Faculdade Teológica da Universidade de Paris, 1444, condenaram a prática da dança em igrejas. O último conclave nomeado denominou-a de "costume imundo", dizendo que "havia sido adquirido dos pagãos e os homenageava". A Reforma quase que totalmente pôs fim à prática de dança na igreja; ela foi proibida na Alemanha e na Inglaterra protestante na metade do século XVI. Mas quando sentados em uma igreja ou catedral antiga podemos imaginar os alegres coristas ou os dançarinos da Festividade de Fools com suas máscaras animais, andando em círculos alegremente entre a grande ramificação de pilares que se arqueiam em direção ao alto telhado entalhado, e então retrocedendo no tempo, ver a pedra entalhada tornar-se em galhos e folhas novamente; e as glórias da janela a leste transformar-se em sol nascente, enquanto os dançarinos saúdam o amanhecer no bosque sagrado.

Vimos que a Antiga Deusa nua da Fertilidade pode ser encontrada entalhada em igrejas britânicas, secretamente colocada por seus devotos, ou sob a tolerância de um pároco que a adorava em segredo ou fazia vistas grossas à sua presença pagã; e o Antigo Deus também pode ser encontrado nesses locais. Seu disfarce é o de "Homem Verde", ou "máscara de folhas", como às vezes é chamado. Esta é a figura da face de um homem, normalmente com aparência de elfo e com orelhas pontudas reminiscentes dos chifres (um exemplar muito antigo é cornífero). A face aparece como se estivesse olhando através de uma cobertura de folhas, normalmente, porém não invariavelmente, de folhas de carvalho, e as folhas são representadas espiralando-se para fora da boca entreaberta. Esta máscara foi denominada de o "Homem Verde", porque foi sugerido por estudantes de folclore que representa a figura conhecida como "Jack in the Green" que presidia nas festividades de *May Day*. Lembrar-se-á que *May Eve* é um dos sabás das bruxas, e o velho costume era passar a noite ao ar livre fazendo guirlandas verdes para enfeitar a procissão que ocorreria no dia seguinte, quando o *"May Pole"* fálico seria erguido frequentemente, como vimos, em um velho local pagão — e as pessoas dançariam ao seu redor. Alguns dos galhos verdes eram montados em um tipo de armação de vime e coroados com uma guirlanda de flores, e dentro dessa estrutura o homem que representasse "Jack in the Green" desfilaria, ficando quase invisível sob a copa verde. Sugere-se que a máscara de folhas represente essa figura que olha através da folhagem; concluindo-se que ele é uma espécie de "espírito da vegetação", as folhas verdes retornando na primavera.

"Jack in the Green" muito provavelmente represente isso; mas Senhora Raglan em seu artigo em *Folklore* (1939) sobre o "Homem Verde", fornece uma ilustração com uma forma muito mais antiga da máscara de folhas que ela chama de "busto Janiforme" de Roma, do qual, infelizmente, ela não fornece a data, somente declarando que data de tempos clássicos. É um busto exibindo duas faces, uma de um homem jovem, e a outra de um velho homem barbudo. Em cada lado do pedestal constam as palavras "SACR. DIAN". Ambas as faces são adornadas com folhas; a face do homem jovem (ou deus?) tem folhas saindo de sua boca. O cabelo espalha-se ao redor de ambas as faces, e sobre a testa de cada um há dois pontos reminiscentes de chifres. A extremidade dos cabelos, da barba e do bigode da face mais velha, caíam em forma de folhas.

Vimos que Janus ou Dianus era uma forma do Deus das Bruxas; as duas faces descrevem sua natureza dual. Como diz o ritual das bruxas, "Vós sois Aquele que abre os Portais do Útero; e no entanto, porque tudo que nasce também deve morrer, para que se renove, então Vós sois o Deus dos Portais da Morte". Sendo o consorte de Diana, ele era o rei dos Bosques, e como o Deus Fálico, ele era o renovador da vida. É evidente que o busto que Senhora Raglan retrata-o como o renovador da vida na primavera, as folhas verdes trazem a vida em sua boca. Semelhante a ele são Fauno, Silvano e Pan que foi chamado em Hellas de "Pamphagë, Pangenetor", "Aquele que tudo devora, Aquele que tudo gera"; e "Chairë Soter Kosmou", "Amado Salvador do Mundo", contudo de seu nome deriva a palavra "pânico", um termo para terror. Também, Príapo era o Deus Fálico e o Deus dos Jardins.

O conceito de fertilidade, de eterna renovação da vida, é a base de todos eles.

Poderíamos nos arriscar a sugerir que a máscara de folhas não é meramente derivada da figura de "Jack in the Green", mas ambos são derivados da mesma fonte — o Antigo Deus da Fertilidade?

O Antigo Deus faz uma real aparição como "O Homem Verde" no velho romance *"Sir Gawain and the Green Knight"*. A figura do "Cavaleiro Verde", estranha e fantástica, contudo cortês e gentil a ponto de embaraçar Sir Gawaine, é típica do Antigo Deus; e é importante lembrar que sua esposa na história é Morgana das Fadas, a Senhora da Lua que às vezes aparece como uma velha bruxa e, às vezes, como uma jovem mulher atraente.

> Morgana a Deusa
> Este portanto é Seu nome
> Ninguém possui tal magnitude
> que ela não possa dominar inteiramente

O romance foi escrito entre 1360 e 1400, e ao final está a frase *"Honi soit qui mal y pense"*, que é o lema da Ordem da Jarreteira fundada em 1349. A história gira em torno da posse de uma cinta de seda verde (o Cordão ou a Cinta da bruxa?) o presente amoroso de Morgana das Fadas o qual os senhores e senhoras da Corte do Rei Artur adotam depois como o signo de seu companheirismo e a recordação da cortesia do Cavaleiro Verde e de sua Senhora. Lembrar-se-á que a Ordem da Jarreteira foi fundada aparentemente como um memorial à Távola Redonda do Rei Artur, pelo Rei Eduardo, que deu refúgio a Dame Alice Kyteler quando seu *coven* foi perseguido pelo Bispo de Ossory na Irlanda. É notável o fato de que Edward foi tão rude para com o citado Bispo quanto pôde. Também é importante frisar que quando ele iniciou o projeto de fundar a Ordem da Jarreteira, diz-se que instruiu seu secretário, William of Wykeham, para interrogar a tradição da Ordem de São George e da Jarreteira. É difícil imaginar como poderiam ter sido feitos interrogatórios à tradição de uma Ordem que nem sequer ainda existia, portanto a Jarreteira deve ter servido à um propósito anterior.

"Sir Gawaine e o Cavaleiro Verde" é uma "Lenda inglesa de Mistério", e como tal eu recomendo seu estudo ao estudante interessado. Além do mais, é uma história muito boa.

A senhora Raglan conta-nos que notou o "Homem Verde" pela primeira vez no arco do santuário de uma igreja em Llangwn, Monmouthshire. Nesta igreja, "como em tantas outras onde o encontramos", este é o único entalhe existente.

Posteriormente, ela encontrou mais dois do mesmo tipo, um na pia batismal da Catedral Stow Minster em Lincolnshire, e outro no capitel do pilar na nave da Abadia de Melrose. Desde então a senhora Raglan e o Revendo J. Griffith encontraram exemplares em 23 condados da Inglaterra, assim como em Midlothian. Em muitas das catedrais e mosteiros há vários exemplares, como em Southwell, Exeter, Lincoln, Wells e Ely.

Também há exemplares no Continente (por exemplo na Igreja dos dominicanos de Ghent, e na igreja de Semur-en-Auxois). Foi uma grande zombaria das bruxas contra os cristãos o fato de poderem adorar seus próprios deuses publicamente. Estas cabeças eram feitas deliberadamente com o propósito de não serem reconhecidas pelo que eram. Temos dois espécimes neste Museu, um de carvalho maciço, o outro um espécime raro de ferro forjado. Conheço um semelhante de madeira que pertencia a uma velha igreja que foi destruída e agora é preservado no local de encontro das bruxas.

"Já mencionei que em muitas igrejas é o único objeto de decoração, e seguramente, se estivéssemos a ponto de escolher um só entalhe para a decoração de nossa igreja, selecionaríamos a pessoa ou o símbolo que em nossa opinião fosse o foco principal de nossos ideais religiosos. Sr. C. J. P. Cave, que fotografou centenas de abóbadas de telhado em catedrais e igrejas, diz que em sua maioria estas faces ou cabeças de folhas, como ele as denomina, têm como única alternativa as folhas de carvalho, e eu também notei essa predominância do carvalho. Porém, não é absolutamente invariável.... É possível que não haja um significado especial para a escolha da folhagem, mas eu penso que é significativa a predominância do carvalho." (carvalho, obviamente, era a árvore sagrada dos druidas.) Há um Hernes de carvalho em Windsor.

Diz-se que São Bernardo, ao contemplar a decoração das igrejas de Cluniac, ficou chocado com os "monstros fantásticos" nas abóbadas dos clausuras, e envergonhou-se desses "absurdos". Declarou que eram perigosos, atraindo a alma e impedindo a meditação na vontade de Deus. Talvez ele suspeitasse da presença do paganismo entre eles.

Uma das ilustrações da senhora Raglan da pia batismal da Igreja de St. Woolo, Newport, Monmouthshire, exibe uma máscara de folhas que é claramente cornífera, e tem grandes formas circulares de folhagem saindo de sua boca. Outra máscara, das clausuras de Mon Majour, perto de Arles, França, as quais também ilustram este artigo, mostra orelhas altas, pontudas, reminiscentes de chifres, e barba e bigode, e também a usual folhagem. Há uma máscara semelhante a esta do lado de fora da Catedral de Salisbury, próxima a uma das entradas.

Uma misericórdia muito vivaz da Catedral de Lincoln, a qual Senhora Raglan ilustra, mostra não apenas folhas de carvalho no adorno de folhagem, mas também bolotas de carvalho. Outro, da Chapter House em Southwell Minster, tem uma folhagem que se parece com pilriteiro em flor. Era necessário que a pessoa que representasse "Jack in the Green" na procissão de *May Day* fizesse um pequeno furo na estrutura de ramos verdes que o cobria, para que assim pudesse enxergar, e essa pequena figura de Southwell Minster parece estar fazendo exatamente isso.

É notável como várias dessas máscaras de folhas têm a língua protuberante. Senhora Raglan sugere que o "Homem Verde" original pode ter sido o rei Divino, e que talvez tenha sido sacrificado por enforcamento, e posteriormente pendurou-se à guirlanda verde em seu lugar, como em Castletown em Derbyshire onde é pendurada na torre da igreja ao término da procissão de *May Day*. Porém, ocorre-me que o motivo da língua protuberante seja uma derrisão infantil (talvez devido ao edifício solene no qual se encontra?), pois nos exemplares que ela mostra eles parecem bem alegres e longe de estarem mortos. Mostrar a língua era originalmente um gesto fálico.

Senhora Raglan diz:

> O fato é que o paganismo não oficial subsistiu lado a lado com a religião oficial, e isso explica a presença de nosso Homem Verde na janela de uma igreja com a Virgem ao seu lado e com o sol sob ele. Essa figura extraordinária pode ser vista no vitral da igreja medieval de St Mary Redcliffe em Bristol. Ele usa uma coroa, e aparentemente para o artista que fez a janela, e presumivelmente também para os padres que a encomendaram, ele era tão venerável quanto a Virgem.

Este exemplo certamente indica que ele era considerado um ser sagrado, e que ao menos alguns dos adoradores devem ter aceito o quadro da Virgem como uma representação da Grande Mãe, a qual os padres haviam vestido.

Em uma abóbada em Pershore (Worcestershire), também, a cabeça de folhas usa uma coroa.

Nas notas ao final do livro de M.D. Anderson, *Looking for history in the British Churches*, está declarado:

> Exemplos de máscaras de folhas (em abóbadas): Beverley (Yorks), St Mary; Boxgrove (Sussex); Catedral de Canterbury; Congresbury (Somerset); Catedral de Ely; Catedral de Exeter; Kings Nympton (Devon); Catedral de Hereford; Catedral de Norwich; Patrington (Yorks); Pershore (Worcs); Abadia de Sherborne (Dorset); Tewkesbury (Glos); Warmington (Northants); Catedral Winchester; e Catedral de Worcester. Todos esses exemplares estão ilustrados no livro do Sr. C. J. P. Cave, sobre abóbadas. A máscara de folhas também

aparece frequentemente em misericórdias como, por exemplo, em Kings Lynn, St Margaret; Coventry, Holy Trinity; Wingham (Kent); Catedral de Lincoln.

Também encontrei um belo exemplar do "Homem Verde" na decoração rebuscada de um manuscrito ilustrado, que está no Museu Britânico (B. M. Egerton M. S. 3277, f. 126 b.). Essa é uma página do Psalter e do *Book of Hours*, ilustrado, talvez, por algum artista de West Anglian, para Humfrey de Bohun, 7º Conde de Hereford (d. 1373), e sua filha Mary (d. 1394), primeira esposa de Henrique IV. Uma reprodução dessa página em cores apareceu no número de Natal de *The Esphere*, em 1954, como uma das ilustrações de um artigo, *The Beauty of Medeaval Illuminated*, por Julian Brown.

Outra forma pela qual o Antigo Deus conseguiu entrar na estrutura de uma igreja inglesa é a escultura descrita por Baring-Gould, esculpida sobre o pórtico da varanda da igreja de Sheepstor em Devon, a saber, um crânio com espigas de trigo saindo de sua boca e olhos. No passado, quando nos sabás das bruxas não havia um homem presente de grau à altura de representar o Deus, elas simbolizavam sua presença com um crânio e ossos cruzados sobre o altar.

Ocorre-me que essa prática pode ter originado muitas das lendas dos "Crânios gritantes". Em geral, a fórmula da lenda dos "Crânios gritantes" é a de um crânio preservado em uma casa velha, e qualquer tentativa de removê-lo é imediatamente seguida de um grito sobrenatural, e às vezes por tempestades e fenômenos "Poltergeist". Lendas deste tipo existem em Ambleside em Lake District; em Wardley Hall em Lancashire; na colônia de uma fazenda em Bettiscombe perto de Bridport em Dorset: em Warbleton Priory, Sussex; em uma casa de fazenda em Chilton Cantelo, em Somerset: em Tremarrow, em Cornwall; e em Burton Agnes Hall, entre Bridlington e Driffield. Este curioso padrão de "assombração" transmite a impressão de que os reinos dos fantasmas são pouco inventivos, e seus habitantes continuam repetindo as mesmas ações, ou então que lá existia um antigo costume de manter crânios com grande reverência, em diversos lugares pois considerava-se com grande temor supersticioso que sua remoção acarretaria fenômenos sobrenaturais; e posteriormente, quando a razão original para essa reverência e temor haviam sido esquecidos, foram inventadas histórias românticas para explicar esse fato.

Quanto ao assunto de esculturas do Antigo Deus nas igrejas, não podemos nos esquecer do famoso "Lincoln Imp" agachado em um *spandrel* ao norte — o "lado do Diabo" da Catedral de Lincoln. Ele é inequivocamente cornífero e cabeludo, mas possui uma face humana com um sorriso largo que combina com sua atitude indiferente de uma perna cruzada sobre a outra. Seria difícil encontrar uma melhor representação do Antigo Deus, neste período.

Outra maneira pela qual os artesãos britânicos do passado preservaram os signos e símbolos da Antiga Religião foi pelas denominadas "Marcas dos construtores" usadas para marcar as pedras em que haviam trabalhado. Quando eu escrevi meu breve romance histórico *High Magic's Aid*, adornei a sobrecapa do livro com alguns signos da bruxaria. Recebi recentemente um modelo de "Marca dos Construtores" de uma pedra no arco da porta sul da antiquíssima igreja de Bramber, em Sussex. É idêntica a um dos signos presentes na sobrecapa de *High Magic's Aid*.

O signo do pentagrama também foi encontrado como "Marca de Construtor". Um deles está na entrada sul de Igreja de Nutfield, em Surrey, e está ilustrado em *Old English Churches*, de George Clinch, F.G.S. (L, Upcott Gill, 1902.) Tenho notícia de que frequentemente são encontrados grafites dentro de velhas igrejas perto da porta norte — a "Porta Pagã do Diabo". Tentei neste capítulo citar diversos exemplos de signos pagãos nas igrejas para provar minha argumentação. Espero que ela possa ser considerada como um primeiro esboço superficial de uma linha interessante de pesquisa a qual outros estudantes possam adotar.

Porém, os artífices medievais não apenas trabalharam com os símbolos das suas crenças particulares na construção dos edifícios que ajudaram a erguer; mas também incluíram críticas mordazes a ponto de serem obscenas, aos eclesiásticos para quem estavam trabalhando. T. Clifton Longworth, em seu livro, *The Devil a Monk Would Be*, fornece descrições e fotografias dos mais extraordinários entalhes, principalmente sátiras ao clero, entre as quais há uma famosa de um padre-raposa em um púlpito pregando para uma congregação de gansos, e temas similares. Poderíamos realmente acreditar que esses entalhes foram produzidos por cristãos devotos? Os entalhes são ao menos uma testemunha silenciosa de algo curioso nas relações entre os trabalhadores que fizeram as grandes catedrais, e os mestres eclesiásticos; muitos deles foram removidas ou encobertas, entretanto outros ainda estão *in situ* pelos vários cantos dos edifícios mais dignos e sagrados.

Por exemplo, Longworth fornece uma ilustração de um entalhe na catedral de St. David, que mostra uma raposa encapuzada dando a Comunhão a um ganso com cabeça humana; e afirma que há poucos jogos antigos de misericórdias que não incluíam a figura de uma raposa no púlpito pregando aos gansos.

Na Catedral de Worcester, uma raposa ordenada é mostrada dando absolvição a uma ovelha ajoelhada; e na Catedral de Chester, uma raposa vestida com um hábito clerical é mostrada em um encontro secreto com uma jovem mulher em um bosque. Essas imagens revelam um espírito de "anticlericalismo" para dizer o mínimo! "Outra cena retrata um diabo empurrando uma carriola de monges para o inferno; eles estão acompanhados de uma raposa com um ganso roubado na boca."

Muitos dos exóticos antigos entalhes nas igrejas medievais são simplesmente exemplares do humor rabelaisiano da época; mas é um humor que, nós podemos sentir, possui um distinto toque de paganismo. Detalhes adicionais de tais esculturas podem ser encontrados no livro de Longworth, já mencionado, e em *Les Licences de L'Art Chretien,* do Dr. G.J. Witkowski (Paris, 1921). Muitos deles são de tal natureza que os torna inadequados para serem descritos em um livro destinado para o público em geral, como este, e como ornamentos de uma igreja eles são, para ser suave, surpreendentes. Qualquer um que os reproduzisse hoje em dia, ou até mesmo os descrevesse em linguagem comum, logo iria para a prisão por obscenidade, junto com os infelizes editores e os livreiros que fornecessem seus trabalhos; no entanto, alguns comentaristas querem que acreditemos que eles foram autorizados pelos bispos e clérigos com a intenção de aprimorar as mentes das congregações! Algumas pessoas não têm o mínimo senso de humor.

Poderíamos teorizar que pelo menos algumas dessas esculturas extraordinárias fossem protestos silenciosos dos membros da Antiga Religião, que não tinham permissão para adornar locais sagrados de adoração salvo os da Igreja Cristã; e que, não tendo permissão para construir santuários para os Antigos Deuses, não obstante colocaram seus emblemas onde fosse possível, em locais onde eram obrigados por lei a adorar, embora tais emblemas não passassem de um pentagrama traçado ou a "marca de um construtor"?

"A Terra Prometida". Esta é uma frase que traz às mentes de muitas pessoas, imagens de uma Jerusalém Divina, construída com pedras preciosas. Onde se usa túnicas deslumbrantes e coroas douradas, e nada fazem a não ser tocar uma harpa dourada o dia todo (e presumivelmente, a noite toda) além de não precisarem realizar nenhum trabalho. Todas as raças parecem ter visões semelhantes a esta. Os chineses têm contos de uma cidade como esta; ela é a base de todas as suas sociedades secretas.

A de tipo cristão deriva da época em que o Cristianismo era uma Sociedade Secreta, organizada em pequenas células. Eles obtinham novos fiéis por meio de promessas como: "Seja fiel, e assim você será levado a essa Cidade Celestial; se não agora, ao final de sua vida. Continue nos obedecendo, e quando morrer você irá para a Glória". Mas para o homem comum essa é uma ingênua ilusão; ele quer um lugar onde possa ir imediatamente, ainda que temporariamente. Um lugar onde possa libertar-se de todas as preocupações e frustrações desta vida, mesmo que seja apenas por alguns horas.

O verdadeiro religioso de todos os credos possivelmente atinja este estado, ou algo parecido, por meio da oração. O fumante de ópio e de haxixe normalmente pode atingi-lo à vontade; pelo menos a princípio (contanto que possa adquirir as drogas necessárias.) Alguns bêbados conseguem atingir esse estado por um certo tempo, mas "elefantes cor-de-rosa" têm sua maneira de danificar esse tipo de Terra Prometida. Os anarquistas do século XIX pensaram que poderiam atingi-la abolindo todos os governos, de forma que cada homem pudesse proceder como bem desejasse. Mas, infelizmente, muitos deles desejaram chamar atenção às suas convicções seguindo o exemplo dos dinamitadores irlandeses, lançando bombas em lugares abarrotados, e assassinando reis e presidentes. Assim, os não anarquistas fizeram como eles desejavam, e executaram alguns anarquistas. O falecido Aleister Crowley ensinou seus discípulos a balir: "Faz o que quiseres, há de ser tudo da lei". Mais tarde eles descobriram que na prática isso significava: "Faz o que Aleister quiser, há de ser tudo da lei".

Isso é muito semelhante ao que dizem que Henry Ford declarou: "Todo comprador do modelo do próximo ano pode ter um carro da cor que quiser, desde que escolha o preto". Sprague de Camp escreveu uma história muito engraçada sobre uma "Cidade Celestial" onde todos tornavam-se o que desejassem ser. O herói vestia-se como um vistoso *cavalier* ao estilo de d'Artagnan, mas com uma vaga ideia de como um cavaleiro deveria comportar-se, pois a maioria de vizinhos estava vestida em armaduras de prata, ou então como heróis Wagnerianos, em peles de urso, portando enormes espadas. A maioria das moças eram princesas egípcias idealizadas pelos produtores de filmes; todos os homens eram bonitos, todas as mulheres eram belíssimas. Mas a dificuldade era onde se hospedar, e onde comer. Porque os poucos que se viam como administradores de hotel eram do tipo faroeste que administravam seus hotéis com um revólver em cada mão com os quais resolviam todas as reclamações. E as únicas pessoas que desejam ser garçons imaginavam-se "mantendo ordem" dando garrafadas nas cabeças dos clientes. Também havia muitos caubóis que se imaginavam atirando nas lâmpadas, mas ninguém se imaginava "consertando-as". Havia inúmeros Patrulheiros Interplanetários, mas nenhum tráfico Interplanetário, porque, embora houvesse muitos desenhistas de astronaves Interplanetárias, não havia ninguém que desejasse trabalhar duro para construí-las.

Havia inúmeros haréns de beldades. Porém, ninguém se considerava rico o bastante para manter um harém. Havia belos espiões, e comunistas barbudos em todos os lugares. Na realidade, era o lugar ideal para manter-se afastado. Porque os desejos sempre estão condicionados pelas ações das pessoas ao seu redor. Isso foi claramente revelado por alguns dos primeiros escritores cristãos, que acreditavam que uma das maiores alegrias do céu era espiar sobre o muro as pessoas sendo torturadas no Inferno. A Inquisição também vislumbrava a Terra Prometida, e repugnava o que via. Reclamavam amargamente: "Os bascos, os homens, mulheres e crianças, não falavam de mais nada a não ser o Último Sabá, e não pensavam em nada além do próximo". E eles mostraram a verdade, que em todo homem existe o sonho de um lugar secreto onde eles possam ser felizes, mesmo que seja apenas temporariamente, um lugar onde possam conhecer pelo menos por um segundo, "a alegria que ultrapassa toda a compreensão". Onde não houvesse nenhum efeito colateral, como quando se usa drogas. Não é um "êxtase religioso" que só pode ser experimentado, se tanto, uma vez na vida; mas algum lugar nesta terra onde se possa fazer como os bascos no passado: "Não desejar falar sobre nada a não ser a última reunião, e não esperar nada além da próxima". É por estes momentos que a "Wica" sofreu tortura e morte em vez de render-se. É a prelibação da "Terra Prometida" na qual podemos entrar hoje mesmo — o "Círculo das Bruxas".

Capítulo XIII

A Missa Negra

Previamente, no Capítulo "Pensamento Mágico", eu havia mencionado que há um tipo de mágica que é judaico-cristã na fraseologia e na perspectiva teológica, e que este tipo de mágica era praticada por padres, entre outros; isto é, a magia que procura invocar Deus e Seus anjos (no caso da Cabala), ou Deus o Pai, o Filho e o Espírito Santo, Cristo, a Virgem e os Santos (no caso dos rituais cristianizados), para dar ao praticante poder sobre os demônios, de forma a compeli-los a realizar seus desejos. Também já expliquei de que forma este tipo de magia cerimonial difere da bruxaria. Não obstante, muitos dos que escrevem a respeito de bruxaria acusam as bruxas de executarem cerimônias cristãs pervertidas, especialmente um escárnio da Missa que eles chamam de "Missa Negra". Por isso, neste capítulo eu proponho investigar o que realmente era a Missa Negra (e pelo que sei, é); quem eram as pessoas que realmente realizavam tal cerimônia; e qual era a psicologia do estado mental que a originou.

Os grimórios são frequentemente descritos como livros de Satanismo e, por conseguinte, as pessoas que nunca viram um, são levadas a acreditar que esses livros recomendam a adoração de Satanás; nada poderia estar mais distante da verdade como um exame superficial deles revelará. (Temos um número considerável deles neste Museu, tanto impressos quanto manuscritos. O leitor leigo poderá encontrar trechos dos grimórios mais importantes em *The Book of Ceremonial Magic* (por Arthur Edward Waite). A teologia dos grimórios é das mais ortodoxas. Deus com seus anjos, Cristo e os santos, reinam acima; o diabo e seus anjos reinam abaixo. O primeiro é *invocado*, isto é, reza-se pelo seu comparecimento; o segundo é evocado, ou seja, é forçado a apresentar-se, pelo poder do anterior. Esta concepção foi elaborada em tempos anteriores de maneira muito meticulosa. Por exemplo, aproximadamente em 1583, Johann Weyer publicou, em seu *Pseudomonarchia Daemonum*, um relato detalhado sobre a hierarquia do inferno que se dividia em Reis, Marqueses, Duques, Príncipes, etc., etc., cada qual com suas legiões de diabos secundários subordinados a ele, num número adicional de sete milhões. Ele parece ter acreditado nisso, mas H. C. Lea sugere que o motivo que levou Weyer a publicar esse tratado teria sido o de ilustrar as loucuras da superstição presente entre os padres sobre os poderes dos demônios. Em uma nota, o editor do Sr. Lea, o Professor Arthur C. Howland, diz,

> Isso indica um curioso estado mental no qual a invocação desses espíritos é dirigida, em nome da Trindade, a Jesus Cristo, orando a ele por intercessão da Virgem e santos para conceder poder divino sobre todos os espíritos malignos, de forma que não importando quais deles os adeptos chamem, irão imediatamente aparecer e realizar sua vontade — sem feri-lo ou amedrontá-lo.
>
> Eu suponho que o raciocínio seria que se Deus concedeu a Salomão poder sobre os maus espíritos, não haveria nenhuma razão por que ele não devesse fazer o mesmo para outros que buscassem isso. Além do mais, era isso que os exorcistas faziam diariamente. Os teólogos universalmente afirmam que não havia pecado em dominar demônios, embora fosse herético suplicar por sua ajuda, e assim esta fórmula burlava as leis contra magia e feitiçaria. Na realidade, era só a suposição de um leigo com relação ao poder do padre.

Mais recentemente, porém, após a Reforma, esse tipo de magia também foi condenado, como lemos que de acordo com os juristas seculares, a posse de livros sobre magia cerimonial desta natureza era evidência suficiente para que se torturasse e queimasse na fogueira. Mas a distinção, como vimos, foi feita anteriormente; o mago do cerimonial, frequentemente um padre, era mais ou menos lícito aos olhos da Igreja já que ele "dominava demônios"; a bruxa, porém, que rezava aos Antigos Deuses, era condenada, pois essa prática era considerada uma "súplica aos demônios".

Muito foi produzido nos últimos anos por escritores, tais como Hugh Ross Williamson e H. T. F. Rhodes acerca do conceito de "Dualismo", que é a ideia que divide o Universo entre um Deus bom e um Deus mau, ou "Satanás", entre os quais está travada guerra eterna. Embora as pesquisas de ambos os autores sejam valiosas, devo declarar que discordo completamente deles em alguns pontos importantes. Eles defendem a ideia de que esse dualismo é um fator importante no desenvolvimento do culto da bruxa, e não posso concordar com essa afirmação, já que ambos trazem a concepção ortodoxa de que Satanás era a deidade adorada pelas bruxas, e pelo que me consta não é assim. As pessoas que atribuem poderes a Satanás, os quais são praticamente os mesmos atribuídos a Deus, são cristãos ortodoxos ou não ortodoxos. O paganismo do qual o culto da bruxa descende não é dessa forma.

O que o paganismo ensina a respeito da origem do mal? Isso certamente depende do que se entende por "paganismo". As únicas formas de paganismo que nos interessam aqui são aquelas que podem ter influenciado o culto da bruxa. O druidismo, a religião dos celtas, não possuía uma doutrina de uma deidade má em oposição ao Deus do Bem. Não há evidência de que a religião da Grande Deusa Mãe ou do Antigo Deus da Caça tivesse qualquer concepção relacionada com um autor sobrenatural de todo o mal. E com relação aos cultos dos Mistérios do mundo antigo, teríamos algum modo de averiguar o que ensinaram sobre a origem do mal?

Felizmente temos. No século IV d.C., quando o paganismo estava envolvido em uma feroz contenda com o novo credo do Cristianismo, Sallustius, que era amigo pessoal do Imperador Juliano (chamado de o Apóstata por tentar resgatar a Antiga Religião), escreveu um tratado chamado *Peri Theon kai Kosmou, About the Gods and the World*. É provável que esse tratado tenha sido um tipo de manifesto da mais alta espécie de paganismo predominante na época, e é evidente que seu autor era um iniciado nos Mistérios.

O tratado foi publicado no terceiro volume do *Fragmenta Philosophorum* de Mullach; à parte disso, antes de Gilbert Murray publicar uma tradução completa dele no Apêndice de seu *Five stages of Greek Religion*, a única edição disponível, e rara, foi publicada por Allatius, em 1539. A respeito desse assunto, o professor Murray diz que "pode ser dito que constitui algo como um respeitável credo pagão".

Com relação aos mitos dos Deuses, Sallustius diz: "Para uns pode-se chamar o Mundo de um Mito no qual corpos e objetos são visíveis, mas almas e mentes ocultas". Consequentemente, os mitos são meios de ensinar às pessoas as verdades divinas". ...Os mitos expressam a existência de Deuses a todos, mas quem e o que eles são apenas para aqueles que podem entender.

A forte convicção de Sallustius não apenas na sobrevivência à morte corporal, mas na contínua atividade e interesse dessas almas que passaram além da terra beneficiando a humanidade, evidencia-se em seu comentário, "Que essas explanações acerca dos mitos sejam vistas com bons olhos pelos Deuses, e pelas almas daqueles que escreveram os mitos".

Ele diz: "é próprio à Causa Primordial ser Uma — pois a unidade precede a multiplicidade — e supera todas as coisas em poder e bondade. Consequentemente, todas as coisas têm que compartilhar disso. Visto que graças ao seu poder, nada mais pode prejudicá-la, e devido à sua bondade não se desintegrará. ...Após este inexprimível Poder chegar vieram as ordens dos Deuses. Com relação aos Deuses, alguns são do mundo, Cósmicos, e outros de acima do mundo, Hipercósmicos".

Sallustius, nega enfaticamente a existência de um Poder do Mal, ou até mesmo de maus espíritos, no sentido de serem "diabos". Ele diz:

> Se os Deuses são bons e fazem todas as coisas, como pode o mal existir no mundo? Ou talvez seja melhor primeiramente atentar para o fato de que, se os Deuses são bons e fazem todas as coisas, não há um mal positivo, ele somente provém da ausência do bem; da mesma maneira que a escuridão não existe, mas só ocorre devido à ausência de luz.

Se o Mal existe, então deve existir nos Deuses ou nas mentes, almas ou corpos. Ele não existe em um Deus, pois todo Deus é bom. Se alguém falar a respeito de uma "mente má" ele se refere a uma mente desprovida de mente. Se falar de uma alma má, ele a inferiorizará em relação ao corpo, pois nenhum corpo é mal em si. Se disser que o Mal é composto de alma e corpo, seria absurdo afirmar que separadamente eles não seriam maus, mas juntos deveriam criar o mal.

Suponhamos que se diga que há maus espíritos: se recebem seus poderes dos Deuses, não podem ser maus, se de alguma outra fonte, os Deuses não fazem todas as coisas. Se eles não fazem todas as coisas, então eles desejam e não podem, ou eles podem e não desejam; nenhuma dessas ideias é compatível com a ideia de Deus. Então, nós podemos ver a partir desses argumentos que não há mal positivo no mundo.

É nas atividades dos homens que o mal aparece, e não de todos os homens e nem sempre. E quanto a eles, se pecaram para praticar o mal, a própria natureza seria má. Mas se o adúltero considera seu adultério ruim, mas seu prazer bom, e se o assassino considera o assassinato ruim, mas o dinheiro que ele ganhou bom, e o homem que pratica o mal a um inimigo considera que fazer mal é ruim, mas castigar seu inimigo seja bom, e se a alma cometer todos os seus pecados desta forma, então os males são praticados para fazer o bem. (Da mesma maneira, porque em um determinado lugar a luz não existe, há escuridão, que não tem existência positiva.) Portanto a alma peca, porque pretendendo fazer o bem, comete erros pelo bem, porque não é Essência Primordial. E vemos muitas coisas feitas pelos Deuses para impedir que se cometa erros e para saná-los quando feitos. Artes e ciências, maldições e orações, sacrifícios e iniciações, leis e constituições, julgamentos e punições, tudo vem para a existência com o intuito de prevenir que as almas cometam pecado; e quando elas deixarem seus corpos, os Deuses e os espíritos da purificação os absolverão de seus pecados.

Então Sallustius passa a explicar o significado interno dos rituais religiosos, na seção entitulada: "Em que sentido, embora os Deuses nunca mudem, diz-se que eles são enfurecidos e apaziguados". Ele diz:

É ímpio supor que o Divino é afetado pelo bem ou pelo mal pelas coisas humanas. Os Deuses são sempre bons e sempre fazem o bem e nunca prejudicam, mantendo-se sempre em um mesmo estado sendo o que são. A verdade é simplesmente que quando somos bons, nos unimos aos Deuses pela nossa semelhança com eles; quando ruins, nos separamos deles pelas diferenças. E quando vivemos de acordo com as virtudes, nos mantemos fiéis aos Deuses, quando nos tornamos maus, nos tornamos inimigos dos Deuses — não porque eles estejam enfurecidos conosco, mas porque nossos pecados impedem que a luz dos Deuses brilhe sobre nós, e nos colocam em comunhão com os espíritos na punição, e se por meio de orações e sacrifícios alcançarmos o perdão dos pecados, não estaremos apaziguando ou mudando os Deuses, porém pelas nossas atitudes e direcionamento ao Divino, sanamos nossa própria maldade e então apreciamos novamente a bondade dos Deuses. Dizer que Deus se afasta do mal é como dizer que o sol se esconde do cego.

"Isso responde a pergunta a respeito de sacrifícios e outros ritos realizados aos Deuses. O divino não tem necessidades, e a adoração é para o nosso próprio benefício. A providência dos Deuses alcança todos os lugares, e apenas necessita de alguma congruência para que se possa recebê-la." (Compare com a ideia das bruxas de que o homem teria que "construir uma ponte", por assim dizer, entre si mesmo e os Deuses.) Ele continua, "os Deuses nada ganham com todas essas coisas; que ganho poderia haver para Deus? Somos nós que alcançamos comunicação com eles".

"O fato de que" diz ele, "rejeições de Deus que ocorreram em certas partes da terra e que ocorrerão após a morte também não incomodará a mente dos sábios; já que estas coisas não afetam os Deuses, da mesma forma que dizemos que a adoração não os beneficia; porque a alma, sendo uma essência intermediária, nem sempre está correta..."

Ele revela claramente sua crença nas doutrinas de Reencarnação e Karma quando diz:

> Também não é improvável que a rejeição de Deus seja algum tipo de punição; podemos acreditar que aqueles que conheceram os Deuses e os negligenciaram em uma vida, podem em outra vida ser completamente privados de sua sabedoria. Também aqueles que adoraram seus próprios reis como Deuses mereceram o castigo de perder todo o conhecimento de Deus.

Esta crença é elaborada mais adiante quando ele fala da transmigração de almas.

> Se a transmigração de uma alma ocorrer em um ser racional, ela simplesmente se torna a alma daquele corpo. Mas se a alma migrar para um animal selvagem, ela segue o corpo do lado de fora, assim como um espírito guardião acompanha um homem. Pois uma alma racional nunca poderia estar em um ser irracional.

(Note a crença naquilo que hoje seria chamado de "Espíritos Guardiões"; também ele evidentemente não acredita que uma alma humana possa literalmente transmigrar para um animal, não importando o quão brutal e degradada tenha se tornado, e os crentes em reencarnação, atualmente, em geral têm o mesmo ponto de vista.)

> A transmigração das almas pode ser provada pelos males congênitos das pessoas. Pois por que alguns nascem cegos, outros paralíticos, outros com alguma doença na própria alma? Mais uma vez, é o dever natural das almas realizar seu trabalho no corpo; deveríamos supor que após deixarem o corpo, estas almas passariam toda a eternidade inativas?

"As almas que viveram na virtude em geral são felizes", diz, "e quando separadas da parte irracional da natureza, e libertadas de todas as aflições, entram em comunhão com os Deuses e unem-se a eles para governar o mundo". Evidentemente, ele está referindo-se àqueles que progrediram ao ponto de não necessitarem de outra reencarnação na terra. Mas ele não lança mão da promessa do Paraíso ou da ameaça do Inferno como um meio de induzir pessoas à bondade; ele continua:

> "Ainda que esta felicidade não lhe fosse devida, que é a própria virtude, e a alegria e a glória da virtude, a vida liberta de toda aflição e mestres é o suficiente para fazer felizes aqueles que atingiram este estado e vivem de acordo com a virtude".

Creio que o que atinge mais intensamente a consciência do leitor que for versado no ensino dos mais altos tipos de espiritualismo e círculos ocultos, não é a antiguidade desses ensinamentos de Sallustius, mas sua surpreendente modernidade. Poderia ter sido abordado ontem. Ou melhor, poderia ter sido citado em um encontro de bruxas, a qualquer momento, como uma declaração geral de seu credo; e notar-se-á que *não há espaço para qualquer "adoração do Princípio do Mal"*. Obviamente, nem todos os ensinamentos de Sallustius sobreviveram tão bem ao tempo; por exemplo, ele acreditava que a terra era o centro do Cosmos; mas o espírito de seus ensinamentos, o espírito dos Mistérios dessa época, o qual também é o espírito das crenças da bruxaria, é infinito.

Muito verdadeiramente o Professor Murray diz:

> Em parte instintivamente, em parte superficialmente e timidamente, cada geração da humanidade reage contra a anterior. O homem adulto dá as costas às ideias que lhe foram impostas em sua infância. O filho reage com indiferença aos ideais que emocionaram seu pai, e em vários graus de sensibilidade ou estupidez, com visão mais completa ou fragmentada, escreve o manuscrito de seu próprio credo. No entanto, até mesmo para o mais selvagem ou corajoso rebelde, aquele manuscrito é apenas um documento adulterado. Superficialmente, é uma escritura nova, limpa e clara com relação aos seus direitos. Abaixo, pálida mas indelével, nas próprias fibras do pergaminho, encontram-se os caracteres de muitas antigas aspirações, êxtases e batalhas as

quais a mente consciente rejeitou ou esqueceu completamente. E coisas esquecidas, se houver vida real nelas, às vezes ressurgem do pó, ansiosas por ajudar a humanidade na busca da evolução.

Retornando à teoria desenvolvida por Hugh Ross Williamson e H. T. F. Rhodes de que o conceito de dualismo influenciou o culto da bruxa, esses escritores, especialmente o segundo, sugerem que a seita de hereges cristãos conhecida como os cátaros ou albigenses era fortemente associada com o culto da bruxa, e que esses hereges sustentavam a concepção de dualismo, e que celebravam um tipo de "Cerimônia Vã" da Missa Cristã como uma forma de provocação, ou talvez saudação invertida, do Deus dos cristãos a quem consideravam o Princípio do Mal, e que esta seria a origem da "Missa Negra", a qual o culto da bruxa é acusado de realizar.

Os trabalhos de Sr. Rhodes e Sr. Williamson são eruditos e de grande interesse; mas sugiro que neste ponto estejam equivocados. Por isso me proponho a examinar quem realmente foram os cátaros e o que realmente ensinaram.

Considera-se que o Catarismo como heresia tenha surgido no início do século X d.C., na península balcânica. A partir dali, espalhou-se rapidamente, como sempre ao longo das rotas de comércio. No século XI havia espalhado-se pela Macedônia, Trácia, Ásia Menor, Grécia, Bósnia e Dalmácia até a Itália, e então para a França, e da Hungria à Alemanha. No início do século XII haviam desenvolvido um sistema completo de fé e conduta que diferia de modo significativo do Cristianismo ortodoxo.

Originou-se do Maniqueísmo, e parece ter sido pregado nos bálcãs pelos paulicianos, uma seita cristã herética descendente dos maniqueístas que defendiam a filosofia do dualismo. Uma das razões de sua popularidade era que esses pastores realizavam os serviços religiosos na língua comum do povo, em vez da prática ortodoxa de realizar os serviços em latim. Opunha-se ao Cristianismo Papal, e, como tantos movimentos religiosos, proclamou ser "a única verdadeira Igreja Cristã".

Em alguns aspectos, os cátaros estavam à frente de seu tempo. Eles acreditavam que todos os homens seriam salvos ao final, e negavam as doutrinas de "Inferno" e "danação eterna", afirmando que estas eram incompatíveis com a bondade de Deus. Também perceberam que o Deus cruel do Antigo Testamento era uma representação indigna da Deidade, e realmente foram longe a ponto de dizer que Ele tinha tantas paixões ruins e injustiças que devia ser o Deus do Mal, e não o Deus do Bem. Eles não consideravam Jesus como Deus encarnado, mas como um homem bom o qual Deus havia enviado à terra em uma missão especial; e não para resgatar as pessoas, morrendo por elas, mas para ensinar-lhes um modo de vida.

Eles acreditavam na reencarnação, e defendiam que através dela todos tornariam-se perfeitos ao final, mas se os homens quisessem encurtar o número de encarnações teriam de esforçar-se para viver como Jesus havia ensinado.

Eles negavam completamente a validade dos sacramentos da forma como eram administrados pela Igreja Romana, afirmando que nenhum sacramento poderia ser válido a menos que fosse administrado por um padre que fosse um homem bom e santo, e consequentemente adequado para tal tarefa, e que apenas o receptor que estivesse em estado de consciência espiritual poderia recebê-los adequadamente. Isso era absolutamente contrário ao ensino romano que tão logo um homem fosse ordenado padre seu caráter moral não importaria; os sacramentos que ele administrasse seriam automaticamente válidos. Foi essa negação às reivindicações da Igreja ortodoxa, especialmente com respeito à Missa, que fez com que os cátaros fossem perseguidos tão cruelmente e ferozmente exterminados.

Mas o aspecto mais particular e curioso dos seus ensinamentos era sua fundamentação no conceito de dualismo. Eles diziam que o mundo material, sendo imperfeito, não poderia ter sido criado pelo Deus do Bem que era perfeito. Consequentemente, deveria ter sido criado pelo Deus do Mal! Eles defendiam o conceito de que não havia um Deus, mas dois; um bom e o outro mau. Eles diziam que o Deus do Bem não tinha nenhum interesse no mundo da matéria, a não ser redimir as almas dos homens o mais rápido possível. Apenas o mundo do Deus do Bem — o Céu — era real e eterno. O mundo da matéria era mau, ilusório e transitório. (Pode-se detectar nos ensinamentos do Catarismo estranhos ecos do Budismo, e a vida do cátaro "perfeito" faz irresistivelmente lembrar a do *Sangha* budista; suficientemente para fazer com que se questione se o Catarismo pode ser descendente remoto, curiosamente transformado, de uma dessas missões budistas enviadas pelo rei Asoka para o Oriente Próximo, entre outros lugares, de onde a heresia cátara surgiu e onde fixou-se por mais tempo.)

Os cátaros explicavam a posição do homem na natureza, e a posse de um corpo material, afirmando que o Deus do Mal havia seduzido um grande número de anjos do céu a separarem-se do Deus do Bem, e que assim eles haviam "caído", e tornado-se prisioneiros no reino do Deus do Mal, o mundo material. O Deus do Bem permitiu que eles se exilassem, mas decretou que a armadilha do Mal deveria tornar-se o instrumento da redenção, por meio da reencarnação, até que eles reconquistassem o estado original de bem-aventurança e pureza. Esses anjos caídos eram a raça humana. Por isso, os cátaros diziam que o caminho apropriado para a humanidade seria a separação máxima do mundo material, e a única luta seria a de resgatar a pureza original. Receberam seu nome devido a essa doutrina; sua religião era de *catharsis*, uma palavra grega que significa "purificação".

Desta doutrina também derivaram ensinamentos de extremo ascetismo. Eles não podiam possuir propriedades; todos os seus bens materiais eram comuns e destinavam suas riquezas para ajudar os doentes e pobres. Não construíram igrejas; toda a pompa e a ostentação do Vaticano, eles diziam, era uma ilusão do Deus do Mal. Eles encontravam-se onde fosse possível, às vezes ao ar livre. Seus rituais eram muito simples, e o principal sacramento era o *Consolamentum*, que tinha o intuito de ligar, ou melhor, religar, o homem à parte mais elevada de seu ser. Este era denominado "o Batismo do Espírito Santo", e aquele que houvesse recebido este sacramento faria votos de uma vida de extremo ascetismo e completo afastamento dos apegos terrenos. Esses ascetas eram conhecidos como "Perfeitos", e aparentemente viviam de maneira semelhante aos primeiros monges budistas, e como eles, parecem ter sido tratados com muita reverência pelas pessoas comuns; seu estilo de vida de pobreza, celibato, bons trabalhos, oração ininterrupta, jejuns e pregações contrastava com a dos membros do clero ordinário que eram frequentemente luxuosos, lascivos e venais.

Havia poucos Perfeitos, porque poucos homens ou mulheres (os cátaros admitiam ambos os sexos), podiam suportar uma vida de completa pobreza e autoabnegação; porém havia muitos "credentes" ou "crentes" que os seguiam e os apoiavam. Era permitido a esses credentes uma certa dose de laços mundanos, mas entendia-se que eles deveriam empenhar-se em progredir para a recepção do *Consolamentum* e emancipação completa do mundo material.

Os cátaros acreditavam-nos sete pecados mortais; a posse de propriedades; comunicação com pessoas mundanas, a não ser que fosse com o intuito de convertê-los; dizer a verdade a qualquer custo; o assassinato de outro ser humano, sob qualquer pretexto, incluindo guerras ou execuções judiciais; a matança de animais, a não ser répteis ou peixes; comer carne animal e relações sexuais não importando se para procriação ou por mera satisfação de desejos, porque estes eram os meios pelos quais o Deus do Mal mantinha o mundo da matéria, e mantinha as almas humanas aprisionadas nele.

Notar-se-á facilmente que esse é um credo muito diferente do culto da bruxa. Há algumas semelhanças superficiais, ambos acreditavam em reencarnação, encontravam-se ao ar livre ou em lugares pouco conhecidos, e os Cataristas Perfeitos possuíam uma cinta que consiste em um cordão sagrado; contudo, a doutrina principal dos cátaros é completamente oposta aos princípios do culto da bruxa, a saber, o culto à fertilidade, e consequentemente à santidade do sexo.

De que forma, então, os cátaros foram associados às bruxas? Um velho provérbio diz que o "infortúnio gera estranhas uniões". A fim de desacreditá-los, a propaganda oficial da Igreja espalhou as mesmas histórias de "orgias horrorosas", "ritos obscenos", etc., etc., a respeito dos cátaros assim como procedeu com as bruxas, os Stedingers, os Valdenses e os Cavaleiros Templários; na realidade, com qualquer um com quem discordasse. Por exemplo, Martin Luther é seriamente acusado por alguns desses escritores que professam expor "os horrores do sabá" de ter sido o resultado gerado pela união de sua mãe com um demônio *incubus*!

A pregação dos cátaros era uma pedra no sapato da Igreja, especialmente quando eles negavam a validade dos sacramentos da Igreja. Isso afetou diretamente a autoridade da Igreja, e os cátaros tornaram-se tão influentes no Sul da França, na região amplamente conhecida como Languedoc, que o Papa Inocêncio III, em 1207, não conseguindo vencer a heresia por meio de missionários, pregou uma Cruzada contra os "albigenses", como eram chamados (um nome derivado da cidade francesa de Albi que era um dos centros deles). A todos os que participassem das cruzadas era prometido a mesma remissão dos pecados que ganhariam se tivessem ido às cruzadas na Palestina.

Porém, os nobres de Languedoc resistiram aos invasores pela força, e tentaram proteger o cátaros dando-lhes refúgio em seus castelos; mas foram vencidos pelo número superior daqueles que haviam respondido ao chamado do Papa, ansiosos por bênçãos e cobiçosos para saquear. O exército das Cruzadas estava sob o comando supremo de Arnauld, o Legado Papal, e quando atacou e tomou a cidade de Beziers, lhe foi perguntado o que seria feito dos habitantes, e como os fiéis seriam distinguidos dos hereges. Ele respondeu: "Mate-os todos. Deus saberá reconhecer os seus". O caridoso pedido foi atendido; os habitantes de Beziers foram massacrados e a cidade foi pilhada e incendiada. Tratamento semelhante foi imposto a Carcassonne. Assim como em Beziers, a maioria dos habitantes fugiu, entretanto alguns deles foram capturados, e destes, 50 foram enforcados e 400 queimados vivos. A cidade foi saqueada, mas não incendiada, pois seria necessária para hospedar o exército.

Esses horrores seriam os primeiros de muitos; a Guerra Santa avançou em seu curso miserável durante quase 20 anos, trazendo as usuais consequências da guerra, de devastação e ruína. A Inquisição passou a existir, como consequência direta da luta contra os partidários dos Cátaros, quando em 1232 o Papa Gregório IX transferiu todos os poderes inquisitoriais para a Ordem dos Dominicanos, e alguns anos mais tarde estendeu os mesmos poderes e privilégios aos Franciscanos. Este episódio da história foi descrito por Paul Daniel Alphandery, Professor de História do Dogma na Sorbonne, como "um reinado de terror que devastou Languedoc durante um século". Os Inquisidores assumiram o comando a partir do ponto em que o exército das cruzadas havia parado. Quando tudo terminou, o Catarismo em Languedoc, havia praticamente desaparecido; assim como Languedoc. Suas riquezas, cultura, organização e autorrespeito foram destruídos.

Outro resultado direto da luta com os cátaros foi a adoção definitiva pela Igreja do Dogma da Transubstanciação. Este ponto foi motivo de controvérsia durante alguns séculos, e apenas em 1215 a palavra "Transubstanciação" foi adotada e a doutrina definida pelo Quarto Conselho latino. Então a Igreja definitivamente manteve sua posição, como mencionado anteriormente, de que o caráter moral do padre que realizasse a Missa não faria diferença; contanto que ele fosse um padre, a Missa seria válida, e a transubstanciação aconteceria.

Agora vou avançar para algo que sei muito bem que é um ponto de vista altamente controverso, e temo que possa ofender algumas pessoas. A visão é que a raiz da prática conhecida como a "Missa Negra" encontra-se na crença citada anteriormente, sendo realizada por pessoas espiritualmente ignorantes e padres indignos. Não tem nada que ver com o culto da bruxa ou com os cátaros, e nunca teve nenhuma relação com eles.

A Missa Negra era — e espero que eu tenha razão em usar o tempo passado — uma missa realizada por um padre ordenado, com várias cerimônias mágicas inclusas a fim de usar, ou melhor perverter, o poder da Eucaristia para alguma finalidade mágica. Vimos um exemplo nos trechos do Grimório de Honório que eu citei no capítulo intitulado "Pensamento Mágico". Eu sei que vários exemplos designados como "Missas Negras" podem ser encontrados nas confissões das bruxas, extraídas sob tortura; mas que confiança pode-se depositar em tal evidência quando lhes era imposto o que deveriam confessar e eram torturados até que falassem?

É claro que aqueles que reclamam que eu me esforço para indicar que não há nada diabólico sobre a bruxaria argumentarão aqui que sou um intercessor especial. Se eles não querem me escutar, talvez escutem as palavras de um homem que oficiava como confessor aos que estavam condenados por bruxaria no ápice da perseguição na Alemanha, no século XVII; um homem que, longe de ser um bruxo ou simpatizante do culto da bruxa, era na realidade um padre jesuíta; um homem que, além disso, era um daqueles nobres e corajosos caráteres, que brilham nos períodos mais escuros da história; Padre Friedrich Von Spee, S. J.

Quando Phillip von Schornborn, Bispo de Wurzburg, em 1642, era jovem, perguntou ao Padre Spee por que os cabelos dele haviam ficado brancos antes do tempo; Von Spee respondeu que havia sido causado pela agonia mental que sentia quando, durante seus deveres oficiais, era incumbido de acompanhar até a fogueira os condenados por bruxaria; porque ele nunca havia visto em nenhum deles qualquer traço que o convencesse de que aquela pessoa estivesse sendo condenada justamente. Eles confessavam por medo de sofrer torturas maiores, confessando o que lhes era requerido. Mas quando percebiam que não tinham nada a temer com relação ao confessor, desesperadamente lamentavam a ignorância ou maldade dos juízes, e como último recurso clamavam a Deus para testemunhar sua inocência. Estes acontecimentos haviam esgotado seus nervos de tal forma que seu cabelo ficou grisalho antes do tempo. (H. C. Lea, — Op. cit. — cita Leibnitz como referência para esta história).

Padre Von Spee não foi o único membro dessa Sociedade a lamentar os horrores e injustiças da caça às bruxas; ele era apoiado por mais dois jesuítas, Padre Paul Laymann e Padre Adão Tanner, e por um protestante Doutor em Sagradas Escrituras, Johann Meyfarth. Este último disse que em sua juventude, pelo desígnio de Deus, ele havia presenciado várias cenas de tortura infligidas em bruxas acusadas, "e daria milhares de dólares para bani-las de sua memória". Todos esses clérigos escreveram livros em protesto contra o uso de tortura para forçar confissões de qualquer espécie, numa época em que levantar a voz contra a perseguição que prevalecia seria atrair sua fúria imediatamente, e suas obras exerceram considerável influência na restauração da sanidade e humanidade de um país dominado por um histérico reinado de terror.

Von Spee, em seu livro *Cautio Criminalis, seu de Processibus contra Sagas* (Primeira Edição, Rinteln, 1631), diz:

> Os juízes e inquisidores deveriam seguir não apenas as leis mas o raciocínio. É incrível como em todos os lugares este fator é desconsiderado e toda a raiva contra o acusado faz com que qualquer acusação que recaia sobre ele seja considerada válida e verdadeira, e o que quer que os favoreça, posto de lado. Quando conseguem condenar, triunfam; mas se a inocência é demonstrada, eles se inflamam.

Ele continua com uma mordaz exposição dos métodos usados na caça às bruxas, na qual não poupa o poder religioso nem o secular. Ele diz:

> Não é incorruptível aquele inquisidor que envia agentes aos lugares para inflamar as mentes dos camponeses contra as bruxas e promete voltar para destruí-las, se conseguirem uma coleta suficiente para ele; terminado este processo, ele vem, celebra um ou dois autos de fé, excita ainda mais as pessoas tirando confissões de acusados; finge ir embora e faz outra coleta; quando esvazia o distrito, parte para outro e repete o mesmo processo.

> ...No processo, o inquisidor intima a mulher à sua presença, diz-lhe que ela sabe do que é acusada e a prova é a que ele declara e que ela deve purificar-se e responder por isso. Como tenho muito frequentemente encontrado, ela assim o faz e depois justifica seus atos nos mínimos detalhes, de forma que a futilidade da acusação fica clara. É como se ela falasse com uma pedra. Dizem-lhe somente para voltar à cela e pensar se persistirá negando, pois será chamada novamente em algumas horas. Enquanto isso, registra-se no protocolo que ela negou e é sentenciada à tortura. Não há menção à sua contestação. Quando é trazida de volta, lhe é perguntado se persiste em sua obstinação, pois o decreto de tortura foi emitido. Se ela ainda negar, é levada à tortura. Onde há alguém, não importando o quanto tenha se purificado, que não tenha sido torturado? Mesmo que não haja nenhuma prova legítima, muitos juízes registram que elas procedem de acordo com o que foi alegado e provado.

Lembre-se de que estas não são meras conjeturas. O padre Von Spee foi uma testemunha ocular dos fatos sobre os quais escreveu. E ainda os terríveis disparates os quais as bruxas condenadas "confessaram" são levados a sério por pessoas que usam a perspicácia das bruxas como evidência dos males causados pela bruxaria!"

Von Spee continua:

> O que se deve pensar da tortura? Traz consigo frequente perigo moral ao inocente? Refletindo acerca do que tenho visto, lido e ouvido, posso apenas concluir que ela enche nossa Alemanha de bruxas e maldades desconhecidas, e não apenas a Alemanha, mas qualquer nação que a pratique. A agonia é tão intensa, que para escapar dela não tememos incorrer em morte. O perigo, portanto, é que para evitá-la muitos confessarão falsamente o que quer que o examinador sugira ou o que tenha pré-concebido. O mais robusto a sofrer tortura disse-me que não haveria crime que não fosse confessado se garantisse imediatamente um pequeno alívio, e que eles aceitariam dez mortes para evitar uma repetição... Eu confesso que admitiria qualquer crime imediatamente e preferiria a morte em lugar de tal sofrimento, e ouvi muitos homens, religiosos e de coragem incomum, dizerem o mesmo... Há uma frase frequentemente usada por juízes que diz que o acusado confessou sem o uso de tortura, sendo assim é inegavelmente culpado. Eu quis saber sobre isso e questionei e descobri que na realidade elas eram torturadas, mas apenas com uma prensa de ferro com extremidades afiadas — ao redor de suas canelas, as quais eram usadas para apertá-las como um bolo, sangrando e causando uma dor insuportável, e isso é tecnicamente definido como "sem tortura", enganando aqueles que não compreendem as frases dos inquisidores... .
>
> A lei prescreve que ninguém sob tortura será interrogado sobre o nome de cúmplices; mas isso é desconsiderado e são ditados nomes aos acusados para que sejam denunciados. Em muitos lugares, isso não é apenas costumeiro mas, crimes especiais, lugares e horários para o sabá sagrado e outros detalhes são sugeridos nos interrogatórios... Alguns executores, ao preparar o acusado para a tortura, lhe dizem quais cúmplices devem denunciar e o advertem a não se recusarem a fazê-lo; também lhes é dito o que outros disseram sobre ele, de forma a conhecer todos os detalhes a serem confessados, para então proceder de acordo com eles. Assim fazem para os protocolos serem aceitos, e a prova da culpa fica perfeita... Tudo aquilo que Remy, Binsfield, Del Rio e o restante nos contam está baseado em histórias extorquidas por tortura. (Meus itálicos).

Nicholas Remy é o autor de *Demonolatria* (Lyons, 1595); Peter Binsfield é o autor de *Tractacus Confessionibus et Maleficarum Sagarum* (Trier, 1589) e Martin Del Rio é o autor de *Disquisitiones Magicae* (Louvain, 1599 — 1601). Todos esses livros foram aceitos e reconhecidos como referência em bruxaria, *e ainda são aceitos por escritores modernos como Montague*

Summers. Por "e o restante" presumo que Von Spee inclui tudo o que foi escrito antibruxaria, até mesmo o *Malleus Maleficarum*.

"Quais são os argumentos", diz Von Spee, "daqueles que acreditam que o que é confessado sob tortura seja verdadeiro? É impressionante o fato de que escritores instruídos, que propagam a bruxaria pelo mundo, fundamentem todos os seus argumentos em bases enganosas".

Realmente é; e é ainda mais impressionante que neste século XX* eles continuem obtendo crédito.

Então, de onde surgiram as histórias da Missa Negra? Os inquisidores e executores que ditavam essas histórias às bruxas acusadas devem ter tirado a ideia original de alguma outra fonte. Eu sugiro que fosse amplamente sabido e comentado que esse tipo de Missa pervertida era realizada com objetivos mágicos, embora clérigos decentes abominassem essa prática; e que pessoas supersticiosas consideravam a hóstia consagrada como um poderoso instrumento de magia. Isso é provado pelos feitiços que contêm pedaços de hóstias consagradas que possuímos neste Museu; por histórias tais como as contadas por Montague Summers, que parece não perceber o real significado delas, por camponeses ignorantes, que consideraram a ablução do cálice que havia servido o vinho eucarístico, como um remédio para as doenças de seus filhos; e por incontáveis exemplos nos vários grimórios de instrumentos mágicos, etc., que devem ser consagrados rezando-se uma Missa para eles. O primeiro livro de orações reformado de Eduardo VI (1549) tem as seguintes explicações: "E embora... as pessoas todos estes anos tenham recebido o Sacramento do Corpo de Cristo das mãos do padre em suas próprias mãos... muitas vezes carregavam a mesma secretamente consigo, mantendo-se com elas, abusando delas por meio da superstição e maldade... em geral considera-se conveniente que as pessoas recebam o Sacramento do Corpo de Cristo das mãos do padre à boca". O propósito não era, como a lenda do "Satanismo" insiste em afirmar, deliberadamente insultar a hóstia, mas utilizá-la para a magia; e notar-se-á que a rubrica condena os que procedem assim, não como "satanistas" e nem mesmo como bruxas, mas simplesmente como supersticiosos e maus.

Pessoas dessa mentalidade eram os clientes dos padres que estavam preparados, mediante pagamento, para celebrar uma Missa para propósitos mágicos. Por exemplo, uma prática era rezar a Missa aos Mortos em nome de uma pessoa viva, para causar sua morte. Foram tantos os Conselhos da Igreja que fulminaram contra essa prática que ela deve ter se estendido por muitos séculos.

Se a prática houvesse cessado, não haveria razão para continuar sendo proibida.

Acredito que a Igreja Católica permita que seus padres celebrem Missas por uma "intenção particular" de algum membro de sua congregação e, ob-

---
* N. do T.: Época em que o autor escreveu esta obra.

viamente, nas mãos de um padre honrado, tal prática é protegida de abusos. Nenhum padre decente celebraria uma Missa para uma "intenção" que fosse claramente má. Mas ela sempre esteve livre de abusos? Especialmente na época medieval — e até depois — quando superstições de todos os tipos influenciavam as mentes dos homens a ponto de acharmos difícil entender ou até mesmo acreditar? E quando acreditava-se firmemente, tanto por padres como pelas pessoas, que não importava o quão ruim fosse um homem, contanto que ele fosse um padre ordenado, a transubstanciação dos elementos da Missa aconteceria automaticamente por meio de sua palavra?

Possuímos alguma real evidência sobre a Missa Negra mais válida do que os papéis nas quais foram escritas? Há muito poucas, apenas um caso merece ser examinado, porque parece que as pessoas que realizaram a investigação não tinham argumentos para suas ideias; realmente, da forma como se procedeu a investigação, eles estavam mais interessados em esconder do que produzir mais detalhes escandalosos. Refiro-me ao famoso "Affaire des poisons" no reinado do Rei Luís XIV da França.

O motivo principal dessa investigação não era denunciar "Magia Negra" ou "bruxaria", mas dar fim a muitos casos de mortes misteriosas por envenenamento os quais estavam alcançando proporções de escândalo nacional; e não havia comprometimentos teológicos ou heréticos, mas era simplesmente um honesto trabalho de investigação policial. O trabalho foi realizado pelo tenente da polícia de Paris, Nicolas de La Reynie.

A mania da caça às bruxas na França havia praticamente exaurido suas forças. Realmente, como já mencionei, Luís XIV, alguns anos antes, em 1670, havia alterado várias sentenças de pessoas condenadas por bruxaria para banimento vitalício, e recusou o pedido do Parlamento de Rouen para que esses condenados fossem mortos. Porém, a crença na eficácia das "ciências ocultas", como alquimia, astrologia e adivinhação de todos os tipos, assim como magia cerimonial, era muito difundida. A ciência médica ainda estava comparativamente na infância, e isso contribuía para o terror da morte por envenenamento, pois testes médicos por meio dos quais os envenenadores podem ser descobertos tão depressa hoje em dia, não haviam sido inventados. Por conseguinte, as pessoas, amedrontadas, confundiam as mortes naturais com as resultantes de envenenamento, e inversamente as mortes realmente decorrentes de envenenamento não podiam ser provadas.

Em 1676, toda Paris havia ficado chocada pelo julgamento e execução de uma jovem e bela marquesa, Madame de Brinvilliers, por ter envenenado seu pai e seus dois irmãos, e atentado contra a vida da irmã. Foi revelado no decorrer do julgamento que ela, na realidade, havia envenenado vários outros "para praticar", antes de começar a tentativa contra seu pai, que foi tão astutamente executada, que sua morte parecia ter sido o resultado de uma longa doença. Ela havia obtido seus suprimentos de veneno de um Saint-Croix, seu amante que fingia ser um alquimista.

Por causa da periculosidade da assassina, e dos detalhes atrozes do caso, a mente da elite durante algum tempo não se ocupou com nada mais; toda a fofoca e especulação girava em torno de envenenamento; havia intensos rumores de que Senhora Brinvilliers não seria a única provedora de mortes silenciosas que transitava graciosamente pela alta sociedade, mas a única que havia tido o infortúnio de ser descoberta.

A França naquela época possuía, em Versalhes, a corte mais brilhante da Europa, concentrada ao redor do "Le Roi Soleil." Luis XIV, um monarca que podia dizer *L'etat, c'est moi*, o que não estava longe da verdade. Inevitavelmente, ao redor deste centro de luxo e magnificência, amontoava-se um enxame de parasitas — um meio de mulheres de reputação duvidosa que viviam à custa de alimentar os luxos e, às vezes, os vícios da alta sociedade. Entre estes os aspirantes às artes ocultas de todos os tipos; boticários que manipulavam cosméticos, perfumes, poções de amor e venenos, assim como remédios; os chamados alquimistas que ganhavam um dinheiro extra; cartomantes, astrólogos, quiromantes, e clarividentes, ou "sibilas", como eram chamadas; e as parteiras que, quando consultadas discretamente, eram incumbidas de induzir abortos ou livrar-se de crianças indesejadas, além de realizarem a parte mais respeitável de sua vocação. A Corte de Versalhes era uma hierarquia com o rei Sol no topo, porém em seus níveis mais baixos transitava a pior ralé de Paris.

Um passatempo muito em voga era ler a sorte com uma cartomante; uma "sibila" que soubesse como manter uma conversação envolvente e tivesse um toque de artista, poderia fazer uma fortuna lendo a sorte das pessoas — contanto, é claro, que pudesse dizer o que seus clientes mais desejassem ouvir, ou pelo menos dar-lhes uma ideia de como realizar esses desejos. A maioria dos adivinhos eram psicólogos sagazes; alguns eram mais que isso.

Em uma noite no final de 1678, um advogado chamado Perrin estava presente em um divertido jantar na casa da Senhora Vigoureux na Rue Courtauvilain. Todos estavam muito alegres e um pouco bêbados, rindo de qualquer coisa. Em especial, estavam se divertindo muito com os comentários engraçados de uma viúva rechonchuda, elegantemente vestida, Marie Bosse, uma das mais bem sucedidas cartomantes da época e que era patrocinada pela alta sociedade. Ó, ela lhes disse, se eles vissem as pessoas que vinham consultá-la! Duquesas, marqueses, senhores feudais, todos vinham à sua pequena casa. Apenas mais três envenenamentos, e ela poderia se aposentar com uma fortuna!

Os convidados sacudiam-se de tanto rir. Mas então aconteceu — a história às vezes se faz através de pequenos detalhes — que no momento que a viúva Bosse fez o comentário, os olhos de Perrin focalizavam a face da anfitriã, Senhora Vigoureux; e ele viu, apenas por um breve momento, uma expressão que o fez pensar se a piada havia sido realmente tão engraçada; e se realmente havia sido uma piada.

Ele refletiu sobre o assunto, e conversou sobre isso com seu amigo, Capitão Desgrez, que era o policial que havia prendido a Madame de Brinvilliers. Desgrez enviou a esposa de um de seus homens para que lesse a sorte com a Viúva Bosse. Ela havia sido instruída para reclamar de um marido do qual queria libertar-se. Foram necessárias apenas duas visitas para que a mulher adquirisse um frasco de veneno.

La Reynie, o superior de Desgrez, ordenou a prisão da Viúva Bosse e o pequeno grupo círculo social das chamadas "parteiras", adivinhas e vendedoras de feitiços, que eram suas amigas mais íntimas. Sem saber, ele havia começado a descobrir um escândalo cujas reverberações ecoariam por todos os níveis da hierarquia de Versalhes até que alcançassem o trono.

La Reynie logo descobriu que La Bosse, La Vigoureux e seus cúmplices eram insignificantes. O peixe grande era a mulher que dirigia sua organização. Catherine Monvoisin, mais conhecida como La Voisin. Ela foi descrita como uma das criminosas mais surpreendentes da história, uma descrição com a qual eu concordo. Ela também foi descrita como uma bruxa, o que eu definitivamente discordo, por razões as quais exporei mais adiante.

La Voisin não era uma adivinha qualquer. A elite de Paris frequentava sua casa e faziam fila para consultá-la fosse através de cartas, leitura das mãos, por fisionomia ou através da astrologia, "ciências ocultas", da qual era considerada uma adepta. Ela mantinha um séquito de criados e de amantes, cuja presença de seu marido — uma nulidade amedrontada — tinha que tolerar. Ela recebia seus clientes vestida tão magnificamente que dizia-se que a rainha da França não possuía roupa tão elegante quanto as que ela usava para proferir seus oráculos; a qual consistia em um manto de veludo carmesim cosido em linha de ouro com 205 águias de duas cabeças, e adornado com peles caras; uma saia de veludo verde-água, adornada com ponto francês; e sapatos cosidos com águias douradas de duas cabeças para combinar com o seu manto. O conjunto havia sido tecido especialmente para ela, e valia 15 mil *livres*. Depois que se despedia dos clientes que atendia durante o dia, dava pródigas festas à noite. Em 1664, ela até mesmo foi à Sorbonne participar de um debate com os doutores sobre as verdades da astrologia, e sustentou que eles não haviam conseguido contestar seus argumentos.

Entre seus muitos amigos havia um jovem cortesão chamado Louis de Vanens, um grande cultor das ciências mágicas, e um homem jovem culto e de boa aparência. Ele também havia tido a sorte de fazer parte do círculo íntimo de amigos da mulher mais poderosa da França, a amante do rei, Madame de Montespan.

Mais tarde, no decorrer de sua investigação, La Reynie escreveria em suas notas: "*Revenir à La Chaboissère (le domestique de Vanens) sur le fait qu'il n'a voulu être écrit clans son interrogatoire, après en avoir entendu la lecture, que Vanens s'était mêlé de donner des conseils à Mme de Montespan, qui mériteraient de le faire tirer a quatre chevaux"*. Retorne a La Chaboissiere (criada de Vanens), pelo fato de que ele não desejou assinar a declaração do seu interrogatório, após ter sido lido para ele, o qual diz que Vanens deu tais conselhos a Madame de Montespan que mereciam ser rasgados em pedaços por quatro cavalos".

Mas o nome de Madame Montespan ainda não havia entrado na história. Foi a descoberta do difundido comércio do envenenamento, aborto e assassinato de crianças indesejadas que fizeram La Reynie incitar o rei e seus ministros a instaurar a famosa "Chambre Ardente" a fim de acabar de uma vez por todas com esse mal. Esse tribunal assim foi chamado (a "Câmara Ardente"), não porque impunha sentenças à fogueira, mas porque tais tribunais extraordinários costumeiramente realizavam-se em uma câmara decorada em preto e iluminada com velas e tochas. Quando a casa de La Voison na Rue Beauregard foi revistada, um cômodo superior foi descoberto sobre o gabinete no qual ela dava suas famosas consultas, o qual era obviamente usado para praticar abortos; e atrás do gabinete, em um vão escondido, foi descoberta uma fornalha contendo restos de ossos humanos queimados. La Voisin finalmente confessou que havia queimado na fornalha, ou enterrado em seu jardim, os corpos de mais de 2500 crianças.

Os números parecem incríveis; contudo sua confissão não se deu sob tortura. La Reynie não teve permissão, como ele registra com certa indignação, "para interrogá-la". Pelo contrário, o problema logo se tornou não como fazer La Voisin falar, mas como melhor silenciá-la e abafar o caso. Quanto mais La Reynie investigava as ramificações desta versão da "Indústria do Assassinato" do século XVII, mais preocupado não apenas ele, mas também o rei e seus ministros, ficavam. Duquesas, marqueses, senhores feudais, haviam sem dúvida consultado pessoas do rol de Marie Bosse e La Voisin, e carregando consigo um pequeno frasco de veneno. Vários nobres fugiram do país, e havia rumores de que o rei havia preferido ajudar em sua fuga, a permitir que se expusessem ao escândalo público de um julgamento.

Contudo, a culpa de La Voisin estava clara; a generosa renda que durante muitos anos havia sido derivada mais do crime do que do exercício das artes ocultas, embora cobrasse caro pela prática desta última. Ela foi condenada à morte e executada no dia 20 de fevereiro de 1680.

La Reynie continuou suas investigações nas ramificações do comércio de veneno; muitas das pessoas as quais ele sabia que eram culpadas haviam sido colocados fora de seu alcance, por causa de sua alta posição social; mas ele estava determinado a assegurar que pelo menos as crias desse sistema, os intermediários e fornecedores de venenos, não escapassem da justiça, ou que lhes fosse permitido continuar suas lucrativas carreiras no crime. Ele logo descobriu que não estava lidando com criminosos comuns quando a polícia, ao revistar a casa de La Voisin na Rue Beauregard, encontrou nas adjacências um tipo de pavilhão com instalações muito peculiares. As paredes eram decoradas em preto, e em um dos lados havia um altar. Atrás do altar havia uma cortina preta com uma cruz branca pendurada, e em vez do usual pano branco sagrado, o altar estava coberto com um pano drapeado preto sob o qual estava escondido um colchão. O altar tinha um tabernáculo com uma cruz, no topo, mas as velas eram pretas. La Reynie logo descobriu que La Voisin tinha muitos conhecidos entre os padres de mais baixa reputação. Apesar de ter feito um espetáculo público de devoção — ela na verdade foi presa ao deixar a Igreja de Notre Dame de Bonne Nouvelle onde ela havia assistido a uma Missa — os Missionários de São Vincente de Paula há muito tempo suspeitavam de suas práticas maléficas, e a mantinham sob vigilância, sem conseguir obter nenhuma prova contra ela. Mas depois que La Voisin foi executada, sua filha Marguerite Monvoisin — agora que sua mãe não tinha mais o que temer ou esperar deste mundo — começou a falar. Ela fez sua primeira declaração importante no dia 12 de julho de 1680, quando estava detida na prisão como uma testemunha valiosa. O que ela disse horrorizou La Reynie. Ele não podia acreditar naquilo; contudo, os fatos coincidiam tanto com as declarações de outras testemunhas, com as quais Marguerite Monvoisin não poderia ter tido nenhum contato desde que havia sido presa, que ele não ousou desacreditá-los.

Testemunha após testemunha confirmava a história de Marguerite Monvoisin. La Reynie não teve alternativa senão relatar tudo o que havia descoberto ao rei, e como resultado, no dia 1º de outubro de 1680, as sessões da "Chambre Ardente" foram abruptamente suspensas por ordem Real.

Em linhas gerais, a história que Marguerite Monvoisin e as outras testemunhas contaram é a seguinte: em 1667, sua mãe havia adquirido um novo e brilhante cliente na Corte, a bela e jovem Marquesa de Montespan. Naquela época, Luís XIV tinha como amante real Louise de La Vallière, uma jovem doce e encantadora, que parecia inadequada para tal posição. Madame de Montespan estava determinada a expulsá-la e tomar seu lugar, então consultou La Voisin com a intenção de obter seus desejos por meio de ritos mágicos. La Voisin colocou-a em contato com dois praticantes de magia cerimonial, Lesage e Abbé Mariette, padre de São Severino. Não se sabe quem colocou Madame de Montespan em contato com La Voisin; no entanto, como já foi declarado, podemos conjeturar que tenha sido Louise de Vanens. Uma cerimônia de magia foi organizada em uma casa na Rue de la Tannerie. Lesage, Mariette e Madame de Montespan encontraram-se em um pequeno quarto mobiliado com um altar. Mariette estava vestido com sua batina, e Lesage aparentemente trabalhava como assistente, cantando o *Veni Creator*. Madame de Montespan ajoelhou defronte o altar, enquanto Mariette lia para ela o que foi descrito como "*L'evangile*". Então ela recitou a seguinte conjuração: "Eu exijo a amizade do rei e de Monseigneur the Dauphin, para que eu possa contar com seus favores, que a rainha fique estéril, que o rei abandone sua cama e mesa e venha a mim, para que eu possa obter para meu proveito e de meus pais tudo o lhe que pedir, que meus seguidores e criados lhe sejam agradáveis, que eu seja apreciada e respeitada pelos grandes nobres, que eu seja chamada nas deliberações do rei e possa tomar conhecimento de tudo aquilo que lá se passar, e que esta preferência aumente cada vez mais, que o rei deixe La Vallière e nunca mais pense nela e que a rainha seja repudiada, e que eu me case com o rei".

Madame Montespan era evidentemente uma senhora que sabia muito bem o que queria, e seria capaz de tudo para consegui-lo. Porém, não parece que esta tenha sido uma Missa Negra, mas simplesmente uma cerimônia mágica realizada nos moldes da religião ortodoxa.

No começo de 1668, ela de fato apresentou Mariette e Lesage à própria Corte Real e, secretamente, realizaram uma cerimônia mágica no quarto de sua irmã, Madame de Thianges. Parecia assemelhar-se à outra já descrita; incensos queimando e conjurações recitadas para obter os favores do rei e livrar-se de Senhorita de la Vallière.

Logo após esse rito, o mais desejado sonho da Madame foi realizado, o rei a levou para a cama, embora La Vallière aparentemente ainda fosse a *Maitresse en titre*. Porém, logo ficou evidente que o reinado de La Vallière havia terminado, e que a nova favorita do rei estava destinada a eclipsá-la completamente. O Marquês de Montespan, marido da Madame, que havia tido o mal gosto de contestar os planos, foi primeiramente ridicularizado em público em mil epigramas e na comédia de Molière, *Amphitryon*; e então, ainda recusando-se a se comportar de acordo com os costumes da polida sociedade, foi exilado para a Espanha. De Madame Montenspan adquiriu tal ascendência sobre o rei que ficou conhecida como "A rainha da Esquerda". Ele a presenteou com o magnífico Château de Clagny; no próprio Palácio Real, ela ocupou um apartamento de 20 quartos no primeiro andar; a rainha ocupava 11 quartos no segundo andar; em ocasiões de Estado uma pagem era responsável em instruir a rainha, mas era Maréchale de Noailles quem se responsabilizava por Madame Montenspan.

Em 1669, ela deu à luz à primeira das sete crianças que teve com o rei; e até 1672 reinou absoluta. Porém, naquele ano, o rei começou a dar-lhe motivos para enciumar-se. Ela via e sentia seu império ameaçado, e agoniava-se de medo e raiva. Por 15 dias recusou-se a ver qualquer pessoa, mas finalmente de fato encontrou-se com alguém — La Voisin.

Seus velhos conhecidos, Lesage e Abbé Mariette, nesse ínterim haviam sido punidos com uma curta estadia na prisão por sacrilégio, e Mariette havia fugido para o estrangeiro. Porém, La Voisin apresentou-a a um praticante das trevas, Abbé Guibourg, e assegurou-lhe, este estava mais preparado que os outros dois para executar cerimônias ainda mais poderosas.

Guibourg era um padre de 67 anos de idade que alegava ser filho ilegítimo de um nobre. Ele era o beneficiário de várias paróquias em Paris e em seus arredores. Tinha má reputação, e era totalmente cruel em busca de seus objetivos de Magia Negra. Ele tinha tido várias crianças com sua amante, uma mulher chamada La Chanfrain, e dizia-se que ela havia usado algumas para sacrifícios em seus ritos monstruosos.

Diz *The Key of Salomon*:

> Em muitas operações se faz necessário algum tipo de sacrifício aos demônios, e de várias maneiras. Às vezes, animais brancos são sacrificados aos bons Espíritos e pretos aos maus. Tais sacrifícios consistem de sangue e às vezes a carne. Aqueles que sacrificam animais, não importando de que espécie sejam, devem selecionar os virgens, por serem mais aprazíveis aos Espíritos, e mais obedientes.

É evidente, a partir desses detalhes, que o propósito das cerimônias de Guibourg era evocar demônios e compeli-los a obedecer seus pedidos; e vimos que a remoção de crianças indesejadas era incumbência de La Voisin. Madame de Montenspan era uma mulher apaixonada, desesperada e não se destacava pela ternura de coração. No entanto, ambas eram mães, e é difícil imaginar os processos psicológicos que faziam com que uma delas oferecesse o sacrifício, e a outra assistisse à execução diante de seus olhos.

Uma vez mais, creio que a explicação se encontra em uma visão supersticiosa e pervertida dos sacramentos. Elas aliviavam suas consciências perversas com a ideia de que, contanto que a criança tivesse sido batizada, seria uma criatura sem pecado que, quando morta, iria diretamente para o céu. Há uma história sobre La Voisin que ilustra essa crença. La Lepère, uma das parteiras amigas de La Voisin, estava uma vez no quarto da casa da anterior onde dava suas consultas de adivinhação, junto com o marido de La Voisin. A própria La Voisin estava no quarto acima, supervisionando um aborto ou um nascimento clandestino. Naquele momento, desceu a escada com um alegre sorriso na face, e exclamou, "*Quel bonheur! L'enfant a pu etrê ondoyé!* (Que sorte! Foi possível batizar a criança"!) Dizem que ela era muito específica quanto ao fato de que qualquer criança que estivesse sob seus cuidados que nascesse com vida deveria ser batizada antes que fosse "liquidada". Uma luz sombria recai sobre essa crença pelo nome popular pelo qual essas parteiras que eram preparadas, "por uma gratificação", para se desfazer dos bebês indesejados. Elas eram conhecidas como "*faiseuses D'anges*", "fazedoras de anjos."

Creio que essa característica de La Voisin é uma clara evidência de que ela não era um membro do culto da bruxa; *porque nenhum membro deste culto teria cultivado tal crença, nem teriam tido alguma fé na consagração dos elementos da Missa de Guibourg, como parte de uma cerimônia mágica.* A bruxaria, como já expliquei, é uma religião assim como um sistema de magia, e nenhum genuíno praticante realizará seus ritos mediante pagamento. La Voisin, ao contrário, estava descaradamente "no negócio pelo dinheiro". Todas essas práticas mágicas parecem ter sido baseadas em perversões dos sacramentos da Igreja, e sem seus conhecidos comparsas no sacerdócio ela não poderia fazer nada. Uma verdadeira bruxa não necessitaria chamar padres renegados. Sua adivinhação era baseada em leitura de Tarô, astrologia, quiromancia e fisionomia, e não há nada de esotérico nessas coisas práticas (com exceção do Tarô, e este não é um segredo da bruxaria).

Dr. Jules Regnault, em seu livro *La Sorcellerie, ses Rapports avec les Sciences Biologiques* (Paris, 1936), de fato fornece as palavras da "bênção abominável" de Guibourg destinada à sua vítima: "*Notre Seigneur Jésus-Christ laissait venir à lui les petits enfants. Aussi j'ai voulu que tu viennes, car je suis son prêtre, et tu vas, par ma main que tu dois béni t'incorporer à ton Dieu.*" ("Nosso Senhor Jesus Cristo, essas pequenas crianças sofreram para chegar até Ele. Mesmo assim desejo que venhais, porque sou o seu padre, e pelas minhas mãos vós podeis abençoá-las, para que se incorpore ao vosso Deus.") Infelizmente, Dr. Regnault não assume a autoria desta frase; a qual, se for autêntica, é uma ilustração perfeita da mentalidade por trás da Missa Negra. Notar-se-á que Guibourg denomina-se um padre de Jesus Cristo; não um "Satanista" ou uma bruxa.

A sensação é de que enquanto "padres" como estes caminharem sobre a terra, não haverá necessidade de evocar demônios. Mas seria Guibourg pior que Nicholas Remy, que em seu livro, dedicado ao Cardeal Charles de Lorraine, gabava-se de ter sido pessoalmente responsável pelas mortes de 900 bruxas, e instigava os juízes para que fossem impiedosos na tortura; ou Arnauld, o Legado Papal que presidiu o Massacre de Béziers?

A raiz de todos esses horrores é a mesma, que afinal não se origina de nenhuma doutrina, nem de qualquer culto; é simplesmente a crueldade insensível de almas cujo egoísmo absoluto os cega para todos os interesses e sentimentos salvo os seus próprios. O remédio para isso não é a evolução nem a extirpação de qualquer culto, o único real remédio é a evolução espiritual da humanidade como um todo.

Guibourg e La Voisin disseram a Madame de Montespan que, para atingir seu objetivo, a Missa Negra deveria ser rezada três vezes sucessivamente. Assim sendo, foram feitos os preparativos para que a primeira missa fosse rezada na capela de Château de Villebousin, na aldeola de Mesnil, perto de Montlhéry. Uma exigência específica desse ritual era que a mulher em nome de quem estivesse sendo realizado teria de deitar-se nua sobre o altar da Missa Negra. O espetáculo proporcionado pela mais poderosa, e uma das mais bonitas mulheres da França, deitada nua sobre o altar da Missa Negra, frequentemente captura a imaginação de escritores e artistas sensacionalistas, e normalmente a cena é descrita com Madame de Montespan deitada estendida sobre o altar. Porém, na verdade ela deitou-se sobre o altar, com os braços abertos em 90° e os joelhos dobrados. A cabeça apoiada em um travesseiro, e em cada mão estendida segurava um castiçal com vela preta. Uma cruz foi colocada entre seus seios, e o cálice entre suas coxas.

Guibourg, o padre em ofício, posicionou-se entre seus joelhos. Marguerite Monvoisin contou que ela possuía uma vestimenta especial para este ritual, uma casula branca cosida com cones píneos pretos.

O ritual aparentemente seguia o fraseado ortodoxo da Missa, mas acrescido do monstruoso sacrifício de um bebê ao qual Guibourg disse as seguintes palavras em nome da Madame de Montespan:

"Astaroth, Asmodeus, príncipes da afeição, eu suplico que aceitem o sacrifício desta criança que lhes apresento, em troca daquilo que exijo de vocês, que o afeto dedicado a mim pelo rei e pelo Monseigneur le Dauphin continue, e que eu seja honrada pelos príncipes e princesas da Corte, e que tudo aquilo que eu pedir ao rei em meu benefício e de minha família e criados não me seja negado". Esta foi a versão da conjuração de Guibourg, a qual forneceu na Chambre Ardente.

H. T. F. Rhodes fez várias deduções especulativas dos detalhes da descrição desta Missa, nas quais ele diz: "Os principais traços do Satanás de duas faces do século XVII, são os da deusa mãe. Apenas à luz desses fatos podem ser entendidos os ritos negros e cerimônias deste período. O nome era Astaroth". Mas neste ponto Sr. Rhodes estava claramente enganado. O "Astaroth", a quem a conjuração de Guibourg era dedicada, não era uma deusa, mas um demônio goético. Ele é mencionado como tal *no Grimorium Verum*, o *Grimoire of Pope Honorius, the Sacred Magic of Abramelin the Mage* (que data de 1458 e no qual estão relacionados Astaroth e Asmodeus como dois dos Oito Subpríncipes do Mal), no *Pseudomonarchia Demonum*, o *Dictionnaire Infernale* de Collin de Plancy, *The Dragon Rouge*, a *Goetia*, e em *Magus* de Francis Barrett. Ele é descrito como "um Grão Duque do Inferno", e ele é retratado no *Magus* como uma figura barbuda de expressão feroz. Dizem que ele aparece com corpo de anjo, montado em um dragão infernal, e manifesta sua natureza má emitindo um odor fétido. Seu atributo é a habilidade de gerar amizades com os grandes senhores. Diz o Grimório do Papa Honório, "Aqueles que desejam obter favores dos governantes devem invocá-lo".

Asmodeus é um demônio destrutivo mencionado no Goétia e em vários outros grimórios. S. L. MacGregor Mathers sugere que seu nome seja derivado da palavra hebraica Asamod, destruir ou exterminar. O propósito da Missa Negra, à qual estes dois demônios foram evocados, era primeiramente recuperar o apoio do rei, e em segundo destruir as rivais de Madame de Montespan; portanto, o motivo da escolha dessa evocação específica está perfeitamente claro.

Sr. Rhodes equivocou-se novamente ao dizer que a Missa foi "oferecida" a Astaroth e Asmodeus. Apenas o sacrifício de sangue foi oferecido aos demônios; a Missa — Que os Céus os ajudem! — era oferecida a Deus com o intuito de controlar os demônios e fazê-los obedecer.

Foram realizadas mais duas Missas, em um intervalo de 15 dias e três semanas; a segunda foi realizada em uma casa em ruínas em São Denis; a terceira em uma casa em Paris, para a qual Guibourg foi levado e trazido de volta com os olhos vendados. E no tempo devido, Madame de Montespan recuperou seu poder sobre o rei.

Em 1675, porém, o rei foi tomado de um acesso de devoção, e Madame de Montespan foi banida da Corte. Imediatamente procurou La Voisin, que lhe forneceu "pós mágicos" que ela acrescentaria à comida e bebida do rei. Não era a primeira vez que isso havia sido feito. Alguns dos empregados que serviam a mesa do rei recebiam dinheiro de Montespan. Marguerite Monvoisin declarou: "Toda vez algo novo acontecia com Madame de Montespan, e ela temia perder o apoio do rei, ela dizia à minha mãe para que lhe trouxesse um remédio, e que minha mãe recorresse aos padres para que rezassem Missas para ela, e ela fornecia certos pós para que o rei tomasse". Ela disse que esses pós possuíam fórmulas variadas, mas que todos eram afrodisíacos, e tinham cantáride em sua composição, o pó de sapo ressecado e sangue de morcego, *"et les plus ignobles ingrédients"*. Deles era feita uma pasta que seria colocada debaixo do cálice durante a Missa, e abençoada pelo padre no momento do ofertório. A pasta era seca e depois polvilhada, e secretamente adicionada à comida do rei. O princípio ativo, é claro, deveria ser as substâncias afrodisíacas tais como o cantáride: uma overdose delas, porém, seria fatal, e na realidade, de acordo com registros médicos, Luís às vezes apresentava sintomas de estar drogado com alguma substância desse tipo. Uma vez sofreu acessos de vertigem e sua visão ficou obscurecida; em outra, ele parecia um sátiro com desejo ardente por mulheres. Os outros ingredientes fantásticos dos "pós mágicos" de La Voisin deviam servir para diluir as drogas perigosas e tornar sua ação menos violenta.

Mais uma vez, os planos de La Voisin funcionaram, e o rei chamou sua amante de volta para a Corte. Mas eles funcionaram bem demais; o rei, recuperado de seu acesso de fervor religioso, partiu para o outro extremo, e a infeliz "rainha da esquerda" adquiriu sucessivas rivais. Ela ficou tão desesperada que uma vez mais decidiu recorrer à Missa Negra. Dessa vez, as Missas foram realizadas na casa de La Voisin na Rue Beauregard, no pavilhão de cortinas drapeadas pretas — que a polícia descobriu quando revistou o lugar depois da prisão de La Voisin. Foram rezadas as três Missas usuais, mas Madame de Montespan só presenciou a primeira, na qual uma criança havia sido sacrificada. As outras duas foram rezadas em seu nome por Guibourg e La Voisin. Era incumbência de Marguerite Monvoisin ajudar sua mãe a preparar a "capela", e às vezes atuar como assistente. Madame de Montespan não era a única mulher que frequentava a casa de La Voisin para participar de uma Missa Negra, e aparentemente havia um ritual alternativo.

Dr. Regnault (Op. cit.) diz:

"*Notons toutefois que la messe dite pour Madame de Montespan ne fut pas tourt à fait complète. En raison de la situação de la courtisane, on avait choisi le vieux Guibourge, afin qu'il ne fût pas tenté de suivre le rite le plus courant qui consisterait à placer, après la consécration, l'hostie dans le vagin de la femme, en guise d'hymen, et à pratiquer le cöit dans ces conditions*". De acordo com uma declaração de Marguerite Monvoisin, porém, Guibourg realmente praticava este ritual; mas não está claro se o praticou ou não com Madame de Montespan. Entretanto, o propósito não era a profanação cerimonial dos elementos, mas uma perversão do antigo Matrimônio Sagrado.

Uma vez mais, Madame de Montespan recuperou o apoio do rei; suas rivais foram menosprezadas, e ela parecia reinar mais brilhantemente do que nunca. rainha em uma das Cortes mais magníficas da Europa. Mas, apesar do luxo que a rodeava, era uma mulher infeliz, atormentada. Além da instabilidade de sua posição, que a qualquer momento podia ser ameaçado por outra rival, talvez mais jovem e bonita, não deve ter sido agradável viver com a memória das visões e sons da Rue Beauregard, ou da capela no solitário Château, ou da velha casa em ruínas em São Denis. Saint-Simon nos conta que ao final de sua vida ela não dormia ao menos que fosse em um quarto iluminado com muitas velas, e com as cortinas da cama amplamente abertas, e que ela pagava inúmeras ajudantes simplesmente para sentarem-se ao seu lado à noite e vigiá-la enquanto dormia. Ela tinha, disse ele, um grande medo da morte.

Ela não precisava temer chantagem; tal era sua posição que ninguém teria ousado fazer isso; mas ela devia ter horror a ser descoberta. Em 1677, seu velho amigo, Louis de Vanens, havia sido preso sob acusação de enriquecimento ilícito, relacionado a uma falsa "associação de alquimistas"; e a polícia estava começando a investigar ativamente o escândalo dos envenenamentos secretos. Parece improvável que ela ignorasse completamente a participação de La Voisin no último.

No início de 1679, sua rival entrou em cena, uma bela jovem de 18 anos. Senhorita de Fontanges. Com cabelos claros, suave e encantadora, dizem que possuía uma semelhança estranha com Louise de la Vallière, a antiga amante do rei, que alguns diziam ser seu único real amor, a quem Madame de Montespan havia afastado da Corte há muitos anos. O rei se apaixonou por ela.

Madame de Montespan descontrolou-se de raiva e medo. Desistiu de recuperar o apoio do rei. Ela foi ao encontro de La Voisin, e ofereceu-lhe cem mil ecus para envenenar o rei e a Senhorita de Fontanges. La Voisin, deslumbrada pela soma oferecida, concordou em fazê-lo. Ela realmente estava envolvida em um esquema para matar o rei quando foi presa.

Nem mesmo aquele golpe enfraqueceu a determinação de Madame de Montespan a envenenar a Duquesa de Fontanges. Suas ações nesse momento mostravam tal desespero, que se supõe que ela estivesse quase fora de si; pois imediatamente entrou em negociações com La Pilastre, uma das envenenadores especialistas da gangue de La Voisin, e despachou-a para a Normandia e Auvergne para obter venenos mais sutis. Quando a mulher retornou a Paris, foi presa; e foram suas declarações que, quando apresentadas ao rei por La Reynie, removeram a última dúvida que tinha em mente com relação à culpa de sua ex-amante, e ordenou a suspensão imediata da Chambre Ardente, no dia 1º de outubro de 1680.

Embora em março de 1679, no mesmo mês que La Voisin havia sido presa, Madame de Montespan havia perdido suas regalias, ela ainda era tratada publicamente pelo rei com cortesia. Porém, quando ele proclamou Senhorita de Fontanges duquesa, atribuindo-lhe uma pensão pródiga, Madame de Montespan teve uma cena violenta com o rei na qual o repreendeu duramente, e o relacionamento dos dois esfriou intensamente.

Pode-se pensar que tenha sido uma curiosa coincidência que a deflagração do escândalo dos "Affaire des Poisons" tenha coincidido com o fato de o rei ter se cansado de Madame de Montespan. Porém, se ele simplesmente desejasse libertar-se dela, não haveria necessidade de um escândalo que abalasse toda a nobreza francesa, e chocasse a Europa; e na realidade, quando as descobertas da investigação de La Reynie lhe foram apresentadas, o rei e seus dois ministros, Colbert e Louvois, em vez de proclamar ao mundo a culpa de sua favorita, esforçaram-se desesperadamente para esconder seus feitos. Foram necessários quatro dias para que La Reynie persuadisse o rei a permitir a reabertura de suas sessões na Chambre Ardente, e ele aceitou apenas para encerrar a polêmica. Enquanto isso, todos os dossiês das evidências que comprometiam Madame de Montespan haviam sido isolados do restante, e entregues, em uma caixa lacrada, ao arquivista da Chambre Ardente, para que fossem guardados; eles não foram mostrados aos juízes. Todos aqueles que podiam prestar testemunho contra ela foram condenados à prisão perpétua, por *lettre de cachet*, e La Reynie lamentou-se que, deste modo, muitos dos piores criminosos, inclusive Abbe Guibourg, escapavam da execução pública que lhes era devida por lei.

No dia 14 de junho de 1709, Nicholas La Reynie morreu; e no dia 13 de julho de 1709, o rei requisitou a caixa lacrada. Ela foi trazida ao Palácio, e diz-se que ele queimou o seu conteúdo por suas próprias mãos, na lareira de seus aposentos. Porém, La Reynie havia feito extensas anotações — realmente, ele havia se comprometido a realizar essa tarefa — do caso em todas as suas ramificações, e são essas notas, somadas às cartas trocadas entre ele e o rei e seus ministros, que contam a história. Esta é uma história extraordinariamente feia, mas por esta mesma razão a verdade apareceu. Se Luís XIV tivesse desejado inventar uma história contra Madame de Montespan, ele dificilmente haveria criado uma que fosse tão humilhante para si próprio; e, como Nicholas de la Reynie escreveu em suas notas, após comparar cuidadosamente todas as evidências sobre as Missas Negras que Guibourg e Marguerite Monvoisin haviam fornecido: "Guibourg e *la fille* Voisin concordam entre si a respeito das circunstâncias tão específicas e tão horríveis que é difícil conceber que duas pessoas pudessem tê-las imaginado e criado, desconhecendo uma à outra. Ao que parece, estas coisas devem ter sido feitas, da forma como foram narradas".

Madame de Montespan teve uma cena mais terrível com o rei, na qual ele pode tê-la culpado; dificilmente saberemos com certeza o que se passou, pois ninguém mais estava presente a não ser Madame de Maintenon, que manteve uma discreta distância. Ela era a governanta dos sete filhos da Madame de Montespan com o rei, e no final tornou-se amante dele quando, no ano seguinte, a jovem Duquesa de Fontanges morreu, aos 122 anos de idade. Suspeitou-se fortemente de envenenamento como a causa de sua morte, embora possa ter sido natural.

Depois desta cena, o rei rompeu suas relações com Madame de Montespan; no entanto, para minimizar o escândalo público, permitiu-lhe permanecer na Corte. Em 1691, ela retirou-se para um convento, e o rei lhe deu uma generosa pensão. Ao final de sua vida, ficou muito arrependida, e dizem que, apesar de ter terror à morte e à escuridão, quando a morte finalmente veio buscá-la ela abraçou-a calmamente. Ela morreu em 1707.

Eu dediquei várias páginas à esta história, pois, como já mencionei, é a única a respeito da Missa Negra que conheço que é fundamentada em fatos que mereçam ser chamados de evidências. As conclusões que tirei sobre ela, podem não ser aceitáveis a todos. Não obstante, está tão claro quanto a luz do dia (com exceção daqueles sobre quem se refere o velho provérbio, "o pior cego é aquele que não quer ver"), que as pessoas que praticavam a Missa Negra no século XVII não eram as bruxas, mas os padres. Guibourg não estava só em sua infâmia; temos também os nomes de Abbe Davot; Dulong, o Cânon de Notre Dame, e Brigalier, um Almoner Real, o Abbé Guignard, e Abbé Sebault; Barthelemy Lemeignan, o vigário de Saint Eustache, e outro padre chamado Tournet; e o Bispo Gille-Lefranc. H. T. F. Rhodes — não tenho dúvidas quanto aos fatos expostos em seu livro, apenas discordo das deduções que faz sobre os mesmos — nos fala que entre 1673 e 1680 foram executados pelo menos 50 padres acusados de sacrilégio, e que a maioria, se não todos eles, eram associados a La Voisin.

Ao declarar esses fatos, não quero passar a impressão de estar caluniando o clero católico como um todo. Em toda comunidade religiosa há bons e maus; mas infelizmente os maus frequentemente fazem mais barulho no mundo do que os bons. Enquanto caçadores de bruxas açougueiros como Institoris e Sprenger exercem seu trabalho odioso, centenas de bondosos e decentes párocos exercem o seu; e contrastando com a memória de Guibourg, devemos colocar a de Curtidor, Laymann e Von Spee que arriscaram suas vidas na tentativa de assegurar justiça e humanidade às pessoas acusadas de feitiçaria.

Capítulo **XIV**

Exame de Algumas Alegações — Parte I

No ano de 1951, o governo britânico acrescentou um capítulo importante à longa história da legislação relativa à bruxaria, e também, a propósito, à liberdade pessoal e religiosa. Foi aprovado o Decreto Parlamentar conhecido como a Lei dos Meios Fraudulentos.

Creio que essa Lei seja a única legislação a este respeito que reconhece legalmente a possibilidade da existência da mediunidade e poderes psíquicos *genuínos*, e impõe penalidades somente àqueles que fraudulentamente fingem possuir tais poderes com o intuito de ganhar dinheiro. Os espiritualistas aclamaram-na como seu decreto de liberdade, e foram os MPs (Membros do Parlamento) simpatizantes do Espiritualismo que apoiaram o Projeto de Lei na Casa e asseguraram sua aprovação.

É interessante perceber como as leis relativas à feitiçaria refletiram na opinião e ambiente intelectual da época. Como vimos, antigamente na Inglaterra, quando o Cristianismo não exerça forte controle sobre a população em massa, a Igreja podia apenas impor penitências e multas àqueles que, anos mais tarde, se tornaram crimes capitais. Então a Igreja, ao fortalecer-se, começou a perseguir os pobres e desamparados entre os "pagãos", mas deixou os grandes nobres em paz. Porém, à medida que o poder da Igreja crescia, começava a voar mais alto. O primeiro grande julgamento de uma pessoa da alta sociedade foi o da Dame Alice Kyteler, e mesmo assim, eles apenas capturaram seus criados, torturando e queimando-os; ela própria escapou. No entanto, naquele momento nem mesmo os de posição mais elevada estavam imunes, e a fúria da perseguição vociferou, com a lei refletindo a doutrina da Igreja, que bruxaria era um assunto diretamente relacionado a Satanás.

No entanto, com a ascensão do racionalismo no século XVIII, a opinião pública deixaria de apoiar a pena de morte às bruxas. Não foi devido a um espírito novo de clemência na Igreja, mas a um crescimento do racionalismo entre as pessoas, que a perseguição às bruxas começou a retroceder e, finalmente, cessou. Em 1736, a lei de James I de 1604 foi revogada e substituída por uma lei que dizia que a bruxaria não existia, e quem quer que *fingisse* ter poderes ocultos estaria, *ipso facto*, cometendo uma fraude, e deveria ser processado. Foi baseado nesta lei, junto à lei de Vadiação, que os médiuns espiritualistas foram processados até 1951.

Em 1951, como já vimos, essa lei foi revogada e substituída pela Lei de Meios Fraudulentos. Esse fato novamente refletiu a mudança no ambiente intelectual, do racionalismo fortemente materialista dos séculos XVIII e começo do XIX, para as atuais pesquisas em Parapsicologia, estudos dos fenômenos psíquicos e os caminhos abriram-se através de corpos de pesquisa como a *Sociedade de Pesquisa Psíquica* e filósofos tais como Carl Gustav Jung, aliados ao aparecimento de movimentos, tais como o Espiritualismo e a Teosofia. Uma vez mais o espírito da época havia se modificado, e a mudança refletiu-se em suas leis.

Agora, para esses corpos religiosos que durante séculos têm pregado coisas desse gênero seriam a intervenção direta de Satanás em assuntos humanos, e por conseguinte nenhuma pessoa ordinária deveria ter permissão para investigá-los por si próprio e tirar conclusões a respeito deles sem "orientação teológica" (como as que estão contidas, por exemplo, no *Malleus Maleficarum*), a Lei dos Meios Fraudulentos, de 1951, era amarga; e sabemos por experiência que esses interesses não são conquistados sem protestos e retaliações.

É claro que pode ter sido a mais pura coincidência; mas ao final de 1951, várias coisas muito estranhas começaram a aparecer em certas seções da imprensa, e desde então continuaram aparecendo de tempos em tempos. A tendência geral dessas histórias era dizer que a Bretanha está impregnada e arruinada pela "Magia Negra", e que por isso o público deveria entrar em estado de alerta.

O primeiro artigo foi publicado em 1951, em um jornal sensacionalista, dizendo: "há muitos homens e mulheres atualmente na Bretanha que se encantam com a maldade e os quais, aderindo ao culto de Magia Negra, participam de atos de incrível devassidão". O repórter relatou suas descobertas da seguinte maneira:

"1. Magia Negra não é praticada por uma minoria de indivíduos loucos. *É um culto de muitos grupos organizados.*

2. A maioria dos homens e mulheres envolvidos não apenas têm mente sã — *são inteligentíssimos*.

3. Pessoas nacional e internacionalmente famosas estão envolvidas. Um reflorescimento da bruxaria está assolando o país, e as pessoas devem ser advertidas contra isso". O repórter acrescentou: "estou em posse de um dossiê, resultado do trabalho de muitos anos de um investigador, um Sr. A, que tem o intuito de expor essas pessoas malignas, seus ensinamentos e

práticas. Esse dossiê traz as mais detalhadas informações acerca da atividades de muitas pessoas famosas".

O artigo termina da seguinte forma: "eu insisto para que as autoridades realizem uma investigação mais detalhada a respeito dessas sociedades estranhas. Muitas delas são mais sinistras do que parecem".

Porém, quanto às declarações deliberadamente calculadas para alarmar o público sobre algo, e instigarem as autoridades a entrar em ação, lamento que os responsáveis por tais declarações não sejam descobertos, e nem fatos que as comprovem. Porém, apesar de estarmos certos de que o Sr. A não era um excêntrico, o público nunca teve oportunidade de julgar por si próprio.

Não nos dizem quais são as qualificações que possui, e seu verdadeiro nome tampouco foi mencionado.

Além do mais, se este jornal realmente possuísse um dossiê "que fornecesse as mais detalhadas informações sobre as atividades de muitas pessoas famosas" as quais praticavam Magia Negra, *por que os fatos não foram publicados?*

Por que os escritores jornalistas, em vez de fazerem uso dessas notícias sensacionalistas, não forneceram o nome do informante, Sr. A, ou o dossiê? Creio que seja hora de o público saber. Se há algo ruim em andamento, por que não informar a polícia?

Gostaria de saber se esses jornais pararam para refletir sobre quais podem ser os efeitos dessas declarações de "que pessoas nacionalmente e internacionalmente famosas" estão envolvidas com Magia Negra. Não serão essas ações calculadas para minar a confiança do homem e da mulher comum nas, digamos, "classes dominantes" deste país? Aqueles que pensam que estou exagerando, lembrem-se de como a fé do povo russo no Czar e sua família foi minada pelas horríveis histórias que foram contadas sobre sua subserviência ao "Mago Negro", Rasputin. Eu não estou sugerindo que os jornais que publicaram tais declarações como as que citei tenham este objetivo deliberado; mas sugiro que essa campanha de difamação seja potencialmente mais perigosa para a Inglaterra do que as supostas atividades de todos os assim chamados grupos de Magia Negra juntos.

Muito ouvimos falar na *"The Black Internacional of Satanism"*. Nas coberturas da imprensa de filmes de horror não há nada mais sinistro que as atividades do Dr. Fu Manchu; mas quando são apresentados como fatos concretos, com os quais os cidadãos britânicos deveriam alarmar-se, creio que seja hora de requisitar alguma prova desses fatos estranhos, ou uma pausa nessas notícias até que as mesmas possam ser produzidas. Pessoalmente, no curso de uma longa vida, a maior parte da qual foi dedicada ao interesse em folclore, antropologia, pesquisa psíquica, magia e viagens por alguns dos estranhos lugares do mundo, nunca me deparei com a mais leve evidência de que algo como a "Black International" exista fora das obras de ficção, e por conseguinte não acredito que ela exista.

O que já vimos, repetidamente na história, são os trágicos resultados decorrentes do ato de ouvir suposições de pessoas irresponsáveis e aceitá-las como verdadeiras. Além dos milhões que pereceram nas perseguições às bruxas, havia questões como a "Conspiração Papal", na época de Charles II, quando os católicos romanos foram perseguidos por toda a Inglaterra, e alguns perderam suas vidas, devido a rumores sensacionalistas espalhados em primeiro lugar por um homem chamado Titus Oates, que depois ficou provado tratar-se de um impostor; mas Titus Oates foi severamente punido por suas mentiras.

Ao final de outubro de 1952, um artigo intitulado *Adoração das Bruxas ao Diabo*, apareceu na Imprensa em Londres. Ele repetia as histórias sobre cerimônias obscenas, envolvendo sacerdotisas, sacrifícios de sangue de gatos e cabras, e danças rituais no ritmo dos tambores, e narrava como esses adoradores do Diabo, rodeados por cortinas pretas, com os signos do Zodíaco brilhando à luz de velas, executavam seus encantamentos, enquanto queimavam incensos herbais. Uma vez mais repetia-se a alegação de que alguns dos que participavam dessas atividades eram "homens e mulheres muito inteligentes, alguns nacional e internacionalmente famosos — mas todos ligeiramente perturbados".

Em 1953, mais dois artigos a respeito de *Magia Negra na Bretanha* apareceram publicados nas edições de outubro e novembro de uma já extinta Revista Científica sobre fenômenos psíquicos. Entre todo o sensacionalismo habitual das histórias de "pactos com o Diabo", sacrifícios de sangue, "ritos negros", "orgias", etc., etc., consta esta significativa passagem:

> Recentemente os espiritualistas alegraram-se, pois afinal lhes havia sido concedida sua "Carta de liberdade". Uma das últimas ações do Governo Trabalhista foi criar o Estatuto da Lei dos Meios Fraudulentos que substituiu as antigas Lei da Feitiçaria e Lei da Vadiação aos quais os médiuns estavam sujeitos toda vez que realizassem uma sessão ou um serviço em uma igreja Espiritualista.
>
> Por muitos anos, espiritualistas, pertencentes ou não à Câmara dos Comuns, fizeram campanhas para a revogação dessas duas Leis, embora algumas pessoas com um pouco mais visão tivessem advertido que aquela revogação abriria as portas para todos os tipos de práticas ocultas, algumas das quais eram indesejáveis, para dizer o mínimo. Isso foi exatamente o que aconteceu.

Algumas das histórias relatadas nesses artigos eram idênticas às que haviam sido contadas em 1951. Mais adiante, fomos informados de que "Um jornalista que estava realizando uma investigação sobre certas práticas ocultistas foi forçado a abandonar a história alegando ser quente demais para manusear, quando descobriu a identidade de algumas das pessoas envolvidas. "Altos funcionários de partidos políticos", nos disseram, "consultam ocultistas".

Uma vez mais é usada a habitual técnica da campanha de difamação; não foi produzida uma prova sequer para sustentar as declarações, enquanto insinua-se que a completa verdade não podia vir à tona porque pessoas em altas posições estavam impedindo que isso acontecesse. Que tolice — *que perigosa tolice!*

Em setembro de 1954 saiu uma maravilhosa reportagem de duas páginas: "Homens bisbilhotam o Diabo". Mas infelizmente não era nada que estivesse à altura do título. (Caso contrário, teria sido uma grande reportagem!) Na realidade, pelo que me consta, o Diabo nunca esteve lá. Os repórteres assistiram à denominada cerimônia de "Magia Negra", embora tenham revelado que todos os procedimentos haviam sido preparados na casa de um cavalheiro de cor, que chamaremos de Sr. X, especialmente para aquela história, e que algumas moças haviam sido convidadas sem saber que seriam fotografadas por câmeras escondidas.

Dizia-se que todos esses preparativos tinham o objetivo de provar que havia pessoas na Bretanha interessadas em Magia Negra. Dizia-se que havia sido realizada uma cerimônia para libertar um rapaz de um de feitiço de Magia Negra direcionado a ele tempos atrás; foi ligado um gramofone em uma antiga música de *jazz* (de negro) para realçar a cena. O artigo foi escrito para sugerir que algo mal tivesse ocorrido. Pessoalmente, não vejo como algo tão mau o ato de tentar libertar alguém de um feitiço de Magia Negra. Mas um repórter disse: "Eu vi um mago negro ajoelhar defronte a uma vela e rezar ao diabo". Agora, creio que esta seja uma rude alusão à cor do anfitrião. E, de qualquer maneira, o Diabo, provavelmente amedrontado pela presença dos repórteres, não compareceu. O outro repórter disse ter visto o mago massagear as costas de uma jovem loira. Aparentemente, isso foi tudo o que aconteceu.

Com exceção do comentário totalmente inestimável deste repórter: "É perturbador obter a confirmação de que há adultos na Bretanha que ainda desejam envolver-se com "Magia Negra". Pode-se perguntar, "Afinal de contas, qual é a importância dessas admiráveis revelações?"

Em 1955, esses jornais sensacionalistas nos prometeram "A chocante história secreta da Magia Negra na Inglaterra". Esta, finalmente, valeria a pena.

Estranhamente, desta vez nenhuma referência foi feita ao dossiê o qual, lembrar-se-á, continha informações detalhadas sobre atos de "incrível devassidão" nos quais tomavam parte "pessoas nacional e internacionalmente famosas" durante ritos de Magia Negra; embora o mesmo repórter fosse responsável pelos artigos. Pelo contrário, o "principal confessor" era uma mulher de cor de origem obscura que morava em Birmingham.

"*Made in Birmingham*" tem muito frequentemente sido o carimbo oficial de "antiguidades" de proveniência duvidosa, e a "bruxaria" de sua Imprensa sensacionalista provou não ser uma exceção.

Em letras garrafais, a frase "Magia Negra na Bretanha" nos salta à vista. "Você está prestes a se assustar" nos disseram (A nação britânica — tão notoriamente tímida!) "*O Sunday Pictorial* começa hoje (22 de maio de 1955) a publicar um alarmante dossiê, destinado a assustar qualquer um que possa sentir-se tentado a envolver-se com Magia Negra... o dossiê que você está prestes a ler é sobre a presença do diabo à nossa porta — aqui na Bretanha". (Onde está o dossiê anterior? Na cesta de lixo?)

"Devido ao fato de a adoração ao diabo ser praticada em segredo, e seus seguidores não terem aparência distinta de homens ou mulheres da vizinhança, esta investigação levou muitos meses... foi descoberto o suficiente para provar-lhe que a adoração ao diabo pode arruinar a saúde, corromper a mente e degradar o corpo daqueles que caem em sua cilada.

"Seus crimes — como mostraremos — incluem blasfêmias, profanação, perversão moral...

Nossos investigadores encontraram evidências de uma cadeia de âmbito nacional de grupos de feitiçaria chamados *covens*.

Seus membros têm a sincera crença satânica de que sua religião é a mesma da Antiga Bretanha. Eles clamam que esta é mais antiga e superior ao Cristianismo.

Recebi repetidas advertências durante esta investigação: 'O público nunca acreditará se você publicar os fatos. A verdade é inconcebível'."

O jornalista prossegue citando — inevitavelmente — o Reverendo Montague Summers, "um padre católico romano aposentado", e famoso escritor sensacionalista.

"Nas suas (Summers) advertências escreveu sobre 'terríveis forças do mal, forças de um poder que parece ser ilimitado'."

Mas ninguém prestou atenção em Montague Summers. Com exceção, é claro, da Imprensa sensacionalista; e veja agora que brilhante recompensa lhes coube!

Quatro meses atrás, declarou-se que haviam chegado notícias de Midlands as quais diziam que "pela primeira vez uma pessoa que havia estado profundamente envolvida com um próspero círculo de magia negra estava preparada para dar uma completa declaração". Eles haviam achado uma mulher de cor que declarou ter sido Sacerdotisa de um *coven* de bruxas local.... Ela contou sobre seu treinamento, sua iniciação, das reuniões secretas à noite. Ela descreveu visitas aos cemitérios à meia-noite para clamar as almas dos recém-enterrados ao diabo. "Ela explicou como os homens e mulheres fortes haviam ficado doentes devido a feitiços. Como eram praticadas as cerimônias de orgias que duravam até o amanhecer quando tudo o que há de decente na vida era escarnecido....

"As palavras de uma mulher", considerou-se, "não eram o bastante". Foi feito um grande esforço para que se encontrasse mais evidências. Diversas vezes durante esses últimos cinco meses, muitos integrantes de nossa equipe editorial trabalharam nesta investigação sobre o mal. Viajamos milhares de milhas — de uma ponta à outra de Midlands, para a Costa Sul, Belfast, Oxford, e para o extremo oeste da costa da Irlanda. Os resultados foram estranhos, excitantes e muitas vezes aterrorizantes. A busca incluiu visitas a cemitérios vazios. Perseguições em carros velozes. Misteriosas mensagens telefônicas....

Como *covens* adquirem novos membros? Os prováveis membros são atraídos com promessas de poder e emoção; e tardiamente descobrem que adquiriram um passaporte para a devassidão. Em alguns *covens* espera-se que cada membro apresente nove novos iniciantes a cada ano.... Como alguém pode libertar-se desse terrível domínio? Procure seu médico ou clérigo. "Conte-lhe o que aconteceu — em particular. Ou escreva-nos."

Agora, esperar-se-ia, que após cinco meses de investigação, se acreditássemos nas descrições acima, rivalizando as aventuras de Bulldog Drummond, que os caçadores de sensações teriam algo a dizer aos seus leitores. Porém, o fato curioso sobre essas séries é que em *nenhum momento o resultado desses cinco meses de investigação veio à público.*

Admitiu-se que "a palavra de uma mulher não era suficiente". *No entanto, a palavra de uma mulher era tudo o que havia sido fornecido.* Nem uma palavra de confirmação acerca da história desta mulher foi, como veremos, publicada. Nem qualquer outro membro da equipe dos caçadores de sensações, com exceção deste repórter em particular, expôs seu ponto de vista, ou sua história. Nunca nos esclareceram a respeito do que foi encontrado na Costa Sul, em Belfast, Oxford ou no extremo oeste da costa da Irlanda, nem o propósito das "perseguições em carros velozes", tampouco o conteúdo das "misteriosas mensagens telefônicas".

No mesmo artigo nos explicaram a maneira pela qual uma mulher associada aos "adoradores do diabo" criou um clarão de luz, ao unir as pontas de seus dedos, e sobre outra mulher que era capaz, por algum poder oculto, de iluminar sua cabeça e pés. Como membro da Sociedade de Pesquisa de Fenômenos Psíquicos, eu apreciaria muito a oportunidade de conhecer essas senhoras; mas nada mais se ouviu falar sobre elas.

Pessoalmente, depois de um estudo detalhado da técnica peculiar da Imprensa sensacionalista, acho que aquilo que deixam de dizer é muito mais intrigante do que o que dizem. Veremos mais tarde como, com a desculpa mais fraca que já ouvi, eles recusaram-se terminantemente a imprimir a prova genuína sobre bruxaria na Bretanha que eu lhes forneci e estava preparado para garantir sua autenticidade.

Na edição do domingo seguinte, foi publicada a confissão de uma bruxa. "Ela confessará hoje", nos disseram, "na esperança de salvar outras". Ela declarou: "Esta é minha confissão. Eu a escrevo para convencê-lo de que sou prisioneira do medo. Medo da Magia Negra e do Diabo. Talvez você não acredite que aqui na Bretanha, no século XX, seja possível envolver-se com os males da bruxaria. Posso assegurar-lhe que isso é verdade pelas minhas próprias terríveis experiências como Suma Sacerdotisa de um círculo de Magia Negra..."

Ela conta-nos que um dia foi apresentada a um homem que passou a ter um significado terrível em sua vida. Onde quer que ela fosse, ele a seguia; ele começou a falar-lhe sobre teorias religiosas estranhas e lentamente estabeleceu-se uma relação de professor e aluno. A maioria de suas aulas era por telefone, às vezes duas vezes ao dia, e frequentemente as ligações duravam de meia a três-quartos de hora. "Finalmente, fiquei tão entretida com sua voz ao telefone que vivia apenas para ouvi-la duas vezes ao dia. Um dia, em 1945, quando ele não me telefonou como havia prometido, tentei me suicidar." Ela conta-nos que o homem ensinou-lhe várias coisas notáveis; como invocar "os elementos", pedir que lhes enviassem seus espíritos, como fazer para escravizar um homem (ela foi muito lenta ao deixar de utilizar este conhecimento com o professor para fazê-lo telefonar como havia prometido, em vez de tentar suicídio quando ele não telefonou, não foi?), como construir um templo mental, e como usar linguagem obscena. A propósito, esta é a primeira vez que ouço esta última ser citada como parte da bagagem de um mago, e realmente não consigo ver qual seria a utilidade prática dessa conquista em magia.

Além disso, o Sr. X ensinou-lhe a "chamar o Inferno — 'Oh, Inferno me ajude!'" (Não por receber a conta telefônica, como alguém poderia ter suposto, mas como uma forma de oração.) Ela também foi ensinada a rezar "diretamente a Michele, um apelido do diabo".

"Disseram-me", ela prosseguiu, "que quando eu tivesse conseguido nove alunos, poderia ser iniciada na completa Arte da Magia Negra... Este dia chegou em 15 de fevereiro de 1948. ...Em um grande apartamento particular. Havia aproximadamente 50 pessoas presentes. Havia um pequeno altar. ...Um frango foi sacrificado e seu sangue foi vertido em um copo para ser dado aos que seriam iniciados... ao meu lado."

"As velas queimavam inclinadas, quase de cabeça para baixo." (Esta por si própria deve ter sido uma extraordinária proeza mágica — eu gostaria de saber se o repórter da imprensa sensacionalista já tentou queimar velas de cabeça para baixo. Elas apagam imediatamente.) "Uma cruz foi colocada de cabeça para baixo em uma vasilha com água... O primeiro iniciado bebeu o sangue da galinha sacrificada, e foi informado de que havia bebido o sangue do diabo. Rezaram-se orações destorcidas. Ela assinou um pacto de sangue oferecendo sua alma ao diabo em troca de poder... Fui iniciada como Sacerdotisa, depois de um longo treinamento. Minha mãe era uma egípcia, e disseram-me que o sangue egípcio era o mais apropriado para esta posição de autoridade... O ritual consistia em um escárnio completo da adoração cristã."

Ela prossegue descrevendo como participou de outras cerimônias como Sacerdotisa, "usando meus véus e túnicas". Havia, diz, batidas de tambor, música suave e baixa, aparentemente proveniente de algum tipo de banda, e um tipo de chamado seria emitido. "É um chamado peculiar, um tipo de som estridente que chega trazendo a impressão de que alguém está em agonia." Então ela seria empurrada através de uma cortina por um dos chefes de cerimônia, e posicionada à esquerda do altar. (Que modo desrespeitoso de tratar uma Suma Sacerdotisa! Ou será que o véu da pobre Sra. Jackson era tão grosso que ela não podia enxergar para onde estava indo? Em todo caso, como ela poderia ter visto as coisas que descreveu?)

"O Padre caminharia lentamente pela sala, entre a multidão, e se ajoelharia no centro do círculo. ...iniciavam-se os cantos." "Havia orações distorcidas" e "hinos de escárnio". "Então, a música e o batuque eram reiniciados acompanhados por "danças fanáticas", chegando ao ponto em que homens e mulheres arrancavam suas roupas."

"Foram servidas bebidas a todos. Era adequado usar idioma obsceno — quanto pior fosse, melhor. Frequentemente estas reuniões duravam até a madrugada."

Isso tudo ocorria em um apartamento de Birmingham — reuniões das quais participavam aproximadamente 50 pessoas por vez! Que pena que os comentários dos moradores dos apartamentos ao lado não foram registrados — porém, talvez isso explique o uso do idioma obsceno!

Ela continua: "Os membros do círculo eram testados quanto à sua lealdade. Em meu primeiro teste fui instruída a ir a um adro à meia-noite. Disseram-me que deveria achar uma nova sepultura de alguém que houvesse sido enterrado naquele dia. Eu deveria rezar em voz alta para Michele levar a alma da pessoa morta. Como prova de que eu havia cumprido minha tarefa, eu deveria trazer barro fresco da sepultura".

Pessoalmente, isso não me parece um teste muito convincente. Eu não vejo impedimento para que uma pessoa que estivesse sendo testada trouxesse barro fresco do próprio jardim, tendo passado a noite na cama. Porém, esta provavelmente é apenas minha própria depravação natural; os adoradores do diabo de Birmingham eram honrosos e corretos demais para fazer tal coisa.

Ela concluiu seu artigo: "eu quero muito... enfatizar a realidade do crescimento sinistro da bruxaria atualmente na Inglaterra. ...Eu acredito que a menos que finalmente esta vasta onda de maldade seja investigada, a Magia Negra poderá provocar a corrupção moral absoluta deste país".

Esta descrição não mantém absolutamente nenhuma semelhança com uma reunião de um *coven* de bruxas britânico que eu já tenha visto ou ouvido falar. Mas há algo com o qual este rito mantém uma semelhança muito forte. Permitindo exageros, poderia muito bem ser a descrição de um rito de Vodu, como o que é praticado em Nova Orleans ou no Haiti. Por exemplo, "Michele" seria um nome curioso para o Deus das bruxas britânicas; porque é claramente o nome francês para "Michel". "Vodu surgiu entre os negros de língua francesa, e os nomes de suas deidades são quase todos franceses ou afrancesados; por exemplo, Ogoun Feraille, Mam' Erzulie, Baron Samedi, etc. Qualquer pessoa suficientemente curiosa pode encontrar evidências comprovadas da semelhança dos ritos que ela descreve com o Vodu em um livro clássico sobre o assunto, chamado *Divine Horsemen; The living Gods of Haiti*, de Maya Deren. Neste e em outros livros sobre o assunto pode-se encontrar descrições dos sacrifícios de sangue com frangos, os trajes de túnicas e véus, distribuição de bebidas para os devotos, o toque dos tambores e "danças fanáticas", o altar semelhante ao cristão, e especialmente o rito curioso de ir a um adro para entrar em contato com as almas dos recém-falecidos, que é típico Vodu. Mas isso não é bruxaria.

É possível, é claro, que uma mulher de cor, como ela nos diz que é, usasse a palavra "bruxaria" pensando esta ser a palavra inglesa para "Vodu"; mas será que não havia ninguém na equipe da imprensa sensacionalista que soubesse a diferença?

Ela declara: "Minha mãe era uma egípcia, disseram-me que o sangue egípcio era o mais apropriado para esta posição de autoridade. Por quê? Qual a relação entre 'sangue egípcio' e uma posição de autoridade em um *coven* britânico? Deveríamos deduzir que os egípcios são bruxas? Eles eram todos maometanos e coptas quando estive lá. Mas o sangue negro é considerado preferível para a Suma Sacerdotisa de uma sociedade de Vodu. Negros americanos e do oeste da Índia, acreditam que toda a magia tenha vindo do Egito, assim sendo uma pessoa meio egípcia exerceria certa autoridade mágica entre eles. Apenas deste modo poderia ser explicada sua extraordinária declaração de que ela havia se tornado Suma Sacerdotisa em sua iniciação.

De forma alguma desejo parecer estar defendendo as práticas que ela descreveu. Pelo contrário, considero-as completamente indesejáveis, estúpidas e sórdidas; mas afirmar que elas sejam de "bruxaria" e que as pessoas que as praticam são "bruxas" organizadas em *"covens"*, é ridículo e falso.

Por que não poderia a imprensa sensacionalista honestamente dizer: "Temos motivos, devido a declarações que nos foram feitas, para acreditar que haja prática de Vodu na Inglaterra. Achamos que isso deveria ser investigado e quaisquer excessos contidos". Por que a bruxaria foi envolvida nisso?

Embora eles houvessem afirmado que apenas a palavra desta senhora não seria o bastante para assegurar a aceitação das histórias sensacionalistas que ela havia contado, o próximo número tampouco trouxe qualquer evidência corroborativa. Sua história continuou, com as usuais manchetes sensacionalistas.

Ela diz: "Eu sabia que minha confissão poderia me colocar em perigo... Três dias depois que minha confissão foi publicada, fui atacada na rua, próxima à minha casa... ...No topo de minha cabeça há uma falha completamente sem cabelo.... O cabelo foi violentamente cortado por aqueles que me atacaram. Até que me provem o contrário, acreditarei que o propósito deste ataque foi amedrontar-me para que eu encerrasse minha história nos jornais sensacionalistas".

Então eles declararam que ela havia encontrado um sinal de advertência, feito de cascalho de cemitério e ramos, na soleira de sua porta antes da ocorrência do ataque. Isso me soa como um *ouanga* — um signo de Vodu do Oeste da Índia.

Porém, a história do suposto ataque soa muito estranha. De acordo com ela, ocorreu à 1h30 da manhã. Ela nos diz que estava com medo de vingança — contudo, ali estava ela, caminhando sozinha pelas ruelas de Birmingham à 1h30 da manhã, algo que eu não faria. Além do mais, ela deveria ter o hábito de fazer isso, caso contrário como os agressores poderiam tê-la encontrado?

Em uma segunda-feira de agosto de 1951, feriado nacional, diz, ela estava repousando, doente, em sua casa em Birmingham, quando "meia hora antes da meia-noite, disseram-me que havia alguém à porta procurando por mim". Sabendo, diz, que isso significava que ela estava sendo procurada para que presidisse uma cerimônia, ela apenas parou para vestir um roupão sobre sua camisola, e desceu ao encontro do carro que a esperava. Ele a levou até o Bull Ring, o mercado da cidade, e de lá um furgão encaminhou-a até uma casa.

"Rapidamente vesti uma túnica sobre as roupas que eu já estava usando. ...Atravessei as cortinas para dentro de um quarto grande. O quarto parecia cheio de uma espécie de brilho cor-de-rosa, e a princípio eu conseguia apenas distinguir formas que sabia serem de pessoas. Então, assim que meus olhos se acostumaram à falta de luz, notei as marcas no chão.... Olhando o quarto naquele momento, vi bem em frente ao altar, uma estrela desenhada no chão e perto dela um dragão."

Esta é outra característica típica do Vodu. No Vodu, é costume desenhar várias formas no chão, chamadas *"vevers"*, para invocar as deidades do Vodu; cada deidade tem um *"vever"* próprio. Estes são pintados e descritos no livro de Maya Deren, mencionado anteriormente.

"Naquele momento o ritual começou... Três rapazes trouxeram uma jovem. Eles a conduziram ao ponto da estrela mais próximo a uma estátua. Os homens estavam encapuzados e mascarados." "O líder" rezou uma paródia da Oração do Senhor, então convocou os *covens*... "Há uma virgem entre nós que será iniciada. Iniciaram-se os cânticos e a jovem — ela aparentava ter aproximadamente 17 anos — foi aproximada da estátua. Fizeram-na repetir certas declarações... em seguida, outras paródias da religião... distorções de uma Missa..." Na sequência desses acontecimentos, ela continua, as usuais bebidas e danças.

"Quando a dança começou, todos foram servidos com bebida — uísque, rum, gim, tudo que eles quisessem. Assim que um copo se esvaziasse, seria preenchido." A hospitalidade foi certamente generosa; não se pode evitar a pergunta de quem haveria pago por tudo. A senhora de cor ficou doente e permitiram que partisse, depois de dar seu voto de silêncio a todos os presentes, e deixar suas digitais, tiradas com sangue de frango, em uma folha de papel. "Antes disso", diz ela, "ela havia sido 'repreendida' por ter recusado uma bebida". Repreendida! Uma Suma Sacerdotisa! E a exigência de um voto de silêncio, acompanhada de uma terrível confusão, antes de lhe fosse "dito" que poderia ir para casa!

Seguramente, se ela realmente fosse uma Suma Sacerdotisa, ela estaria encarregada dos procedimentos, e seu papel teria sido o de repreender, e não o de ser repreendida, não seria? Eu gostaria de ver alguém repreendendo uma bruxa Suma Sacerdotisa.

Ela continua: "Então, depois de algo que aconteceu no dia 23 de novembro de 1953, sofri um severo colapso nervoso". Ela havia tentado, diz, desvencilhar-se do círculo de Magia Negra em 1952, mas todos os tipos de infortúnios assolaram-na até que "passou a viver em degradação absoluta, em um furgão de lavanderia". Então, ela aparentemente voltou ao culto, até a data acima, quando assistiu à sua última cerimônia. Naquela noite, diz, foi levada de carro a "um cemitério vazio".

"Todos nós saímos do carro, exceto o motorista. Caminhamos até uma sepultura aberta e nos posicionamos ao seu redor. Um homem tirou um livro do bolso e iniciou uma versão horripilante do serviço funerário. Depois todos elevaram seus braços em direção ao céu escuro. Com os dedos em riste, eles pediram que Michele (o diabo) levasse a alma da mulher falecida e em troca lhes devolvesse a sabedoria dos tempos. Esta foi a última cerimônia a que assisti.... Então comecei a receber estranhos telefonemas ordenando que eu comparecesse às reuniões. Essas exigências foram interrompidas quando descobriu-se as investigações da imprensa."

Parece que na ocasião da cerimônia descrita, "Michele" estava lamentavelmente sendo trapaceada; pois se a sepultura foi aberta tarde da noite, como ela diz que havia sido, não deveria estar vazia? Se "Michele" não percebesse isso, então teria poucas chances de atribuir a sabedoria dos tempos.

O próximo episódio que nos prometeram seria intitulado: "A Procura pela Verdade", mas nunca foi publicado, uma circunstância com a qual posso ter tido alguma relação. *Nenhuma corroboração sequer relativa à história da senhora de cor foi, naquele ou em qualquer outro momento, jamais publicada.* Tampouco foram divulgadas as circunstâncias nas quais ela revelou esses fatos à imprensa sensacionalista.

Na realidade, após a publicação de outra história completamente infundada e ainda menos convincente de uma mulher anônima de uma parte desconhecida da Inglaterra, a série fracassou.

Mais tarde, porém, seguiu-se algo muito surpreendente, e bem menos publicidade foi dada à essa sequência, do que foi conferida à história original. Acho que a atenção pública deveria dirigir-se a este fato.

No dia 25 de maio de 1956, uma série de artigos intitulados "O Mal em ação" começaram a ser publicadas em um jornal ilustrado. O primeiro, que se referia às investigações do jornalista em Birmingham, continha esta notável declaração:

"Os oficiais superiores da polícia de Birmingham disseram-me que ficariam satisfeitos em investigar qualquer reclamação recebida, mas que *até o presente momento nenhuma pessoa responsável havia fornecido informações*." (Meus itálicos).

Eles autorizaram esta declaração: "Não podemos afirmar que tal coisa não esteja ocorrendo, mas temos certeza de que se estivesse, teríamos recebido reclamações".

Mas eles admitiram ter encontrado na propriedade de um homem, uma túnica roxa, incenso e garrafas contendo alguns objetos normalmente associados à bruxaria. Havia indícios de que ele estava tentando se estabelecer como um tipo de curandeiro entre os mais primitivos da "população de cor", disseram-me, mas lidamos com ele apresentando a denúncia de estelionato.

Isso mostrou que ele era um criminoso comum. Isso o esvaziou.

A imprensa sensacionalista também parecia ter esvaziado-se. Será que isso significa que, após as notícias sensacionalistas nas quais haviam sido proclamados à nação os supostos horrores que estavam acontecendo em Birmingham, os oficiais superiores do quartel da polícia de Birmingham, não consideraram a imprensa sensacionalista ou a senhora de cor como "pessoas responsáveis"?

Bem — eles disseram isso! Eu não!

Capítulo XV

Exame de Algumas Alegações — Parte II

Lamento dizer que algumas das minhas amigas bruxas não trataram as revelações do *Sunday's Pictorial* com a mesma sobriedade e preocupação demonstrada pelo bispo de Exeter, pelos reverendos F. Amphlett Micklewright e Gordon P. Owen e pelo Sr. Stanley Maxted, todos os quais estavam proferindo solenes advertências acerca da seriedade da descoberta do Pictorial.

Um repórter perguntou-me qual era a minha opinião a respeito da história da senhora que havia sido atacada e uma mecha de seu cabelo cortada. Expliquei-lhe que a descrição do dano que ela havia sofrido — leves arranhões no couro cabeludo e o corte de uma mecha de seu cabelo — também era perfeitamente compatível com um dano autoinfligido. Ele perguntou: "*Como você sabe?*", eu respondi: "Quando um dano é autoinfligido, há sempre o cuidado de não fazer algo que realmente machuque; eles cortam os cabelos, rasgam as roupas, quebram os óculos, sujam-se de lama, mas nunca fazem algo que seja dolorido. Na Inglaterra, quando alguém quer assustar uma pessoa, corta-lhe a face, cobre-lhe de lama ou desfere-lhe um soco na cara. No estrangeiro, esfaqueiam-na".

E realmente, o que impediria os supostos assaltantes — dois homens em uma rua deserta à 1h30 da madrugada, como ela os descreveu — de surrá-la até ficar inconsciente e deixá-la meio-morta, se quisessem? No entanto, tudo o que fizeram foi cortar uma mecha de seu cabelo!

Porém, no próximo número do referido jornal, no dia 12 de junho de 1955, em vez do artigo "A Procura pela Verdade", que havia sido anunciado e o qual esperávamos que envolvesse "perseguições em carros velozes", "misteriosas mensagens telefônicas" e todas as outras emoções que nos haviam sido prometidas, foi publicada uma feroz denúncia contra mim entitulada: "As alegações deste homem são perigosas. Bruxaria não é divertimento".

Começou: "Dr. Gerald Brosseau Gardner é uma autoridade em Bruxaria". (Obrigam-me a aceitar este título não solicitado; mas não sei por que o atribuíram a mim, pois não levaram em consideração nada do que lhes falei a respeito do assunto.) "É por meio dele", declararam, "que muitas pessoas adquirem suas primeiras ideias equivocadas acerca de Bruxaria" (isso é estranho, já que sou uma autoridade).

O artigo prosseguiu: "Ele é um bruxo assumido e um devoto praticante de um *coven* Britânico. Mas também é um defensor da Bruxaria.

Em minha opinião, ele dissemina a perigosa ideia de que a Bruxaria não é má.

"Parece negligenciar o fato de que iniciar um inocente passatempo à procura de emoções pode finalmente conduzir à "adoração ao diabo".

Agora, isso é uma tolice. Não há nada de muito "inocente" em "interessar-se" pelo tipo de atividade que esses jornais têm descrito, ritos nos quais as pessoas, *em sua primeira iniciação*, supostamente bebem o sangue de animais sacrificados e assinam pactos entregando suas almas ao diabo em troca de poder. Pessoas preparadas para essas práticas não são "inocentes"; elas sabem perfeitamente bem o que estão fazendo, e se isso é o que esses jornais chamam de "um inocente passatempo à procura de emoções", eu discordo plenamente.

Porém, antes que haja a probabilidade da prática de tais atos, é necessário que se acredite na existência de um ser como o diabo, e que ele possa atribuir poder. Assim sendo, como poderia ser este o resultado de associar-se a um culto que especificamente nega a existência de tal ser?

O fato é que, com uma extraordinária falta de lógica, o artigo continua: "Nos livros que escreveu e em suas conferências, Gardner esforça-se para rejeitar a ideia de que a Bruxaria na Inglaterra tem algo de diabólico.

Ele alega que esta é uma noção estúpida, deliberadamente promovida pela Igreja e absolutamente falsa.

Em nenhuma parte do livro de Gardner, *A Bruxaria Hoje*", diz o repórter melancolicamente, "pude encontrar descrições de cerimônias horríveis e degradantes..." Expresso minhas condolências. Ele deve ter ficado muito desapontado.

"E, no entanto", ele continua, "quando desafiei Gardner na semana passada" (Verdade? Eu não havia notado!) "ele admitiu que a maioria das pessoas ficariam chocadas com as cerimônias de Bruxaria que incluem:

UM: Homens e mulheres dançando nus.

DOIS: Rezando para um deus cornífero.

TRÊS: Excitação por vinho, música e percussão.

Ele admitiu que, em cerimônias em algumas partes do mundo, é necessário que haja uma garota nua sobre um altar".

Não me recordo absolutamente de ter afirmado que a maioria das pessoas ficariam chocadas com as cerimônias de Bruxaria; na verdade, não creio que qualquer pessoa *normal* ficaria chocada com eles. Há inúmeros clubes de nudismo neste país atualmente, nos quais realizam-se danças regularmente; e o céu ainda não caiu por causa disso! "Excitação por vinho, música e percussão" ocorrem em todas as mais respeitáveis boates. Alguém fica chocado? Com respeito à segunda abominação, "rezar a um deus cornífero" — *Por que não?* Ele apenas usa um capacete com chifres. Não é reconfortante nos dias de hoje encontrar pessoas que adorem algo além de dinheiro e de seus próprios interesses? Ou cujas ideias a respeito da vida e da religião não sejam completamente condicionadas a isso que J. B. Priestley sarcasticamente descreveu como "ad-mass"?

"Chamei a atenção de Gardner", diz o mesmo colega, "para outro livro publicado em seu nome e impresso por particulares, que está à venda em Londres.

Nesse livro, que é vendido como ficção, há uma detalhada descrição da iniciação ao culto da bruxa. A cerimônia é executada na nudez. Depois, o candidato, vendado e com os pés atados, é açoitado. Finalmente, depois de prestar um juramento de nunca revelar os 'segredos da Arte', o candidato é tocado com uma espada 'mágica'. Ele disse: Esta descrição da iniciação está 'amplamente correta'." É claro que não está.

Apesar de todos os apelos agonizantes desses jornais para os membros dos *covens* de bruxa procurarem seu médico ou pastor, ou os próprios jornais, quantos o fizeram?

Podemos estar certos de que, *se alguém que fosse iniciado em um genuíno* coven *de bruxas*, e tivesse implorado ajuda para ser libertado pelos amáveis escritórios desses jornais, o fato teria sido divulgado no estrangeiro. Assim sendo, repito, *quantos o fizeram?*

A resposta é: *Ninguém.* Este mesmo fato é evidência de que os seguidores da Antiga Religião estão felizes com sua fé.

Com respeito à descrição de uma iniciação à Bruxaria cedida em meu livro, *High Magic's Aid*, a respeito da qual o repórter se refere, sinto muito desapontar este sério rapaz; posso assegurar que não tive a intenção de enganá-lo neste ponto; porém, meu romance é "vendido como ficção" porque *é* uma ficção; além do mais, uma ficção relativa a eventos que supostamente aconteceram no ano de 1206. E os detalhes que contém como romance histórico estão "amplamente corretos". Pelo menos, empenhei-me ao máximo para isso.

Não obstante, pensando evidentemente estar fazendo algo bom, o repórter prosseguiu, citando um longo trecho do que ele chamou "uma das passagens sinistras" do meu romance, que descreve um dos grandes sabás, da forma como era celebrado antigamente. Porém, ele não a citou na íntegra; na realidade, excluiu o que ele provavelmente consideraria ser a passagem mais sinistra", assim sendo, eu a transcreverei novamente aqui, por completo. Diz respeito a um homem, não um membro do culto, mas que, não obstante, foi a um dos grandes sabás, os quais metade da população rural frequentava nessa época, e lá conversou com uma mulher, uma bruxa iniciada em 1206 d.C.

"'Diga-me a verdade', disse ele subitamente, 'este altar é usado em seus encontros. ...Na Espanha, vi um que era o corpo de uma mulher viva, na qual praticavam abominações.'

'Sim', ela respondeu simplesmente. 'Durante o grande sabá, o corpo de uma sacerdotisa viva *realmente* forma o altar. Adoramos o espírito divino da criação, que é a fonte de vida e sem o qual o mundo pereceria. Será que somos tão abomináveis? Não é este o nosso ponto de vista. Para nós, este é o mais sagrado e santo dos mistérios, prova da existência de Deus dentro de nós, cujo mandamento é:

Crescei e multiplicai-vos.'

'Esta é uma religião fálica', disse Thur, 'e o cabo de vassoura simboliza o falo'."

"Seguramente", diz nosso indignado repórter, "até mesmo Gardner pode ver que o tipo de pessoa com tendência a cair na armadilha da Bruxaria na Inglaterra, provavelmente, iria dar preferência a esses atrativos obscenos às alegações do outro livro? E, sem dúvida, esperaria isso do *coven* ao qual se associasse? Não há dúvida de que existem, na Inglaterra, satânicos adoradores do diabo que estão sempre prontos a promover esse tipo de perversão sexual a fim de capturar homens e mulheres que desejem escravizar".

Que tipo de "perversão sexual"? A adoração do "espírito divino da criação que é fonte de vida e sem o qual o mundo pereceria"? Isso é perversão sexual?

A adoração do culto da bruxa é, e sempre foi, a do princípio da própria vida. Ela fez deste princípio, manifestado no sexo, algo sagrado. *Qual é a perversão?* Nesta ou naquela perspectiva que procura fazer com que os humanos sintam-se envergonhados de seus corpos nus, temerosos do sexo e do "pecado original" e de algo sujo? Os consultórios de nossos psiquiatras estão muito mais cheios de neuróticos miseráveis produzidos pelo segundo, do que daqueles que tenham ficado loucos pela suposta prática de "Magia Negra". A imprensa não precisaria procurar durante cinco anos para achar um deles.

Ainda há, no inconsciente coletivo das mentes humanas, a compreensão da retidão do Antigo Matrimônio Sagrado. Uma vez, recordo-me de ter ouvido um programa de rádio no qual pedia-se aos ouvintes que se dirigissem ao microfone e respondessem perguntas. Acredito, embora não tenha certeza, que o apresentador era Wilfrid Pickles. Perguntou-se a um homem se ele poderia revelar aos ouvintes algum sonho que gostaria de realizar. Ele pensou um pouco, e então disse: "Eu gostaria de participar de uma dessas coisas que se praticava nos velhos tempos, o que chamavam de Matrimônio Sagrado; contanto que a mulher fosse a minha esposa". Outras pessoas no mesmo programa disseram que gostariam de sair ao luar e dançar nuas ou dançar descalças na grama. O que as fez dizer tais coisas? Se isso não for memória popular, ou memória hereditária, o que seria?

Quando a Igreja fez do matrimônio um Sacramento, tinha razão; mas quando acrescentou que era apenas destinado à procriação, errou completamente.

Porém, deixe-me esclarecer que o culto da bruxa não considera o sexo sagrado como um fim em si próprio, mas como um símbolo vivo e uma manifestação da Grande Fonte de Todas as Coisas, que os homens chamam de Deus. Além do mais, os grandes sabás, como o descrito na citação que há pouco transcrevi, foram suprimidos pela Igreja há muitos séculos.

Antes da referida cotação, esses jornais afirmaram: "Gardner também admitiu que algumas bruxas adquirem grande poder com o derramamento de sangue jovem".

Notar-se-á que o repórter não afirma que eu tenha dito que as bruxas usavam sangue em seus ritos. E nem poderia, porque eu, especificamente, havia negado este fato, verbalmente e por escrito. O que eu havia lhe falado, de fato, era que qualquer bruxa que tivesse lido os livros de praticantes, tais como Aleister Crowley, saberia que estes fazem uso de sangue, mas elas próprias não utilizam essas práticas. Na verdade, o livro de *Crowley, Magick in Theory and Practice*, no qual ele discute o sacrifício de sangue, tem sido muito lido desde sua publicação na década de 1920 e, pelo que sei, consta de pelo menos uma biblioteca pública, na qual o bibliotecário descreveu-o como sendo "muito popular". (Demais para os "segredos ocultos de Magia Negra"!)

É claro que o repórter pode ter entendido mal o que eu lhe disse; mas ele próprio admitiu que havia lido meu livro, *A Bruxaria Hoje*, no qual neguei este mesmo fato, não apenas uma, mas várias vezes.

Porém, a fim de esclarecer qualquer possibilidade de engano, agora ou no futuro, direi mais uma vez: as bruxas não usam sangue de animais sacrificados, pássaros ou qualquer outro ser vivo em seus ritos. Como declarei anteriormente no Capítulo VII, o sangue às vezes era usado em magia cerimonial, mas essa é uma prática diferente dos ritos da Bruxaria. O mago cerimonial em geral, era um homem que trabalhava sozinho ou com um ou dois assistentes. Se ele quisesse gerar poder rapidamente, e não fosse muito escrupuloso com relação à maneira como faria isso, esse poderia ser um de seus métodos; por outro lado, os ritos da Bruxaria são realizados por várias pessoas as quais, especialmente se pertencerem a famílias de bruxas, podem ter herdado suas faculdades extrasensoriais ou mediúnicas, e seu poder é gerado de forma semelhante ao de um círculo espiritualista. Os métodos que elas utilizam não precisam de ritos tais como sacrifícios de sangue, mesmo se elas estivessem dispostas a usá-los.

Como esse artigo consistiu em um ataque pessoal a mim e às minhas visões, deliberadamente o reproduzi aqui o tanto quanto possível. Na verdade, é claro que a entrevista desse repórter comigo colocou-o em uma posição delicada; ele havia me perguntado, como uma autoridade em Bruxaria, o que eu achava da senhora de cor. Dei-lhe a opinião que repeti aqui. Ele teria de imprimir aquela opinião, que estragaria a notícia sensacionalista, ou então tentaria silenciar-me e desacreditar o que eu havia dito a respeito de Bruxaria, e ele escolheu a segunda opção.

Durante as semanas seguintes, o número de ônibus de visitantes que vieram ao Museu ficou quase acima da nossa capacidade. Adquiri a máxima quantidade de cópias possível das acusações dos jornais e as pus à disposição para que as pessoas as vissem; e para minha enorme diversão, muitas pessoas quiseram comprá-los e vários deles foram roubados. Preciso elogiar os jornais pelo fato de terem escrito meu nome corretamente e adornado alguns dos artigos com excelentes fotografias da minha pessoa; mas eu nunca havia pensado que estivessem tão boas a ponto de as pessoas desejarem usá-las como pôster. Porém, a devoção à verdade compele-me a registrar o fato!

Não apenas adquiri o status de *pin-up*, mas comecei a receber cartas de fãs; nosso carteiro local precisou entregar-me um malote de correio cheio apenas com a minha correspondência do dia, e o dilúvio diário de cartas manteve-se durante semanas.

Muitas das cartas eram prova do interesse de pessoas de todas as posições sociais no que é geralmente conhecido como "paranormal" e do seu descontentamento com as abordagens ortodoxas da vida e da religião. Frequentemente, os remetentes narraram experiências pessoais e informações interessantes acerca de folclore e tradição. Lembro-me de apenas uma carta hostil; de um clérigo que disse que eu era tão ruim quanto os espiritualistas e os cientistas cristãos!

Capítulo XVI

Exame de Algumas Alegações — Parte III

Lembrar-se-á que o repórter do jornal havia me dito que eles dariam a chance para uma bruxa responder o que tinha sido dito, contanto que escrevesse algo digno de ser publicado. Então, consegui com que uma amiga, que é membro de um *coven* de bruxas, escrevesse um artigo curto e o entregasse a alguém que o postasse ao escritório do jornal em Londres. Porém, eles recusaram-se, terminantemente, a publicá-lo.

Entretanto, creio que o leitor deva ter a oportunidade de avaliar a resposta da bruxa, por isso a reproduzirei neste livro. Felizmente, uma cópia do artigo havia sido mantida, e enviei-a ao editor do jornal espiritualista, *Psychic News*, no qual foi publicado da seguinte forma, na edição datada de 23 de julho de 1955, com apenas pequenas mudanças na redação original:

A Bruxaria na Bretanha

"Elas (as bruxas) têm a sincera crença satânica de que a sua religião é a mesma da antiga Bretanha. Clamam que esta é mais antiga e superior ao Cristianismo."

Esse parágrafo foi publicado em uma série de artigos a respeito de Bruxaria de um jornal dominical. Ele é perfeitamente verdadeiro. Eu sou uma bruxa, e é nisso que acredito.

A única palavra com a qual discordo é a palavra "satânica". Se minha religião é ou não superior ao Cristianismo, é uma questão de opinião, mas, de fato, é muito mais antiga, como antropólogos eminentes lhe dirão.

Mas por que as pessoas persistem em acusar-me de ser adoradora do Diabo? A ideia do Diabo é pertencente ao Cristianismo; o bode expiatório que os homens inventaram para justificar suas próprias loucuras e crimes. Eu não acredito no Diabo, assim sendo, como posso adorá-lo?

Quem, então, as bruxas realmente adoram? Elas adoram os antigos Deuses desta terra da Bretanha, cuja tradição está profundamente enraizada em solo britânico. Os Antigos Deuses não estão mortos, como sei por experiência própria.

Durante a última guerra, um *coven* de bruxas invocou os Antigos Deuses para proteger esta terra da ameaça de invasão de Hitler, assim como seus antepassados haviam feito contra Napoleão e, mais anteriormente, contra a Armada espanhola — pelo menos é assim que a história é transmitida de geração em geração.

Já os vi serem invocados para muitos propósitos, e eu mesma os invoquei; mas nunca os vi serem invocados para um mau propósito. E estes objetivos têm sido alcançados muito frequentemente para serem chamados de coincidência, como muitos dirão. Se soubessem de todos os detalhes, seria necessária uma dose maior de credulidade para acreditar que haja algo nisto.

Quer saber como estas cerimônias são executadas? Bem, posso dizer-lhe que elas não são executadas com as obscenidades ridículas as quais lhe são frequentemente atribuídas.

Quantas bruxas há na Bretanha? Muito poucas genuínas, e a maioria delas vem de famílias de bruxas, nas quais a tradição foi passada para as gerações seguintes.

Acreditamos em reencarnação e que, aqueles que em vidas anteriores nos pertenceram, retornarão ao culto.

Não temos necessidade de "enganar" ou "armar ciladas" para ninguém na Bruxaria, os nossos nos retornarão. Sabemos, quando as pessoas querem se unir a nós, se pertencem ao culto ou não. Caçadores de emoções à procura de ritos eróticos e obscenos tomem nota: nós não os queremos!

Na natureza, o mais longe possível da assim chamada civilização, reunimo-nos para celebrar nossos ritos. Talvez ao redor de um velho círculo de pedras desgastado pelo tempo, ou no topo de uma colina, ou em meio a uma floresta.

Nesses locais — não em apartamentos luxuosos, como foi descrito — sentimo-nos próximas dos poderes invisíveis do Universo; podemos cantar a velha canção em uma língua esquecida, dançar as antigas danças e podemos fazer outras coisas as quais não tenho permissão para contar (embora não sejam más ou obscenas). E os Antigos Deuses aproximam-se.

Fui possuída pela Deusa das bruxas; senti como se estivesse sendo queimada com um fogo frio, branco. Outra garota que conheço teve a mesma experiência, e sua face mudou de forma que parecia outra pessoa.

Também tive a experiência de sair do meu corpo e visitar uma pessoa a uma distância de centenas de milhas; pude identificar depois, pessoalmente, o que havia visto nessa visita "astral". (A propósito, é este poder que deu origem à velha ideia de bruxas voando pelos ares!)

E vi, no decorrer de uma cerimônia, o poder emanando do corpo do sacerdote na forma de finas e leves espirais de fumaça.

Também vi espíritos que vieram unir-se ao rito; mas eram espíritos de homens e mulheres — não demônios —, e senti que se aproximavam como amigos.

Um de nossos ritos consiste em pedir ao Deus dos Portais da Morte que permita que nossos amigos que passaram para o seu reino retornem por um momento para falar conosco.

Se eu disser que eles retornaram, que falei com eles e que eles me responderam, você pode não acreditar em mim; porém, essa é a verdade, e conheço outros que tiveram a mesma experiência.

Você realmente acredita que se Bruxaria fosse somente uma trama de obscenidades e absurdos ou um escárnio da religião cristã, teria durado de geração a geração, de século a século?

Por que então, se Bruxaria não é má, a Igreja opõe-se a nós?

Minha resposta é: porque eles nos temem.

Eles sabem que em séculos de perseguição não obtiveram sucesso em nos reprimir; nunca conseguirão fazê-lo e sabem, também, que perderam o controle sobre as pessoas que ficaram descontentes com os dogmas da Igreja. Por isso nos temem, como sempre nos temeram — como a um rival.

Um dia, acredito, as pessoas do mundo regressarão da estrada da civilização científica, ortodoxa, que provou ser dura como pedra, e retornarão à vida e à religião da natureza.

Quando este dia amanhecer, os sábios Antigos Deuses estarão lá — esperando.

O jornal que prometeu dar a uma bruxa a chance de resposta preferiu nem mesmo revelar o fato de que uma resposta havia sido oferecida, e muito menos que havia sido recebida.

Ao invés disso, na edição seguinte da série, no dia 19 de junho de 1955, publicaram uma história que alegaram haver sido enviada por uma leitora que mora com sua família em algum lugar do Sul da Inglaterra. Ela diz:

Há um ano eu teria rido se alguém me dissesse que tais coisas existem....

Minha terrível descoberta ocorreu no verão passado, em uma noite em que não conseguia dormir. Ouvi um barulho estranho.... Pensei que talvez meu vizinho houvesse deixado seu rádio ligado. Logo descobri que não se tratava de um rádio, mas de um estranha algaravia proveniente da floresta nas redondezas. Pensei que pudesse ser alguém bêbado ou até mesmo ferido, e pensei que não haveria mal nenhum em investigar; então vesti meu casaco rapidamente e saí de meu bangalô em direção à área comum. Percebo agora que o que vi era uma reunião de um *coven* de bruxas. O ritual era do tipo que faria as histórias das experiências da bruxa narradas anteriormente no jornal parecerem uma brincadeira de escola dominical...

...Naquela noite senti a força do verdadeiro mal. ... Certamente nunca havia visto terror semelhante, e posso afirmar, honestamente e que desde então não me libertei mais do medo um minuto sequer.

"Elas eram horríveis, horripilantes", ela disse, mas nunca nos explicou o porquê. Acredite ou não, isso é tudo o que foi descrito acerca do que ela alegou ter visto.

O informante do jornal disse, então, que dois representantes do suposto *coven* visitaram-na depois do ocorrido.

"Eles me advertiram", ela diz, "depois de discursarem por muito tempo a respeito das virtudes desses 'rituais da natureza', que, se eu mencionasse algo acerca disso a alguém, eu e minha família seríamos terrivelmente penalizados.

Elas até mesmo ameaçaram usar meu bebê em suas cerimônias. Assim sendo, nunca disse uma palavra sequer a ninguém, nem mesmo para meu marido. Desde então, frequentemente os tenho ouvido na área comum. Pensei em ir ao vigário e desafiar seus poderes. Mas sei que ele não acreditaria em mim. ...Não podemos nos mudar para longe daqui por causa do trabalho do meu marido. E ele nunca acreditaria em bruxas. Não ouso pedir-lhe para sair e ver com seus próprios olhos quando as ouço, para evitar que o firam". E ela nunca as denunciou à polícia!

"Veja!", diz um certo jornal, "Esta é a Sra. Espaço em Branco, de algum-lugar-no-mapa, que está aqui para provar o que estamos dizendo!"

"Sim", diz um certo antropólogo, "e deve-se admitir que ela é uma testemunha de primeira categoria. Ela própria admitiu que seu marido e o vigário, que a conhece pessoalmente, não acreditariam em uma só palavra que ela dissesse a respeito do assunto. E por que não forneceram seu nome e endereço?"

"Seus livros", diz o jornal em tom grave, "nas mãos erradas podem ser perigosos".

Em 26 de junho de 1955, a caça às bruxas mudou-se da primeira página para a última, na "Coluna Criminal",

> Quem foram os necrófilos que profanaram o cemitério da casa do Senhor John Dashwood, Bart., em West Wycombe, na semana passada, na véspera do Solstício de Verão — o dia mais importante no calendário da Magia Negra?
>
> Ocorreram grandes danos, lápides arrancadas, urnas reviradas. Seria obra de pessoas celebrando a Missa Negra?
>
> Por que esses praticantes da Arte da Magia Negra estariam tão ávidos em visitar a casa de Dashwood? Porque, na metade do século XVIII, um Senhor Francis Dashwood formou o famoso *"Hell Fire Club."*
> A polícia está intrigada pela dimensão do dano. Foram necessários quatro adultos fortes para erguer parte das pedras despedaçadas.

Esta manchete foi entitulada "Na Noite das Bruxas".

Isso me interessou. Eu já havia ouvido muitas histórias referente ao que acontecia nas Missas Negras, mas esta foi a primeira vez que ouvi falar que procedimentos atléticos, tais como a destruição de túmulos, faziam parte do ritual.

Então, apesar de a Véspera do Solstício de Verão não ter nenhuma relação específica com a Magia Negra, fui até West Wycombe para ver o que havia acontecido.

Porém, não consegui encontrar ninguém no local, nem mesmo o Curador das *"Hell Fire Caves"* que acreditava que uma Missa Negra havia sido realizada ali. O dano foi, simplesmente, um ato de vandalismo tolo, e satisfiz-me com o fato de que, embora pudesse ter sido necessário quatro homens para recolocar as pedras no lugar de onde haviam caído, uma criança poderia tê-las derrubado com um dedo de suas posições originais. Alguns garotinhos travessos poderiam ter causado todo o dano.

Na semana seguinte, esse jornal noticiou outros quatro cemitérios nos quais lápides haviam sido derrubadas e destruídas, e disse: "Os moradores perguntavam se 'Seria uma gangue de Teddy Boys? Ou seria um *coven* de bruxas realizando um de seus rituais de Magia Negra?'".

A responsabilidade direta por esta última declaração é do jornal em questão, e plantar sugestões como esta é arriscar uma perigosa reação em cadeia. Infelizmente, parece haver entre os adolescentes um certo elemento de prazer com a prática do dano insensato. Porém, quando havíamos lido previamente a respeito do prejuízo de milhares de libras causado anualmente por *hooligans*, ninguém pensou em comentar animadamente: "Teriam sido as bruxas?". A adição desse ingrediente picante às emoções do vandalismo foi calculada para dar aos seus perpetradores um sabor especial. Pode-se imaginar bem o que aconteceu, naquilo que pode ser chamado de suas mentes; o vandalismo, como sabem os psicólogos, é um mecanismo de necessidade de atenção: "Agora estamos realmente ganhando as manchetes — eles pensam ser a Missa Negra! Que engraçado! Vamos destruir mais alguns!".

Depois desses acontecimentos, tudo ficou calmo até o começo do ano de 1956. Então, uma seção da imprensa lançou mão de uma lorota a respeito de Magia Negra que era, potencialmente, mais séria que qualquer assunto que já haviam abordado: o caso do assassinato de Charles Walton.

O que foi dito a respeito desse caso foi o fator decisivo que me levou a escrever este capítulo. Afinal de contas, as notícias sensacionalistas são um alvo muito fácil para a crítica, tão fácil que raramente vale a pena atacá-las. Lança-se uma nova todas as semanas, que adequadamente fazem sua contribuição à alegria das nações, e, então, tornam-se muito úteis para embrulhar peixes. Porém, quando o que é dito pode afetar a investigação de um assassinato não solucionado, o assunto fica mais sério. Desmascarar o sensacionalismo irresponsável torna-se um dever público.

Esse misterioso e terrível crime que abalou a paz de um belo e afastado vilarejo em Cotswolds, em 1945, foi motivo de selvagem especulação e insinuações obscuras acerca de "Bruxaria" e "assassinato ritual".

Em linhas gerais, os fatos relativos ao caso são estes:

No dia 14 de fevereiro de 1945, um trabalhador rural chamado Charles Walton, de aproximadamente 74 anos, foi encontrado assassinado em Meon Hill, em Warwickshire. Contudo, o assassino nunca foi pego, nem o mistério do crime resolvido.

De acordo com o relato publicado no *Stratford-upon-Avon Herald* na ocasião, Walton era um idoso inofensivo e gozava de boa reputação com seus vizinhos. Apesar de sofrer de reumatismo e de caminhar com a ajuda de duas bengalas, ele ainda realizava pequenos trabalhos, como aparar cercas vivas para um fazendeiro local, Sr. Alfred John Potter, da Fazenda Firs. Ele vivia com uma sobrinha, Senhorita Edith Walton, de Lower Quinton.

No dia 14 de fevereiro de 1945, a Senhorita Walton retornou do trabalho à sua casa, aproximadamente, às 6 horas da tarde e percebeu que seu tio não havia voltado para casa. Seu horário habitual de retorno era por volta das 4 horas da tarde. Temendo que seu tio, fraco como era, pudesse ter tido algum contratempo, indagou dos vizinhos, e um deles, Sr. Harry Beasley, saiu à sua procura com ela. Procuraram, mas não o encontraram; então foram à fazenda e perguntaram ao seu empregador, Sr. Potter. Ele sabia onde Walton estava trabalhando; o velho estava aparando uma cerca viva na colina de Meon Hills. Então conduziu a Senhorita Walton e o Sr. Beasley ao local.

Lá encontraram Charles Walton morto. De acordo com as evidências fornecidas no inquérito, o corpo estava deitado "encostado à cerca viva, em uma pequena vala". Ele havia sido assassinado com terrível ferocidade. Uma bengala manchada de sangue jazia ao seu lado, e contusões na cabeça sugeriam que ele tinha sido golpeado com ela. O assassino, então, cortou sua garganta com a foice que o velho carregava consigo, e terminou seu trabalho horripilante fixando seu corpo ao chão com um garfo de dois dentes, que também fazia parte do equipamento de jardinagem de Walton. As duas pontas do garfo atravessaram o pescoço do homem assassinado. A foice com que a garganta tinha sido cortada estava cravada no peito.

O professor J. M. Webster, do Laboratório de Medicina Legal de West Midlands, fornecendo as provas ao inquérito, disse que a causa *mortis* havia sido choque e hemorragia, devido a graves ferimentos no pescoço e tórax, ocasionados por uma arma cortante e outra usada para apunhalar. Ele disse que a arma cortante havia sido desferida três vezes. O golpe na garganta foi tão profundo, que todos os grandes vasos sanguíneos do pescoço foram cortados.

Cortes nas mãos indicavam que o velho homem havia tentado se defender.

Ex-Superintendente Robert Fabian, em seu livro, *Fabian of the Yard*, descreve como o chefe de polícia de Warwickshire chamou a Scotland Yard para ajudar nas investigações, e como ele e outro oficial, Sargento Albert Webb, foram à cena do crime para encontrar o Superintendente Alee Spooner, do Warwickshire CID (Departamento de Investigação Criminal), e começar as investigações. Um avião do campo de aviação da RAF, de Leamington, tirou fotos aéreas da cena do crime; um destacamento dos Royal Engeneers vasculhou os campos com detectores de minas, procurando pistas; foram ouvidos 4 mil depoimentos no decorrer da investigação; mas nenhuma prisão foi efetuada, e o crime permanece na lista dos assassinatos não solucionados.

De acordo com o Ex-Superintendente Fabian, o Supt. Spooner havia chamado sua atenção, imediatamente à sua chegada em Cotswolds, para a possibilidade de a crença em Bruxaria ser um fator do assassinato. Supt. Spooner mostrou-lhe uma passagem de um livro, *FolkLore, Old Customs and Superstitions in the Shakespeare-Land*, de J. Harvey Bloom, M. A., publicado em 1929. Esse livro refere-se à forte crença em bruxas e Bruxaria e diz: "Em 1875, um jovem imbecil matou uma senhora chamada Ann Turner com um garfo para feno porque acreditava que ela o havia enfeitiçado".

Fabian of the Yard foi lançado em 1950. E por volta de 1952, o jornalista de um jornal de ampla circulação disse:

> A maneira pela qual o garfo para feno foi usado foi exatamente igual a do assassinato de Ann Turner, em 1875, nas proximidades de Long Compton, assassinada por um homem "porque era uma bruxa", e também a um golpe com garfo para feno que ocorreu anteriormente, quando John Haywood atacou uma senhora.... O assassinato de Charles Walton, ainda não solucionado, pode ter surgido de uma desavença com um bando de bruxas.

No furor da notícia, em 1955, o jornal sensacionalista mencionou o caso Walton, acrescentando que "ele ocorreu no Dia de São Valentim, em 1945 — tradicionalmente um dia de sacrifício". Aparentemente, a suposição era que Charles Walton havia sido morto como um sacrifício humano.

Foi em fevereiro de 1956 que os caçadores de bruxas realmente "investiram" nessa história. No dia 15 de fevereiro de 1956, um jornal narrou uma história "O Delegado de Polícia Volta ao Sabá das Bruxas", descrevendo o hábito do Superintendente Spooner de voltar à aldeia todos os anos, no aniversário do crime, para ver se havia novos fatos, e acrescentou: "Houve uma matança idêntica há 70 anos, em uma aldeia próxima". Também incluiu a extraordinária informação de que o sabá das bruxas ocorria quando "a bruxa ungia seus pés e ombros com a gordura de um bebê assassinado e, então, montando em uma vassoura, saía pela noite afora". Infelizmente não foi publicada nenhuma fotografia desta cena interessante.

No entanto, no domingo seguinte, dia 19 de fevereiro de 1956, um jornal com íntimas afiliações políticas com o *Daily Herald* lançou uma manchete esplêndida: Mago Negro Assassino — o relato de uma Mulher. Dizia:

> Uma mulher apavorada, que ficou de cabelos brancos por causa de alguns dos homens mais malignos da Bretanha, ontem à noite ofereceu-se para ajudar a resolver o assassinato de Charles Walton, que foi perfurado com um garfo em um campo ermo de Warwickshire, no Dia de São Valentim de 1945. Ela fornecerá o nome do suposto assassino ao Detetive Superintendente A. W. Spooner, Chefe do Warwickshire C. I. D....
>
> Esta mulher, que me implorou para que eu não revelasse o seu nome, ofereceu-se para contar tudo ao Detetive Superintendente Spooner

— contanto que fosse protegida da vingança dos cultos de Magia Negra da Bretanha.

Durante 12 assustadores anos, ela participou, com outros membros dos cultos, de ritos grotescos que se originaram no passado misterioso da Bretanha. Agora ela quer que a polícia reprima essas práticas malignas. E deseja que eles resolvam este crime de 11 anos, o qual ela afirma ser um assassinato ritual.

E então, o informante desse jornal contou uma história horrível — com a qual, no entanto, ele parecia curiosamente familiarizado — de uma jovem que frequentava pequenas reuniões religiosas em Londres e em Birmingham, onde vários ritos "obscenos" eram realizados; e que ela estava amedrontada demais para ir à polícia; e que quando tentou afastar-se do culto, sua cabeça foi riscada com uma faca.

O verdadeiro assassino de Walton, disse ela, foi uma mulher trazida de carro de uma parte diferente do país para Cotswolds. O líder da filial do culto em Londres havia estado presente. A história de como o assassinato havia sido cometido lhe foi narrada pelo líder de Midlands, que desejava tirar o "Número um em Londres" de seu caminho, de forma que pudesse assumir o controle nacional do culto.

"A ação do crime", diz o jornal, "foi idêntica a de um assassinato de uma mulher, em 1875, nas cercanias de Long Compton, a qual uns aldeões acreditavam ser uma bruxa".

Porém, apesar do louvável desejo da informante de que a polícia reprimisse essas práticas malignas, por incrível que pareça, foi esse jornal, e não a própria senhora, quem forneceu essa informação à polícia. Eles obviamente perceberam que eram legalmente obrigados a proceder dessa maneira; mas a mim parece muito estranho que alguém em posse de tal informação, caso fosse genuína, não a levasse diretamente às autoridades. Porém, em vez disso, essa mulher esperou até que fosse feita uma menção do assassinato na imprensa para então apresentar-se; e mesmo assim ela não foi diretamente à polícia, mas a um jornal.

No dia seguinte, 20 de fevereiro de 1956, um jornal forneceu mais detalhes do que a mulher havia dito, sob o título: "Assassinato durante Missa Negra: o Relato de uma Mulher":

> Uma mulher apresentou-se para dizer que um pastor, assassinado há 11 anos, havia sido morto por uma mulher durante uma Missa Negra à meia-noite. Ela afirma já ter sido membro de uma sociedade de Magia Negra e que sabe o nome do assassino.

O corpo do pastor Charles Walton, de 74 anos, foi encontrado no Dia de São Valentim de 1945, dentro de um círculo de pedras, em um campo em Lower Quinton, Warwickshire. Foi assassinado com golpes de foice e preso ao chão com um garfo para feno. Seu pescoço foi cortado na forma de uma cruz. Os aldeões disseram que foi um assassinato ritual. Houve um assassinato semelhante no Dia de São Valentim de 1875, em Long Compton, também em Warwickshire. A acusante, uma senhora de Birmingham, provavelmente será entrevistada pela polícia esta semana.

O leitor com boa memória, sem dúvida gostaria de fazer uma pausa para algumas questões.

"Seguramente", ele estará dizendo, "não era isso que eu estava lendo agora mesmo? O corpo de Walton, de acordo com as provas fornecidas ao inquérito, foi encontrado deitado 'encostado à cerca viva, em uma pequena vala'. E aquela vala estava na colina de Meon Hill. De onde provém esta informação de que o corpo havia sido encontrado no meio de um círculo de pedras?"

A resposta é que quando o Ex-Superintendente Fabian escreveu o seu livro, no qual mencionou esse crime não solucionado, disse que ele havia sido praticado "não muito longe do círculo de pedras 'Whispering Knights'", e "que se assemelhava ao tipo de cerimônia horripilante que os druidas provavelmente teriam feito durante a Lua cheia". Desde então, todo jornalista que tem utilizado esse livro para "cópia", reproduz essa declaração, aparentemente sem se preocupar em checar sua autenticidade. Por isso foram tristemente enganados; o 'Whispering Knights' não é um círculo, mas parte de um agrupamento de pedras chamado Rollright Stones: ele não tem relação com os druidas; e ele está a 12 milhas de Meon Hill. Podemos perdoar o Ex-Superintendente Fabian por não ser um arqueólogo; mas sua definição de "não longe de" como "12 milhas de distância" provou ser uma armadilha, pois quase todos os que escreveram a respeito desse caso cometeram esse terrível engano; como se os documentos ou os informantes estivessem entre eles.

"Sim, e olhe aqui", continua um leitor de boa memória, "ela alega que Charles Walton foi assassinado em uma Missa Negra à meia-noite. Mas ele foi trabalhar na manhã seguinte como de costume. Seu corpo foi achado à noite".

Sim, eu também notei este fato. Para dizer o mínimo, algo parece fora de propósito.

No entanto, em outro jornal, na edição datada de 15 de março de 1956, o mesmo informante contou uma história diferente do "Assassinato de Magia Negra". O repórter encontrou-a no subúrbio de Wolverhampton, "uma mulher atraente com olhos assombrados".

"Treze pessoas", ela diz, "participaram da cerimônia. Uma delas conhecia Walton. O restante veio de várias partes do país.

Naquele dia, Walton estava aparando cercas vivas em um campo afastado das casas e da estrada. A pessoa que o conhecia aproximou-se dele com outros dois. Ele foi morto. *Era precisamente meio-dia*. (Meus itálicos) Rapidamente eles mutilaram seu corpo, encharcaram algumas túnicas com seu sangue, cravaram-lhe o garfo para feno e dançaram ao redor do corpo"...

Eu ficaria muito grato se alguém pudesse me explicar como 13 pessoas poderiam dançar ao redor do corpo de um homem que, de acordo com o testemunho dado no inquérito por uma das três pessoas que o acharam, estava deitado encostado à cerca viva, em uma pequena vala. Comparado ao círculo de pedras viajante, este é um milagre menor. Eles realmente deveriam ter lido mais acerca do caso antes que começassem a contar esta história.

Gradualmente, ela disse ao repórter, ela descobriu a história da matança. Abandonou o círculo e sentiu vontade de ir à polícia (!)

"Dentro de alguns dias, o círculo de silêncio foi posto na soleira da minha porta. Era feito de ramos e lascas de túmulo. Significava: 'Mantenha-se quieta'. Mas eu não podia mais aceitar aquela situação. Contei a um dos líderes que eu iria à polícia.

Naquela noite, no caminho para casa, fui agarrada e escalpada. Eles levaram uma mecha de cabelo e couro cabeludo, usando um bisturi."

Agora, onde ouvimos algo assim antes? Se continuarmos lendo, logo veremos, como "Sra. X", que afirmou ter sido Suma Sacerdotisa do culto de Magia Negra, descreveu "alguns dos ritos obscenos realizados pelo círculo de Magia Negra".

"Em quase todas as cerimônias a que assisti... havia cantos e danças selvagens, bebidas e depravação sexual"...

Animais eram mortos e o sangue vertia em cálices. Os 'sacerdotes', suplicavam por ajuda do Diabo...

O altar é uma paródia de um altar cristão. A Cruz é colocada de cabeça para baixo em um copo com água, e as velas em uma posição inclinada, quase de cabeça para baixo.

"Os recém-chegados são iniciados sendo forçados a beber sangue morno de animais... Então, todos fazem uso de bebidas alcoólicas e dançam em volta do altar. Esses recém-chegados usam túnicas brancas encharcadas de sangue. Eles têm de assinar um pacto de sangue, entregando suas almas ao Diabo."

Essa descrição é quase exatamente igual àquela fornecida pela senhora de cor em 1955; inclusive a história de ter sido atacada a fim de ser intimidada, a única diferença deste suposto ataque — lembrando que o caso original consistiu somente em ter uma mecha de cabelo cortado, o qual, de acordo com o relato do jornal na ocasião, foi atestado por um médico cirurgião da polícia como tendo produzido escoriações, contusões, inchaço e cicatrizes... na "região lateral esquerda" — é que agora é descrito como uma escalpada, a remoção de uma mecha de cabelo e couro cabeludo, com um bisturi. Lembrar-se-á de que eu havia comentado que o suposto ataque da senhora de cor provavelmente havia sido autoinfligido. Por que a segunda história seria diferente?

Isso pode significar que há duas "Ex-Sumas Sacerdotisas" que vivem em Midlands, ambas as quais estão vendendo a mesma história aos jornais, ou então a senhora que forneceu o nome do assassino de Charles Walton e a senhora de cor são a mesma pessoa.

Isso é muito intrigante. Nesse caso, isso pode significar que todos esses boatos sujos, com todos os seus detalhes horríveis e sensacionalistas, baseiam-se completamente nas palavras não comprovadas de uma pessoa — além do mais, uma pessoa que, se formos acreditar nos relatos dos jornais citados, estava visivelmente equivocada quanto a importantes detalhes. Além disso, uma pessoa que foi muito mal-interpretada em seu relato ou então que mudou sua história quando percebeu que a primeira versão não funcionaria.

Se eu estiver errado nessa pressuposição (e é uma pressuposição que creio que esteja justificada devido à semelhança notável entre as histórias relatadas), então ela é muito passível de prova, e creio que a mulher interessada deveria ser requisitada para explicar as questões que expus ou então "ficar em paz para sempre".

No entanto, até o presente momento, a fraternidade de caça às bruxas estava determinada. No dia 25 de março de 1956, um jornal publicou uma manchete na primeira página: "Magia Negra: A Advertência de um Padre". O padre era o Cônego Bryan Green, o Reitor de Birmingham, e em uma dessas curiosas coincidências com as quais continuamente nos deparamos em se tratando desses assuntos, Cônego Bryan Green é um notável anti espiritualista. *Two Worlds*, o semanário espiritualista, disse o seguinte a respeito dele, em agosto passado: "Embora seja pateticamente ignorante a respeito de Espiritualismo, ele não hesita em atacá-lo — ele o faz regularmente — com o habitual despropósito de que "tentar comunicar-se com os espíritos é perigoso e errado".

Isso é o que o Cônego Bryan Green tinha a dizer acerca de Magia Negra: "Estou ciente de que houve um reflorescimento das práticas de Magia Negra em Birmingham. Quero proferir uma condenação e uma advertência".

Nada pode ser pior ou mais depravado que a deliberada distorção do belo e natural dom do sexo por impressões sensuais e pervertidas de prazer. E isso é o que a Magia Negra faz.

Além disso, adultera os desejos naturais do homem de amar e confiar em Deus como seu Pai Divino, e tenta persuadi-lo a fazer do Diabo seu guia. Minha advertência é: "Mantenha distância da Magia Negra..."

Acho difícil entender o que o Cônego Green quer dizer com o primeiro parágrafo da sua advertência. Será que ele quer dizer que é errado sentir prazer com o sexo? E que, se alguém assim o fizer, estará praticando Magia Negra? Nesse caso, creio que ele encontrará dificuldade em conseguir que algum médico ou psicólogo concorde com ele. Com relação ao segundo parágrafo, parece-me que os mais sérios crentes no Diabo da atualidade, e as pessoas que estão sempre proclamando seus supostos poderes, são clérigos como o Cônego Bryan Green.

O repórter de um jornal mencionou a morte de Charles Walton e acrescentou que "se acreditava que havia sido um assassinato ritual". Quem o haveria cometido? Não nos contaram; mas "um estudante de religiões pagãs" que estava "preparado para apresentar suas descobertas à polícia" havia dado um aviso — os "preparativos para um sacrifício humano, que fará parte de uma Missa Negra ritual a ser realizada por um padre excomungado, considerado o líder mundial do culto, estão em fase avançada".

Pessoalmente, se informações como esta estivessem em meu poder, eu não perderia tempo em revelar aos repórteres o que eu estava "preparado". Contaria imediatamente à Scotland Yard. Se eu não pudesse provar o fato, eles logo o fariam — caso fosse verdadeiro.

O repórter prosseguiu: "concluí há pouco uma investigação referente aos praticantes de Magia Negra. Muitos parecem racionais e inteligentes. Alguns são publicamente conhecidos. Alegam ser praticantes de uma antiga religião pré-cristã. Mas este é somente um disfarce para práticas obscenas e degradantes".

Percebe como a velha técnica de difamação surge novamente? Pessoas "publicamente conhecidas" são acusadas de serem praticantes de Magia Negra. Nenhum nome é revelado e nenhuma evidência é apresentada para fundamentar o que se alega ou o que se diz, assim a calúnia pode ser aplicada a qualquer pessoa na vida pública e a qualquer grupo oculto que não seja especificamente cristão. Mais tarde, o jornal foi mais específico. No dia 3 de junho de 1956, eles anunciaram "a Lista da Scotland Yard dos Membros da Magia Negra". Disseram-nos que um homem (anônimo, é claro) havia fornecido à "Scotland Yard uma lista secreta de 120 nomes de pessoas consideradas como os principais membros do culto de Magia Negra". (Assim sendo, não era uma "lista da Scotland Yard", mas uma lista compilada por um indivíduo anônimo completamente sem credenciais.)

"Depois que os detetives o haviam visto ontem à noite", diz o repórter, "o homem disse-me: 'A lista parece-se com páginas tiradas de um Debrett (os membros e os cavaleiros de Who's Who)! Ela inclui dois ou três nomes famosos no grupo e o de um ex-embaixador do Tribunal de St. James. Também fornece o nome de várias pessoas ricas, incluindo uma com duas casas de campo e um luxuoso apartamento em West End'".

Mais cedo ou mais tarde, nessas supostas investigações, sempre parecemos chegar em declarações como essa. As perversas classes mais altas são sempre o esteio da Magia Negra, especialmente quando o jornal envolvido tem uma política de Esquerda! Porém, se esta campanha houvesse se originado como propaganda política, projetada para nutrir o ódio entre as classes, ela seria extraordinariamente vulgar e infantil. Não estou afirmando que se originou assim; meu propósito aqui é mostrar a extraordinária persistência desta campanha, a base notavelmente frágil sobre a qual toda esta estrutura de rumores e medo foi construída e o completo fracasso em apresentar algo que pudesse ser chamado de prova para sustentá-la. Se houver qualquer inclinação política, então creio que este seja um assunto à parte. A real inspiração por trás de toda a conversa incoerente acerca de "Satanismo" foi originalmente clerical e originou-se na Igreja católica romana. Seu propósito era combater o movimento Espiritualista em ascensão; iniciou-se no século XIX e tem se manifestado esporadicamente desde então, apoiada pelos elementos antiespiritualistas da Igreja da Inglaterra. Seus métodos nunca foram muito inteligentes e sempre foram fundamentalmente os mesmos, a saber, convencer o público da ideia de que qualquer movimento que tentar estabelecer contato com Deus ou com o mundo invisível e que não possuir a permissão do Vaticano ou da Igreja da Inglaterra para assim proceder deve ter parte com Satanás.

Agora, com relação à proposição de que muitas pessoas da alta sociedade estão envolvidas com Magia Negra, não sei se é verdadeira ou não. Tentei encontrar qualquer indício por muitos anos e falhei, mas creio que isso seja muito duvidoso, e não acreditarei até que seja provado; no entanto, há um um fato que sei que é verdadeiro: um bom número de pessoas cultas e de alto nível são espiritualistas e, frequentemente, ocupam alguma posição pública. Eles nem sempre desejam que sua crença seja conhecida, apesar disso, mantêm-na e a praticam. São essas as verdadeiras presas dos caçadores de bruxas?

Já mostrei que houve uma verdadeira explosão desse tipo de propaganda desde que o Parlamento reconheceu o Espiritualismo legalmente pela Lei de Meios Fraudulentos. Será que houve qualquer tentativa de incluir o Espiritualismo na grande caça às bruxas?

O semanário espiritualista, *Two Worlds*, relatou algumas em sua edição datada do dia 16 de junho de 1956. Nessa época, uma série acerca de "Magia Negra" havia sido iniciada no *Sunday Graphic* e estava sendo escrita por Dennis Wheatley, e no dia 10 de junho ele disse: "Um dos meios mais habituais de apresentar-se ao Diabo é por meio do tipo menos respeitável de reunião ou sessão espiritualista. Muitas pessoas só frequentam as sessões à procura de diversão. E, em algumas sessões, a fraternidade negra tem o que poderia ser denominado 'exploradores de talento'".

No dia 8 de junho de 1956, o Reverendo Amphlett Micklewright (o qual, lembrar-se-á, foi um dos primeiros financiadores da campanha nos jornais sensacionalistas) havia dito em uma entrevista com G. W. Young, que foi publicada em um artigo com o admirável título "O Submundo dos Maníacos de Missas Negras": "Há um tipo de diabolismo à margem de religiões extravagantes, e algumas formas de espiritualismo prestam-se a esse tipo de atividade".

Comentando a respeito desses relatos, o *Two Worlds* declarou: "Bem, o que fazer — rir ou zangar-se? Deveríamos protestar quando estes fomentadores de notícias, cheirando a sugestões obscuras e bocados apetitosos de sexo e Satanismo, cavam insinuações depravadas que poderiam levar o inquiridor espiritual a fugir apavorado em busca de proteção? Ou sorrirmos e dizermos: 'Bem, as pessoas que acreditam que Espiritualismo é um tipo de antessala de uma galeria de Artes Negras não nos servem de qualquer maneira?'".

Pessoalmente, inclino-me para a segunda opção; apesar de todo o alarmismo e fúria desta campanha, o público não é tão ingênuo com relação a esses assuntos como era no século XIX, ou até mesmo há 20 anos, e tenho motivos para pensar que os seus inspiradores descobriram isso.

Também foi feita uma tentativa de associar a cura espiritual com a Bruxaria, e ambas com a Magia Negra. Uma junta de dez médicos havia sido designada pela Associação Médica Britânica para coletar evidências acerca de uma suposta cura paranormal para serem entregues à Comissão dos Arcebispos sobre Cura Divina. O relatório foi publicado em maio de 1956, e no dia 11 de maio, narrando-o, o *Daily Mirror*, o sócio semanal do *Sunday Pictorial*, o fez com a manchete "Estas Curas efetuadas por Bruxas devem ser investigadas". Aparentemente, um doutor havia falado para o comitê: "A prática de magia, tanto branca como negra, está amplamente espalhada em meus casos em Devon. Tive um caso de morte certamente ocasionado por bruxaria, ou talvez eu deva dizer aparentemente, enquanto eu estava lá". Ele também disse: "A prática de eliminar verrugas por intermédio de encantamentos é extremamente eficaz". Qual desses assuntos seria a "cura das bruxas" que "deveria ser investigada" não está esclarecido. Mas no dia 13 de maio, *Reynolds News* lançou uma notícia barulhenta:

"A Bruxaria está Crescendo, Adverte o Decano". O decano era o mesmo Reverendo Hugh Heywood, Decano Rural de Southwell, Nottinghamshire, que havia dito na sua Revista *Deanery* que, em partes do Oeste da Inglaterra, o culto do curandeirismo estava crescendo, e acrescentou alguns comentários referentes à cura pela radiestesia, que ele parecia pensar que fosse uma forma de bruxaria. Tudo era feito para soar muito sinistro, e, no dia 2 de junho, o *Daily Herald* afirmou: "A Associação Médica Britânica recentemente recomendou uma investigação acerca da bruxaria na Bretanha".

No dia 9 de junho de 1956, o *Two Worlds* citou o famoso curandeiro espiritualista, Harry Edwards, comentando: "Não é por acaso que o B. M. A. incluiu referências à bruxaria no relatório para o Comitê dos Arcebispos sobre Cura Divina. Eles estão se alinhando com cura do espírito. É uma de suas linhas de ataque para o futuro".

O *Daily Herald*, no dia 2 de junho de 1956, prometeu-nos a história de uma senhora chamada Myrna Blumberg que eles alegavam ter se tornado "uma bruxa aprendiz". Este deveria ser bom, pensei; e aguardei o relato da iniciação da Senhorita Blumberg com grande interesse. Queria ver se havia fluído sangue humano durante a cena horrenda ou se eles se contentariam somente com alguns frangos. Também estava interessado em saber se a pobre Senhorita Blumberg havia precisado revirar lápides, e nesse caso, quantas, ou se algum membro da equipe do *Daily Herald* havia feito a gentileza de fazer isto por ela.

Bem, a Senhorita Blumberg teve certamente a iniciação em Bruxaria mais notável que já ouvi falar; consistia em alugar um carro e um chofer e visitar Devon! Sua narração a respeito das várias pessoas com quem ela se encontrou que podiam eliminar verrugas por encantamento e efetuar outros tipos de cura foi muito interessante. Afinal de contas, depois das histórias espetaculares que temos ouvido, este foi um notável anticlímax.

Porém, no dia seguinte, ele compensou com a manchete: "Bruxaria Negra pode levar ao Assassinato". Este artigo consistia na inevitável entrevista com o Reverendo F. Amphlett Micklewright, que disse estar "convencido de que, sob vários disfarces, há tanta bruxaria sendo praticada agora como havia na Idade Média", e que ele havia estado "à margem de algumas das maiores distorções e perversões da velha Magia Negra", e é claro, proferiu a habitual advertência solene, que é muito perigoso intrometer-se com esses cultos; um recital de várias histórias de maldições impingidas em pessoas e uma menção ao caso do assassinato de Charles Walton, no qual disse "geralmente, comenta-se que houve envolvimento com bruxaria".

A Senhorita Blumberg havia entrevistado a Dra. Margaret Murray, que lhe disse: "As pessoas escrevem-me de todas as partes do país, como se eu fosse contra as bruxas e pudesse quebrar os feitiços em que elas acreditam. Tudo que posso fazer é dizer-lhes para não levar a sério".

A Dra. Murray tem minha aprovação; estas pessoas escrevem-me também. Nem sempre lhes digo para "não levarem a sério"; mas este é o melhor conselho em muitos casos.

Vamos esclarecer esses assuntos de "feitiçaria" e de "impingir maldições nas pessoas". Há dois pré-requisitos necessários para "impingir uma maldição em alguém". O primeiro é ter um motivo genuíno para tal, e o segundo é a habilidade para fazer isso. Quando esses dois fatores se encontram, e às vezes isso ocorre, adquire-se um resultado indubitável. Não posso afirmar que isso não acontece, pois conheço pessoalmente muitas histórias deste tipo; mas o que eu quero dizer é que são raras. Em primeiro lugar, fazer algo assim requer um considerável dispêndio de forças psíquicas, o que ninguém com real conhecimento faria por motivos torpes. Em segundo lugar, os que realmente conhecem estes assuntos não utilizariam esse recurso, a não ser em circunstâncias excepcionais. Por conseguinte, 99% dos casos de pessoas que pensam estar "encantadas", na verdade estão autossugestionadas, e acredito que tais casos aumentaram muito devido à campanha alarmista do jornal.

Nada é mais proposital para atacar as mentes fracas e influenciar as mentes indecisas do que proporcionar a leitura de artigo após artigo na imprensa popular, proclamando "os terríveis poderes de Satanás", e alegando que a Bretanha está infestada de Magia Negra. Se este livro servir o propósito de desbancar esse lixo venenoso, terá feito um bom trabalho.

Está na hora de toda essa morbidez assustadora ter um alívio cômico; e isso foi fornecido em abundância, para os que tivessem senso de humor, por uma série referente à "Magia Negra", no *Sunday Graphic*, que começou no dia 3 de junho de 1956. Depois do autor ter anunciado de antemão "o homem que sabe mais que qualquer um a respeito deste estranho culto maligno", admitiu algo extraordinário em seu primeiro artigo: quando, diz, foi oficial na Primeira Guerra Mundial, estava jogando 21 e cansou-se de perder, invocou o Diabo para trazer-lhe sorte; ele ganhou o jogo seguinte e ficou tão amedrontado que "nunca mais invoquei o Diabo. Eu nunca participei de qualquer tipo de sessão ou cerimônia mágica, embora tenha interrogado muitos que o fizeram". Esta, aparentemente, é toda a sua experiência prática!

Bem, tal candura é refrescante, e nos desarma; depois disso, não seria capaz de criticar seus artigos! Afinal de contas, "histórias de terror de Magia Negra" já me proporcionaram muitas horas de prazer inocente.

Naquela época, o assunto da caça às bruxas já estava se esgotando, sem nada de novo para dizer, e os jornais tinham de sobreviver à custa de velhas lendas acerca de Aleister Crowley e até mesmo com as usuais histórias de fantasmas. Uma delas era realmente horrível.

"O Reverendo Montague Summers contou-me", diz o narrador, "a respeito de um exorcismo que realizou na esposa de um fazendeiro da Irlanda que, como foi dito, estava possuída por um espírito mau. Ele chegou à noite. Na mesa da sala de estar havia restos de uma perna de carneiro fria — obviamente para a ceia. Ao ver um padre, a mulher ficou tão violenta que teve de ser controlada à força. À medida que ele lhe borrifava água benta e ordenava que o demônio se apresentasse, uma pequena nuvem de fumaça negra saiu de sua boca, que espumava. Esta entrou diretamente na carne de carneiro fria, e dentro de alguns segundos, todos os presentes viram que a carne encheu-se de larvas." Mostrei este conto à minha secretária, e ela disse: "Sim, também gostei desta história quando a li pela primeira vez. Sua Quarta Forma é muito assustadora."

Eu disse. "O você que quer dizer com isso"?

"Porque", ela disse, "eu li esta história há anos, na escola quando eu era criança. É um livro de histórias fictícias sobre fantasmas chamado "A Mirror of Shalott", de Robert Hugh Benson. Devo admitir que o local foi alterado da Índia Ocidental para a Irlanda, mas no restante, a história é exatamente a mesma." Será que Montague Summers estava fazendo uma brincadeira ou mentindo?

De acordo com G. W. Young, o *Reveille*, do dia 8 de junho de 1956, o Revd. Amphlett Micklewright havia lhe contado a respeito das "orgias selvagens em lugares onde a atmosfera era empregnada com éter ou clorofórmio, com um incenso camuflando o cheiro". Evidentemente não ocorreu a este bom povo tentar descobrir, pela experiência prática, o que aconteceria se borrifassem um quarto com éter e, então, introduzissem fogo de qualquer forma, como velas ou incenso aceso no local. Talvez a explosão resultante pudesse ter sido fatal, e eu lamentaria muito ver um importante policial como Bob Fabian ter um final tão triste. (Se alguém duvidar da minha palavra a esse respeito, não faça esta experiência — pergunte a um anestesista no hospital.)

Se a droga borrifada tivesse sido clorofórmio, o provável resultado seria que aqueles que a tivessem inalado, sentiriam um forte enjoo; circunstâncias que não são convidativas até mesmo para as orgias mais moderadas.

Ex-Superintendente Fabian disse mais adiante: "Um dos meus casos de assassinato mais memoráveis foi na aldeia de Lower Quinton, próximo ao círculo de pedras druida, Whispering Knights. Um homem havia sido assassinado lá durante a reprodução de uma cerimônia Druida na "Véspera de São Valentim".

Porém, o Whispering Knights não é um círculo, não é druida; e fica a, aproximadamente, 12 milhas, em linha reta, de Lower Quinton. Nem Charles Walton foi assassinado na Véspera de São Valentim; e como ninguém sabe ao certo como eram realizadas as cerimônias druidas, é impossível dizer que sua morte tenha sido a reprodução de uma. Com exceção destes detalhes, a descrição é precisa.

Porém, deixe-me esclarecer que não lancei dúvidas quanto à declaração do Ex-Superintendente Fabian, no mesmo artigo, de que as pessoas das províncias vêm para Londres e pagam altas taxas para participar de "cerimônias repugnantes" organizadas por "pequenos grupos de Magia Negra que crescem, inflamam e se dispersam como bolhas". O Ex-Superintendente Fabian, na sua época, foi o Chefe da Delegacia de Costumes, que indubitavelmente se encarrega de tais assuntos. Degenerados sexuais com dinheiro podem encontrar pessoas dispostas a proporcionar-lhes as satisfações pervertidas que anseiam. Mas isso não é bruxaria; duvido até mesmo que seja realmente Magia Negra ou qualquer outro tipo de magia. Simplesmente é um dos mercados negros dos quais a Delegacia de Costumes se encarrega. Certamente, muitas vezes tais atos são praticados sob o disfarce de "cerimônias mágicas", da mesma maneira com que, às vezes, são praticados sob o disfarce de "shows privados de cabaré" ou algo semelhante; mas eles não mantêm relação alguma com a genuína Bruxaria. Embora, é claro, as descrições dos jornais sensacionalistas acerca dos supostos ritos de Magia Negra que envolvem orgias sexuais e sangue sejam avidamente consumidas por neuróticos degenerados, fornecem-lhes novas ideias para emularem; um resultado que não é de responsabilidade das bruxas. E quando a imprensa sensacionalista anuncia "MAGIA NEGRA" e "MISSAS NEGRAS", há sempre "novidades brilhantes" que dizem, "Vamos tentar isso agora". Posso afirmar com confiança: Qualquer cerimônia de "Magia Negra" já realizada é apenas a consequência do sensacionalismo nos jornais. É claro que estou me referindo aos últimos 50 anos. Há 300 anos pode ter sido diferente.

A série de artigos de Dennis Wheatley terminou no dia 24 de junho, com uma ordem formal aos leitores de fazerem o sinal da Cruz caso se confrontassem com uma manifestação maligna.

Se houve qualquer relação entre esta campanha de jornal e a terrível onda de vandalismo que interrompeu a cerimônia druida em Stonehenge, na madrugada do dia 21 de junho de 1956, é uma questão problemática; entretanto, um fato significativo é que o tumulto começou, de acordo com o relato do *Picture Post*, com um grito de "Você é pagão!". Foram lançadas *thunder-flashes* e bombas de gás, a veste druida de uma senhora foi incendiada, e *o Daily Telegraph* citou um guarda do Ministério do Trabalho dizendo que a multidão "estava incontrolável como eu jamais havia visto em meus 20 anos aqui".

Talvez também seja significativo o fato de que esta perturbação da tradicional cerimônia em Stonehenge, este insulto às Velhas Pedras, foi seguido pelo que acredito ter sido o pior verão já registrado. É claro que pode ser uma total coincidência — mas sei o que nossos antepassados teriam dito!

Mas o primeiro grande frenesi da caça às bruxas havia passado. No dia 7 de julho de 1956, o *Illustrated* publicou os resultados de uma investigação realizada por seu repórter, Norman Phillips, que apresentou um veredicto bastante frustrante (para certos grupos) que dizia: "A despeito das manchetes, não há dúvidas de que as evidências de que Magia Negra seja praticada na Bretanha são insuficientes"; que não há pessoas na Bretanha que se autodenominam bruxas nem mesmo em número suficiente para formar um *coven* tradicional com 13"; e que a "Bruxaria como uma crença organizada, é tão antiga quanto o chapéu da bruxa na Inglaterra". Ele perguntou: "A Magia Negra é difundida na Bretanha — ou algumas pessoas estão fazendo uma tempestade em um copo d'água para os curiosos?".

Em vista do que tem acontecido nos últimos cinco anos, não é preciso perguntar por que as pessoas relutam em se autodenominar bruxas, especialmente para os repórteres, mas creio haver feito algo neste capítulo para mostrar que a resposta para a última parte da pergunta do Sr. Phillips é enfaticamente "Sim!"

A última vez que se falou neste assunto foi em novembro de 1956, numa edição de *Prediction*, em um artigo da popular colaboradora Madeline Montalban, que discutia certos aspectos do Karma:

> Há um recente caso de um certo jornalista que escreveu uma série de artigos referentes à "Magia Negra" para o seu jornal.
>
> No material que apresentou, há uma quantia muito pequena de fatos e uma alta dose de imaginação e boatos, os quais ele apresentou ao mundo com terror sensacionalista (e principalmente fictício) de Magia Negra.

Enquanto ele estava fazendo isso, fez-me uma visita, e eu o adverti contra isso.

"Pode ser errado praticar Magia Negra", eu disse, "mas como você não tem instrução em ocultismo, como pode discernir o que é ou não Magia Negra?

Se você apresentar esta história como uma advertência para pessoas, criará um interesse em Magia Negra que antes não existia! Você também terá um lucro pessoal proveniente de um sensacionalismo que pode afetar os mais débeis. E acredite em mim, você sofrerá as consequências a longo prazo".

Ele não viu motivos para agir dessa forma. Ele estava seguro em seu discurso de "advertência" às massas acerca dos males da Magia Negra — embora houvesse obtido suas informações de fontes duvidosas, e ele próprio tivesse sido enganado.

Pouco a pouco, seu editor começou a descobrir que suas histórias eram falsas; não estavam sendo apresentadas provas seguras, e o jornalista "perdeu a credibilidade". Com isso, ele perdeu sua autoconfiança, e as outras pessoas perderam a confiança nele.

Este fato, por sua vez, causou-lhe uma série de infortúnios pessoais dos quais ele ainda não se recuperou. Na última vez em que me visitou, ele protestou contra a "injustiça" dessa situação e disse: "Eu só quis levar os magos negros à justiça".

É claro que isso não era da sua competência.

O homem não entendeu os próprios motivos de seu desmerecimento. O ato de acusar outras pessoas de Magia Negra sempre traz aborrecimentos ao acusador (note como os caçadores de bruxas do passado tiveram tristes fins); e agora, este infeliz jornalista vê o seu mundo virado de pernas para o ar....

Porém, quando ele avaliar a situação e perceber que os pecados ocultos são castigados por meios ocultos, ele se tornará mais sábio, mais feliz — e mais afortunado!

A questão de espaço impediu-me de desmascarar completa e detalhadamente a Grande Caça às bruxas da maneira como merece. Também me limitei, deliberadamente, a condenar os caçadores de bruxas por intermédio de suas próprias histórias, utilizando apenas os casos cuja autenticidade o público pode comprovar. Porém, recebi assistência de investigadores particulares, e creio que devo incluir uma questão a qual eles me apresentaram.

Em algumas raras ocasiões, foram encontradas cinzas de fogueiras próximas às Rollright Stones que poderiam ter sido obra de mendigos, ciganos, crianças ou pilheriadores; mas que inspiraram uma manchete no *Reynolds News* do dia 22 de abril de 1956: "Fogueiras de bruxas no topo da colina dos pagãos". E no dia 1º de maio de 1956, outro jornal comercial que, por caridade, não citarei o nome, lançou uma história: "O policial à espera das Bruxas". Era uma história emocionante de como "Durante oito horas, na noite de ontem, o oficial ... manteve vigília no pré-histórico Rollright Stones — em uma caça às bruxas" ("a noite de ontem", é a Véspera de *May Day*). "Todas as noites desta semana," declarou, "ele retomará sua vigília".

Estou em condições de revelar que o policial em questão, na realidade, estava fora naquela noite, em uma tarefa completamente diferente, em companhia de outro policial. Tampouco ele "manteve vigília" nos outros dias da semana. O jornal em questão, apesar da entrevista detalhada com o policial — a qual eles narraram — na verdade havia inventado toda a história da "investigação às bruxas"!

Há inúmeras anedotas desta natureza, e algumas de "investigadores de bruxaria", para os quais há pouco espaço neste livro; mas creio que foi dito o suficiente para que os leitores, no futuro, olhem com um olho um pouco mais crítico para essas grandes manchetes obscuras referentes à "Magia Negra e Bruxaria".

Agora, proponho-me a lidar corajosamente com o suposto "assassinato de bruxaria", a morte de Charles Walton, em 1945. Quais são as alegações no caso e quais são os fatos?

1. Alega-se que autoridades em religiões antigas disseram que as circunstâncias deste crime indicam um assassinato ritual.

    Fato: A única autoridade disposta a falar a respeito dessa possibilidade é a Dra. Margaret Murray, uma das maiores autoridades no mundo moderno neste assunto; e o que a Dra. Murray de fato afirmou é o seguinte: "A falta de um motivo foi um fator intrigante. O dia também foi significativo — 14 de fevereiro. Em épocas pré-cristãs, fevereiro era o mês do sacrifício, quando a terra se limparia dos resíduos do inverno. No antigo calendário, 2 de fevereiro era um dia de sacrifício, porém o velho calendário estava 12 dias atrás do nosso, isso significa que 14 de fevereiro corresponde a 2 de fevereiro. Mas não encontrei mais nada além disso para embasar minha teoria. O garfo para feno nunca foi um instrumento de sacrifício nesse país, embora possa ter sido na Itália — e havia prisioneiros de guerra italianos na região naquela ocasião". (fornecido em entrevista com G. W. Young, publicado em *Reveille*, em 1º de junho de 1956.)

2. Alega-se que as bruxas britânicas orientam-se pelo velho calendário mencionado acima, de forma que o Dia de São Valentim, 14 de fevereiro, é um sabá das bruxas.

Fato: O assim chamado "Velho Calendário" não tem significado para as bruxas atuais, porque, como já expliquei no capítulo relativo aos celtas e aos druidas, os sabás estão relacionados ao Sol, à Lua e ao Zodíaco. Consequentemente, o Dia de São Valentim não é um sabá das bruxas, embora fosse originalmente um festival pagão. O sabá das bruxas que ocorre em fevereiro é Candlemas, o Oimelc Céltico que ocorre no dia 1º de fevereiro, aproximadamente 40 dias depois do Solstício de Inverno. De acordo com a Dra. Murray, na entrevista citada anteriormente, esta é a única possível conexão entre este crime e a bruxaria na Bretanha, e é precisamente aqui que ela termina. Com relação aos prisioneiros de guerra italianos na região, os caçadores de bruxas precisam escolher — se o assassino era um italiano, então o crime não tem relação com um *coven* de bruxas britânico.

3. Alega-se que um crime idêntico foi cometido no mesmo dia, 14 de fevereiro, em 1875, nas proximidades de Long Compton, quando uma mulher chamada Ann Turner foi assassinada com um garfo para feno, e que, anteriormente, havia ocorrido um assassinato com garfo para feno no mesmo bairro, quando um homem chamado James Haywood matou uma velha senhora; alega-se que ambas as vítimas eram supostas bruxas.

Fato: Tal crime não ocorreu no dia 14 de fevereiro de 1875. O que realmente ocorreu foi que, no dia 15 de setembro, um débil mental chamado James Haywood atacou uma mulher de 79 anos chamada Anne Tennent, em Long Compton, com um garfo de feno, e causou-lhe ferimentos, em virtude dos quais ela morreu três horas depois; houve depoimentos de testemunhas da vítima no inquérito afirmando que ele sofria delírios de que as pessoas o estavam enfeitiçando. Ele foi levado a julgamento em Warwick Assizes, e foi considerado inocente por insanidade mental, sendo condenado a ficar detido enquanto Vossa Majestade assim o desejasse. O crime não era idêntico à forma como morreu Charles Walton. A pobre senhora Anne Tennent foi atacada na estrada próxima a uma loja do vilarejo. Haywood foi visto apunhalando-a nas pernas com os dentes de um garfo para feno e golpeando-a com o cabo. Ela morreu em razão do golpe e da perda de sangue. Um relato completo do caso pode ser encontrado no *Stratford-upon-Avon Herald*, de 1875, do qual extraí esses detalhes.

Notar-se-á que estão erradas não apenas a data e o nome da vítima, mas os dois assassinatos foram transformados em um só. Isso é o que chamam de "conduzir uma investigação".

4. Alega-se que "nas proximidades" da cena do crime há um antigo círculo de pedras conhecido como Rollright Stones.

   Fato: As pedras de Rollright estão a uma distância de, aproximadamente, 12 milhas, em linha reta, de Moon Hill. Particularmente, não definiria "12 milhas de distância" como "perto".

5. Alega-se que Rollright Stones é um lugar onde os Druidas ofereciam sacrifícios humanos.

   Fato: Não há provas de que os druidas tenham tido ligação com as Rollright Stones, que já era um monumento antigo antes de os druidas chegarem à Bretanha. Tampouco há evidências de que sacrifícios tenham sido oferecidos lá. E há ainda menos evidências de que os druidas tenham realizado sacrifícios humanos.

6. Alega-se que não há outra explicação para este crime, que não seja a de um assassinato ritual.

   Fato: Há outra possível explicação, e eu creio que seja a hora de apresentá-la. A explicação é que alguém matou Charles Walton porque pensava que ele tinha "mau-olhado" ou que, possivelmente, fosse um bruxo.

   Não estou afirmando que essa é a única solução para o mistério; mas o que estou dizendo é que caso haja envolvimento de bruxaria neste crime, então essa é uma explicação mais provável do que o suposto assassinato ritual.

Os fatos nos quais baseio essa opinião são os seguintes: primeiramente, há uma forte crença local em Bruxaria. J. Harvey Bloom, cujo livro *Folk Lore Old Customs and Superstitions on Sheakspeare-Land*, publicado em 1929, conta que ele só conseguia que as pessoas na vizinhança lhe contassem histórias a respeito de bruxas "após muita persuasão e um pouco de medo das consequências". Fica evidente, pelo folclore que ele reconta, que Meon Hill é um "distrito de bruxas". Em primeiro lugar, há uma lenda local da Caçada Selvagem. J. Harvey Bloom diz: "Entre as aldeias da planície ao pé da colina, vivem muitos povos antigos que narram para as pessoas de sua confiança essas histórias horripilantes acerca dos cães de caça do Inferno, cães de caça noturna, ou Hooters, são vários os nomes, nas quais fantasmas com cornetas e cães de caça perseguem raposas fantasmas pelos topos das colinas à meia-noite. Há muitas lendas para explicar os sons selvagens que certamente ocorrem à noite. Há uma história de um caçador local que não abandonava seu esporte favorito nem sequer no dia do sabá sagrado. Em um domingo, o julgamento recaiu sobre seu ímpio grupo; caçadores, cavalos e cães de caça caíram em um abismo que se abriu na colina e nunca mais foram vistos novamente, embora seus fantasmas ainda pratiquem a caça à meia-noite. (Perceba a memória popular do Caçador Selvagem que sai da Colina Oca.)

Arthur J. Evans, em seu artigo em *Folklore*, vol. VI (1895), intitulado "Rollright Stones e o Folclore", diz: "Algumas pessoas afirmam que há uma grande caverna sob a Pedra do rei e, de acordo com alguns, a mesma também existe embaixo do círculo". Esta pode ser outra memória popular da Colina Oca, que era a entrada para o reino do Antigo Deus. Está registrado na História do Condado de Victoria, em Warwickshire, que Rollright Stones era o tradicional lugar de reunião das bruxas; e de acordo com J. Harvey Bloom, há um provérbio local que diz que "há um número suficiente de bruxas em Long Compton para empurrar um vagão carregado de feno para o topo da colina de Long Compton". Já vimos a relação dessa crença com a morte de Anne Tennent.

Porém, nosso principal interesse é Meon Hill e suas proximidades. Há algumas aterros em Meon Hill, e objetos da Idade do Bronze foram encontrados em escavações no local, mostrando que havia sido habitada há muito tempo. Já foi cenário de um "funeral", mas a data na qual isso ocorreu foi esquecida. De acordo com a lenda, Meon Hill foi feita pelo Diabo. Impulsionado pelo aborrecimento em ver a Abadia de Evesham ser construída, ele chutou um torrão de terra em direção a ela, mas graças à oração de St. Ecguuine, o torrão de terra não os alcançou, e então formou Meon Hill. Lendas de "feitos do Diabo" normalmente indicam associações pagãs.

Mas qual a relação de todos esses fatos com a morte de Charles Walton, um inofensivo velho camponês, assassinado de forma tão sangrenta e brutal no dia 14 de fevereiro de 1945? Pois, quem quer que o tenha assassinado, assegurou-se de que seu sangue jorraria. Se o motivo tivesse sido roubo, um golpe na cabeça com a bengala teria bastado. No inquérito, constava a evidência de que, aparentemente, houve uma tentativa de vasculhar seus bolsos, e que seu relógio havia desaparecido. Mas era apenas um relógio de metal, e ele havia deixado sua carteira em casa. Quem iria se arriscar a ser enforcado por roubar um relógio de metal de um trabalhador rural e, possivelmente, alguns trocados? Não seria provável que os bolsos vasculhados e o relógio desaparecido fossem falsas pistas para acobertar o real motivo, o qual era apossar-se de algum amuleto que ele estivesse carregando. (Se este fosse de papel ou pergaminho, poderia estar carregando-o em seu relógio.)

Arthur J. Evans (Loc. cit.) fala de "uma superstição muito difundida, relativa às bruxas, das quais encontrei muitas expressões vivas no vilarejo vizinho de Long Compton. Lá se diz que se você tirar o sangue dela, 'mesmo que seja através de uma alfinetada', a bruxa perderá todo o seu poder naquele momento". Essa crença era muito em voga nos velhos tempos e ainda existe entre os camponeses. Dra. Margaret Murray contou para G. W. Young como um fazendeiro de Swaffham, em Norfolk, admitiu ter cortado a testa de uma mulher que ele acreditava haver lhe impingido uma maldição. Já foram registrados muitos casos de agressão desse tipo. Nos velhos tempos, se a bruxa suspeita fosse golpeada e por azar fosse morta — bem, isso seria "uma pena". É claro que as intenções haviam sido completamente íntegras. Lembrar-se-á como James Haywood, tomado de medo supersticioso, assegurou-se de que o sangue de Anne Tennent escorreria quando ele a matasse. Não satisfeito em golpeá-la com o cabo do garfo para feno, apunhalou suas pernas com aquele garfo; ela morreu devido ao golpe e à perda de sangue.

Lembrar-se-á de que a área ao redor Stratford-upon-Avon é "a terra de Shakespeare", e creio que ele criou uma fala para um de seus personagens que diz: "Vou tirar teu sangue, és uma bruxa!".

Por que alguém pensaria que o velho Charles Walton fosse um bruxo ou tivesse mau-olhado? Parece que ele era conhecido no local como um vidente de espíritos. Isso havia sido publicado antes de sua morte. J. Harvey Bloom, o industrioso pesquisador de folclore local, diz em seu livro (Op. cit.):

> Em Alveston, um lavrador chamado Charles Walton encontrou um cachorro preto a caminho de casa, durante nove noites sucessivas. Ele contou o fato ao pastor e ao carroceiro com quem trabalhava, os quais riram de suas aflições. No nono encontro, uma senhora sem cabeça passou rapidamente ao seu lado vestida em seda e, no dia seguinte, recebeu a notícia da morte de sua irmã.

De acordo com *Fabian of the Yard*, o Supt. Spooner relatou essa história a Robert Fabian, e disse que ela não havia ocorrido em Alveston, mas em Meon Hill; mas no relato da sua morte, publicado no *Stratford-upon-Avon Herald*, havia a declaração de que o "Sr. Walton passou toda a sua vida em Quinton e era conhecido por todos"; essa versão pode estar correta. Ser considerado um vidente em um lugar onde se acredita em Bruxaria é criar suspeitas.

Ex-Superintendente Fabian testemunha a extraordinária relutância das pessoas da aldeia em cooperar com suas investigações. Quando o Ex-Superintendente Fabian fala a respeito de assuntos como Magia Negra, druidas e círculos de pedras, estou pronto a questionar o que diz; mas quando fala como um policial perito em investigação criminal, aceito sua opinião. Ele diz em seu livro: "realizamos nossas investigações na aldeia de porta em porta. Havia embaraço, relutância em declarar algo, com exceção de histórias acerca de colheitas ruins, uma novilha que havia morrido em um fosso. Mas qual seria a relação disso tudo com Charles Walton? Ninguém dizia".

Qual poderia ter sido a relação disso tudo com Charles Walton — a menos que alguém pensasse que ele havia sido o causador desses acontecimentos? Haveria alguém pensado que ele havia lhes posto mau-olhado? Haveria o medo, o ódio e a superstição de gerações de fervorosos caçadores de bruxas, se fixado tão firmemente na mente de alguém, a ponto de suspeitar que uma pessoa com poderes psíquicos fosse uma bruxa ou tivesse um mau-olhado capaz de destruir plantações e prejudicar o gado? E decidido, então, que o único modo de evitar a má-sorte seria matá-lo, assegurando-se de que seu sangue jorraria livremente? Diz-se que todas as autoridades consultadas haviam dito que se tratava de um assassinato de bruxaria. A grande autoridade consultada foi a Dra. Margaret Murray — e ela negou. E não conheço ninguém que tenha afirmado o contrário.

Ela também disse na televisão, quando tive a honra de estar a seu lado: "Não poderia ter sido um assassinato ritual, pois qualquer sacrifício naquela data teria sido apenas para a fertilidade, "boas colheitas". E teria de ser com uma criança menor de sete anos de idade. Também discutimos a ideia de tal sacrifício, concordando que sempre era realizado em um grande ritual, com várias pessoas presentes, e todos os relatórios policiais provam que este não foi o caso. Com relação a isso, devo mencionar que a senhora de cor parece ter descrito o que teria acontecido se tivesse ocorrido um sacrifício de Vodu. Curiosamente, a primeira história que os jornais narraram era que Walton havia sido morto durante uma Missa Negra, à MEIA-NOITE, uma "história perfeita para evocar cenas de horror", quando as pessoas notaram que se Walton houvesse sido assassinado em uma Missa Negra à meia-noite, na Véspera de São Valentim, seria inexplicável o fato de que tantas pessoas o haviam visto vivo e bem de saúde no dia seguinte; então a história foi mudada às pressas. Passou-se a dizer que "ele foi morto exatamente ao meio-dia do Dia de São Valentim". Agora, a propósito, fui uma das pessoas consultadas na época do assassinato, acerca da possibilidade de este ter sido um assassinato ritual ou um sacrifício. Eu disse que não poderia ter sido um sacrifício, pois qual seria a utilidade de um velho aleijado para um sacrifício? Todas as raças que conheço desejam alguém jovem e vigoroso.

Por ter sido consultado, revelaram-me certos fatos normalmente desconhecidos, e presumo que ainda sejam segredo de polícia, assim sendo, eu não os mencionarei. Mas posso afirmar que ele estava vivo e bem de saúde depois do meio-dia, portanto esta segunda história é fantasiosa. Creio que ele possuía algum tipo de amuleto (o qual, se fosse um amuleto de papel escrito, poderia ter carregado em seu relógio). É possível que alguém que ele conhecesse tivesse dito: "Não ponha mau-olhado em mim ou cause quaisquer outros acidentes aos meus animais" ou algo desse tipo. Eles tiveram uma discussão. Possivelmente Walton disse: "Porei mau-olhado, ou a maldição, em você". O assassino tentou "tirar seu sangue", seguindo a velha superstição, a fim de evitar que alguém "lhe desejasse o mal". Walton lutou, e o assassino percebeu que o havia golpeado mais duramente do que pretendia e pensou: "Terei problemas; minha única chance é assegurar-me de que ele está morto". Assim sendo, acabou de matá-lo com a foice. Então rasgou as roupas de Walton, apossou-se do que estava procurando e prendeu-o à cerca viva de modo a impedir que o poder do "mau-olhado" o seguisse.

Acredito que isso levou a polícia a pensar que havia sido um "assassinato ritual". A propósito, devo lembrar que algum tempo antes, um policial chamado Gutteridge foi assassinado por dois homens, chamados Brown e Kennedy, e eles atiraram nos olhos do homem, para evitar que os olhos "os seguissem".

Eu sugiro que, se esse realmente tiver sido um "assassinato de mau-olhado de bruxaria", então há mais condição de embasar esta teoria do que provas para a alegação de "sacrifício humano". Embora, se eu estiver correto, de certa forma, o caso de Charles Walton tenha sido um sacrifício humano, ele foi uma vítima da longa campanha de caça às bruxas empreendida ao longo dos séculos; e os modernos propagandistas do medo e da loucura deveriam conscientizar-se disso.

Tais jornalistas não precisam envaidecer-se pensando que escrevi este capítulo para "confutá-los"; pelo contrário, obviamente eles são pessoas que têm opinião formada acerca do assunto e não se convencerão com meras provas. Meu propósito aqui foi elucidar o público com relação à confiabilidade das declarações, expor o dano que tal despropósito maligno pode ocasionar e assegurar que, no futuro, a opinião pública estará mais capacitada a ponderar, criticar e avaliar tais histórias.

Agora, há um fato que creio que deva ser lembrado. Pode ser dito que essas histórias sensacionalistas servem apenas para divertir as pessoas, que ninguém acreditaria nelas. Mas elas têm repercussões infelizes. Fatos chocantes chegam em outros países e são imitados e tidos como verdadeiros. O sensacionalismo direcionado à Bruxaria começou em maio de 1955. No dia 3 de julho, uma pobre mulher, Josephina Arista, foi acusada de Bruxaria e publicamente queimada na pequena cidade fronteiriça de Ojinaga, México, de acordo com Fate. A Agência Americana de Informação informou-me que eles têm todas as razões para acreditar que seja verdade, embora se utilize todos os tipos de influências para encobrir o acontecimento, e o *Saturday Mail* publicou, no dia 9 de setembro de 1956, em Glasgow, relatos de que no dia 8 de setembro de 1956, duas mulheres, Christina Trajo e Benita Sabina, acusadas de Bruxaria, foram esquartejadas e atiradas em uma fogueira em Alfajayucan, México, para que suas almas se purificassem. Agora posso perfeitamente expressar com propriedade minha crença de "que essas três pobres mulheres tiveram uma morte agonizante como resultado direto dessas 'notícias sensacionalistas'", e se os jornalistas fossem menos inclinados a obter "fatos chocantes" a todo custo e verificassem o que escrevem, essas mortes não teriam ocorrido.

Capítulo XVII

O Futuro

Haverá um futuro para a Arte da Wicca? Sim, é provável. As grandes perseguições não puderam extingui-la porque o espírito do encanto habita nela. Suas raízes são fixadas na Magia Antiga, com seus segredos de alegria e terror, os quais estimulam o sangue e a alma. Tem sofrido muito por causa da moderna doença da "mania-de-se-intrometer" ou *"delirium interferens"*, que pode ser definida como um desejo mórbido de tomar conta da vida alheia; a qual faz com que as pessoas não ousem iniciar suas crianças como faziam nos velhos e bons tempos (e mesmo assim se atreviam a fazer nos velhos e ruins tempos, "era das fogueiras"), por medo de depararem-se com algum bisbilhoteiro contratado pelas "autoridades" ou um representante do "Sunday Hysterical" à sua porta. No entanto, apesar de tudo, sobrevive, até mesmo no Estado da Assistência Social, porque existe um espírito de romance, um amor pelo tempero da vida e uma aversão à respeitabilidade hipócrita.

Então pergunto: "Como a Arte da Bruxaria pode contribuir para o futuro?". Em primeiro lugar, pode desmascarar o mito de que o Cristianismo Ortodoxo é a antiga fé dessas ilhas e que não havia civilização na Bretanha até a chegada dos romanos. O verdadeiro Cristianismo, a fé que o próprio Jesus pregou, pode ter chegado até aqui, mas foi rapidamente subjugada. Os vários tipos de dominação eclesiástica que tomaram o poder e a riqueza do país estão decaindo lentamente. Não apenas as velhas catedrais, mas os velhos dogmas estão impregnados de decadência e do besouro da morte; e deveriam preservar as velhas catedrais tão bem quanto os velhos dogmas, pois as primeiras foram feitas por bons homens.

É verdade que várias pessoas apoiam as Igrejas ortodoxas baseadas na ideia equivocada de que elas são as únicas autoridades que podem combater o Comunismo. E conseguem novos membros fingindo proceder assim; mas em que consistem seus esforços? Pense simplesmente nos meios usados pela Igreja para reprimir as bruxas, ou os Tempters, ou os albigenses! Os governantes da Igreja foram os responsáveis pela introdução no mundo moderno de ideias indecentes de perseguição às pessoas devido às suas crenças: por fazer do "pensamento divergente" um crime; por conduzir "expurgos" para "liquidar" minorias; por queimar livros e suprimir a liberdade de expressão e de imprensa; por conduzir "julgamentos" nos quais os acusados não tinham esperança de absolvição, fossem eles culpados ou inocentes; por fazer uso de tortura para obter "confissões" predeterminadas; por exterminar comunidades inteiras sob o pretexto de que eram culpadas por "atos de sabotagem" ou estavam a ponto de "cercar" o Estado; na realidade, não há sequer um detalhe horroroso dos crimes contra a humanidade cometidos pelos estúpidos de coturno de Hitler e Stalin que não tenha sido extraído do modelo fornecido pela ortodoxia "Cristã". Apenas os nomes precisaram ser trocados; todo o restante, do plano de supressão à liberdade humana, estava lá, testado e aprovado. Eles semearam o vento, e hoje os homens estão colhendo a tempestade. Mas hoje estamos no limiar de uma Nova Era. Pode chamá-la de Era de Aquário, de Eternidade de Horus ou como quiser. O limpo e intenso vento do novo poder cósmico está soprando das alturas do espaço sobre o mundo. Já carregou para longe muitas das teias de aranha do passado. Por exemplo, muito do recato e da falsa modéstia já se foram.

Muitas estações de veraneio litorâneas já não veem problema em fornecer vestiários portáteis.

Uma das cidades mais tolerantes é Paignton, em Devon. Muitas pessoas regularmente banham-se nuas no local e nunca são incomodadas pela polícia.

Uma dona de casa disse-me: "Meu marido e eu tomamos banhos de mar nus juntos toda vez que temos oportunidade. Conhecemos muitos jovens casais que fazem o mesmo. Não há nada de imoral nisso se você tiver uma mente limpa".

Bustling Blackpool é igualmente tolerante.

O diretor de publicidade, Sr. H. Porter disse ao *Sunday Pictorial*: "Não nos importamos se as pessoas expõem seus corpos ao sol, contanto que seja de forma sensata. Muitas pessoas tiram suas roupas à beira da água e entram nuas no mar. Os tempos mudaram muito nos últimos 20 anos. A cada ano, a Bretanha torna-se cada vez menos pudica. Não somos mais uma nação de puritanos e pedantes na praia. Os nudistas já não são considerados excêntricos pela maioria das pessoas".

Bravo, Senhorita Whiting de Audrey, que foi quem escreveu este artigo! Encontre-se um dia com seu colega de profissão e diga-lhe algo sensato a respeito de puritanismo, pedantismo e hipocrisia!

As pessoas já não são mais ensinadas a olhar para a transmissão da chama da vida humana por meio da união sexual como algo "sujo" e vergonhoso. Uma nova concepção da santidade da liberdade humana entrou no mundo; e quero enfatizar que essa concepção de liberdade individual é *nova*. Quando Wilberforce tentou interromper o tráfico de escravos, há não muitos anos atrás, os padres de todo o país pregaram contra ele. Os Mártires de Tolpuddle que ousaram criar o primeiro sindicato foram denunciados em muitos púlpitos. Quando Agostinho viu as crianças inglesas no mercado de escravos romanos, ficou muito preocupado com o fato de que eles nunca haviam sido batizados e, imediatamente, preparou sua missão para a Inglaterra. Nunca lhe ocorreu iniciar uma missão naquela mesma hora e lugar e pregar contra o fato de que seres humanos estavam publicamente expostos à venda. Os devotos Puritanos de Salem, na América do Norte, que lá iniciaram a perseguição às bruxas, acreditavam que era uma perversidade possuir roupas e joias de qualidade; contudo, eles nunca consideraram uma perversidade possuir escravos, tanto que a primeira pessoa a ser presa e interrogada sob tortura foi uma das suas escravas. Esse conceito de liberdade individual pertence à Nova Era não à Velha. Tem evoluído lentamente desde, aproximadamente, a segunda metade do século XVIII, quando o espírito de Aquário começou a penetrar nos assuntos humanos. Mas teve seus arautos e precursores, e alguns desses encontravam-se nos *covens* de bruxas, e não são poucos os que ainda estão entre eles.

Uma das maneiras pelas quais a Arte da Wicca serviu à Era de Aquário foi o modo pelo qual manteve vivo o ensinamento da reencarnação e do Karma. Esses eram amplamente aceitos no mundo antigo, não apenas por pagãos, mas por muitos dos primeiros cristãos; mas quando a Igreja quis introduzir as ideias de Pecado Original, Remissão Vicária e Salvação pela fé, percebeu que esses velhos ensinamentos dos Mistérios contradiziam essas ideias, e assim sendo deveriam ser desacreditados. Então, em 553 d.C., o Conselho da Igreja de Constantinopla fez o seguinte pronunciamento oficial: "Quem apoiar a doutrina mítica da preexistência da alma e a consequente espantosa opinião de seu retorno, que seja anátema". Assim todos tiveram de deixar essas ideias, com exceção dos "sábios"! E estes, é claro, foram às bruxas.

Porém, uma recente pesquisa a respeito das crenças religiosas na Bretanha surpreendeu os realizadores pelo número de pessoas entrevistadas que acreditavam em alguma forma de reencarnação. Gostaria de saber se isso se deve inteiramente ao ensinamento da Sociedade Teosófica e de corpos semelhantes, desde 1875? Ou esses ensinamentos caíram em terras mais receptivas do que teriam encontrado, porque a Wicca havia mantido vivos os Velhos Mistérios e, assim, influenciado o alma coletiva deste país?

Mas tudo isso pertence ao passado, a leitor pode dizer. O que esperar do futuro?

A Era de Aquário está diante de nós; contudo ainda não se estabeleceu por completo. Estamos no período de transição entre duas grandes Eras. O tumulto mundial dos recentes anos é decorrente disso. E existem forças que procuram trabalhar contra a vinda da Nova Era e atrasá-la ao máximo para defender seus próprios objetivos egoístas. Por mais fortes que sejam, elas não podem evitar sua vinda; embora possam causar sofrimento prolongado e destruição. A Nova Era está prestes a chegar; mas a escolha entre um início de paz ou de destruição está nas mãos da humanidade. Se o homem escolher trabalhar em harmonia com a Lei Cósmica, poderá começar em paz; caso contrário, sua civilização pode ter o mesmo destino da Atlântida.

Aquilo que já influenciou a alma coletiva deste país uma vez pode fazê-lo novamente. Já falei acerca da crença da Wicca nos Antigos Deuses dessas ilhas. Esta não é mera superstição ou uma figura de linguagem. Iniciados entenderão quando eu disser que os Deuses são reais, mas não como pessoas, e sim como veículos de poder. Há muito o que refletir a respeito deste ponto em livros como *The Mystical Qabalah*, de Dion Fortune, e *The Art of Creation*, de Edward Carpenter; para aqueles que se interessarem em procurar. Brevemente, pode ser explicado que a personificação de um tipo específico de poder cósmico na forma de um Deus ou Deusa, realizada pelos crentes e adoradores durante muitos séculos, estabelece a forma divina ou Imagem Mágica em uma potente realidade nos Planos Internos, e a transforma em um instrumento pelo qual aquele tipo de poder cósmico pode ser contatado. A crença dos adoradores não é vã, pois embora eles mesmos possam ter construído a Imagem Mágica, o Poder que a engloba é real e objetivo, caso tenha sido produzido da maneira correta.

É claro que a Arte da Wicca não é o único grupo que busca entrar em contato com os Deuses. Há outros grupos ocultos que usam uma técnica semelhante, e os seus objetivos são os mesmos, isto é, atrair o poder Divino para ajudar, guiar e exaltar a humanidade neste perigoso e excitante momento decisivo na história humana. Mas pelo que me consta, esses grupos geralmente trabalham com os Deuses e Deusas egípcios e gregos, e não posso crer que esses contatos sejam tão poderosos aqui como seriam em sua terra nativa, considerando que as divindades da Arte da Wicca são as Antigas Divindades da Bretanha, parte da própria terra. (Pois um país não existe apenas no plano físico, e o homem não vive só de pão.)

A reverência da Wicca aos antigos lugares sagrados como Stonehenge e Glastonbury não é mero sentimento. Aqueles que são sensíveis à atmosfera saberão que esses lugares possuem uma vida própria, e, pelo que nos dizem as videntes, eles existem não apenas no plano material. Eles estão focalizando pontos de influência e poder dos Planos Internos, lugares onde o Véu é mais fino que em outros lugares, e a "superstição" de que é perigoso remover ou danificar as Velhas Pedras é baseado em fato.

Tenho consciência de que aquilo que escrevi sobre "Imagens Mágicas", "Planos Internos", "alma coletiva de uma nação", etc., etc., parecerá uma tolice radical para muitos. Esta consideração não me aborrece, pois, neste capítulo, não escrevi para muitos mas para os poucos que entenderão. Deve-se lembrar que ainda há muitos que acreditam, praticam e amam a "Arte da Wicca."

Quando este livro foi para a editora, um fato curioso aconteceu, o qual creio que valha a pena ser registrado. O agente de um jornal de domingo entrou em contato com as bruxas de Midlands e lhes fez a seguinte proposta: "Tudo que é escrito a respeito de bruxas é de autoria dos perseguidores. Agora, se vocês me contarem sua versão do caso, ela será publicada justa e verdadeiramente; e deixemos que o público julgue". Negociações adicionais trouxeram o que ele estava procurando: uma bruxa jovem e bonita da alta sociedade para contar sua história, ilustrada com fotografias em que está nua: seriam fornecidos seu nome completo e endereço, de forma que, como ele disse, o público pudesse verificar os fatos. Esta proposta obviamente foi rejeitada como impossível, pois isso resultaria na perseguição da pobre garota pelo resto de sua vida. Além disso, normalmente, uma mulher não atinge um grau elevado antes da meia-idade. Mas depois que discutiram um pouco, ficou decidido que ele se encontraria com várias bruxas, inclusive uma jovem de 25 anos de idade de grau elevado, das quais ele obteria toda a informação para embasar sua boa-fé, e teria permissão para participar de um importante rito que aconteceria nos bosques; e ele, em troca, prometeu publicar na íntegra os artigos a respeito da fé das bruxas. Sinto-me inclinado a pensar que sua convicção era genuína. Elas ficaram muito entusiasmadas com isso, e haviam combinado de publicar o rito em futuros números do jornal.

Mas quando o artigo foi publicado transmitia a impressão de que primeiramente havia sido submetido à apreciação de vários Clérigos. Começava com uma declaração do Bispo de Exeter dizendo: "Essas coisas são completamente más. Associar tais práticas ao Cristianismo é absolutamente errado". Deixarei que bispo explique como ele pode pensar que alguém associaria um antigo culto pagão, que já existia há centenas de anos antes do advento de Cristo, com o Cristianismo. O artigo seguia o habitual estilo de "boatos sujos". Dizia que os proprietários do jornal haviam aceitado a oferta das bruxas a fim de informar o povo da Bretanha acerca do que ocorria entre elas. Infelizmente, na noite da reunião das bruxas, estava chovendo, por isso um rito abreviado foi realizado em uma casa. Mas uma dúzia de fotografias muito boas foram tiradas. Apenas uma foi reproduzida. A narração do rito foi descrita razoavelmente bem para alguém que não entendeu nada do que viu. Dizer que as bruxas bebem rum provavelmente foi um engano, pois a lei das bruxas é muito rígida quando determina que não haja consumo de álcool entre elas superior duas taças de vinho à noite. Então, foi citada parte da entrevista com um médico, que pratica em Midlands e que acredita firmemente na bondade e beleza da religião das bruxas. Ele afirmou, dada a oportunidade, que acreditava que a Bruxaria pudesse tornar-se novamente uma religião praticável e nobre. O jornal comentou sua declaração dizendo: "Como um ser humano responsável poderia acreditar que algo condenado pela Igreja como uma monstruosidade fosse uma religião?". Bem, há muitas coisas que a Igreja condenou como males monstruosos, protestantismo, não conformismo, divórcio, Vavinação e muitas outras coisas que agora são aceitas como costumes. Depois de tudo isso, prometeram-nos revelações notáveis para a semana seguinte. Mas a história foi publicada nas últimas páginas. Narraram o fato horrorizante de que a Suma Sacerdotisa de 25 anos, Amanda, havia sido iniciada em Bruxaria por sua família, quando tinha oito anos, e que foi educada para acreditar que existia uma Deusa que produzia o sol e fazia com que tudo crescesse. Ela adorava o Deus e a Deusa da Fertilidade, acreditando que eles possuíam poder para curar os doentes e amaldiçoar aqueles quem faz o mal. Disseram-nos, mais adiante, que as bruxas não acreditam no sacramento do matrimônio. (Como apenas algumas seitas cristãs acreditam no sacramento do matrimônio, não há nada de estranho nessa descrença das bruxas, que tem o mesmo ponto de vista.) Ela tornou-se Sacerdotisa há três anos, porque os Anciãos determinaram que ela possuía um "Poder inato". Ela recebeu um cordão para usar sobre o joelho, como símbolo de seu ofício. Este, um colar de lápis-lazuli e uma pulseira prateada, é tudo o que ela usa nas reuniões do *coven*. Tudo isso está totalmente correto, com exceção de que ela não recebeu um cordão quando tornou-se uma Suma Sacerdotisa. Este apenas é oferecido a uma mulher quando ela se torna uma Sacerdotisa responsável por mais de um *coven*; e este é o caso de Amanda, pelo que me consta. Eu estava presente quando ela recebeu seu cordão.

Entretanto, foi feita uma declaração extraordinária de que Amanda havia dito ao representante do jornal que "se elas não invocassem a ajuda do Deus e da Deusa, o Sol não retornaria a cada manhã". Isso foi um engano, uma brincadeira; ou então, é claro, pode ter sido escrito pelo editor. Pois nenhuma bruxa, incluindo Amanda, acreditaria em tal fato. Mas há um rito antigo que ainda é realizado no final de dezembro, "no dia mais curto", em que as bruxas dançam em círculos segurando tochas, chamado a "Dança da Roda". Este, no entanto, não é considerado mais do que um velho costume.

O artigo termina com "seja ele idiotice ou um mal, o culto pagão da Bruxaria é um fato com o qual os cristãos da Bretanha têm de conviver". Notar-se-á que, não importando se o jornal estiver dizendo a verdade ao afirmar que seus proprietários receberam e aceitaram esta oferta, ou se o jornal tiver feito a oferta primeiro, permanece o fato de que o acordo que haviam feito de que se eles publicassem fielmente e na íntegra os artigos acerca da fé das bruxas, seu repórter teria permissão de testemunhar uma das cerimônias e fotografá-la, não foi cumprido. Os membros do jornal não fizeram o menor esforço em registrar a fé das bruxas. Descumpriram o acordo vergonhosamente. Como sempre foi no passado, os pagãos dizem a verdade e mantêm sua palavra; os cristãos íntegros, santos, mentem e trapaceiam.

Há rumores de que o jornal desejava manter o acordo, mas seus donos foram fortemente pressionados a pôr fim à história! "A verdade não deve ser conhecida." Se assim for, onde está a suposta liberdade de imprensa? Pode-se entender que, se a verdade a respeito de uma crença primitiva, que foi descrita como "uma religião nobre aplicável à vida do século XX", tivesse sido revelada, poderia ter perturbado interesses particulares; embora as bruxas não procurem convertidos, os convertidos podem desejar unirem-se a elas e, pessoalmente, acredito que esse fato seja plenamente reconhecido, portanto determinou-se que esta oportunidade nunca lhes seria dada. Conheço muitos ateus que entraram para o Culto e disseram: "É tão adorável encontrar uma religião na qual pode-se acreditar".

Hoje em dia, a Igreja oferece às pessoas jogos de uíste, excursões e maravilhosos casamentos brancos às jovens. Mas não lhes proporciona uma fé na qual possam acreditar. É verdade que antigamente alguns cristãos foram mártires pela sua fé. Porém, lembre-se de que cerca de 9 milhões de pessoas foram torturadas de forma semelhante até a morte pela prática da bruxaria, até mesmo se não fossem bruxas. Isso não prova que era uma fé pela qual as pessoas estavam dispostas a morrer?

Sim, as bruxas morreram aos milhares pela sua fé, felizes na convicção de que iriam diretamente para um lugar ensolarado junto aos seus familiares, e depois de descansarem, e se renovarem, no devido tempo renasceriam novamente na Terra, junto a seu próprio povo. Foi esta e muitas outras crenças que o jornal concordou em publicar, mas parece que uma forte pressão foi exercida a fim de suprimir suas revelações; ao mesmo tempo em que foram feitas sugestões obscuras referentes às bruxas sem que nada muito definitivo tivesse sido dito, com exceção do fato de que elas (em comum com os Puritanos) não consideram que o matrimônio seja um sacramento. O 25º dos 39 artigos, que todos os clérigos têm de jurar acreditar e ensinar, diz que o matrimônio não é um sacramento.

É um velho jogo espalhar histórias a respeito de uma fé a que se tem aversão, a fim de amedrontar as pessoas para evitar que se unam a ela. Gostaria de saber quantos romanos assustaram-se com a história de que os cristãos eram canibais que comiam carne humana e bebiam sangue humano durante os serviços de comunhão?

Havia um velho ideal: "A verdade prevalecerá". Mas o ideal moderno parece ser: "Cuide para que a verdade permaneça desconhecida, para que assim ela não prevaleça".

Apêndice I

A Lenda Mágica das Bruxas

Como G. (A Deusa Bruxa) nunca havia amado, mas ela podia decifrar todos os mistérios, até mesmo o mistério de morte; e então ela viajou ao Mundo Subterrâneo.

Os Guardiães dos Portais a desafiaram: "Despe-te de tuas vestes, põe de lado tuas joias; pois nada podes trazer contigo a esta nossa terra".

Assim sendo, ela entregou suas vestes e joias e foi atada, como todos os que entram nos Reinos da Morte, à Toda-Poderosa. (Nota: havia um costume céltico de atar corpos. A corda usada para atar um cadáver era útil no aprendizado da "vidência".)

Tal era sua beleza, que a Morte ajoelhou e beijou-lhe os pés, dizendo: "Santificados sejam teus pés que te trouxeram por esta senda. Permanece comigo, deixa-me pousar minha mão fria sobre teu coração".

Ela respondeu: "Eu não vos amo. Por que fazeis com que todas as coisas que eu amo e me delicio enfraqueçam e morram?"

"Senhora", respondeu a Morte, "contra o envelhecimento e o destino nada posso fazer. A idade faz com que todas as coisas murchem; mas quando os homens morrem ao término de seu tempo, eu lhes proporciono descanso, paz e força para que possam retornar. Mas tu, tu és adorável. Não retorna; permanece comigo".

Mas ela respondeu: "Eu não vos amo".

Então disse a Morte: "E tu não recebeste minha mão em teu coração, tu tens de receber o açoite da Morte".

"É o Destino; melhor assim", disse ela, e ajoelhou-se; e a Morte a açoitou, e ela exclamou: "Eu sinto as dores do amor".

E a Morte disse, "Abençoada seja", e deu-lhe cinco beijos, dizendo: "Que assim possas alcançar a alegria e o conhecimento".

E a morte lhe ensinou todos os mistérios. E se amaram e tornaram-se um só, e a morte ensinou-lhe todas as magias.

Pois há três grandes eventos na vida do homem: o amor, a morte e a ressurreição em um novo corpo; e a magia controla todos eles. Para realizar o amor, deve-se retornar ao mesmo tempo e lugar que o ser amado, e lembrar-se de amá-lo novamente. Mas para renascer deve-se morrer e estar pronto para receber um novo corpo; e para morrer deve-se nascer; e sem amor se não pode nascer. E estas são todas as magias.

APÊNDICE II

OS STEDINGERS

O próximo relato, extraído de *Memories of Extraordinary Popular Delusions*, de Charles MacKay, Ll. D. (Londres, 1852), serve como um exemplo da forma pela qual não apenas famílias, mas comunidades inteiras, foram exterminadas no decorrer da campanha da Igreja contra o culto da bruxa. MacKay afirma que sua referência para esta narrativa é *Entstehungsgeschichte Freistädlischen im Bünde Mittelalter*, de Dr. F. Kortüm (1827).

"Os Frieslanders, que habitavam no distrito de Weser, em Zuydersee, há tempos eram célebres por sua lealdade à liberdade e pelas suas bem sucedidas lutas em sua defesa. No século XI, eles já haviam formado uma confederação geral contra as invasões dos normandos e saxões, que era dividida em sete pequenos reinos, e realizavam anualmente uma assembleia debaixo de uma grande árvore de carvalho em Aurich, nas proximidades de Upstalboom. Nesse local, eles administravam seus próprios negócios, livres do controle do clero e de nobres ambiciosos que os cercavam, deixando os últimos escandalizados. Eles já possuíam autênticas noções de um governo representativo. Os representantes do povo arrecadavam os impostos necessários, deliberavam os negócios da comunidade e executavam de maneira simples e patriarcal quase todas as funções das assembleias representativas da época. Finalmente, o Arcebispo de Bremen, aliado ao Conde de Aldenburg e outros potentados da região, formou uma liga contra um grupo de Frieslanders, conhecida pelo nome de Stedinger, e depois de fustigá-los e semearem dissensões entre eles por muitos anos, conseguiram mantê-los sob controle. Mas os Stedingers, fortemente ligados às leis antigas, pelas quais atingiram um grau de liberdade civil e religiosa incomum naquela época, não se renderam sem uma luta violenta. Levantaram-se em uma insurreição, no ano de 1204, em defesa dos antigos costumes de seu país, recusando-se a pagar impostos aos chefes feudais ou dízimos ao clero (os quais submetiam-se a pacíficos retiros espirituais) e expulsando muitos de seus opressores. Por um período de 28 anos, os corajosos Stedingers continuaram lutando sozinhos contra as forças dos Arcebispos de Bremen e dos Condes de Oldenburg e destruíram, no ano de 1232, o sólido castelo de Slutterberg, próximo a Delmenhorst, construído pelos nobres para servir como uma base de onde pudessem enviar seus saqueadores para pilhar e destruir as posses dos camponeses.

A invencível coragem desse pobre povo provou ser muito forte para que seus opressores os enfrentassem laçando mão apenas dos meios ordinários de guerra; então, o Arcebispo de Bremen recorreu ao Papa Gregório IX pedindo-lhe ajuda espiritual para lutar contra eles. O prelado entrou cordialmente na causa e, anatematizando os Stedingers como hereges e bruxas, encorajou a todos os verdadeiros fiéis a apoiarem seu extermínio. Um enorme bando de ladrões e fanáticos invadiu seu país no ano de 1233 e, irados, matavam e incendiavam por onde quer que passassem, sem poupar mulheres, crianças, doentes ou velhos. Porém, os Stedingers reuniram suas forças, derrotaram os invasores e, em batalha mataram seu líder, o Conde Burckhardt de Oldenburg, e muitos comandantes inferiores.

Novamente o Papa foi requisitado e pregou uma cruzada contra os Stedingers em toda aquela região da Alemanha. O Papa escreveu a todos os bispos e líderes dos fiéis uma exortação às armas, a fim de expulsar daquelas terras as bruxas abomináveis e feiticeiros. "Os Stedingers", disse a Vossa Santidade "seduzidos pelo diabo, renunciaram todas as leis de Deus e dos homens, caluniaram a Igreja, insultaram os santos sacramentos, consultaram as bruxas para invocar espíritos maus, derramaram sangue como água, tiraram vidas de padres e prepararam um esquema infernal para propagar a adoração ao diabo, a quem eles adoram sob o nome de Asmodi. O diabo aparece para eles em diferentes formas — às vezes como um ganso ou um pato e outras na figura de uma jovem pálida, de olhos negros com aspecto melancólico, cujo abraço enche seus corações de ódio eterno contra a santa Igreja de Cristo. Este diabo preside seus sabás, quando todos o beijam e dançam ao seu redor. Ele, então, envolve-os em total escuridão, e todos eles, homens e mulheres, entregam-se a uma total e asquerosa devassidão!".

Devido a essas cartas do Papa, o imperador da Alemanha, Frederic II, também os baniu. Os Bispos de Ratzebourg, Lubeck, Osnabruck, Munster e Minden entraram na guerra para exterminá-los, ajudados pelo Duque de Brabant, os Condes da Holanda, de Cleves, de Mark, de Oldenburg, de Egmond, de Diest e muitos outro nobres poderosos. Um exército de 40 mil homens foi rapidamente reunido, e marchou sob o comando do Duque de Brabant, em direção ao país dos Stedingers. Os últimos reuniram vigorosamente suas tropas em defesa de suas vidas e de sua liberdade, mas não conseguiram reunir, entre todos os capazes de portar armas, mais de 11 mil homens aptos para lutar, a fim de resistir aos números opressivos de seus inimigos. Lutaram com a energia do desespero, mas em vão. Oito mil foram mortos no campo de batalha; toda a raça foi exterminada; e os conquistadores enfurecidos vasculharam o país em todas as direções, matando mulheres, crianças e idosos, afugentando o gado, incendiando os bosques e casas e devastando completamente a terra.

Como já foi citado, o clero "submetia-se a retiros espirituais pacíficos" longe dos Stedingers, e fica claro que nenhum clérigo havia estado lá antes; em outras palavras, os Stedingers eram "pagãos". Notar-se-á que eles realizavam sua "assembleia anual" debaixo de uma árvore de carvalho, sagrada para o Antigo Deus desde um tempo imemorial. O Papa provavelmente estava adivinhando, ou simplesmente inventando o nome do Deus deles; "Asmodi" é Asmodeus, o espírito maligno do Livro de Tobit, no Aprocrypha, e não é um nome teutônico. A história de o "diabo" aparecer como um ganso ou um pato é, obviamente, uma tolice; mas a descrição da "jovem pálida de olhos negros", que presidia os sabás e que era saudada com um beijo, soa como se fosse seu líder humano.

Se os valentes defensores de Friesland tivessem sido os cristãos, seus nomes provavelmente teriam ficado para a posteridade como heróis:

> Qual morte pode ser melhor para o homem
> Do que enfrentando terríveis dificuldades
> Pelas cinzas de seus pais
> E pelos templos de seus Deuses?

Thomas de Cantimpré escreveu no ano de 1258, admitindo que o Paganismo ainda existia na Alemanha na sua época. Ele diz: "Então há uma terceira espécie de demônio chamada Dusii ou Dusiones, a respeito do qual ouvimos falar muito e a quem os gentios antigamente plantavam e consagravam bosques; *para eles, os gentios prussianos ainda consagram os bosques, os quais não ousam cortar e nos quais nunca entram a não ser para oferecer sacrifícios" (Meus itálicos).* De *Bonum Universale, I.* ii, C. 56. (Citado em *H.C. Lea's Materials towards a History of Witchcraft*). Muitos antigos escritores mencionam este "Dusii", que eles comparam a Fauno, Sylvano e Pan. Em outras palavras, o velho " rei dos Bosques", cujo carvalho sagrado era o local de encontro dos Stedingers.

*Apêndice **III***

Datas Significativas na História da Bruxaria com Especial Referência à Bretanha

Após o período Paleolítico (a antiga Idade da Pedra, quando o homem usava ferramentas e armas de pedra lascada), o tempo das pinturas rupestres na França e Espanha, as quais descrevem danças circulares e um Deus, ou um sacerdote representante de um Deus, vestido em peles de animais e com um chapéu de chifres; e também da produção de estatuetas de uma Deusa da Fertilidade, nua com os atributos sexuais femininos enfatizados: cerca de 12000 a 10000 a.C.

A Bretanha tornou-se uma ilha, aproximadamente, em 6000 a.C. Anteriormente, era unida ao continente Europeu.

O início da agricultura no Oriente Próximo (antes da descoberta do cultivo de fazendas e da criação de gado, os povos viviam da caça): aproximadamente em 6000 a 5000 a.C. (Isso significa que o conceito da fertilidade da terra foi acrescentado ao da fertilidade dos humanos e dos rebanhos e, consequentemente, foram adicionados novos ritos e crenças à religião e magia.)

A partir de 3000 a.C., os povos de cultura Neolítica (a cultura da nova Idade da Pedra, quando os homens possuíam armas de pedra rústicas e polidas e conhecimento da agricultura) começaram a se estabelecer na Bretanha. Diz-se que estes povos vieram do Norte da África. Eles construíram os "longos aterros de sepultamento" e, provavelmente, tiveram um culto da sobrevivência e o do Além Mundo semelhante ao de Osíris e Ísis no Egito, em seus conceitos essenciais.

Assim que a humanidade descobriu a agricultura, a adoração ao Deus Solar e à Deusa Lunar passaram a ter importância devido à ação do Sol e da Lua nas estações e no crescimento da lavoura. Esses conceitos eram associados à sobrevivência e à reencarnação, porque a religião primitiva fazia uma analogia entre eles e a morte e renascimento anual do Sol, e o desaparecimento e reaparecimento mensal da Lua; também com o ciclo de morte e renascimento do trigo e outras colheitas. Essa pode ser a origem do velho princípio da filosofia Hermética: "Assim como é acima, é abaixo".

Cerca de 3350 a.C., Sargon de Akkad registrou a conquista do "País do Estanho, o qual situa-se além do mediterrâneo". Esta pode ter sido uma parte da Bretanha. Cornwall e Somerset possuíam valiosas minas de estanho.

O Zodíaco de Glastonbury: sugere-se que a forma natural das colinas, rios, etc. ao redor de Glastonbury sugeriam as figuras das quais o Zodíaco foi originado. O trabalho humano de corte e aperfeiçoamento trouxe definição às figuras. O Zodíaco é descrito como muito antigo e originado em uma latitude britânica; em que outro lugar poderia ter surgido em tal latitude?

Aproximadamente em 2000 a.C., os povos do início da Idade do Bronze começaram a chegar na Bretanha. Eles possuíam armas e utensílios de bronze, feitos de uma mistura de cobre e estanho. A existência de minas de estanho na Bretanha teria atraído os comerciantes de todos os países daquela parte do mundo civilizado que utilizavam bronze. Os "aterros circulares" foram feitos pelo povos da Idade do Bronze.

A construção de Stonehenge, um templo da fertilidade, começou aproximadamente em 1800 a.C. Avebury, provavelmente, foi iniciada ainda mais cedo. O "Chalice Well", em Glastonbury, provavelmente, também pertence a esse período. O início da Idade do Bronze foi o período de construção da maioria dos monumentos megalíticos ("grandes blocos de pedra"), como os círculos de pedra, etc. Estes continuaram por sucessivos anos, até os dias de hoje, a ser os tradicionais locais de reunião do culto da bruxa. (Por exemplo, Rollright Stones.)

É preciso que se entenda claramente que estas datas muito antigas são somente aproximações, baseadas nos atuais conhecimentos arqueológicos; e que as várias "Idades" não são nitidamente definidas, mas fundem-se umas às outras.

Em 1103 a.C. (de acordo com Geoffrey of Monmouth), Brutus e seus seguidores, refugiados de Troia, navegaram o Tâmisa e fundaram Londres. Esta data é aproximada, é claro; mas quando Troia foi destruída, alguns refugiados podem ter vindo aos países com os quais mantinham comércio, e eles mantinham relações comerciais com a Bretanha. Tais refugiados, desejando fundar uma nova colônia, possivelmente alegavam pertencer à realeza. As datas fornecidas por Geoffrey of Monmouth provêm da sua lista de reis, e a extensão dos reinados aproximava-se notavelmente da data de Troia.

No século V a.C., os povos célticos da cultura hallstadt da Idade do Ferro invadiram a Bretanha e ocuparam partes do sudeste. Trouxeram armas de ferro e utensílios para a Bretanha, e geralmente acredita-se que foram estes os povos que trouxeram os druidas como seus sacerdotes; mas é possível que os druidas fossem, em parte, descendentes de sacerdócios tribais mais antigos. Os povos que construíram Stonehenge e Avebury podem ter tido uma religião que permaneceu até que, posteriormente, os druidas fundiram-se a eles. Apenas dessa maneira creio que possamos explicar a presença dos celtas na França e na Irlanda, onde havia inúmeros druidas que concordavam quanto ao fato de que sua fé havia sido fundada na Bretanha, onde se poderia aprender o verdadeiro conhecimento. Os druidas britânicos devem ter tido uma tradição mais antiga.

55 a.C.: A tentativa fracassada de Júlio César de conquistar a Bretanha.

Cerca de 37 d.C.: José de Arimateia, com alguns companheiros, refugia-se da Palestina depois da Crucificação, diz-se terem vindo para a Bretanha e se refugiado em Glastonbury, um centro druida na época, onde ele construiu a primeira igreja cristã na Bretanha.

43 d.C.: Um exército romano, enviado pelo Imperador Claudius, desembarcou na costa de Kent, e durante os 40 anos seguintes, as Legiões gradualmente ocuparam o país até os Highlands escoceses.

61 d.C.: A Revolta de Boudicca (Boadicea). Massacre dos druidas pelo exército romano.

120 d.C.: A Bretanha é incorporada ao Império Romano por meio de tratado.

324 d.C.: Por decreto do Imperador Constantino, o Cristianismo torna-se a religião oficial do Império romano.

410 d.C.: Queda de Roma e fim do domínio romano na Bretanha. (Foi neste quinto século que o Rei Artur deve ter vivido, caso tenha tido uma existência histórica.)

553 d.C.: O Conselho de Constantinopla declara a doutrina da reencarnação como sendo uma heresia.

597 d.C.: Santo Agostinho traz o Cristianismo Papal para a Bretanha, agora extensivamente estabelecido entre os anglos, saxões, jutos e dinamarqueses.

607 d.C.: Recusa dos cristãos célticos em reconhecer a supremacia de Roma. Massacre dos bispos célticos e o incêndio da Biblioteca de Bangor.

Século d.C.: "Liber Poenitentialis", de Theodore, proíbe a prática da dança usando máscaras de animal, especialmente as de animais de chifres (as pessoas tinham o costume de dançar usando máscaras, como as bruxas faziam).

900 d.C.: O Rei Edgar lamentou o fato de que os Antigos Deuses eram muito mais adorados em seus domínios do que os Deuses cristãos.

Cerca de 906 d.C.: Regino, em seu *De Eclesiástica Disciplinis*, apresenta o famoso *"Canon Episcopi"*, denunciando as "mulheres más" que cavalgam pela noite "com Diana, a deusa de pagãos", obedecendo-a como a uma deusa e sendo chamados ao seu serviço em certas noites. Isso é descrito como uma ilusão do diabo. Regino atribui este Cânon ao Conselho de Ancyra, cerca de 314 d.C., mas autoridades modernas acreditam que seja possível que o próprio Regino o tenha escrito. Era o ensinamento oficial da Igreja acerca das reuniões do sabá até a publicação do *Malleus Maleficarum* em 1486, que anulou sua autoridade (apoiado pela Bula Papal de Inocêncio VIII, em 1484, que chamou os autores do *Malleus Maleficarum*, Institoris e Sprenger, de seus "filhos amados"). É possível que Regino tenha forjado o *Canon Episcopi*; e é certo que Institoris e Sprenger forjaram a Aprovação da Faculdade Teológica da Universidade de Cologne que foi anexada ao *Malleus Maleficarum*. Assim sendo, o ensinamento da "infalível Mãe Igreja" a respeito da Bruxaria começou com uma falsificação e continuou com outra falsificação, quando a primeira já não mais servia o seu propósito. Além disso, foi sugerido que a tradução da Versão Autorizada da Bíblia, em Êxodo, Cap. XXII, v. 18, como 'Não deixarás viver uma feiticeira" é ainda uma terceira falsificação, perpetrada para agradar ao rei da caça às bruxas, James I, em cujo reinado foi feita. A palavra traduzida para "feiticeira" na verdade significa "envenenador"; no entanto, esse texto serviu de autorização para a morte de milhares. Embora os luteranos na Alemanha também tenham usado o texto no mesmo sentido, creio que os homens instruídos de lá também deveriam saber que se tratava de uma falsa tradução.

1066: A conquista normanda.

1090-1270: A era das Cruzadas que terminou em fracasso.

1100: Morte de William Rufus (que provavelmente era um pagão).

"No 10º ano do reinado do Rei John" ocorreu o primeiro julgamento de bruxaria registrado na Bretanha. Diz-se que o Rei John era simpatizante do culto da bruxa. O veredicto no caso anterior foi "Inocente".

1207: Papa Inocêncio III começou a pregar a Cruzada Albigense, dirigida contra os cátaros no Sul da França.

1234: Extermínio dos Stedingers.

1290: Eduardo I expulsou os judeus da Bretanha.

1303: O Bispo de Coventry foi acusado de Bruxaria pelo Papa.

1307-1314: Perseguição aos Cavaleiros Templários.

João XXII foi Papa de 1316 a 1334. Ele foi o autor de alguns dos primeiros decretos formais contra a Bruxaria.

1324: Julgamento da Dame Alice Kyteler, de Kilkenny, pelo Bispo de Ossory. Ela refugiou-se na Bretanha onde tinha amigos bem colocados. "Mais tarde, o Rei Eduardo III, em cujo reinado isso aconteceu, rompeu relações com o Bispo de Ossory durante alguns anos. Seria ele um dos "amigos bem colocados"?

1349: Fundação da Ordem da Jarreteira por Eduardo III (que pode ter tido conexões com o culto da bruxa).

1406: Rei Henrique IV instrui o Bispo de Norwich a procurar e prender as bruxas e feiticeiros na sua diocese.

1430: Julgamento de Joana D'Arc.

1484: Bula papal do Papa Inocêncio VIII, *Summis desiderantes affectibus*. (Ataque particularmente feroz aos hereges e bruxas.)

1486: Publicação do *Malleus Maleficarum*. Este foi o sinal da perseguição severa e difundida.

1541: A lei da Bruxaria foi aprovada no reinado de Henrique VIII. Antes dessa época, de acordo com Hale, "A Bruxaria e o Sortilégio sem abjuração eram puníveis com morte por intermédio do *mandado de haeretico comburendo,* baseado nas antigas leis eclesiásticas da Inglaterra". (Citado por H. E. Lea, *Materials Towards a History of Witchcraft*.) Isso indica que as bruxas eram reconhecidas como uma seita herética e confirma a velha história da "era das fogueiras".

1547: A lei de Henrique VIII foi revogada por Eduardo VI.

1562: Outra lei da Bruxaria foi aprovada, no reinado de Elizabeth I. Na primeira ofensa, a punição era a exposição ao ridículo, e morte depois de três condenações.

1563: O Parlamento da Rainha Mary, Rainha dos Escoceses, aprovou uma lei decretando morte às bruxas. "Em um cálculo muito moderado, presume-se que da aprovação da Lei da Rainha Mary até a ascensão de James ao trono da Bretanha, um período de 39 anos, a média de execuções por bruxaria na Escócia era de 200 ao ano, ou acima de 17 mil ao todo. Durante os primeiros nove anos, os números não chegavam a um quarto disso; mas entre os anos de 1590 a 1593, o número deve ter sido superior a 400." (Mackay, *History of Extraordinary Popular Delusions*.)

1584: Primeira edição de *The Discoverie of Witchcraft*, de Reginald Scot. Este foi um dos primeiros livros a negar noções supersticiosas a respeito da Bruxaria e a tratar o assunto de uma maneira racionalista. James I ordenou que fosse queimado pelo carrasco público. (Ele obviamente pensou que em mãos erradas seria perigoso!) É uma tradição das bruxas que elas influenciaram na escrita dos livros a fim de fazer com que as pessoas vissem razão para pôr fim à mania de perseguição; tais livros ridicularizavam a superstição popular, ao ponto de sugerir que bruxas não existiam. Este livro de Scot pode ter sido um deles. O próprio autor pode ter sido um bruxo; ele exibe um suspeito conhecimento de processos mágicos, mostrando que, evidentemente, havia estudado o assunto.

1597: James VI da Escócia (James I da Inglaterra) publicou em Edimburgo seu tratado de Demonologia e Bruxaria. A caça às bruxas tinha o apoio da Realeza.

1604: A Lei da Bruxaria de James I, a mais severa já introduzida na lei civil inglesa. "Dr. Zachary Gray, o editor de uma edição de *Hudibras*, informa-nos, em uma nota referente àquele trabalho, que ele próprio leu uma lista de 3 mil bruxas que foram executadas apenas na época do Long Parliament. Durante os primeiros 80 anos do século XVII, o número de execuções foi calculado em 500 ao ano, em um total assustador de 40 mil." (Mackay, Op. cit.) Lembrar-se-á que este total aplica-se apenas à Bretanha, e não leva em conta o terror que se abatia no Continente, e que durou muitos anos.

1644: Matthew Hopkins começou seu negócio como "General caçador de Bruxas". Transformou-o em uma carreira lucrativa, oferecendo 20 xelins por bruxa encontrada, e pródigos "Benefícios" das autoridades que o empregava. Ele tem vários imitadores, especialmente na Escócia.

1681: Joseph Glanvil, em seu *Sadducismus Triumphatus*, diz: "Milhares em nossa própria nação sofreram seus pactos vis com os "espíritos apóstatas", que são as bruxas. Porém, percebe-se que o *Sadducismus Triumphatus* foi escrito como um protesto fervoroso contra a crescente descrença em Bruxaria. As pessoas mais inteligentes e educadas estavam cada vez mais aborrecidas com a matança e começavam a duvidar de toda a fantasmagoria dos ensinamentos da Igreja acerca da Bruxaria.

1711: Jane Wenham, de Walkerm, foi julgada por Bruxaria e, sendo considerada culpada pelo júri, foi condenada à morte; mas o juiz não aceitou as provas e discordou do veredicto do júri. Ele empenhou-se para obter sua absolvição, e ela foi libertada. Este é geralmente considerado o último julgamento de Bruxaria na Bretanha.

1722: Uma idosa foi queimada como bruxa em Domoch, na Escócia. Esta foi a última execução judicial na Escócia.

1735: No reinado de George II, a lei de Bruxaria de 1735, a qual dizia que, na verdade, a Bruxaria não existia e que ninguém deveria ser processado por isso no futuro; mas quem *fingisse* ter poderes paranormais deveria ser processado como impostor.

1749: Girolamo Tartarotti publicou em Rovereto, na Itália, seu livro *Del Congresso Nottorno delle Lammie*, no qual declarou que a Bruxaria era derivada do velho culto de Diana e fez uma distinção entre esta e a magia cerimonial, que procurava conjurar demônios. Ele teve de escrever muito cuidadosamente, devido ao perigo de ofender o clero da Itália católica muito explicitamente, embora estivesse no caminho certo, e acredito que foi um dos primeiros escritores a adotar essa linha.

1809: O Dicionário de Brown, publicado em Edimburgo, define uma bruxa como "uma mulher que tem ligações com o Diabo". (Velhas ideias evidentemente persistem na Escócia.)

1848: O Espiritualismo moderno foi fundado como resultado das investigações dos fenômenos produzidos pelas Fox Sisters na América. (Tais fenômenos já haviam ocorrido antes, mas as pessoas tiveram medo de investigar racionalmente.) A Igreja denunciou o Espiritualismo como "diabólico", o que não era, e como "reflorescimento da velha Bruxaria", o que em muitos aspectos era.

1857: Um espiritualista francês, Allan Kardec, seguindo instruções de seus "Guias", reintroduziu publicamente a antiga doutrina da reencarnação na Europa.

1892-1897: Uma das maiores imposturas dos tempos modernos foi perpetrada na França por dois livres-pensadores, o Dr. Charles Hacks e Gabriel Jogand. Eles publicaram uma série de "revelações acerca do Satanismo", do tipo mais sensacionalista, nas quais um grande número de clérigos de altas hierarquias acreditava firmemente. Jogand foi de fato recebido em audiência pelo Papa Leão XIII e apoiado pelos bispos e cardeais. Então, no dia 19 de abril de 1897, no salão de conferências da *Geographical Society* no Bulevard St. Germain, ele admitiu ter fabricado uma piada elaborada com base na credulidade do clero. Apesar disso, vários deles continuaram a acreditar nele, e a maioria das descrições modernas de "Satanismo" são, na realidade, baseadas nessas falsas "revelações". Elas provaram ser uma boa forma de atacar o Espiritualismo! (Jogand declarou que o Espiritualismo era uma ramificação do Satanismo.) A Igreja declarou que o famoso médium Daniel Douglas Home, em sua época, tinha um pacto com o diabo e celebrava Missas Negras.

1921: A Dra. Margaret Alice Murray publicou seu livro *The Witch Cult in Western Europe;* e depois *The God of the Witches*. Nesses livros, Dra. Murray declarou que a Bruxaria era o que restou das antigas religiões pagãs da Europa, e identificou o Deus Cornífero das bruxas como sendo a mais velha representação de uma deidade conhecida pelo homem, idêntica à deidade representada nas pinturas em cavernas do Paleolítico. Seus livros foram atacados pelo Padre Revd. Montague Summers como sendo uma nova apresentação da heresia de Girolamo Tartarotti (veja anteriormente).

1949: G. B. Gardner, sob o pseudônimo de "Scire", escreveu um romance histórico chamado a *High Magic's Aid*, que foi publicado nesse ano. Era, pelo que lhe consta, o primeiro livro escrito por uma bruxo iniciado, descrevendo algumas crenças das bruxas em forma de ficção.

1951: A Lei de Bruxaria de 1735 foi revogada e substituída pela Lei de Meios Fraudulentos, que reconhece legalmente a existência de mediunidade genuína e poderes psíquicos e prevê penalidades apenas para aqueles que fraudulentamente fingirem possuir tais poderes para ganhar dinheiro.

1954: *A Bruxaria Hoje*, de G. B. Gardner, foi publicado; o primeiro livro já escrito descrevendo quem são as bruxas e o que elas fazem, por alguém que, de fato, participou das suas cerimônias, adorou os seus Deuses e praticou magia junto a elas.

1956: A edição de agosto da *Fate Magazine* (edição americana) relatou uma história de como, no dia 3 de julho de 1955, em Ojinaga, no México, a 85 milhas de Alpino, Texas, uma mulher chamada Josephina Arista foi publicamente queimada na fogueira como uma bruxa, sem julgamento, sob as ordens do sacerdote local, realizada pelo alcalde e pela polícia de cidade.

APÊNDICE IV

AS FALSIFICAÇÕES DO CANON EPISCOPI E DO MALLEUS MALEFICARUM

RECOMENDEI PREVIAMENTE AO LEITOR *MATERIALS TOWARDS A HISTORY OF WITCHCRAFT*, de H. C. Lea, para detalhes completos acerca deste assunto; porém, como esse livro não é de fácil acesso para o leitor comum, e como o assunto é importante na história da perseguição ao culto da bruxa, fornecerei um breve resumo dele aqui. Lea cita um grande número de documentos pertinentes para mostrar que os primeiros ensinamentos da Igreja referentes ao sabá das bruxas diferiam radicalmente do espetáculo de horrores nos quais os escritores ortodoxos exigiam, e exigem, que se acredite. A base desse antigo ensinamento é um documento chamado *Canon Episcopi*, que foi aceito como referência até a época da publicação do *Malleus Maleficarum*, em 1486, que finalmente o invalidou, após ter sido "interpretado" e "reinterpretado", até que, no final sua interpretação, transformou-se quase no oposto de seu significado original. Regino (cerca de 906 d.C.) parece ter sido o primeiro a publicá-lo em seu *De Eclesiastica Disciplinis*; e o atribui ao Conselho de Ancyra, que se reuniu em 314 d.C. Porém, o professor George Lincoln Burr, em uma nota para o livro do Sr. Lea, diz: "Já no século XVI 'Corretores' do Direito canônico mostram que este cânon não se encontra nas leis genuínas do Conselho de Ancyra; mas seu conteúdo se encontra no (apócrifo) *De Spiritu et Anima*, de Agostinho, e em uma velha biografia do Papa Damasus, que parece atribuí-lo a um sínodo romano de sua época (366-384 d.C.: minha nota). Mas Friedberg (embora ele mantenha sem comentários esta nota a respeito dos 'Correctores' na sua edição do Direito canônico, Leipzig, 1879) mostrou em seu *Aus deutschen Bussbuchem* (1869), pp. 67-73, que a atribuição ao Conselho de Ancyra trata-se apenas de um engano cometido por Gratian, enquanto a biografia de Damasus não merece crédito. Ele acredita que seja um trecho de algum capitulário de Prankish. De acordo com uma importante autoridade como Paul Fournier (*Bibliotheque de l'Ecole des Charles, lxxxi*, 1920, p., 17ff.), não se deve confiar implicitamente em Regino como editor de cânones. *Il est incontestable qu'on trouve dans son oeuvre, en assez grand nombre, des textes retouchés et parfois plus ou moins remainiés.* Não mais: os cânones não apenas são falsamente atribuídos a conselhos aos quais eles não pertencem, entre eles os pseudocânones'd'Ancyre, mas *il est, d'aillieurs, clans le recueil de Reginon des textes qui sont incontestablement des apocryphes forgé de toutes piéces.* E como sabemos que Regino retocou seus textos, dando-lhes uma conotação falaciosa, e admitiu a existência de fragmentos completamente apócrifos, não podemos, acredita Fournier, deixar de suspeitar que entre as '*capita incerta*' algumas podem ser de sua criação. Foumier não menciona o *Cap Episcopi*, mas o propósito reformador do livro de Regino e seu conhecido interesse em moralidades sugere a possibilidade de que tenha vindo de seu próprio punho".

Em outras palavras, o suposto Cânon do Conselho de Ancyra foi, possivelmente, uma falsificação e foi atribuído ao Conselho de Ancyra para dar-lhe uma pretensa autoridade. Seu propósito era a propaganda contra as "bruxas que cavalgavam pela noite", e seu tom comparativamente moderado reflete o fato de que a Igreja não estava em uma posição de autoridade suficiente para ir além de desacreditar e ridicularizar as assembleias noturnas nas quais se celebravam os velhos Mistérios e adoravam-se aos Antigos Deuses. O texto, traduzido do latim, é o seguinte:

> Os bispos e os funcionários devem labutar com todas as suas forças para erradicar completamente de suas paróquias a perniciosa arte da feitiçaria e do malefício inventados pelo diabo, e caso encontrem um homem ou mulher seguidor desta maldade, estes devem ser banidos de suas paróquias à desgraça. Porque o apóstolo diz: "Um homem é um herege depois que evita a primeira e a segunda advertência". Esses são mantidos cativos pelo diabo e, abandonando seu criador, buscam a ajuda do diabo. E a santa Igreja deve ser purificada desta peste. E também não deve ser omitido o fato de que algumas mulheres más, pervertidas pelo diabo, seduzidas por ilusões e fantasmas demoníacos, acreditam e professam que durante a noite montam em certos animais com Diana, a deusa dos pagãos, e uma multidão inumerável de mulheres, no silêncio mortal da noite, atravessam longas distâncias e obedecem aos comandos de sua senhora; e são chamadas ao seu serviço em determinadas noites. Mas eu desejaria que somente elas perecessem em sua falta de fé e não arrastassem muitos para a destruição, que é a infidelidade. Pois uma multidão incontável, enganada por esta falsa opinião, acredita que isso seja verdade e, assim acreditando, perde-se da verdadeira fé e envolvem-se no erro

dos pagãos quando acreditam que não há outra divindade ou poder, exceto o Deus único. Portanto, os padres das igrejas devem pregar às pessoas, com toda a insistência, que elas devem se conscientizar de que isso é falso em todos os sentidos e que tais fantasmas são impostos às mentes dos infiéis, não pelo Divino, mas pelo espírito maligno. Então o próprio Satanás, que se transfigura em um anjo de luz, após capturar a mente de uma mulher miserável e subjugá-la à sua infidelidade e incredulidade, imediatamente transforma-se em espécies e similitudes de diferentes personagens e, iludindo a mente a qual mantém cativa e exibindo coisas, alegres ou tristes, e pessoas, conhecidas ou desconhecidas, a conduz por caminhos desviados, e enquanto apenas o espírito sofre essas influências, a mente incrédula pensa que essas coisas não acontecem no espírito, e sim no corpo. Quem é que nunca foi levado em sonhos e visões noturnas a ver, dormindo, muito do que nunca havia visto desperto? Quem pode ser tão estúpido e tolo a ponto de pensar que todas essas coisas que são somente obra do espírito acontecem no corpo, quando o Profeta Ezequiel foi visitado pelo Senhor em espírito e não no corpo, e o Apóstolo João viu e ouviu os mistérios do Apocalipse em espírito e não no corpo, como ele próprio afirma: "Eu estava no espírito". E Paulo não ousa dizer que estava extasiado no corpo. Então, deve-se proclamar publicamente a todos que quem quer que acredite nisso e em coisas semelhantes a estas perderá sua fé, e aquele que não tiver a verdadeira fé em Deus, não será de Deus, mas daquele em quem se acredita, quer dizer, do diabo. Pois está escrito a respeito do nosso Senhor: "Todas as coisas foram criadas por Ele". Então, quem acreditar que algo possa ter sido criado, ou que alguma criatura possa ser modificada, para melhor ou para pior, ou transformada em outras espécies similares, a não ser pelo próprio Criador que a tudo criou e por intermédio de Quem todas as coisas foram criadas, é sem dúvida um infiel.

Notar-se-á que a deidade das bruxas não é considerada como o Satanás *em pessoa*, mas "Diana, a deusa dos pagãos". Porém, considera-se que esta deusa realmente seja o Satanás disfarçado, e que as pessoas que são "chamadas ao seu serviço em certas noites", ou seja, para os sabás, realmente não vão até lá fisicamente, mas que tudo não passa de uma ilusão da imaginação, as "ilusões e fantasmas de demônios".

Portanto, de acordo com isso, não há voos em vassouras ou cabras, beijos das nádegas de cabras ou até mesmo de Grandes Mestres, nenhuma transformação em sapo, nenhum canibalismo de bebês não batizados, nenhuma hóstia profanada, nenhuma cópula com demônios, nenhuma transformação em animais, nem mesmo velas pretas ou cruzes de cabeça para baixo — tudo não passa de pura imaginação! Mais adiante, declara-se muito claramente que "aqueles que acreditam que o sabá das bruxas seja uma realidade física são infiéis".

Nos dias nos quais foi escrita, esta falsa adição ao Direito canônico foi uma propaganda inteligente e sutil. Seu propósito era assustar as pessoas a fim de afastá-las dos sabás, semeando dúvidas em suas mentes a respeito de "ilusões de demônios". Isso corresponde muito bem aos antigos ensinamentos da Igreja de que todas as divindades pagãs eram diabos disfarçados. Essa conversa acerca de fantasmas e ilusões era destinada a confundir as mentes de pessoas simples e enchê-las de um terror indefinido do desconhecido. Precisamente, a mesma técnica é utilizada pela Igreja Católica Romana, até os dias de hoje, em seus ataques ao Espiritualismo; eles dizem que todos os "Guias" são diabos disfarçados e que tudo isso é uma ilusão diabólica.

Mas com o passar do tempo, precisamente o mesmo que aconteceu com respeito ao culto de bruxa, está começando a acontecer com relação ao Espiritualismo. Muitas pessoas aderiram à ideia de que acusá-la de ser outra "ilusão" não serviria.

Alegações mais obscuras tiveram de ser produzidas; contos de "adoração ao diabo" e "orgias obscenas", para os quais a aparência externa do culto era somente fachada (vide Sr. Dennis Wheatley em *The Sunday Graphic*; é incrível como a história se repete).

Porém, os dois tipos de propaganda antibruxas eram mutuamente contraditórios; não faria sentido propagar "histórias de atrocidades" se, ao mesmo tempo, o seu próprio Direito canônico ensinasse que as reuniões às quais essas atrocidades aconteciam eram fruto da imaginação. E com o passar do tempo, o *Canon Episcopi* tornou-se um peso para os caçadores de bruxas e precisou ser "interpretado" com argumentos cada vez mais longos. Os antigos clérigos que haviam acreditado na certeza de uma vitória rápida e decisiva sobre o Paganismo ficaram desapontados. Ela estava provando ser uma longa batalha. O Dia do Julgamento, que eles estavam esperando no ano 1000, não chegou. As cruzadas haviam terminado em embaraçoso fracasso. E, além disso, os amaldiçoados pagãos haviam sobrevivido! E o que é pior, homens como Wycliffe começaram a pregar contra "a corrupção da Igreja" e a traduzir a Bíblia em inglês para que os homens pudessem lê-la e refletir por si próprios. As editoras começavam a estabelecer-se por toda a Europa, onde passaram a imprimir não apenas livros exaltando a glória da Mãe Igreja, mas livros de Platão e dos gregos pagãos. Havia muito livre-pensamento no mundo, especialmente no assunto do "erro pagão", e foram necessárias fortes medidas para lidar com esta situação.

Roma percebeu rapidamente o poder formidável da nova invenção, a imprensa escrita, como um meio de controlar as mentes dos homens e formar a opinião pública. Em 1484, o Papa Inocêncio VIII publicou uma Bula Papal que foi um ataque especialmente forte aos hereges e bruxas. Dizia-se que as bruxas copulavam com demônios na forma de incubus e sucubus, destruíam a descendência das mulheres e do gado e as frutas da terra afligiam os homens e mulheres com doenças, impediam o relacionamento sexual entre marido e esposa, tornando os homens impotentes e as mulheres estéreis, "e muitos outros crimes indizíveis". Este era o sinal para que se acelerasse a campanha de extermínio às bruxas. Antes disso, houve muitas Bulas Papais dirigidas contra o culto da bruxa, mas essas haviam sido dirigidas a localidades específicas e eram pouco conhecidas pelo público em geral; esta Bula, no entanto, foi *publicada* e distribuída por toda a Europa como parte de um livro escrito com o apoio do Vaticano pelos "amados filhos" do Papa, Heinrich Institoris e Jacob Sprenger.

Esse livro, o famoso *Malleus Maleficarum*, surtiu um tremendo efeito na perseguição às bruxas. Foi o precursor de muitos trabalhos semelhantes, todos dedicados a promover a queima das bruxas, e para remover os últimos argumentos favoráveis a qualquer tipo de clemência, incluindo especialmente aqueles extraídos do *Canon Episcopi*. Não foi o primeiro livro a negar a autoridade do *Canon Episcopi*, mas repercutiu mais que qualquer outro devido à sua grande circulação, ao apoio oficial do Vaticano e ao suposto apoio da Universidade de Cologne.

Ele começa com elaborados argumentos de que a descrença nos males da Bruxaria é heresia; há muitos argumentos contra os incrédulos, o que prova que tais descrentes existiam e eram um empecilho aos caçadores de bruxas. A Bula do Papa Inocêncio é citada como uma *prova* das más ações das bruxas! Contém muitas das habituais histórias de abuso de mulheres por monges; várias estranhas e incríveis histórias de pessoas sendo levadas por demônios, etc.; e inumeráveis supostos exemplos de "feitiçaria", a maioria dos quais insultaria a inteligência de qualquer criança. As bruxas são acusadas de usar hóstias consagradas para fazer encantamentos, de assassinar bebês, de afligir as pessoas com todos os tipos de doenças, de transformar as pessoas em animais, de provocar tempestades, de voar pelos ares, de matar pessoas simplesmente por tocá-las ou até mesmo por um olhar, de enfeitiçar o gado, levando-o à loucura ou à morte, de roubar leite com um tipo de "controle remoto" — em resumo, o livro é uma miscelânea de todos os tipos de horror supersticioso imagináveis.

A terceira parte do livro instiga os tribunais seculares e eclesiásticos a processar as bruxas, e lhes fornece instruções minuciosas de como proceder. Mera "má fama", ou a palavra de pessoas de mau caráter ou simplórias, eram suficientes para serem aceitas como prova!

Há uma explicação, indiretamente fornecida por este livro, do porquê tantas bruxas ou supostas bruxas persistiam ao máximo em "confessar" os fatos mais absurdos. Se elas confessassem, seriam julgadas "penitentes", e lhes seria outorgada a "clemência" de serem estranguladas antes que fossem queimadas; mas caso elas se recusassem a confessar o que era requerido ou afirmassem sua inocência depois de serem condenadas, seriam julgadas "impenitentes" e queimadas vivas. De acordo com a tradição do culto da bruxa, se alguma delas fosse pega e os inquisidores tentassem forçá-las a dizer algo real referente ao culto, elas eram aconselhadas pelas leis do culto que não deveriam fazê-lo; mas para se livrarem da tortura, se percebessem que não haveria esperança de fuga, elas deveriam confessar qualquer horror e fatos impossíveis que lhes fossem sugeridos, pois isso lhes traria uma morte rápida.

Na ocasião em que o *Malleus Maleficarum* foi lançado, a Universidade de Colongne foi designada como censora de livros, entretanto este ofício foi cancelado por uma Bula Papal de 1487 e transferido aos bispos; provavelmente devido à sua recusa em cooperar com a questão do *Malleus Maleficarum*, pois quando Sprenger e Institoris submeteram seu livro à Faculdade Teológica da Universidade, eles conseguiram que apenas quatro dos professores emitissem uma aprovação, embora cautelosa e com reservas; o restante não se envolveu com o assunto. Nada inibiria essa preciosa dupla de salafrários de forjar um documento que expressasse a aprovação de toda a Faculdade.

A falsificação foi exposta em tempos modernos pelo erudito arquivista de Cologne, Joseph Hansen, em 1898. Ao que parece, as cópias do *Malleus Maleficarum* destinadas à circulação em Cologne eram especialmente impressas sem a "Aprovação"; mas as destinadas à circulação em outros locais incluíam a "Aprovação". Apesar dessa precaução, chegou ao conhecimento da Universidade que a falsificação havia sido cometida; mas é provável que fosse perigoso para eles ter muito a dizer acerca do assunto. Também o ofício de censurar livros havia sido retirado de suas mãos, por ordem Papal, e colocado nas mãos dos bispos, os quais eram confiáveis quanto a obedecer o que lhes fosse estipulado.

Porém, o bedel, que era responsável pela "Aprovação", e o Reitor da Faculdade, Thomas de Scotia, formalizaram sua negação nos registros da Universidade; e, como uma demonstração dos seus sentimentos relativos ao assunto, quando Sprenger, que era membro da Faculdade Teológica, morreu, a Missa de Réquiem não foi executada para ele pela Universidade, contrariando o costume habitual. Pouco ousaram fazer ou dizer, eles eram meramente um punhado de estudiosos contra uma formidável e impiedosa máquina totalitária, mas deixaram sua marca nos arquivos, e esta marca chegou até nós. A negação deles foi transcrita, em 1758, por Joseph Hartzheim, que era o Reitor da Faculdade Teológica, e como tal, era responsável pelos registros. Estes registros posteriormente desapareceram; mas a nota da negação da Faculdade, escrita à mão por Hartzheim, foi preservada e encontrada por Joseph Hansen. Uma inscrição de Arnold Von Tongem, que era o Reitor da Faculdade no início do século XVI, também foi preservada: "*Liber qui Malleus Maleficarum dicitur falso facultati inscriptus. Examinandus traditur uni magistrorum cum relatione ad facultatem*". Aparentemente, houve tentativa de algum tipo de ação, mas o desaparecimento dos registros nos impede de saber o que ocorreu.

Muito foi falado por escritores, como Montague Summers, a respeito do caráter impecável e da integridade dos autores do *Malleus Maleficarum*; por isso creio que seja o momento de apresentar ao público uma amostra disso.

O principal propósito do *Malleus Maleficarum* era derrubar a oposição de sensatos e instruídos leigos às crueldades e injustiças da caça às bruxas realizada pela Igreja. Para este propósito, era vital o apoio de instituições como a Universidade de Cologne; e a falsificação foi tão bem sucedida, que não somente os católicos mas os círculos protestantes passaram aceitar o *Malleus* como referência. Outro propósito era livrar-se do inconveniente *Canon Episcopi*; e o faz negando que esse *Canon* se aplica às bruxas, e chama a ideia de "opinião pestífera".

No entanto, Lea (Op. cit.) cita vários documentos a fim de mostrar que, durante séculos, o *Canon Episcopi* foi o ensinamento oficial da Igreja referente às bruxas.

Assim, aqueles que buscam o "ensinamento da Igreja acerca de Bruxaria", de preferência o da antropologia secular, têm uma escolha intrigante diante de si; ficarão com o *Canon Episcopi* ou com o *Malleus Maleficarum*? Estes são os ensinamentos oficiais da Igreja. Os autores de ambos eram os falsificadores. Qual falsificação preferem eles?

Se aceitarem o ensinamento do *Malleus Maleficarum*, como se sentirão a respeito do pequeno problema da provada falsificação relativa ao crédito de seus autores? E o que será da sabedoria da Igreja que tem ensinado a falsa doutrina referente à bruxaria durante séculos?

Por outro lado, se eles aceitarem o *Canon Episcopi* (mais uma vez negligenciando a falsificação cometida por seu autor), o que será das incríveis histórias dos "horrores do sabá?"

Não sendo um teólogo, deixarei que eles decidam.

APÊNDICE V

APARECEU NA *PEOPLE* DE OUTUBRO DE 1957, UM ARTIGO a respeito da existência de um culto moderno de bruxaria na Bretanha. O escritor do artigo descreve sua visita a uma mansão em Pinchley, na qual ele testemunhou uma cerimônia de Bruxaria que reporta aos tempos pagãos. Os homens e mulheres que participaram, é-nos informado, são considerados indivíduos de boa reputação e respeitáveis por colegas e amigos insuspeitáveis. "Primeiramente, um dos homens acendeu um incenso em um incensário. Logo o quarto encheu-se de um aroma forte e excitante. Então, uma das garotas pegou um pedaço de fita branca. Ela o colocou no chão, em um círculo de nove pés. Acendeu quatro velas e as colocou no chão ao redor de uma caixa de madeira — o altar. Tinham quatro facas, dois jarros de óleo, alguns trançados de fita de seda, um cálice, um prato prateado e um castiçal. Então, as luzes elétricas foram apagadas e as quatro 'bruxas' despiram-se. Servindo-se dos jarros, elas besuntaram óleo em suas mãos, e então entraram nuas no círculo iluminado à velas. Quando as cabeças se curvaram e as mãos se elevaram diante delas, elas se posicionaram em frente ao altar. Então uma das garotas pegou uma grande espada inscrita com símbolos e girou-a ao redor do círculo branco". Nesta conjuntura, o escritor nos informa, pediram-lhe que deixasse o quarto enquanto fossem executados certos ritos altamente secretos. Quando ele retornou, encontrou as bruxas sentadas no chão ao redor do altar. Elas estavam bebendo rum. "Repentinamente, elas levantaram, brandindo as facas rituais, e iniciaram uma dança frenética acompanhada de uma música pulsante vinda de um toca-fitas. Elas giravam, pulavam e saltavam até que a música terminou. Então caíram exaustas no chão. Isso foi tudo. Mas uma das garotas explicou que, ao término da cerimônia, os participantes, homens e mulheres, têm liberdade para formar pares para o que ela teimou em descrever como 'beijos quentes'."

Quando o escritor do artigo partiu, ele imediatamente começou sua própria investigação independente dos homens e mulheres que haviam participado da cerimônia. "Por intermédio deles", informa, "descobri outros membros da seita de Bruxaria. Um deles é um médico de 35 anos que pratica em uma cidade do norte. Além disso, ele é um membro altamente respeitado pela comunidade. No entanto, ele estava muito ansioso quanto a não ser identificado. É fácil imaginar o porquê. Porque ele me disse, como um bruxo, que acredita em magia. 'Os médicos ortodoxos', disse ele, 'ficariam horrorizados se soubessem. Mas membros de qualquer religião esperam, por intermédio de oração, influenciar eventos acerca dos quais não têm controle. Nós apenas empregamos métodos diferentes. A Bruxaria tem suas imperfeições, é claro. Elas infiltraram-se discretamente durante os muitos anos em que fomos perseguidos. Dada a oportunidade, a Bruxaria poderia tornar-se novamente uma religião praticável, aplicável à vida do século XX'.

Condenada pela Igreja como um mal monstruoso, como um ser humano responsável poderia acreditar nela como religião?"

Havia outro artigo a respeito do mesmo assunto na *People*, de 9 de novembro seguinte. Amanda, uma Suma Sacerdotisa do culto, relatou para o escritor do artigo como as bruxas lidaram com um homem que estava chantageando um de seus membros. "Nós fizemos um boneco", disse ela, "uma imagem de cera do homem, e a amarramos com fio. Então invocamos um poder muito especial. A chantagem interrompeu-se repentinamente. As mãos dele foram amarradas. Ele não poderia mais causar dano." Os olhos da Sacerdotisa, nos foi dito, brilharam com convicção quando ela disse isso e quando fez outra declaração surpreendente: "Se nós, as bruxas, não invocássemos a assistência de nosso Deus e Deusa, acredito que o Sol não retornaria a cada manhã". Isso soa como uma afirmação bastante selvagem, e pensa-se no quanto o escritor exagerou nessa afirmação. Notar-se-á que esta declaração absurda está registrada em ambos os artigos.

BIBLIOGRAFIA

"A.E." (George Russell). *The Candle of Vision*. (Macmillan, 1920).

ALFORD, VIOLET, and RODNEY GALLOP. *Traces of a Dianic Cult from Catalonia to Portugal*. Artigo: "Folklore", Vol. XLVI, 1935.

ANDERSON, M.C. *Looking for History in British Churches*. (John Murray, 1951).

ARMITAGE, H. *Early Man in Hallamshire*.

ST. AUGUSTINE. (354-430 d.C.).

BARING-GOULD, REVD. S. *On Gables*. Artigo: "Murray's Magazine", 1887.

BEDE, THE VENERABLE. *Historia Ecclesiastica*.

BLOOM, J.HARVEY. *Folklore, Old Customs and Superstitions in Shakespeare-Land*.

BOISSIER. *Receuil de Lettres au Sulet des Malefices et du Sortilege ... par le Sieur Boissier*. (Paris, 1731).

BORROW, R. *Asiatic Researches*.

BOUQUET, DR. A.C., D.D. *Comparative Religion*. (Penguin Books, 1950).

BREWER, REV. DR. COBHAM. *Dictionary of Phrase and Fable*.

BROWN, JULIAN. *The Beauty of Mediaeval Illuminated Manuscripts*. Artigo, "The Sphere Christmas Number", 1954.

CARPENTER, EDWARD. *The Art of Creation*. (Alien e Unwin, 1912).

CAVE, C.J.P. *Roof Bosses in Mediaeval Churches*. Chalice Well, Glastonbury. Folheto Discritivo

CICERO. *De Divinatione*.

CLINCH, GEORGE, F.G.S. *Old English Churches*. (Upcott Gill, 1902).

COLSON, THOMAS. *Living Tissue Rays*. Artigo: "The Pendulum" Março, 1956 (de *The Electronic Medical Digest*).

CROKER, T. CROFTON. *Fairy Legends and Traditions of the South*

of Ireland. (William Tegg. N.D., mas primeiramente foi publicado em dois volumes, 1825 e 1828, por John Murray).
CROWLEY, ALEISTER, *Magick in Theory and Practice*.
_____. *The Equinox of the Gods*. (O.T.O. 1936).
DACOMBE, MARIANNE R. (Ed). *Dorset Up-Along and Down-Along*. (Friary Press, Dorchester. 1951),
DAVIES, R. TREVOR. *Four Centuries of Witch Beliefs*.
DE BEAUVOIR, SIMONE. *The Second Sex*. (English Translation, 1953).
DE LANCRE, PIERRE. *Tableau de L'Inconstance des Mauvais Anges*. (Paris, 1612).
DEREN, MAYA. *Divine Horsemen; the Living Gods of Haiti*.
DIO. *Roman History*.
DU CHAILLU, PAUL. *The Viking Age*.
EVANS, DR. Artigo sobre as Rollright Stones. *The Folklore Journal*, Março, 1895.
FABIAN, ROBERT. *Fabian of the Yard*. (Naldrett Press. 1950).
FORTUNE, DION. *The Mystical Qabalah*. (Williams e Norgate. 1935).
FUNCK-BRENTANO, F. *Le Drome des Poisons*. (Paris, 1936).
FYVEL, T. R. *Unearthing the Holy Land's Past*. Artigo: "The Observer", 10 de julho,1955.
GARDNER, G. B. (Pseudônimo "Scire"), *High Magic's Aid*. (Michael Boughton, 1949).
_____. *A Bruxaria Hoje*. (Madras Editora, 2003).
GEOFFREY OF MONMOUTH. *Historia Regum Britanniae*.
GIBBON. *Decline and Fall of the Roman Empire*.
GOETIA, THE. (Ou Lesser Key of Solomon; também conhecida como Lemegeton).
GOMME, L. *Folklore as a Historical Science*.
GRAVES, ROBERT, *King Jesus*.
_____. *The White Goddess*.
_____. *Wife to Mr. Milton*.
GRIMOIRE OF POPE HONORIUS, THE.
GUEST, LADY CHARLOTTE (Trans). *The Mabinogion*.
HAWKES, JACQUETTA e CHRISTOPHER. *Prehistoric Britain*. (Penguin Books, 1943).
HAYTER, COL. F.J. *Deadly Magic: Including the Australian Pointing Stick*. (Rider, N.D.)
HOLE, CHRISTINA. *English Folklore*.
HOLMES, EDMOND. *The Holy Heretics: the Story of the Albigensian Crusade*. (Watts and Co., 1948).
HUGHES, PENNETHORNE, *Witchcraft*.
INSOLE, ALAN. *Immortal Britain*. (Aquarian Press, 1952).

JACOBI, DR. JOLAN. *The Psychology of C. G. Jung.*
JEDWINE, J.W. *Tort, Crime and Police.*
KALEVALA.THE.
KEATING, G. *History of Ireland.*
KEY OF SOLOMON, THE. Também conhecido como *Clavicule of Solomon.*
KINSEY, DR. *Sexual Behaviour in the Human Female.*
KNIGHT, SIR RICHARD PAYNE e THOMAS WRIGHT. *Two Essays upon the Worship of Priapus.*
ELAND, CHARLES GODFREY. *Gypsy Sorcery.*
LEA, H.C. *Materials Towards a History of Witchcraft.* (University of Pennsylvania Press. Philadelphia, 1939).
LETHBRIDGE.T.C. *Gogmagog.* (Routledge),
LONGWORTH, T. CLIFTON. *The Devil a Monk Would Be.* (Herbert Joseph, N.D.).
MACKAY, CHARLES, LL.D. *Memoirs of Extraordinary Popular Delusions.* (Nat. Illustrated Library, 1852).
"FIONA MACLEOD" (William Sharp). *The Dominion of Dreams.* (Heinemann, 1910).
MALORY, SIR THOMAS. *Le Morte D'Arthur.*
MALTWOOD, K.E., F.R.S.A. *A Guide to Gtastonbury's Temple of the Stars.* (John M. Watkins).
_____. *The Enchantments of Britain.*
MATHERS, S.L. MACCREGOR. *A Kabbalah Revelada.* (Kegan Paul, Trench, Trubner e Co. 1887).
_____. (Edited, with Introduction). *The Sacred Magic of Abramelin the Mage,*
MOSELEY, JAMES W. *Mystery Ruins of Peru.* Artigo: "Fate Magazine", December, 1955.
MURRAY, PROF. GILBERT. *Five Stages of Greek Religion.* (Watts and Co., 1946).
MURRAY, DR. MARGARET A. *The Witch Cult in Western Europe.*
_____. *The God of the Witches.*
NICHOLS, ROSS. *The Great Zodiac of Glastonbury.* Artigo: "The Occult Observer".
O'DONNELL, ELIOTT. *Haunted Britain*
O'DONOVAN, DR (Ed.) *The Annals of the Four Masters.*
PALEY, ARCHDEACON. *Evidences of Christianity.*
PLATO.
PROCLUS. *The Theology of Plato.*
RAGLAN, LADY. *The Green Man in Church Architecture.* Artigo: "Folklore", 1939.
REGNAULT, DR JULES. *La Sorcellerie ses Rapports avec les Sciences Biologiques.* (Paris, 1936).

REID, VERA C., e T. MAWBY COLE. *Gods in the Making*. (Aquarian Press, 1951).
RHODES, H. T. F. *The Satanic Mass*. (Rider, 1954).
RHYS, SIR JOHN.
ROLLESTON, T. W. *Myths and Legends of the Celtic Race*. (Harrap, 1912).
ROMANCE OF THE ROSE, THE. (Século XIII).
SELTMAN, CHARLES. *Women in Antiquity*.
SHAKESPEARE, WILLIAM, .*Henry V*.
_____. *Twelfth Night*.
SPENCE, LEWIS. *The Encyclopedia of Occultism*.
SQUIRE, CHARLES. *Celtic Myth and Legend, Poetry and Romance*. (Gresham Publishing Co. N.D.).
ST. SIMON, COMTE DE. *Memoirs*.
STUBBES. *Anatomie of Abuses*.
SUMMERS, MONTAGUE. *Witchcraft and Black Magic*.
TAYLOR, G. RATTRAY. *Sex in History*.
TERTULLIAN. (Século II d.C.).
THEODORE. *Liber Poenitentialis*. (Século VII d.C.).
TRES ANCIENT COUTUMIER DE NORMANDIE, LES.
TRIAL OF JOAN OP ARC, THE.
WADDELL, L.A. *The Phoenician Origin of the Scots and Britons*. (Williams and Norgate. 1924).
WAGNER, DR. W. *Asgard and the Gods*. (Adaptado e editado por M. W. MacDowall e W. S. W. Anson. Swan Sonnenschein, Lowrey e Co., 1889).
WATTE, A.E. *The Book of Ceremonial Magic*.
_____. *Elfin Music: An Anthology of English Fairy Poetry*. (Walter Scott, 1888), *The Holy Grail*.
WTTKOWSKI, DR. G. J. *Les Licences de L'Art Chrétien*. (Paris, 1920).
WRIGHT, THOMAS, M. A., F.S.A. (Editor). *A Contemporary Narrative of the Proceedings against Dame Alice Kyteler*. (The Camden Society, 1843).
YORKE, GERALD. *Tantric Hedonism*. Article: "The Occult Observer".
_____. *Dictionary of Folklore, Mythology and Legend*. Funk and Wagnalls
Company, Nova Iorque, 1958.
_____. *The Age of Chaucer: Vol. I of a Guide to English Literature*. Editado por Boris Ford. (Penguin Books, 1955). (texto completo de Sir Gew/aine and the Green Knight).

MADRAS Editora

Envie este cadastro preenchido e passará a receber informações dos nossos lançamentos, nas áreas que determinar.

Nome _____
RG _____ CPF _____
Endereço Residencial _____
Bairro _____ Cidade _____ Estado _____
CEP _____ Fone _____
E-mail _____
Sexo ❑ Fem. ❑ Masc.   Nascimento _____
Profissão _____ Escolaridade (Nível/Curso) _____

Você compra livros:
❑ livrarias   ❑ feiras   ❑ telefone   ❑ Sedex livro (reembolso postal mais rápido)
❑ outros: _____

Quais os tipos de literatura que você lê:
❑ Jurídicos   ❑ Pedagogia   ❑ Business   ❑ Romances/espíritas
❑ Esoterismo   ❑ Psicologia   ❑ Saúde   ❑ Espíritas/doutrinas
❑ Bruxaria   ❑ Autoajuda   ❑ Maçonaria   ❑ Outros:

Qual a sua opinião a respeito desta obra? _____
_____

Indique amigos que gostariam de receber MALA DIRETA:
Nome _____
Endereço Residencial _____
Bairro _____ Cidade _____ CEP _____

Nome do livro adquirido: ***O Significado da Bruxaria***

Para receber catálogos, lista de preços e outras informações, escreva para:

MADRAS EDITORA LTDA.
Rua Paulo Gonçalves, 88 – Santana – 02403-020 – São Paulo/SP
Caixa Postal 12183 – CEP 02013-970 – SP
Tel.: (11) 2281-5555 – Fax.:(11) 2959-3090
www.madras.com.br

MADRAS® Editora

Para mais informações sobre a Madras Editora,
sua história no mercado editorial
e seu catálogo de títulos publicados:

Entre e cadastre-se no site:

www.madras.com.br

Para mensagens, parcerias, sugestões e dúvidas, mande-nos um e-mail:

marketing@madras.com.br

SAIBA MAIS

Saiba mais sobre nossos lançamentos,
autores e eventos seguindo-nos no facebook e twitter:

@madrased

/madraseditora